Der Schutz von baulichen Schöpfungen durch das deutsche Urheberrecht und das US-Copyright Law

Europäische Hochschulschriften

Publications Universitaires Européennes
European University Studies

Reihe II
Rechtswissenschaft

Série II Series II
Droit
Law

Bd./Vol. 4090

PETER LANG
Frankfurt am Main · Berlin · Bern · Bruxelles · New York · Oxford · Wien

Axel P. Fröhlich

Der Schutz von baulichen Schöpfungen durch das deutsche Urheberrecht und das US-Copyright Law

Ein Rechtsvergleich

PETER LANG
Europäischer Verlag der Wissenschaften

Bibliografische Information Der Deutschen Bibliothek
Die Deutsche Bibliothek verzeichnet diese Publikation in der Deutschen Nationalbibliografie; detaillierte bibliografische Daten sind im Internet über <http://dnb.ddb.de> abrufbar.

Zugl.: München, Univ., Diss., 2003

D 19
ISSN 0531-7312
ISBN 3-631-51860-9

www.peterlang.de

Inhaltsverzeichnis

„Die reichste Quelle aller Entdeckungen in jeder Erfahrungswissenschaft ist Vergleichung und Combination. Nur durch mannigfaltige Gegensäze wird das Entgegengesetzte völlig klar; nur durch Betrachtung der Ähnlichkeiten und Verschiedenheiten und der Gründe von beiden wird die Eigenthümlichkeit und innere Wesenheit jeden Dings erschöpfend begründet."

Anselm von Feuerbach[1]

A. Einleitung

Selten erregte das Urheberrecht des Architekten an seinem Werk der Baukunst so große öffentliche Aufmerksamkeit wie im Falle des geplanten Umbaus des Münchner Olympiastadions in eine reine Fußballarena im Jahr 2000. Durch die Erklärung des Architekten des Olympiastadions, Günther Behnisch, er stehe nicht mehr hinter dem geplanten Umbau, wurde das ganze Projekt zunichte gemacht, obwohl sich der Freistaat Bayern, die Landeshauptstadt München und die zwei beteiligten Fußballvereine FC Bayern München und TSV 1860 München bereits über die Finanzierung in Höhe von damals 400 Millionen DM und die planerische Grundkonzeption einig waren.[2] Aufgrund des mangelnden Einverständnisses des Architekten wurde es notwendig, ein komplett neues Fußballstadion im Norden Münchens zu bauen.

Der Grund für die geringere Aufmerksamkeit, die dem Urheberrecht bzw. *copyright* an Werken der Baukunst bzw. *architectural works*[3] im Vergleich zu Sprach-, Musik- oder Filmwerken normalerweise zuteil wird, mag darin liegen, dass die wirtschaftliche Bedeutung des Urheberrechts an Bauwerken nicht an die der eben genannten Werke heranreicht. Werke der Baukunst lassen sich nicht massenhaft verwerten wie Sprach-, Musik- oder Filmwerke. Allein die für die Verwaltung der Nutzungsrechte der Musik-

---

[1] *Von Feuerbach*, Blick auf die teutsche Rechtswissenschaft, in: Kleine Schriften vermischten Inhalts (1833) Seiten 152, 162 f., abgedruckt in: *Zweigert/Kötz*, Einführung in die Rechtsvergleichung, Seite 51.

[2] *Dürr*, Kein Großumbau des Olympiastadions, Süddeutsche Zeitung vom 07.12.2000, Bayern, Seite L1.

[3] Im weiteren wird die Bezeichnung "*architectural works*" bzw. architektonische Werke verwendet, wenn auf die US-amerikanische Rechtslage eingegangen wird, da der Begriff „Werk der Baukunst" gemäß § 2 Abs. 1 Nr. 4 UrhG zur deutschen Rechtsterminologie gehört und seine spezifische Bedeutung im Zusammenhang mit dem deutschen Urheberrecht nicht auf das US-amerikanische *Copyright Law* übertragen werden kann.

schaffenden in Deutschland zuständige[4] Verwertungsgesellschaft „GEMA", konnte im Geschäftsjahr 2001 Erträge aus urheberrechtlichen Nutzungsrechten und aus Vergütungsansprüchen in Höhe von € 776,06 Millionen verzeichnen.[5] Die Verwertungsgesellschaft „Wort rV", der die Verwaltung von Zweitnutzungsrechten an Sprachwerken obliegt[6], erzielte im gleichen Zeitraum Nettoerträge aus der Wahrnehmung von Urheberrechten in Höhe von immerhin € 77,67 Millionen[7]. Für die Wahrnehmung von Verwertungsrechten an Werken der Baukunst wäre eigentlich die Verwertungsgesellschaft „Bild-Kunst rV" zuständig. Diese Verwertungsgesellschaft nimmt jedoch nicht die Verwertungsrechte im Sinne des § 15 UrhG für Urheber von Werken der Baukunst wahr, sondern lediglich deren gesetzliche Vergütungsansprüche, wie z. B. nach § 27 Abs. 2 S. 1 UrhG oder nach § 54 a UrhG. Diese Ansprüche können gemäß § 27 Abs. 3 UrhG bzw. § 54 h Abs. 1 UrhG auch nur von Verwertungsgesellschaften geltend gemacht werden. Wird ein Werk der Baukunst beispielsweise in einem Bildband abgebildet, der in einer öffentlichen Bibliothek entliehen werden kann, so hat der Urheber des Werkes einen Vergütungsanspruch, den die Verwertungsgesellschaft „Bild-Kunst rV" für ihn wahrnimmt.[8] Die Verwertungsrechte nach § 15 UrhG müssen Urheber von Werken der Baukunst selbst wahrnehmen. In den USA ist es Architektenurhebern zwar möglich, alle ausschließlichen Rechte durch die *Artists Rights Society* (*ARS*) wahrnehmen zu lassen, dies ist aber nur für berühmte Architekten von Interesse. Die Rechte von Frank Lloyd Wright und Mies van der Rohe werden beispielsweise von der *ARS* wahrgenommen.[9] Die Tatsache, dass Architektenurheber in Deutschland nicht die Möglichkeit haben, ihre Verwertungsrechte von einer Verwertungsgesellschaft wahrnehmen zu lassen und die geringe Anzahl von Architektenurhebern, die davon in den USA Gebrauch machen[10], zeigen, wie gering die wirtschaftliche Bedeutung des

---

[4] *http://www.gema.de/wirueberuns/* (zuletzt abgerufen am 17.12.2002).

[5] *http://www.gema.de/media/de/gesch_berichte/gb01_s23-39.pdf* (zuletzt abgerufen am 18.12.2002).

[6] *http://www.vgwort.de/importrait.php* (zuletzt abgerufen am 18.12.2002).

[7] *http://www.vgwort.de/bilanz2002c.php* (zuletzt abgerufen am 18.12.2002).

[8] Telephonische Auskunft von Dr. *Anke Schierenholz*, Justitiarin der Verwertungsgesellschaft „Bild-Kunst rV" am 20.12.2002.

[9] *http://www.arsny.com/*.

[10] Auskunft per e-mail von *Rona Richter*, Legal Department/Rights Administrator bei der *Artists Rights Society*.

Urheberrechts bzw. des *copyright* bei dieser Werkart ist.

Dafür gibt es mehrere Gründe. Bauliche Schöpfungen in errichteter Form lassen sich nicht so einfach vervielfältigen und verbreiten wie beispielsweise ein Sprachwerk oder ein Musikwerk. Auch die Nachfrage nach Vervielfältigungsstücken von bestimmten baulichen Schöpfungen, sei es in gebauter Form oder nur in Form eines Plans, ist nur gering. Viele Menschen möchten den gleichen Roman lesen oder das gleiche Musikstück hören und haben deshalb ein Bedürfnis, ein Exemplar zu erwerben. Hingegen will, von Einzelfällen abgesehen, kaum jemand ein Bauwerk besitzen oder bewohnen, das einem anderen genau gleicht. Hinzu kommt, dass die Errichtung eines Gebäudes sehr kostspielig ist. Außerdem spielt die urheberrechtliche Verwertung von Werken der Baukunst bzw. *architectural works* für die Architektenurheber selbst nur eine sehr untergeordnete Rolle, da sie ihre Vergütung ohnehin aufgrund des Werkvertrages mit dem Bauherrn erhalten, unabhängig davon, ob ein schutzfähiges Werk entstanden ist oder nicht.

Die Besonderheiten von baulichen Schöpfungen sollen in dieser Arbeit im Hinblick auf deren Schutzfähigkeit nach deutschem Urheberrecht und *US-Copyright Law* untersucht werden. In diesem Zusammenhang wird der Arbeitsprozess der Architekten, also einer Berufsgruppe, die hauptsächlich als Schöpfer baulicher Schöpfungen in Frage kommt, genau beleuchtet. Die Analyse dieses Arbeitsprozesses hilft zu verstehen, warum manche bauliche Schöpfungen geschützt werden und andere nicht.[11] Darüber hinaus soll die Frage geklärt werden, wann es zu einer Verletzung von ausschließlichen Verwertungsrechten an solchen Werken kommt. Im letzten Teil stehen die Urheberpersönlichkeitsrechte an Werken der Baukunst bzw. die *moral rights* an *architectural works* und deren Schutzumfang im Mittelpunkt der Untersuchung.

Der Reiz einer rechtsvergleichenden Arbeit liegt darin, einmal über die Grenzen des eigenen Rechts hinauszugehen und in eine fremde Rechtsordnung einzutauchen. Durch den Versuch, die juristischen Lösungen der gleichen Lebenssachverhalte durch andere Rechtssysteme unvoreingenommen und nicht durch die Brille der eigenen erlernten Rechtsordnung zu betrachten, bietet sich demjenigen, der sich damit befasst, die einzigartige Chance, den kritischen Blick auf das eigene System zu schärfen und dessen

---

[11] *Newsam*, Architecture and Copyright – Separating the Poetic from the Prosaic, 71 Tul. L. Rev. 1073 (1997).

Vorzüge und Unzulänglichkeiten besser zu erkennen.[12]

In der vorliegenden Arbeit ist der „gängige" Aufbau Länderberichte – Vergleichung – Kritische Würdigung[13], wobei von einheitlichen Methoden der Rechtsvergleichung ohnehin nicht gesprochen werden kann[14], bewusst nicht übernommen worden. Je nach Problemkreis werden die Lösungsmodelle der beiden Rechtsordnungen einander gegenübergestellt und anschließend miteinander wertend verglichen. Eine solche kleinteiligere Gliederung hat den Vorteil der größeren Übersichtlichkeit und damit des deutlicheren Hervortretens der Gemeinsamkeiten und Unterschiede beider Rechtsordnungen.

Nichtsdestotrotz soll aber das methodische Grundprinzip der Rechtsvergleichung, die Funktionalität, soweit wie möglich beachtet werden. Dieses Prinzip besagt, dass man rechtlich nur vergleichen kann, was in beiden Rechtsordnungen dieselbe Funktion erfüllt.[15] Bei der Frage nach der Ursache der von den verschiedenen Rechtsordnungen gewählten Lösungen ist es für die Erlangung eines tieferen Verständnisses unabdingbar, auf die jeweilige Rechtsgeschichte einzugehen. Die historischen Bedingungen, unter denen sich die Rechtsordnungen in Bezug auf die Frage des Schutzes baulicher Schöpfungen durch deutsches Urheberrecht bzw. *US-Copyright Law* bis zum heutigen Tag entwickelt haben, helfen zu verstehen, warum die Lösung konkreter Sachprobleme in der einen oder anderen Weise vorgenommen wird.[16]

Ein Rechtsvergleich zwischen dem Schutz von baulichen Schöpfungen nach deutschem Urheberrecht und nach *US-Copyright Law* bietet sich aus mehreren Gründen an.

Zum einen haben die beiden Rechtssysteme völlig unterschiedliche Traditionen und verfolgen verschiedene Zwecke mit dem Schutz von schöpferischen geistigen Produkten auf dem Gebiet des Kulturschaffens. Das zeigt sich besonders deutlich bei den Urheberpersönlichkeitsrechten bzw. *moral rights*. Während die Urheberpersönlichkeitsrechte ein den Verwertungsrechten ebenbürtiger Bestandteil des deutschen Urhe-

---

[12] *Zweigert/Kötz*, Einführung in die Rechtsvergleichung, Seite 14.

[13] *Zweigert/Kötz*, Einführung in die Rechtsvergleichung, Seite 42.

[14] *Zweigert/Kötz*, Einführung in die Rechtsvergleichung, Seite 31.

[15] *Kötz*, Rechtsvergleichung und Rechtsdogmatik, RabelsZ 54 (1990), 203, 209.

[16] *Zweigert/Kötz*, Einführung in die Rechtsvergleichung, Seite 8.

berrechts sind, spielen sie in den USA erst seit 1990 eine eher untergeordnete Rolle.

Zum anderen wurden architektonische Werke in den USA erst 1990 in den Kreis copyrightschutzfähiger Werkarten aufgenommen.[17] Gerade die Anwendung und Auslegung der neuen Vorschriften durch die US-Gerichte und das US-Schrifttum macht einen Vergleich mit der Behandlung dieser Werkkategorie durch die deutsche Jurisprudenz, deren Erfahrung mit Werken der Baukunst sich auf einen viel längeren Zeitraum erstreckt, reizvoll.

[17] Der *Architectural Works Copyright Protection Act* trat am 1. Dezember 1990 in Kraft, siehe *Nimmer*, On Copyright, § 2.20, Seiten 2-213/2-214.

B. Überblick über die Gesetzgebungsgeschichte bezüglich baulicher Schöpfungen in national- und internationalrechtlicher Hinsicht

I. Gesetzgebungsgeschichte in Deutschland

1. Entwicklung bis 1870

Neben den neuen Ideen und Sichtweisen von Renaissance, Humanismus und Reformation, die im Vergleich zur Auffassung des Mittelalters von einer allumfassenden göttlichen Ordnung einen anderen Stellenwert auch der Persönlichkeit des Urhebers ermöglichen sollten, war vor allem die Erfindung des Buchdrucks der Stein, der die Entwicklung bis zum geltenden Urheberrecht ins Rollen brachte.[1] Die technische Möglichkeit der im Vergleich zum Abschreiben von Hand einfachen Vervielfältigung von Texten rief ein Schutzbedürfnis derjenigen Berufsgruppen hervor, die dabei den größten finanziellen Aufwand zu tragen hatten, der Drucker und der Verleger.[2] Obwohl seit dem 16. Jahrhundert vereinzelt auch Werke der bildenden Künste, wie Stiche von Dürer, geschützt wurden[3], weil durch die neuen Druckverfahren auch die Vervielfältigung solcher Geisteswerke vereinfacht wurde[4], konzentrierte sich der Schutz von geistigen Werken vorherrschend auf Schriftstücke, für die Privilegien verliehen und Nachdruckverbote erlassen wurden. Der Grund für die Vorreiterrolle der druckbaren Werke liegt in deren wirtschaftlicher Bedeutung bzw. in der damals geringen wirtschaftlichen Bedeutung anderer Geisteswerke wie beispielsweise musikalischer Kompositionen oder baulicher Schöpfungen. Architekten wie Francois de Cuvilliés, der Berater und Architekt des französischen Königs und Erbauer des alten Residenztheaters und der Amalienburg in München, waren sogar stolz darauf, wenn ihre Bauwerke zu ihren Lebzeiten nachgebaut wurden, denn dies war ein Zeichen ihrer künstlerischen

---

[1] *Schricker-Vogel*, Urheberrecht, Einleitung, Rdnr. 52; *Ulmer*, Urheber- und Verlagsrecht, § 9 II, Seite 51.

[2] *Schricker-Vogel*, Urheberrecht, Einleitung, Rdnr. 54.

[3] *Ulmer*, Urheber- und Verlagsrecht, § 9 II, Seite 51.

[4] *Wadle*, Die Entfaltung des Urheberrechts als Antwort auf technische Neuerungen , UFITA 106 (1987), 203, 208.

Bedeutung und ihres Einflusses auf einen bestimmten Stil wie das Rokoko im Falle Cuvilliés. Cuvilliés förderte sogar die Verbreitung seiner Zeichnungen, indem er sie auf Kupfer stechen ließ und dann verkaufte.[5] Musikalische Werke haben heute aufgrund der technischen Entwicklung, die es möglich machte, diese Werke in hörbarer Form aufzunehmen und beliebig zu vervielfältigen, eine immense wirtschaftliche Bedeutung. Die wirtschaftliche Bedeutung von Werken der Baukunst ist jedoch auch heute noch relativ gering im Vergleich zu anderen Werkgattungen.

Auf der anderen Seite spielte aber auch der Zweck des Schutzes geistiger Werke eine große Rolle bei der Frage, warum manche Geisteswerke stärker geschützt wurden als andere. Bestand der Hauptzweck wie bei den Privilegien im Schutz des Druckgewerbes[6], so erscheint es konsequent, dass für architektonische Pläne, die ohnehin nicht gedruckt werden konnten, keine Privilegien erteilt wurden. Selbst in der ersten ausführlicheren gesetzlichen Regelung der rechtlichen Beziehungen zwischen Autor und Verleger[7] in §§ 996 – 1036 des Allgemeinen Landrechts für die Preußischen Staaten von 1794 (ALR), die allerdings noch das Verlagsrecht und nicht die Rechte des Autors in den Mittelpunkt stellte[8], waren zwar in § 997 ALR immerhin schon als weitere Gegenstände des Verlagsrechts auch „Landkarten, Kupferstiche, topographische Zeichnungen und musikalische Compositionen" genannt, nicht jedoch architektonische Zeichnungen, geschweige denn Werke der Baukunst.

Eine große Anzahl von technischen Fortschritten in der Drucktechnik, allen voran sei die Erfindung der Lithographie 1796/98 genannt, die eine einfache Vervielfältigung von Landkarten, Zeichnungen und Schriftstücken möglich machte, und die wachsende Anerkennung der Rechte des Autors eines Geisteswerkes im Verlauf des 19. Jahrhunderts führten auch dazu, dass der Schutz des geistigen Eigentums auf alle Erzeugnisse der menschlichen Schöpferkraft ausgedehnt wurde.[9] Im ersten deutschen

---

[5] *Gerstenberg*, Die Urheberrechte an Werken der Kunst, der Architektur und der Photographie, Seite 36.

[6] *Schricker-Vogel*, Urheberrecht, Einleitung, Rdnr. 55, *Ulmer*, Urheber- und Verlagsrecht, § 9 II, Seite 52.

[7] *Schricker-Vogel*, Urheberrecht, Einleitung, Rdnr. 65.

[8] *Ulmer*, Urheber- und Verlagsrecht, § 9 III 2, Seite 58.

[9] *Wadle*, Die Entfaltung des Urheberrechts als Antwort auf technische Neuerungen, UFITA 106 (1987), 203, 210 – 213.

modernen Urheberrechtsgesetz[10], dem Preußischen Gesetz zum Schutze des Eigenthums an Werken der Wissenschaft und Kunst gegen Nachdruck und Nachbildung vom 11. Juni 1837[11] wurden gemäß § 18 die Vorschriften über „das ausschließliche Recht zur Vervielfältigung von Schriften" zum ersten Mal auch auf „architectonische Zeichnungen ..., welche nach ihrem Hauptzwecke nicht als Kunstwerke zu betrachten sind"[12] für anwendbar erklärt. Für die Erweiterung des alleinigen Rechts des Autors nach § 1 des Preußischen Gesetzes von 1837, die von ihm geschaffenen Schriften zu vervielfältigen, auf geographische, topographische und eben auch architektonische Zeichnungen, wurde als Begründung angeführt, dass diese Gegenstände so leicht wie Druckschriften mechanisch nachgebildet und verbreitet werden könnten.[13]

2. Die Gesetzgebung in den Jahren 1870 und 1876

Der Norddeutsche Bund erließ am 11. Juni 1870 das Gesetz betreffend das Urheberrecht an Schriftwerken, Abbildungen, musikalischen Kompositionen und dramatischen Werken[14], das im Zuge der staatlichen Einheit Deutschlands im Jahre 1871 Reichsgesetz wurde. In § 43 dieses Gesetzes werden wie in § 18 des Preußischen Gesetzes von 1837 die Vorschriften über die Schriftstücke für architektonische und andere Zeichnungen unter der Bedingung für anwendbar erklärt, dass diese Zeichnungen ihrem Hauptzweck nach nicht als Kunstwerke zu betrachten sind. Die Behandlung architektonischer Zeichnungen als Schriftwerke wurde damit gerechtfertigt, dass ihr Zweck mehr ein belehrender als ein künstlerischer sei[15]. Architektonische Zeichnungen waren daher ab 1871 im ganzen Deutschen Reich vor Vervielfältigung geschützt, §§ 1, 4, 43 des Gesetzes von 1870. Der Schutz von Kunstwerken und Photographien sollte ursprünglich auch in dem Gesetz von 1870 geregelt werden, was jedoch aufgrund von Meinungsverschiedenheiten über den Kunstwerksschutz im industriellen Bereich erst

---

[10] *Ulmer*, Urheber- und Verlagsrecht, § 9 III 3, Seite 58.

[11] Im weiteren: Preußisches Gesetz von 1837

[12] Das Preußische Gesetz von 1837 behandelt Kunstwerke (§§ 21-31) und Darstellungen, die nicht als Kunstwerke zu betrachten sind, getrennt.

[13] *Hitzig*, Preußisches Gesetz von 1837, Seite 77.

[14] Im weiteren: Gesetz von 1870

[15] *Endemann*, Gesetz von 1870, § 43, Seite 70.

später realisiert wurde.[16]

Das Gesetz betreffend das Urheberrecht an Werken der bildenden Künste vom 9. Januar 1876[17] bestimmte in § 3 ausdrücklich, dass dessen Regelungen auf die Baukunst keine Anwendung finden. Als Begründung für diesen Ausschluss wurde in den Motiven angeführt, dass Bauwerke nicht zu den Werken der bildenden Künste zu zählen seien. Außerdem würde es zu weit gehen, wenn es einem Architekten verboten würde, ein fertiges Bauwerk abzuzeichnen oder ein gleiches Bauwerk nachzubauen.[18] Architektonische Pläne waren jedoch weiterhin gemäß § 43 des Gesetzes von 1870 vor Vervielfältigung durch mechanische Nachbildung geschützt. Dies erscheint auf den ersten Blick inkonsequent. Zur damaligen Zeit existierte jedoch noch kein einheitlicher Werkbegriff, was nicht verwundert, wenn man in Betracht zieht, dass der Rechtsschutz erst langsam auf alle Produkte individueller Geistestätigkeit ausgedehnt wurde. Vielmehr wurde für jede Werkkategorie eine eigene Methodik entwickelt und angewandt.[19] Nach dieser Methodik wurden architektonische Zeichnungen wegen ihrer Nachdruckbarkeit als den Schriftwerken sehr ähnlich empfunden und deshalb auch rechtlich wie solche behandelt, § 43 des Gesetzes von 1870[20], allerdings unter der Voraussetzung, dass die Zeichnungen keinen künstlerischen Gehalt aufwiesen[21]. Schutz sollte den architektonischen und anderen Zeichnungen nur dann gewährt werden, wenn sie einen belehrenden und nicht einen ästhetischen Zweck verfolgten.[22] Somit gewährten die Gesetze von 1870 und 1876 nur Schutz vor Nachdruck architektonischer Zeichnungen, aber keinen Schutz vor Nachbildung der in den architektonischen Zeichnungen dargestellten Gebäude.

---

[16] *Wadle*, Der Weg zum gesetzlichen Schutz des geistigen und gewerblichen Schaffens, Festschrift GRUR, 93, 157.

[17] Im weiteren: Gesetz von 1876

[18] Motive zu § 3 des Gesetzes von 1876 in: *Osterrieth*, Bemerkungen zum Entwurf eines Gesetzes betreffend das Urheberrecht an Werken der bildenden Kunst und der Photographie, GRUR 1904, 189, 213.

[19] *Ulmer*, Urheber- und Verlagsrecht, § 20 I, Seite 126.

[20] Siehe schon § 18 des Preußischen Gesetzes von 1837, dazu *Hitzig*, Preußisches Gesetz von 1837, Seite 77.

[21] *Endemann*, Gesetz von 1870, § 43, Seite 70.

[22] Reichstags-Drucksachen 1870, Nr. 7, Seite 38, abgedruckt in: RGSt 34, 431, 432.

3. Die Gesetzgebung in den Jahren 1901 und 1907

Nachdem der Ausschluss von Bauwerken in § 3 des Gesetzes von 1876 anfänglich von allen Beteiligten uneingeschränkt begrüßt worden war[23], fand in den darauffolgenden Jahrzehnten ein grundlegender Meinungsumschwung statt. Vor allem die Architekten[24], aber auch führende Urheberrechtler[25] erhoben die Forderung, dass Werke der Baukunst gleichberechtigt neben anderen Geisteswerken geschützt werden sollten. Das Gesetz betreffend das Urheberrecht an Werken der Literatur und der Tonkunst vom 19. Juni 1901 (LUG) stellte in § 1 Nr. 3 „solche Abbildungen ... technischer Art" unter Schutz, „welche nicht ihrem Hauptzwecke nach als Kunstwerke zu betrachten sind". Damit unterschied sich diese Regelung außer in ihrem Schutzumfang nur dadurch von §§ 1, 4, 43 des Gesetzes von 1870, als in § 1 Nr. 3 LUG architektonische Zeichnungen nicht mehr eigens aufgeführt wurden. Sie wurden jedoch auch durch § 1 Nr. 3 LUG geschützt unter der Voraussetzung, dass ihr Hauptzweck nicht künstlerischer, sondern belehrender Art war. Überdies wurden unter denselben Voraussetzungen auch plastische Darstellungen unter Schutz gestellt, § 1 Nr. 3 S. 2 LUG.[26]

Soweit Entwürfe, zu denen auch architektonische Zeichnungen zu rechnen waren[27], künstlerische Zwecke verfolgten und nicht als Belehrung gedacht waren, wurden sie gemäß § 2 Abs. 2 des Gesetzes betreffend das Urheberrecht an Werken der bildenden Künste und der Photographie vom 9. Januar 1907 (KUG), in Kraft getreten am 1. Juli 1907[28], geschützt. Diese Abgrenzung zwischen KUG und LUG in Bezug auf Entwürfe, die als Werke der bildenden Künste anzusehen waren, wurde in § 4 KUG ausdrücklich festgeschrieben.

Die einschneidendste Neuerung stellte allerdings die Aufnahme von Werken der

---

[23] *Wadle*, Die Abrundung des deutschen Urheberrechts im Jahre 1876, JuS 1976, 771, 775.

[24] Siehe Eingabe der Vereinigung der Berliner Architekten an das Reichsamt des Innern 1897 in: *Osterrieth*, Bemerkungen zum Entwurf eines Gesetzes, betreffend das Urheberrecht an Werken der bildenden Künste und der Photographie, GRUR 1904, 189, 213/214.

[25] Wie z. B *Osterrieth*, Bermerkungen zum Entwurf eines Gesetzes, betreffend das Urheberrecht an Werken der bildenden Künste und der Photographie, GRUR 1904, 189, 213 ff. oder *Alexander-Katz*, Die geistige Arbeit der deutschen Architekten und Ingenieure und ihr Rechtsschutz, Seiten 22 ff.

[26] *Allfeld*, Kommentar zum LUG, § 1, Seite 61.

[27] *Allfeld*, Kommentar zum KUG, § 2, Seite 42.

[28] *Osterrieth/Marwitz*, Kommentar zum KUG, Seite 5.

Baukunst in den Kreis geschützter Geisteswerke dar. In § 2 Abs. 1 S. 2 KUG wurde ausdrücklich festgesetzt, dass Bauwerke zu den Werken der bildenden Künste gehören, jedoch nur soweit sie künstlerische Zwecke verfolgten. Man war nun doch allgemein zu der Auffassung gelangt, dass die Baukunst zur bildenden Kunst gerechnet werden muss.[29] Damit waren die Urheber von Werken der Baukunst davor geschützt, dass ihre Werke nachgebaut werden, § 15 Abs. 1 Satz 2 KUG.

Neben den bereits besprochenen technischen Entwicklungen hat auch die Entwicklung des Architektenberufes eine entscheidende Rolle dabei gespielt, dass die Schöpfungen dieser Berufsgruppe so spät Urheberrechtsschutz erlangten. Erst Mitte des 19. Jahrhunderts lösten sich die Architekten allmählich aus der sozialen Abhängigkeit ihrer Bauherrn und fingen an, als Freiberufler zu arbeiten.[30] Mit dem Erlass der ersten Gebührenordnung für Architekten im Jahre 1871 beschleunigte sich diese Entwicklung bis hin zur Gründung des Bundes Deutscher Architekten (BDA), eines Berufsverbandes für freiberufliche Architekten, im Jahr 1903. Dadurch ließen sich die Interessen der Architekten besser vertreten, was nicht zuletzt auch zum gleichberechtigten Urheberrechtsschutz von Werken der Baukunst im Jahr 1907 führte.[31]

4. Das Urheberrechtsgesetz von 1965

Im Gesetz über Urheberrechte und verwandte Schutzrechte vom 9. 9. 1965 (UrhG) wurden zum ersten Mal die Rechte aller Urheber von Werken der Literatur, Wissenschaft und Kunst in einem einzigen Gesetz einheitlich geregelt. Dies erschien der Bundesregierung und dem Bundestag zweckmäßig, weil die rechtlichen Grundsätze auf die Werke der Literatur, der Tonkunst und der bildenden Künste in gleicher Weise anwendbar seien und die Besonderheiten der unterschiedlichen Gebiete geistigen und künstlerischen Schaffens innerhalb eines gleichen Rahmens deutlicher sichtbar würden.[32] Im UrhG werden die verschiedenen Werkarten in Bezug auf die Schutzfähigkeit nicht mehr jeweils einzelnen Beschränkungen unterworfen, wie das noch bei den Vorgängergesetzen LUG und KUG der Fall war, sondern alle Werkarten werden gleichbe-

---

[29] *Allfeld*, Kommentar zum KUG, § 2, Seite 42.

[30] *Neuenfeld*, Anfänge des Urheberrechts an Bauwerken, UFITA 2002, 409, 421.

[31] *Neuenfeld*, Anfänge des Urheberrechts an Bauwerken, UFITA 2002, 409, 422.

[32] Regierungsentwurf zum UrhG in: Bundestags-Drucksache IV/270, Seite 29.

handelt. Werke der Baukunst und deren Entwürfe werden nunmehr gemäß § 2 Abs. 1 Nr. 4 UrhG als Werke der bildenden Künste geschützt, ohne die in § 2 Abs. 1 S. 2 KUG geforderte Voraussetzung, dass sie künstlerische Zwecke verfolgen müssen. Als Begründung für den Wegfall dieser Voraussetzung wurde angeführt, dass sie ohnehin keine wesentliche praktische Bedeutung gehabt habe.[33] Außerdem werden Darstellungen technischer Art nach § 2 Nr. 7 UrhG geschützt, soweit sie die sonstigen Voraussetzungen des UrhG erfüllen.[34] Dazu können auch architektonische Zeichnungen zählen, wenn sie der Unterrichtung und Belehrung dienen.[35]

---

[33] Regierungsentwurf zum UrhG in: Bundestags-Drucksache IV/270, Seite 37.

[34] § 2 Abs. 1 Nr. 7 ist die Nachfolgeregelung zu § 1 Abs. 1 Nr. 3 LUG.

[35] *Ulmer*, Urheber- und Verlagsrecht, § 22 II 1, Seite 138.

II. Entwicklung in der Berner Übereinkunft

Erst durch einen Blick auf die das internationale Urheberrecht lässt sich die Entwicklung des Schutzes von baulichen Konstruktionen in den USA vollständig verstehen. Der Beitritt der USA zur Berner Union am 1. März 1989[1] hat nämlich erst den entscheidenden Impuls dazu gegeben, den Schutz architektonischer Schöpfungen auszuweiten.[2]

1. Grundprinzipien

Der älteste und neben TRIPS wichtigste multilaterale Vertrag auf dem Gebiet des Urheberrechts ist die Berner Übereinkunft, die seit der Revisionskonferenz in Berlin 1908 als Revidierte Berner Übereinkunft (RBÜ) bezeichnet wird. Die Berner Übereinkunft wurde am 9. September 1886 von 10 Ländern, unter anderem auch vom Deutschen Reich, begründet. Alle Länder, die sie begründet oder sich ihr angeschlossen haben bilden zusammen einen Staatenverband, die sogenannte Berner Union.[3] Gemäß Art. 1 RBÜ[4] hat die Berner Union sich den Schutz von Werken der Literatur und Kunst zur Aufgabe gemacht.

Der RBÜ liegt das Prinzip der Inländerbehandlung zu Grunde. Danach stehen den verbandseigenen Urhebern in jedem Verbandsland außer ihrem Ursprungsland neben den von der RBÜ gewährten Rechten diejenigen Rechte zu, die dort den inländischen Urhebern gewährt werden, Art. 5 Abs. 1 RBÜ. In seinem Ursprungsland hat der Urheber nur die nach Maßgabe der nationalen Gesetze gewährten Rechte, § 5 Abs. 3 RBÜ.

Zusätzlich stehen den Urhebern verbandseigener Werke außerhalb ihres Ursprungslandes besonders gewährte Rechte zu, sogenannte Mindestrechte, § 5 Abs. 1 RBÜ. Dabei handelt es sich um das Urheberpersönlichkeitsrecht, Art. 6bis RBÜ, das Übersetzungsrecht, Art. 8 RBÜ, das Vervielfältigungsrecht, Art. 9 RBÜ, das Aufführungsrecht, Art. 11 RBÜ, das Senderecht, Art. 11bis RBÜ, das Vortragsrecht, Art. 11ter

---

[1] *Nimmer*, On Copyright, Bd. 9, App. 22, Seite 7.

[2] *Nimmer*, On Copyright, Bd. 7, § 2. 20, Seite 2-213.

[3] *Schricker-Katzenberger*, Urheberrecht, Vor §§ 120 ff., Rdnr. 41.

[4] Bei dem Verweis auf Vorschriften der RBÜ wird auf die Pariser Fassung vom 24. Juli 1971 Bezug genommen. Bei der Bezugnahme auf eine andere Fassung wird diese in Klammern angegeben.

RBÜ, das Bearbeitungsrecht, Art. 12 RBÜ und das Verfilmungsrecht, Art. 14, 14bis RBÜ.

Schließlich ist in Art. 5 Abs. 2 Hs. 1 RBÜ festgeschrieben, dass die gewährten Rechte ohne die Erfüllung irgendwelcher Förmlichkeiten in Anspruch genommen werden können.

Die in Art. 5 Abs. 1-3 RBÜ festgesetzten Grundsätze, nach denen die Werke verbandseigener Urheber in ihrem Ursprungsland nicht nach den Bestimmungen der RBÜ, sondern nur nach den nationalen Gesetzen geschützt werden, dieselben Werke im Schutzland jedoch sowohl Schutz nach den inländischen Vorschriften als auch darüber hinaus nach der RBÜ genießen, sind dazu geeignet, eine eigene Dynamik zu entfalten, die durchaus auch von den Gründern der RBÜ beabsichtigt war.[5] Da kein Land vernünftigerweise seinen einheimischen Urhebern weniger Rechte gewähren will als es verbandseigenen ausländischen Urhebern aufgrund Art. 5 Abs. 1 RBÜ einzuräumen verpflichtet ist[6], sind die Mitgliedsländer bestrebt, ihre nationalen Regelungen jeweils so anzupassen, dass sie mindestens das Schutzniveau der aktuellen RBÜ erreichen.[7]

2. Umsetzung in nationales Recht

Die Bedingungen für die innerstaatliche Anwendbarkeit eines völkerrechtlichen Vertrages sind nicht auf der ganzen Welt einheitlich, sondern richten sich nach dem Verfassungsrecht des Staates, innerhalb dessen Staatsgebiet der Vertrag rechtliche Wirkungen zeitigen soll.[8] Dies wird in Art. 36 Abs. 1 RBÜ, der bestimmt, dass jedes Vertragsland sich verpflichtet, „gemäß seiner Verfassung die notwendigen Maßnahmen zu ergreifen, um die Anwendung dieser Übereinkunft zu gewährleisten", noch einmal deutlich gemacht. Demzufolge sind die Methoden der Umsetzung sehr unterschiedlich.

---

[5] *Nordemann/Vinck/Hertin/Meyer*, International Copyright, Art. 5 BC, Rdnr. 1, Seite 72.

[6] *Reimer/Ulmer*, Die Reform der materiellrechtlichen Bestimmungen der Berner Übereinkunft, GRUR Int. 1967, Seite 435, Fn. 17.

[7] *Nordemann/Vinck/Hertin/Meyer*, International Copyright, Art. 5 BC, Rdnr. 1, Seite 72.

[8] *Schricker-Katzenberger*, Urheberrecht, Vor §§ 120 ff., Rdnr. 114.

a. Umsetzung der RBÜ in Deutschland

Nach geltendem deutschen Verfassungsrecht bedürfen völkerrechtliche Verträge eines Zustimmungsgesetzes der für die Bundesgesetzgebung zuständigen Körperschaften, wenn sie sich auf Gegenstände der Bundesgesetzgebung beziehen, Art. 59 Abs. 2 GG. Art. 73 Nr. 9 GG bestimmt, dass der Bund die ausschließliche Gesetzgebung über das Urheberrecht hat. Damit bedürfen alle völkerrechtlichen Verträge wie die RBÜ, die das Urheberrecht betreffen, eines solchen Zustimmungsgesetzes. Die Berner Übereinkunft trat für das Deutsche Reich am 5. Dezember 1887 in Kraft, also lange vor der Geltung des Grundgesetzes. Die revidierte Fassung von Paris trat am 10. Oktober 1974 für die Bundesrepublik Deutschland in Kraft[9], nachdem das Zustimmungsgesetz das vorgeschriebene parlamentarische Verfahren durchlaufen hatte. Ein solches Zustimmungsgesetz enthält nach heutiger Auffassung ein Gebot der innerstaatlichen Anwendung des internationalen Vertrages, wobei der völkerrechtliche Charakter des Vertrages bewahrt wird.[10]

Nach deutscher Rechtsauffassung sind diejenigen Regelungen internationaler Verträge wie der RBÜ, die nach ihrem Inhalt und Zweck subjektive Rechte vermitteln sollen und inhaltlich genügend bestimmt sind, unmittelbar anwendbar, d. h. nichtdeutsche[11] Urheber können sich vor deutschen Gerichten direkt auf sie begünstigende Regelungen der RBÜ berufen[12], falls sie in den personellen Anwendungsbereich der RBÜ fallen. Dabei stehen diese unmittelbar anwendbaren Regelungen im gleichen Rang wie Bundesgesetze.[13]

b. Umsetzung der RBÜ in den USA

In den USA sind zwei Möglichkeiten der Umsetzung völkerrechtlicher Verträge in nationales Recht anerkannt, je nachdem, ob ein solcher Vertrag *self-executing* ist oder

---

[9] *Möhring/Nicolini-Hartmann*, Urheberrechtsgesetz, Vor §§ 120 ff., Rdnr. 58.

[10] *Schricker-Katzenberger*, Urheberrecht, Vor §§ 120 ff., Rdnr. 115; *Ulmer*, Urheber- und Verlagsrecht, § 11 III, Seite 67.

[11] Siehe § 5 Abs. 1 RBÜ.

[12] *Möhring/Nicolini-Hartmann*, Urheberrechtsgesetz, Vor §§ 120 ff., Rdnr. 55; *Schricker-Katzenberger*, Urheberrecht, Vor §§ 120 ff., Rdnr. 116; *Ulmer*, Die Bundesrepublik Deutschland und die Berner Union, GRUR Int. 1986, 229.

[13] *Ulmer*, Urheber- und Verlagsrecht, § 11 III, Seite 67.

nicht. *Self-executing* bedeutet dabei, dass die in dem internationalen Vertrag getroffenen Regelungen keiner Umgießung in nationales Recht bedürfen, um sie anwendbar zu machen und damit im Zeitpunkt der Ratifizierung die gleiche Stellung erlangen wie ein vom Kongress verabschiedetes Gesetz.[14] Verträge, die nicht *self-executing* sind, müssen erst durch ein Gesetz in nationales Recht umgewandelt werden.[15]

Wie in sec. 2 und 3 des *Berne Convention Implementation Act* von 1988 (*BCIA*) ausdrücklich festgestellt, wird die RBÜ vom Repräsentantenhaus als nicht *self-executing* angesehen. Zu dieser Ansicht führte die Auffassung der Exekutive, namentlich des Präsidenten und des Außenministeriums, dass die Umsetzung der RBÜ gesetzgeberischen Tätigwerdens bedürfe. Außerdem ergab ein Vergleich mit ähnlichen Konventionen, die auch als nicht *self-executing* angesehen wurden, dass mit der RBÜ ebenso verfahren werden müsse.[16] In sec. 3 (a) (2) *BCIA* wird bestimmt, dass die Regelungen der RBÜ nicht im Wege einer Klage, die sich auf den Inhalt der Konvention beruft, durchgesetzt werden können. Das bedeutet, dass die RBÜ als solche in ihrem Wortlaut in den USA kein geltendes Recht geworden ist. Durch den *BCIA* wurden jedoch – zumindest nach Ansicht der US-Kongresses – die völkerrechtlichen Verpflichtungen der USA, die sich aus der Unterzeichnung der RBÜ ergeben, erfüllt.[17] Der *BCIA* soll bestimmte Normen des *Copyright Act* in der Weise ändern, dass sie mit den Bestimmungen der RBÜ vereinbar sind.[18]

c. Vergleich der Umsetzungsarten

Die Variante der Umsetzung der RBÜ in deutsches Recht durch ein Zustimmungsgesetz gemäß Art. 59 Abs. 2 GG gewährleistet, dass die RBÜ in ihrem genauen Wortlaut, also völlig unverfälscht, übernommen wird. Dies kann man bei der Methode der

---

[14] *Whitney v. Robertson*, 124 U.S. 190, 194 (1888), in: Final Report of the ad hoc Working Group on U.S. Adherence to the Berne Convention, 10 Colum.-VLA J.L. & Arts 513, 599.

[15] H.R. Rep. No. 100-609, 100th Congress, 2nd Session, abgedruckt in: *Nimmer*, On Copyright, Bd. 9, App. 32, Seite 28.

[16] H.R. Rep. No. 100-609, 100th Congress, 2nd Session 1988, abgedruckt in: *Nimmer*, On Copyright, Bd. 9, App. 32, Seite 30. Dort wird Bezug genommen auf die Einstufung der Pariser Verbandsübereinkunft zum Schutz des gewerblichen Eigentums von 1883 als nicht *self-executing*.

[17] Dies ist jedoch gerade im Hinblick auf die Gewährung von *moral rights* sehr zweifelhaft, siehe dazu unter E.II.2.

[18] *Nordemann/Vinck/Hertin/Meyer*, International Copyright, Introduction, Rdnr. 15.

Umsetzung, die der Gesetzgeber in den USA gewählt hat, nicht in gleichem Maße sagen, da es von dem Ermessen des Kongresses abhängt, wie die RBÜ tatsächlich in nationales Recht gegossen wird.

Auf der anderen Seite bringt die deutsche Variante zahlreiche Überschneidungen zwischen den Regelungen des Urheberrechtsgesetzes, die trotz der Geltung der RBÜ regelmäßig geändert und reformiert werden, und den Bestimmungen der RBÜ mit sich. Dies mag für den einzelnen Urheber, der seine Rechte geltend machen will, verwirrend sein. Mit der in den USA gewählten Lösung bleibt das *Copyright Law* dagegen einheitlich und überschaubarer für den einzelnen Betroffenen.

Wägt man die einzelnen Argumente gegeneinander ab, so muss man aber die deutsche Lösung als vorzugswürdig ansehen, da sie den einzelnen Urhebern den vollen Schutz der RBÜ zukommen lässt und nicht wie die US-amerikanische Lösung die RBÜ erst durch einen Filter laufen lässt, der sie mehr oder weniger verfälscht. Dies zeigt sich vor allem bei der unzureichenden Gewährung von *moral rights*.[19]

3. Schutzumfang zur Zeit der Gründung der Berner Union

Die Berner Übereinkunft trat nach Hinterlegung aller Ratifikationsurkunden am 5. Dezember 1887 zum ersten Mal in Kraft. In Art. 4 BÜ (Fassung Bern[20]) wurde aufgezählt, welche geistigen Produkte als Werke der Literatur und Kunst anzusehen waren. Dabei wurden architektonische Pläne, Skizzen und Darstellungen plastischer Art genannt. Genau wie im deutschen Gesetz von 1870[21] wurden auch hier Werke der Baukunst nicht als geschützte Werke genannt. Daher liegt es nahe, dass in § 4 BÜ (Fassung Bern) auch nur architektonische Pläne, Zeichnungen und Skizzen gemeint waren, die keine künstlerischen Zwecke verfolgen, sondern nur belehrender Art sind und daher auch nur die Darstellung als solche vor einer Vervielfältigung geschützt sein sollte und nicht der Gegenstand der Zeichnung oder plastischen Darstellung. Die Tatsache, dass der Schutz der Übereinkunft später auch auf Bauwerke ausgedehnt wurde,

---

[19] Siehe dazu unter E.II.2.

[20] Abgedruckt in: *Möhring/Schulze/Ulmer/Zweigert*, Quellen des Urheberrechts, Bd. 6, Anhang. Dort sind auch alle anderen Fassungen der Berner Übereinkunft, auf die im weiteren Verlauf Bezug genommen wird, abgedruckt.

[21] Siehe dazu oben unter B.I.2.

legt den Schluss nahe, dass diese zuvor ausgeschlossen waren und nur deren Pläne wie Schriftwerke geschützt wurden.

4. Pariser Zusatzakte

Die Pariser Zusatzakte vom 4. Mai 1896, in Kraft getreten am 9. Dezember 1897, war das Ergebnis einer nur geringfügigen Ergänzung der Berner Übereinkunft.[22] Für den Schutz von baulichen Schöpfungen wurde jedoch eine Neuerung beschlossen. In Art. 2 Abs. 1 der Pariser Zusatzakte wurde die Nr. 1 des Schlussprotokolls zur Übereinkunft vom 9. September 1886 dahingehend geändert, dass in den Verbandsländern, in denen nicht nur architektonische Pläne, sondern auch Werke der Baukunst selbst Schutz genießen, diese Werke „der Wohltat der Bestimmungen der Berner Übereinkunft und der gegenwärtigen Zusatzakte teilhaftig" werden. Diese Ergänzung zeigt, dass der im Völkerrecht verbreitete Grundsatz der Reziprozität im Falle der Berner Übereinkunft weitgehend vom Prinzip der Inländerbehandlung verdrängt wurde.[23] Reziprozität oder Gegenseitigkeit bezeichnet eine wechselseitige Bedingtheit vertraglich normierter Verhaltensnormen.[24] Im Rahmen der Berner Übereinkunft würde das bedeuten, dass das Schutzland einem ausländischen Urheber nur in dem Umfang Schutz gewähren muss, in dem ausländischen Urhebern im Ursprungsland Schutz gewährt wird. Für den Schutz von Werken der Baukunst wurde aber in Art. 2 Abs. 1 Pariser Zusatzakte gerade bestimmt, dass Verbandsländer, die Werke der Baukunst schützen, diesen Schutz auch Werken aus solchen Ursprungsländern zukommen lassen müssen, die diese Werke nicht schützen.[25] Damit wurde in diesem Fall dem Prinzip der Inländerbehandlung der Vorzug gegenüber dem Prinzip der Reziprozität gegeben.

5. Berliner Revision

Neben zahlreichen anderen Erweiterungen des Urheberschutzes führte die Berliner Revision der Berner Übereinkunft vom 13. November 1908, in Kraft getreten am 9.

---

[22] *Hubmann*, Hundert Jahre Berner Übereinkunft, UFITA 103 (1986), 5, 9.

[23] *Nordemann*, Das Prinzip der Inländerbehandlung und der Begriff „Werke der Literatur und Kunst", GRUR Int. 1989, 615, 615/616.

[24] *Verdross/Simma*, Völkerrecht, Seite 63.

[25] Dazu auch *Franz*, Der Werkbegriff der Berner Übereinkunft, Seiten 113 ff, 126/127.

September 1910, zur Aufnahme von Werken der Baukunst in den Katalog geschützter Werke in § 2 Abs. 1 RBÜ (Fassung Berlin).[26] Der Schutz von architektonischen Plänen, Skizzen und Darstellungen plastischer Art wurde im Katalog des Art. 2 Abs. 1 RBÜ (Fassung Berlin) unverändert beibehalten. In Art. 4 Abs. 4 S. 2 RBÜ (Fassung Berlin) wurde festgelegt, dass die Errichtung eines Werkes der Baukunst keine Veröffentlichung darstellt. Die Veröffentlichung eines Werkes war und ist ein Anknüpfungspunkt für die Abgrenzung des Schutzbereichs der Konvention.[27] Überdies war und ist die Veröffentlichung ausschlaggebend für die Bestimmung des Ursprungslandes eines Werkes, Art. 4 Abs. 3 RBÜ (Fassung Berlin). In Art. 4 Abs. 3 RBÜ (Fassung Berlin) wurde geregelt, dass bei nicht veröffentlichten Werken Ursprungsland das Heimatland des Urhebers ist. Somit galt bei bereits errichteten Werken der Baukunst das Heimatland des Urhebers als Ursprungsland, wenn nicht entgegen üblicher Praxis ein zusätzlicher Veröffentlichungsakt, wie z. B. die Abbildung des architektonischen Werkes als Plan oder als Photographie in einer veröffentlichten Zeitschrift stattgefunden hatte.[28] Verbandsfremde Urheber, die ein Werk der Baukunst in einem verbandseigenen Land errichtet hatten, konnten somit keinerlei Schutz durch die RBÜ beanspruchen[29] und mussten sich mit dem Schutz zufrieden geben, den ihnen das jeweilige Land als Ausländern gewährte, obwohl gerade in dem Land, in dem sich das errichtete Werkstück befindet und von wo es auch nicht wegbewegt werden kann, eine Urheberrechtsverletzung am wahrscheinlichsten ist.

6. Brüsseler Revision

Nachdem die Revision von Rom vom 2. Juni 1928, in Kraft getreten am 1. August 1931, dieses Problem nicht gelöst hatte, versuchte man, es durch die ohne Teilnahme Deutschlands stattfindende Brüsseler Revision vom 26. Juni 1948, in Kraft getreten am 1. August 1951, rechtlich in den Griff zu bekommen. Dies gelang jedoch nur sehr begrenzt. Durch die Einfügung des Art. 4 Abs. 5 S. 2 RBÜ (Fassung Brüssel) wurde bestimmt, dass bei nicht veröffentlichten Werken der Baukunst als Ursprungsland das

[26] *Hubmann*, Hundert Jahre Berner Übereinkunft, UFITA 103 (1986), 5, 11.

[27] *Ulmer*, Anknüpfungspunkt und Ursprungsland im System der Berner Übereinkunft, in: Rechtsvergleichung und Rechtsvereinheitlichung, Seite 59.

[28] *Nordemann/Vinck/Hertin/Meyer*, International Copyright, Art. 3/4 BC, Rdnr. 1.

[29] *Nordemann/Vinck/Hertin/Meyer*, International Copyright, Art. 3/4 BC, Rdnr. 1.

Land gilt, in dem das Bauwerk errichtet worden ist. Durch Schaffung dieser Regelung glaubte man, dass nunmehr auch Werke verbandsfremder Urheber konventionsrechtlich geschützt würden, wenn sie auf dem Staatsgebiet eines Verbandslandes errichtet wurden. Diese Annahme erwies sich jedoch als unzutreffend, da durch Art. 4 Abs. 5 S. 2 RBÜ (Fassung Brüssel) kein neuer Anknüpfungspunkt geschaffen wurde. Diese Regelung setzt nämlich bereits voraus, dass der betreffende Urheber eines unveröffentlichten Werkes der Baukunst Staatsangehöriger eines Verbandslandes ist. Nur unter dieser Voraussetzung ist das Land als Ursprungsland anzusehen, in welchem das Werk errichtet wurde.[30]

7. Stockholmer Revision

Durch die Stockholmer Revision vom 14. Juli 1967 wurde diese Unzulänglichkeit beseitigt, indem mit der Neuordnung der Systematik in den Art. 3 – 6 RBÜ (Fassung Stockholm)[31] ein zusätzlicher Anknüpfungspunkt bei Werken der Baukunst geschaffen wurde. In dem neugefassten Art. 4 (b) RBÜ (Fassung Stockholm) wurde nun bestimmt, dass Urheber von Werken der Baukunst, die in einem Verbandsland errichtet sind, den Schutz durch die Übereinkunft genießen, auch wenn die Voraussetzungen des Art. 3 RBÜ (Fassung Stockholm) nicht vorliegen. In Bezug auf Werke der Baukunst bedeutet diese Vorbemerkung in Art. 4 RBÜ (Fassung Stockholm), dass nur solche Werke in Art. 4 (b) RBÜ (Fassung Stockholm) gemeint sind, die überhaupt nicht oder erstmals in einem Nichtverbandsland veröffentlicht wurden, Art. 4 i. V. m. Art. 3 Abs. 1 (b) RBÜ (Fassung Stockholm)[32]. Die neuen materiellrechtlichen Bestimmungen traten jedoch zunächst nicht in Kraft, da es in vielen Verbandsländern

---

[30] *Ulmer*, Anknüpfungspunkt und Ursprungsland im System der Berner Übereinkunft, in: Rechtsvergleichung und Rechtsvereinheitlichung, Seiten 62/63. Ulmer arbeitet in seinem Aufsatz die Systematik der RBÜ heraus. Dabei kommt er auf Seite 62 zu dem Ergebnis, dass immer zuerst die Frage nach dem Anknüpfungspunkt geklärt werden muss und erst danach auf die Frage des Ursprungslandes eingegangen werden darf. Dies war den Delegierten der Brüsseler Revisionskonferenz anscheinend noch nicht klar.

[31] *Reimer/Ulmer*, Die Reform der materiellrechtlichen Bestimmungen der Berner Übereinkunft, GRUR Int. 1967, 431, 436.

[32] *Ulmer*, Anknüpfungspunkte und Ursprungsland im System der Berner Übereinkunft, in: Rechtsvergleichung und Rechtsvereinheitlichung, Seite 65, Fußnote 9. Allerdings nimmt Ulmer dort noch nicht auf die neugefassten Artikel Bezug, sondern verwendet noch die alten Nummern.

großen Widerstand gegen das Entwicklungsländerprotokoll gab und aufgrund eines Junktims nur alles zusammen ratifiziert werden konnte.[33]

8. Pariser Revision

Die aufgrund der mangelnden Ratifizierung der Stockholmer Revision notwendig gewordene Pariser Revision vom 24. Juli 1971 machte es wegen der Abwandlung des Entwicklungsländerprotokolls möglich, dass die in Stockholm beschlossenen materiellrechtlichen und damit auch die Werke der Baukunst betreffenden Neuregelungen unverändert[34] in die Pariser Revision, die bis heute letzte Revision der Berner Übereinkunft, übernommen wurden und in Kraft treten konnten.

---

[33] *Hubmann*, Hundert Jahre Berner Übereinkunft, UFITA 103 (1986), 5, 20.

[34] *Hubmann*, Hundert Jahre Berner Übereinkunft, UFITA 103 (1986), 5, 22.

III. Gesetzgebungsgeschichte in den USA

Da die Rechtsordnung der Vereinigten Staaten grundlegende Unterschiede zum deutschen Rechtssystem aufweist, soll im Zusammenhang mit der Entwicklung der Gesetzgebung genauer auf die Arten der Rechtssetzung eingegangen werden.

1. *Case Law* und *Statutory Law*

Die USA gehören zur Familie der *Common Law* Länder, deren Rechtstradition ihren Ursprung im englischen Recht hat. Das *Common Law* System fand seinen Weg nach Nordamerika durch die englische Kolonisation und wurde nach der Unabhängigkeit der Vereinigten Staaten bis heute beibehalten, wenn auch mit bedeutenden Abwandlungen.[1]

Common Law Systeme werden dadurch gekennzeichnet, dass im Vergleich zu Rechtssystemen, die sich auf die römische Rechtstradition berufen, nur eine sehr eingeschränkte Anzahl an kodifizierten Rechtsnormen besteht.[2] Die überwiegende Anzahl von Regeln des Rechts wird Gerichtsentscheidungen entnommen, die durch die Doktrin des *stare decisis et non quieta movere*[3], auch *Doctrine of Precedent* genannt, welche eine Bindung der Gerichte an vorangegangene Entscheidungen höherer Gerichte vorschreibt, aufeinander aufbauen. Dabei wird in den USA die Autorität von Entscheidungen in *persuasive* (überzeugend) und *binding* (bindend) eingeteilt. Bindend sind nur die Entscheidungen übergeordneter Gerichte desselben Rechtswegs. Die *persuasive authority* einer Entscheidung eines anderen Gerichtes hängt dagegen von vielen Faktoren, wie z. B. der nachvollziehbaren Begründung, dem Ansehen des jeweiligen Gerichts etc. ab.[4]

Die Gerichte in den USA setzen somit bei der Entscheidung eines Falles, zu dem es kein Präjudiz gibt, Recht wie die legislative Gewalt, mit dem Unterschied, dass einem Gericht wegen des speziellen Lebenssachverhalts engere Grenzen gesetzt sind.[5] Die

---

[1] *Zweigert/Kötz*, Rechtsvergleichung, Seiten 233 – 235.

[2] Das ist in England am ausgeprägtesten, siehe *Zweigert/Kötz*, Rechtsvergleichung, Seiten 259 ff.

[3] Was vom Lateinischen ins Deutsche übersetzt etwa bedeutet: „bei dem Entschiedenen bleiben und zur Ruhe Gekommenes nicht stören".

[4] *Farnsworth*, US Legal System, Seite 46.

[5] *Farnsworth*, US Legal System, Seite 44.

Gesamtheit des auf diese Weise gesetzten Rechts wird als *Common Law* bezeichnet. *Common Law* ist damit *Case Law* (Fallrecht), da es sich aus den entsprechenden Gerichtsentscheidungen zusammensetzt.

Auf der anderen Seite existiert in den Vereinigten Staaten auch eine Vielzahl von formellen Gesetzen, das sogenannte *Statutory Law*, das je nach Kompetenzverteilung vom nationalen Parlament, dem Kongress, oder von den Parlamenten der Einzelstaaten gesetzt wird.[6] Auch im Bereich des *Statutory Law* gibt es *Case Law* in Form von Gerichtsentscheidungen, die das *Statutory Law* auslegen.

Ein Blick auf die Gesetzgebungsgeschichte des Schutzes von architektonischen Schöpfungen kann sich wegen der Aufteilung der Rechtssetzung zwischen Legislative und Judikative folglich nicht nur auf das *Statutory Law* beschränken.

Das Verhältnis von nationalem zu einzelstaatlichem Recht ist grundlegend in Art. VI cl. 2 der US-Verfassung geregelt, sog. *Supremacy Clause*. Danach gehen die nationalen Regelungen vor. Ein Ausschluss einzelstaatlichen Rechts (*preemption*) muss dann angenommen werden, wenn das einzelstaatliche Recht unzulässig mit den Regelungszielen des entsprechenden nationalen Rechts kollidiert.[7] Wann ein solcher Ausschluss des einzelstaatlichen Rechts vorlag, war unter der Geltung des verschiedenen *Copyright Acts* jeweils unterschiedlich.

2. Rechtslage vor dem *Copyright Act* von 1909

a. Schutz durch *Statutory Law*

Auch das US-amerikanische Recht, das sich mit literarischem und künstlerischem Eigentum befasst, wurde ursprünglich von der ehemaligen Kolonialmacht England übernommen.[8] Die Erlaubnis, Bücher zu veröffentlichen und nachzudrucken, lag in England anfangs allein bei der *Stationer's Company*, die aus einer Gilde von Kalligraphen, Illustratoren, Buchbindern und Buchhändlern hervorgegangen war. Autoren als solchen standen keinerlei Rechte zu. Dies änderte sich mit der *Statute of Anne*, die 1710 in Kraft trat und die Rechte der Autoren zum ersten Mal anerkannte. Doch weder die einzelnen Gesetze der noch nicht vereinigten Kolonien noch die Verfassung der

---

[6] *Garner* (Hrsg.), Black's Law Dictionary, Seite 1424.

[7] *Leaffer*, Understanding Copyright Law, § 11.1, Seite 477.

[8] *Patry*, Copyright Law and Practice, Bd. 1, Seite 53.

Vereinigten Staaten von 1787, die in Art. I § 8 cl. 8 den Schutz der Rechte von Autoren an ihren Schriftwerken vorschreibt, erwähnten architektonische Pläne oder gar Werke. Auch der erste Copyright Act von 1790, der zwar schon Karten als schutzfähig ansah und im Laufe der Zeit um immer neue schutzfähige Kategorien von geistigen Erzeugnissen wie musikalischen Schöpfungen oder Photographien erweitert wurde, sah einen Schutz von architektonischen Werken nicht vor.[9] Lediglich ein *circuit court* setzte sich im Rahmen einer Zollstreitigkeit mit der Einordnung eines importierten Altars als architektonisches Kunstwerk im Sinne des *Copyright Law* auseinander und sah ihn schließlich zumindest als bildhauerisches Kunstwerk an.[10]

b. Schutz durch *common law copyright* der Einzelstaaten

Was den Schutz durch das *common law copyright* auf der Ebene der Einzelstaaten anbelangt, so wurden von Gerichten einzelner Staaten bereits vor 1909 erste Entscheidungen getroffen, die sich mit dem *copyright* an architektonischen Plänen oder Werken befassten. Dabei sah ein kalifornisches Gericht es als erlaubt an, ein identisches Bauwerk zu erstellen[11] und ein Gericht aus Pennsylvania verneinte den Schutz einer Veranda durch *common law copyright*, weil sie von der Öffentlichkeit gesehen werden konnte und damit als veröffentlicht anzusehen sei.[12]

3. Rechtslage unter dem *Copyright Act* von 1909

a. Bestimmungen des nationalen *Statutory Law*

Auf den vom *Copyright Office* einberufenen Konferenzen, die dazu dienen sollten, eine Übereinstimmung unter denjenigen Beteiligten herzustellen, die von einer Revision des im Laufe der Jahre häufig geänderten und erweiterten *Copyrigt Act* von 1790 betroffen waren, wurde diskutiert, ob der Schutz von architektonischen Werken und Zeichnungen gesetzlich festgelegt werden sollte. Diese Diskussion fand jedoch keinen

---

[9] *Patry*, Copyright Law and Practice, Bd. 1, Seiten 30/31.

[10] *Morris European & American Express Co. v. United States*, 85 F. 964 (C.C.S.D.N.Y. 1898), abgedruckt in: Report of the Register of Copyrights on Works of Architecture, Seiten 27/28.

[11] *Weinstock, Lubin & Co. v. Marks*, 109 Cal. 529, 543 (Cal.1895).

[12] *Gendel v. Orr*, 12 Phil. 191, 14 Copyright Office Bulletin 1067 (Court of Common Pleas 1879), siehe auch die Besprechung des Urteils in: Report of the Register of Copyrights on Works of Architecture, Seite 24.

Eingang in die Beratungen des Kongresses, was auch daran lag, dass die Standesvertretung der US-amerikanischen Architekten, das *American Institute of Architects* (*AIA*), trotz Einladung nicht an den Beratungen teilnahm[13]. Somit fanden architektonische Zeichnungen und Werke im *Copyright Act* von 1909, in Kraft getreten am 1. Juli 1909, keine ausdrückliche Erwähnung. Architektonische Pläne wurden jedoch von der Regelung in sec. 5 (i) des C. A.[14] von 1909 umfasst[15] und vom *Copyright Office*, der Behörde, bei der schutzfähige Werke registriert werden mussten, um Schutz zu erhalten, als *drawings of a scientific or technical nature* eingestuft. Architektonische Werke, waren jedoch grundsätzlich nicht schutzfähig[16], nur in Ausnahmefällen konnten sie als *works of art* gemäß sec. 5 (g) des C. A. von 1909[17] geschützt werden, wenn sie die Voraussetzungen eines Kunstwerks erfüllten.

Bis zum Jahr 1940 wurden zahlreiche Gesetzentwürfe eingebracht, die den Beitritt der USA zur Berner Union und damit die Anpassung des *Copyright Act* von 1909 an die Bestimmungen der RBÜ zum Inhalt hatten. Alle Gesetzentwürfe enthielten die Einführung eines Schutzes von architektonischen Werken, keiner fand jedoch gleichzeitig im Repräsentantenhaus und im Senat des Kongresses eine Mehrheit.[18] Im Verlauf einer Untersuchung über eine mögliche Revision des *Copyright Act* von 1909 wurde zwar der Schutz von architektonischen Zeichnungen und Werken genau analysiert[19], eine Änderung der entsprechenden Regelungen des *Copyright Act* von 1909 unterblieb jedoch.

---

[13] Report of the Register of Copyrights on Works of Architecture, Seiten 72-77.

[14] Bei der Zitierung von Vorschriften wird Copyright Act im weiteren mit C. A. abgekürzt.

[15] *Weil*, American Copyright Law, Seiten 83-84, 218; *Ball*, The Law of Copyright and Literary Property, Seite 396; 42 Colum. L. Rev. 290, 292 (1942).

[16] *Weil*, American Copyright Law, Seiten 83-84, 218; *Ball*, The Law of Copyright and Literary Property, Seite 396; 42 Colum. L. Rev. 290, 293 (1942).

[17] *Strauss*, Copyright in Architectural Works, Seite 70, Fn. 35, abgedruckt in: Report of the Register of Copyrights on Works of Architecture, Seite 88, beruft sich dabei auf *Jones Bros. Co. v. Underkoffler*, 16 F.Supp. 729, 731 (D.C.Pa. 1936), wo die Schutzfähigkeit eines Denkmals als *work of art* bejaht wurde.

[18] Report of the Register of Copyrights on Works of Architecture, Seiten 81-84.

[19] *Strauss*, Copyright in Architectural Works, teilweise abgedruckt in: Report of the Register of Copyrights on Works of Architecture, Seiten 86-92.

b. Schutz durch einzelstaatliches *common law copyright*

Neben dem *Copyright Act* von 1909 auf nationaler Ebene existierte das *common law copyright* in Bezug auf einzelstaatlicher Ebene weiter.

aa. Abgrenzung nationales *statutory copyright*/einzelstaatliches *common law copyright*

Die Abgrenzungsfrage wurde zumindest für architektonische Zeichnungen erst mit Inkrafttreten des Copyright Act von 1909 aufgeworfen, obgleich die parallele Existenz von *Common Law* auf einzelstaatlicher und *Statutory Law* auf nationaler Ebene so alt ist wie die Vereinigten Staaten selbst. Auf der nationalen Ebene gibt es ungeschriebenes *Common Law* nur sehr begrenzt in Bereichen, in denen kein kodifiziertes Recht vorhanden ist.[20] Daraus ergibt sich, dass das nationale *Copyright Law* wegen der Existenz eines *Copyright Act* ausschließlich *Statutory Law* ist.

Der Schutz durch das *common law copyright* unterschied sich vom Schutz durch das *statutory copyright* in folgenden Punkten: das *common law copyright* kam nur für unveröffentlichte Werke in Frage, das *statutory copyright* dagegen grundsätzlich nur für veröffentlichte, sec. 2 C. A. von 1909. Bereits durch die Schöpfung wurde dem Werk ohne weiteres Zutun der Schutz des *common law* zuteil, das *statutory copyright* griff jedoch erst nach der Erfüllung bestimmter Formalitäten, z. B. Kennzeichnung des Werkes mit einem Copyrightvermerk, sec. 10 C. A. von 1909 oder Registrierung desselben beim *Copyright Office*, sec. 11 C. A. von 1909. Die Schutzdauer des *common law copyright* war unbegrenzt, auf nationaler Ebene wurde Schutz nur für einen bestimmten Zeitraum gewährt, zunächst für 28 Jahre mit der Möglichkeit der Verlängerung um den gleichen Zeitraum, sec. 24 des C. A. von 1909.[21]

bb. Veröffentlichung von architektonischen Plänen

Die für den Verlust des Schutzes durch das *common law copyright* und die dadurch mögliche Erlangung von Schutz durch *staturory copyright* ausschlaggebende Veröf-

---

[20] *Erie R. Co. v. Tompkins*, 58 S.Ct. 817, 822 (U.S. 1983), wo die Existenz von *Common Law* auf nationaler Ebene verneint wird; *Resnick v. Uccello Immobilien GMBH*, Inc., 227 F.3d 1347, 1350, Fn.4 (11th Cir. 2000), wo die Existenz von *federal Common Law* zwar grundsätzlich anerkannt wird, die Anwendung desselben aber nur in seltenen Fällen vorgenommen werden soll.

[21] *Katz*, Copyright Protection of Architectural Plans, Drawings and Designs, 19 Law and Contemp. Probs. 224, 227/228 (1954).

fentlichung[22], die sogenannte *divestive publication* (entkleidende Veröffentlichung)[23] wurde für architektonische Pläne unter der Geltung des *Copyright Act* von 1909 kontrovers entschieden und diskutiert.

Dabei wurde vor allem unterschiedlich bewertet, ob folgende Sachverhalte eine Veröffentlichung darstellten: Die Abgabe von Plänen an den Auftraggeber, die Weitergabe von Plänen an die Bauunternehmer zur Ausführung der Pläne und an diejenigen, die sich darum beworben haben, die Hinterlegung von Kopien der Pläne bei der örtlichen Baubehörde zum Zwecke der Erlangung einer Baugenehmigung, die Errichtung des Gebäudes und die Besichtigung des fertiggestellten Gebäudes durch die Öffentlichkeit bzw. die Darstellung der Pläne oder des fertigen Gebäudes in Werbeprospekten.[24]

Nachdem die ersten hierzu ergangenen Urteile[25] ohne weiteres eine *divestive publication* annahmen, änderte sich diese Einstellung erst im Laufe der 50er Jahre.[26] Dies bedeutete jedoch keinen grundsätzlichen Richtungswechsel, vielmehr ergingen danach zahlreiche Entscheidungen, die einen unterschiedlichen Maßstab an das Vorliegen einer Veröffentlichung anlegten, ohne dass sich dabei eine einheitliche Linie herausbildete.[27]

4. Der *Copyright Act* von 1976

Mit Inkrafttreten des *Copyright Act* von 1976 am 1. Januar 1978 endete – von wenigen Ausnahmen abgesehen – die Zweigleisigkeit des US-amerikanischen Copyright-

---

22 *Nimmer*, On Copyright, Bd. 1, § 4.01 [B], Seite 4-5.

23 im Gegensatz dazu war die *investive publication* (bekleidende Veröffentlichung) für den Beginn des Schutzes durch nationales *statutory copyright* Voraussetzung. Zu dieser Unterscheidung siehe *Nimmer*, On Copyright, Bd. 1, § 4.13 [C], Seiten 4-75 – 4-78.

24 *Altman*, Copyright on Architectural Works, 33 IDEA 1, 36 (1992).

25 *Gendell v. Orr* , 12 Phil. 191, 14 Copr. Office Bulletin 1067 (Ct. Common Pleas 1897), zusammengefasst wiedergegeben in: Report of the Register of Copyrights on Works of Architecture, Seite 24; *Wright v. Eisle*, 83 N.Y.S. 887 (1903); *Kurfiss v. Cowherd* , 121 S.W.2d 282 (Mo.App. 1938).

26 *Katz*, Copyright Protection of Architectural Plans, Drawings and Designs, 19 Law and Contemp. Probs. 224, 233 ff. (1954); *Smith v. Paul*, 345 P.2d 546 (Cal. App. 1959) = GRUR Int. 1961, 51.

27 *Altman*, Copyright on Architectural Works, 33 IDEA 1, 40 (1992); *Lind*, What Constitutes Publication of Architectural Plans, Drawings and Designs, so as to Result in Loss of Common-Law Copyright, 77 A.L.R.2d 1048 ff. (1961).

systems. Gemäß § 301 (a) C. A.[28] ist niemand mehr dazu berechtigt, sich auf den Schutz des *common law copyright* oder auf entsprechende gesetzliche Regelungen auf einzelstaatlicher Ebene zu berufen, wenn es dabei um Rechte an Werken geht, die im *Copyright Act* von 1976 eine Regelung gefunden haben.[29] Wie in § 301 (a) C. A. ausdrücklich genannt, finden die Vorschriften des *Copyright Act* von 1976 sowohl auf nichtveröffentlichte als auch auf veröffentlichte Werke Anwendung. Damit ist ein *common law copyright* an einem unveröffentlichten Werk im Sinne des § 102 (a) C. A. nicht mehr möglich. Weiterhin kann jedoch beispielsweise ein *common law copyright* an einem nicht körperlich festgelegten Werk wie einem improvisierten Musikstück existieren, da sich der Copyrightschutz auf nationaler Ebene gemäß § 102 (a) C. A. nur auf körperlich festgelegte Werke erstreckt.[30]

Architektonische Pläne und Zeichnungen wurden jedoch in der ursprünglich in Kraft getretenen Fassung des Gesetzes wiederum nicht erwähnt. In der Definition der in § 102 (a) (5) C. A. als Werkkategorie aufgeführten *pictorial, graphical and sculptural works* (Werke der Malerei, Graphik und Bildhauerei bzw. Werke der bildenden Künste) wurden lediglich technische Zeichnungen, Diagramme und Modelle ausdrücklich genannt, § 101 C. A. (Fassung 1976). Im dazugehörigen *House Report* wurde jedoch festgestellt, dass architektonische Pläne und Zeichnungen „natürlich vom *copyright* geschützt würden".[31] Dies gelte aber nicht für fertiggestellte bauliche Konstruktionen. Diese seien entweder nur dann als Kunstwerke schutzfähig, wenn sie keinem Gebrauchszweck dienen oder wenn die Gestaltung der Konstruktion von den Elementen, die einen bestimmten Nutzen haben, getrennt werden kann.[32] Das bedeutet, dass fertiggestellte bauliche Konstruktionen grundsätzlich nicht geschützt wurden.

---

[28] Der *Copyright Act* von 1976 bildet den Title 17 des US-Code. Anstatt der auch gebräuchlichen Zitierweise 17 U.S.C. § ... wird hier aus Gründen der Übersichtlichkeit und besseren Lesbarkeit die Zitierung § ... C. A. verwendet. Existiert kein anderweitiger Hinweis, dann handelt es sich jeweils um die neueste Fassung des *Copyright Act*.

[29] *Nimmer*, On Copyright, Bd. 1, § 1.01 [B], Seite 1-10, der die Voraussetzungen der Nichtanwendbarkeit von *common law copyright* oder *statutory copyright* auf einzelstaatlicher Ebene gemäß § 301 (a) C. A. erörtert.

[30] *Leaffer*, Understanding Copyright Law, § 11.10, Seite 502.

[31] Im S. Rep. No. 94-473, 94th Congress, 1st Session 1995, Seite 53, wurde überdies festgestellt, dass die Definition von *pictorial, graphical and sculptural works* in § 101 C. A. alles umfassen soll, was bis dahin von sec. 5 (i) C. A. von 1909 abgedeckt worden war.

[32] H.R. Rep. No. 14-1476, 94th Congress, 2nd Session 1976, Seite 55.

Weiterhin wurde die auch für fertiggestellte Gebäude bedeutsame *useful article* Doktrin im Rahmen der Definition von *pictorial, graphic and sculptural works* in § 101 C. A. gesetzlich verankert. Diese auf eine Entscheidung des *Supreme Court* von 1954[33] zurückgehende Regelung besagt, dass die Gestaltung eines Gebrauchsgegenstandes nur dann als *pictorial, graphic oder sculptural work* angesehen werden kann, wenn, und in dem Ausmaß, als in der Gestaltung Elemente der Malerei, Graphik oder Bildhauerei enthalten sind, die von den gebrauchsbezogenen Elementen des Gegenstandes getrennt identifiziert werden und unabhängig von diesem bestehen können, § 101 C. A.[34] An anderer Stelle in dieser Definition wird bestimmt, dass ein Gebrauchsgegenstand ein Gegenstand ist, der seinem Wesen nach einen Gebrauchszweck erfüllt, der nicht nur darin besteht, das äußere Erscheinungsbild des Gegenstandes darzustellen oder Informationen zu vermitteln.[35] Ausgeführte bauliche Schöpfungen werden von dieser Definition erfasst und sind damit Gebrauchsgegenstände in diesem Sinne.[36]

5. Der *Berne Convention Implementation Act* (*BCIA*) von 1988

Im Vorfeld des Beitritts der USA zur Berner Union wurde diskutiert, welche Voraussetzungen erfüllt werden müssten, damit die Rechtslage in den USA den Vorgaben der RBÜ genügt.[37] Werke der Baukunst werden durch Art. 2 Abs. 1 RBÜ seit der Berliner Revision im Jahre 1908 geschützt. Somit drängte sich in den USA die Frage auf, ob es zwingend erforderlich sei, architektonische Werke als neue Werkkategorie in den *Copyright Act* von 1976 aufzunehmen. Die ersten drei Gesetzesentwürfe zur Angleichung des US-amerikanischen *Copyright Law* an die RBÜ sahen noch vor, architektonische Werke als neue Werkkategorie einzuführen, wobei die Schutzvoraus-

---

[33] *Mazer v. Stein*, 74 S.Ct. 460 (1954).

[34] Der Originaltext in § 101 C. A. lautet: „...; *the design of a useful article, as defined in this section, shall be considered a pictorial, graphic, or sculptural work only if, and only to the extent that, such design incorporates pictorial, graphic, or sculptural features that can be identified separately from, and are capable of existing independently of, the utilitarian aspects of the article.*"

[35] Definition von *useful article* in § 101 C. A.: „*A ‚useful article' is an article having an intrinsic utilitarian function that is not merely to portray the appearance of the article or to convey information.*"

[36] *Nimmer*, On Copyright, Bd. 1, § 2.08 [D][2][a], Seiten 2-121 – 2-122.

[37] Final Report on U.S. Adherence to the Berne Convention, 10 Colum.-VLA J.L. & Arts 513 (1985-86).

setzungen unterschiedlich hoch waren und bezüglich der Untersagung des Weiterbaus oder der Anordnung der Zerstörung des copyrightverletzenden Gebäudes verschiedene Regelungen getroffen werden sollten.[38] Es erhoben sich jedoch einflussreiche Stimmen, die der Einführung einer solchen neuen Werkkategorie skeptisch gegenüberstanden. So äußerte der damalige Vorsitzende des zuständigen Unterausschusses[39], Repräsentant *Kastenmeier*, Bedenken dagegen, eine Materie überstürzt zu regeln, die althergebrachte Grundsätze des *Copyright Law* berühre. Außerdem sei es nicht notwendig, architektonische Werke zu schützen, wenn man einen minimalistischen Ansatz bei der Umsetzung der RBÜ in US-amerikanisches Recht verfolge.[40] Auch der damalige *Register of Copyrights*, *Ralph Oman*, schloss sich dieser Einschätzung an[41] und gab darüber hinaus noch zu Bedenken, dass eine derartige gesetzliche Regelung zu erheblichen Verlagerungen bei den Geschäftspraktiken der davon betroffenen Hauseigentümer, Grundstückseigentümer, der zuständigen Behörden etc. führen könnte.[42] Desweiteren vertraten *Barbara Ringer*, *Register of Copyrights* von 1973 – 1980 und Professor *Paul Goldstein* die Auffassung, dass die Umsetzung der RBÜ nicht unbedingt die Einführung des Schutzes von architektonischen Werken erfordere.[43] Die Unsicherheiten, die mit einer derartigen Erweiterung des Kataloges schutzfähiger Werke in § 102 (a) C. A. verbunden waren führten letztendlich dazu, dass die einzige gesetzliche Neuerung darin bestand, die Definition von *pictorial, graphic, and sculptural works* in § 101 C. A. dahingehend zu ändern, dass architektonische Pläne als technische Zeichnungen ausdrücklich miteinbezogen wurden („... *technical drawings, including archi-*

---

[38] Siehe Gesetzentwürfe vom 1. Oktober 1986, vom 29. Mai 1987 und vom 18. Dezember 1987, Report of the Register of Copyrights on Works of Architecture, Seiten 112-114.

[39] Es handelt sich dabei um den Unterausschuss zum Rechtsausschuss des Repräsentantenhauses, der speziell für Gerichte, geistiges Eigentum und die Justizverwaltung zuständig ist (*Subcommittee on Courts, Intellectual Property, and the Administration of Justice*).

[40] Schriftliche Anmerkungen von Repräsentant *Kastenmeier* zum *Senate Hearing* am 18. Februar 1988, abgedruckt in: Report of the Register of Copyrights on Works of Architecture, Seiten 114-116.

[41] Antwort des *Register of Copyrights Ralph Oman* auf eine Frage von Senator *Henflin* im *Senate Hearing* am 18. Februar 1988, abgedruckt in: Report of the Register of Copyrights on Works of Architecture, Seite 118.

[42] Äußerungen des *Register of Copyrights Ralph Oman* während des *House Hearings* am 17. Juni 1987, abgedruckt in: Report of the Register of Copyrights on Works of Architecture, Seite 129.

[43] H.R. Rep. No. 100-609, 100th Congress, 2nd Session 1988, abgedruckt in: *Nimmer*, On Copyright, Bd. 9, App. 32, Seite 50.

tectural plans.").[44] Gemäß sec. 14 (a) des *BCIA* trat diese Regelung am 2. März 1989[45] in Kraft. Da architektonische Pläne jedoch schon vor dieser Änderung als technische Zeichnungen schutzfähig waren, blieb die Rechtslage unverändert.

6. Der *Architectural Works Copyright Protection Act* (*AWCPA*) von 1990

a. Der Report des *Register of Copyrights*

Bereits Ende April 1988, also noch bevor der *BCIA* von beiden Häusern des Kongresses verabschiedet wurde[46], richtete Repräsentant Kastenmeier ein Gesuch an das *Copyright Office*[47], eine umfassende Untersuchung über das Thema „*Copyright in Works of Architecture*" durchzuführen und Empfehlungen für eine Änderung des *Copyright Act* zu geben. Die im Juni 1989 fertiggestellte Studie kam zu dem einmütigen Ergebnis, dass die RBÜ den Schutz architektonischer Werke verlangt und das US-amerikanische Recht diesen ausdrücklich gewähren sollte.[48] Dabei wurden vier Alternativen vorgeschlagen, wie dieses Vorhaben gesetzgebungstechnisch umgesetzt werden könnte. Als erste Möglichkeit sah die Studie vor, eine neue Werkkategorie für architektonische Werke und geeignete Einschränkungen in den *Copyright Act* aufzunehmen. Die zweite Alternative enthielt den Vorschlag, dem Copyrightinhaber architektonischer Pläne das Recht einzuräumen, das ungenehmigte Erstellen im wesentlichen ähnlicher (*substantially similar*) Gebäude auf der Grundlage der Pläne zu verbieten. Bei der dritten Möglichkeit ging es um die Ausklammerung von gebauten architektonischen Schöpfungen aus der Definition des Gebrausgegenstands (*useful article*). Die vierte Alternative sah schließlich vor, nicht gesetzgeberisch tätig zu wer-

---

[44] H.R. Rep. No. 100-609, 100th Congress, 2nd Session 1988, abgedruckt in: *Nimmer*, On Copyright, Bd. 9, App. 32, Seite 50.

[45] Also einen Tag nach dem Beitritt der USA zur Berner Union.

[46] Im Senat erfolgte die Verabschiedung am 5. Oktober 1988, 36 BNA's Patent, Trademark and Copyright Journal, 627 (1988), im Repräsentantenhaus am 12. Oktober 1988, 36 BNA's Patent, Trademark and Copyright Journal, 699 (1988).

[47] Eine der Aufgaben des *Copyright Office* besteht darin, den Kongress in Fragen des geistigen Eigentums zu beraten, siehe *http://www.loc.gov/copyright/docs/circ1a.html*, zuletzt abgerufen am 21. März 2001.

[48] Siehe die Ausführungen des Repräsentanten Kastenmeier während der Einbringung des *Architectural Works Copyright Protection Act* im Repräsentantenhaus am 7. Februar 1990, Congressional Record, Bd. 136, Seite E259 (daily ed. Feb. 7, 1990).

den, sondern es den Gerichten zu überlassen, im Rahmen sowohl des bereits bestehenden nationalen Rechts als auch des einzelstaatlichen *Case Law* neue Theorien für den von der RBÜ geforderten Schutz zu entwickeln.[49]

b. Die wichtigsten Stationen des Gesetzgebungsverfahrens

Am 7. Februar 1990 brachte Repräsentant Kastenmeier zwei Gesetzesvorlagen im Repräsentantenhaus ein, H.R. 3990, die als *Architectural Works Copyright Protection Act of 1990* bezeichnete Vorlage und H.R. 3991 mit dem Namen *Unique Architectural Structures Copyright Act of 1990.*[50] Am 14. März 1990 fand vor dem Unterausschuss für Gerichte, geistiges Eigentum und Justizverwaltung zu diesen Gesetzesvorlagen eine Anhörung statt, in der Betroffene ihre Meinungen zu den Vorhaben äußerten.[51] Nach dieser Anhörung wurde die Gesetzesvorlage H.R. 3990 überarbeitet und am 3. August 1990 als *Title III* der Gesetzesvorlage H.R. 5498 im Repräsentantenhaus eingebracht.[52] Am 27. September 1990 wurde H.R. 5498 vom Repräsentantenhaus verabschiedet.[53] Der *AWCPA* trat am 1. Dezember 1990 als *Title VII* des *Judicial Improvements Act* von 1990 in Kraft.[54]

c. Änderungen im *Copyright Act*

Ziel des *AWCPA* war es, die Verpflichtungen der Vereinigten Staaten, die durch den Beitritt zur Berner Union entstanden waren, „unzweideutig“ zu erfüllen.[55]

---

[49] Report of the Register of Copyrights on Works of Architecture, Seiten 223-226, mit Erläuterung der verschiedenen Alternativen.

[50] Congressional Record, Bd. 136, Seiten E259 f. (daily ed. Feb. 7, 1990).

[51] Es handelte sich dabei um *Richard Carney* von der *Frank Lloyd Wright Foundation, David A. Daleida* vom *American Institut of Architects*, den Architekten *Michael Graves*, den *Register of Copyrights Ralph Oman* und *Jeffrey M. Samuels* von der *Patent and Trademark Office*, Hearing before the Subcommittee on Courts, Intellectual Property and the Administration of Justice on H.R. 3990 and H.R. 3991, Seite (III).

[52] H.R. Rep. No. 101-735, 101st Congress, 2nd Session 1990, 1990 WL 200440, Seite 15.

[53] Siehe Übersicht über den Gesetzgebungsverlauf von H.R. 5498: *http://thomas.loc.gov/cgi-bin/bdquery/z?d101:HR5498:@@@X* (zuletzt abgerufen am 08.10.2002)

[54] *Nimmer*, On Copyright, Bd. 1, § 2.20, Seite 2-213, Fn. 9.

[55] So Repräsentant *Kastenmeier* am 7. Februar 1990 im Repräsentantenhaus, Congressional Record, Bd. 136, Seite E259 (daily ed. Feb. 7, 1990).

Um diesem Ziel gerecht zu werden, entschied sich der Kongress für den ersten und am weitesten reichenden Vorschlag der Studie des *Register of Copyrights*, die Einführung der neuen Werkkategorie „architektonische Werke" (*architectural works*) in § 102 (a) (8) C. A. Dies machte die Erweiterung von § 101 C. A. um eine entsprechende Definition der neuen Kategorie notwendig. Nach dieser Definition ist ein architektonisches Werk die in einer körperlichen Ausdrucksform festgelegte Gestaltung eines Gebäudes, wobei die Ausdrucksform das Gebäude selbst, architektonische Pläne oder Zeichnungen mitumfasst.[56] Weiterhin wird bestimmt, dass das Werk die Form im Ganzen sowie die Einteilung und Zusammenstellung von Räumen und Gestaltungselementen umfasst, nicht jedoch einzelne Standardmerkmale.[57] Der US-amerikanischen Art der Umsetzung der RBÜ entsprechend wurde durch den *AWCPA* in § 101 C. A. die Definition eines Werkes der Berner Übereinkunft (*Berne Convention work*) dahingehend erweitert, dass im Falle eines architektonischen Werkes, das in einem Gebäude verkörpert ist, ein Werk der Berner Übereinkunft vorliegt, wenn ein solches Gebäude in einem Mitgliedsland der Berner Übereinkunft errichtet worden ist. Diese Regelung ist die Umsetzung des Art. 5 Abs. 4 (c) (ii) RBÜ. Durch den *WIPO Copyright and Performances and Phonograms Treaties Implementation Act* von 1998 wurde jedoch die gesamte Definition des Werkes der Berner Übereinkunft aus § 101 C. A. gestrichen und in den Anhang zu 17 U.S.C. verlagert, was aber an ihrer Gültigkeit nichts änderte.[58]

Durch den *AWCPA* wurde § 120 C. A., der den Umfang der ausschließlichen Rechte an architektonischen Werken regelt, neu eingefügt. § 120 (a) C. A. bestimmt, dass das *copyright* an einem errichteten architektonischen Werk nicht das Recht beinhaltet, die Herstellung, Verbreitung oder Ausstellung von Bildern, Gemälden, Fotografien oder anderen bildlichen Darstellungen des Werkes zu verhindern, wenn das Gebäude, in dem das Werk verkörpert ist, an einem öffentlichen Platz gelegen ist oder von dort aus ohne weiteres sichtbar ist. In § 120 (b) C. A. wurde eine Regelung be-

---

[56] Die in § 101 C. A. enthaltene Definition lautet: "*An 'architectural work' is the design of a building as embodied in any tangible medium of expression, including a building, architectural plans, or drawings.*"

[57] Der Originaltext in § 101 C. A lautet: "*The work includes the overall form as well as the arrangement and composition of spaces and elements in the design, but does not include individual standard features.*"

[58] Zum Verlauf der Gesetzgebung siehe 17 U.S.C. Kapitel 1, Endnote 2.

züglich der Änderung und Zerstörung von Gebäuden getroffen. Dort heißt es: „Ungeachtet der Bestimmungen des § 106 (2) C. A.“, der dem Copyrightinhaber das ausschließliche Recht verleiht, Bearbeitungen des geschützten Werkes herzustellen, „dürfen die Eigentümer eines Gebäudes, das ein architektonisches Werk verkörpert, ohne die Zustimmung des Urhebers oder Copyrightinhabers des architektonischen Werkes Veränderungen an einem solchen Gebäude vornehmen oder andere zu einer Änderung ermächtigen und ein solches Gebäude zerstören oder andere zu einer Zerstörung ermächtigen.“

Bezüglich des Verhältnisses von nationalem *Copyright Law* zum Recht der Einzelstaaten wurde in § 301 (b) (4) C. A. geregelt, dass „keine Bestimmung dieses Titels“, gemeint ist *Title 17* U.S.C., also der *Copyright Act*, „zur Ungültigkeit oder Einschränkung irgendwelcher Rechte oder Rechtsbehelfe“ führt, „die vom *Common Law* oder formellen Gesetzen eines Einzelstaates gewährt werden und die sich auf einzelstaatliche oder örtliche Wahrzeichen, Vorschriften des Denkmalschutzes, Bebauungspläne oder Bauvorschriften beziehen, die wiederum Bezug nehmen auf architektonische Werke, die von § 120 (a) (8) C. A. geschützt werden.“.

Die zeitliche Anwendbarkeit der durch den *AWCPA* in den *Copyright Act* eingefügten Neuregelungen bestimmt sich wie folgt: Grundsätzlich werden nur Werke erfasst, die am Tag des Inkrafttretens oder danach geschaffen wurden.[59] Architektonische Werke, die an diesem Tag noch nicht erbaut worden sind, aber in unveröffentlichten Plänen oder Zeichnungen verkörpert waren, werden nur dann von den Regelungen des *AWCPA* erfasst, wenn sie bis zum 31. Dezember 2002 errichtet worden sind. Anderenfalls läuft die Schutzfrist an diesem Tag ab.[60] Architektonischen Werken, die zwischen dem Inkrafttreten des *Copyright Act* von 1976 am 1. Januar 1978 und dem Inkrafttreten des *AWPCA* am 1. Dezember 1990 errichtet wurden, wurde kein rückwirkender Schutz eingeräumt.[61]

---

[59] Public Law Nr. 101-650, Sec. 706 (1), 104 Stat. 5089.

[60] Public Law Nr. 101-650, Sec. 706 (2), 104 Stat. 5089.

[61] *Nimmer*, On Copyright, Bd. 1, § 2.20, Seiten 2-215 – 2-216.

7. Vergleich der Gesetzgebungsentwicklungen in Deutschland und den USA

Bei der Untersuchung der Gesetzgebung in Bezug auf den Schutz von architektonischen Plänen und Zeichnungen und von Werken der Baukunst bzw. *architectural works* fällt auf, dass der gesetzliche Schutz in Deutschland viel früher eingesetzt hat.

Der Schutz von Plänen und Zeichnungen von Gebäuden wurde in einem Teil Deutschlands bereits durch das Preußische Gesetz von 1837 eingeführt[1], das Gesetz von 1870 gewährte diesbezüglich nach der Reichsgründung Schutz für das gesamte Reichsgebiet.[2] In den USA hingegen setzte der Schutz von architektonischen Plänen und Zeichnungen erst 72 Jahre später mit dem *Copyright Act* von 1909 ein, denn auch das einzelstaatliche *Common* oder *Statutory Law* gewährte bis dahin keinen entsprechenden Schutz.[3]

Beim Schutz von Werken der Baukunst bzw. *architectural works* ist der zeitliche Abstand sogar noch größer, er beträgt hier 83 Jahre. Wurden diese Schöpfungen in Deutschland ab 1907 durch das KUG als Werke der Baukunst geschützt[4], so dauerte es in den USA bis zum Jahr 1990, bis architektonische Werke als neue Werkkategorie im *Copyright Act* verankert wurden.[5]

Ein Grund für die verzögerte Entwicklung in den USA liegt darin, dass die USA der Berner Union erst 1989 beitraten.[6] Deutschland war hingegen im Jahre 1886 Gründungsmitglied.[7] In Deutschland wurden Werke der Baukunst jedoch bereits ein Jahr vor der Einführung des Schutzes in der Berner Union im Jahr 1908 durch das KUG geschützt. Der Anstoß für diese Erweiterung der Werkkategorien kam nicht von außen, sondern von den Urheberrechtlern und Architekten, welche insbesondere durch ein neugewonnenes Standesbewusstsein vehementer für ihre eigenen Interessen ein-

---

[1] Siehe B.I.1.

[2] Siehe B.I.2.

[3] Siehe B.III.2.-3.a.

[4] Siehe B.I.3.

[5] Siehe B.I.6.c.

[6] Siehe B.II.

[7] Siehe B.II.1.

traten.[8] In den USA hingegen war die Verabschiedung des *AWCPA* eng mit dem Beitritt zur Berner Union verbunden. Obwohl man sich anfangs nicht einmal dadurch veranlasst sah, architektonische Werke zu schützen, besann man sich doch noch eines Besseren, um die Verpflichtungen aus dem Beitritt zur Berner Union zweifelsfrei zu erfüllen.[9] Im Vordergrund stand daher ein von außen kommender Anlass, nämlich der Beitritt zu einem völkerrechtlichen Vertrag, und nicht ein von Juristen und Architekten artikuliertes Bedürfnis. Der Beitritt der USA zur Berner Union hatte vor allem wirtschaftliche Gründe, da die Handelsbilanz der USA bei copyrightgeschützten Waren im Gegensatz zu anderen Bereichen positiv ist und man sich durch einen Beitritt einen weiteren Anstieg des Exports solcher Waren erhoffte.[10]

Daneben spielen noch weitere Gründe eine Rolle, die mit den unterschiedlichen Prioritäten und Herangehensweisen beim Schutz von geistigen Schöpfungen in beiden Ländern in Verbindung stehen. Dies soll im nächsten Kapitel erörtert werden.

---

[8] Siehe B.I.3.

[9] Siehe B.III.6.c.

[10] H.R. Rep. No. 100-609, 100th Congress, 2nd Session 1988, abgedruckt in: *Nimmer*, On Copyrigt, Bd. 9, App. 32, Seite 32-7.

C. Die Grundlagen des deutschen Urheberrechts im Vergleich zum US-amerikanischen *Copyright Law*

I. Entstehungsgeschichte und Schutzzweck

1. Entstehungsgeschichte und Schutzzweck des deutschen Urheberrechts

§ 1 UrhG hebt durch eine Art Präambel zum Urheberrechtsgesetz[1] hervor, dass die Urheber von Werken der Literatur, Wissenschaft und Kunst nach Maßgabe dieses Gesetzes Schutz genießen. Im Vordergrund des Schutzes von geistigem Eigentum im Bereich von Literatur und Kunst steht somit die Person des Urhebers und nicht das Werk als *abstractum*.[2]

a. Die Lehre vom geistigen Eigentum

Die Idee vom geistigen Eigentum entstand bereits Ende des 17. Jahrhunderts in England und war für die allmähliche Abstreifung des Privilegienwesens entscheidend.[3] Sie knüpft an die Lehre von *John Locke* an, wonach ein angeborenes Recht des Menschen an den von ihm durch eigene Arbeit geschaffenen Gütern besteht.[4] Nach der Lehre vom geistigen Eigentum steht dem Urheber ein ausschließliches Recht an seinen Werken zu, gerade weil er sie durch eigene Arbeit geschaffen hat. Dabei liegt das Neuartige an dieser Lehre darin, dass das Urheberrecht nicht als auf der staatlichen Verleihung bestimmter Privilegien beruhend angesehen wird. Das Privilegienwesen war dadurch gekennzeichnet, dass dem Drucker, Verleger oder Autor von staatlicher Seite ein Monopol zur Verwertung des Werkes verliehen wurde.[5] Im Gegensatz dazu ist das Urheberrecht nach der Lehre vom geistigen Eigentum ein Naturrecht, das dem Urheber aufgrund seiner geistigen Arbeit bei der Erschaffung des Werkes erwächst. Die gesetzliche Regelung des Urheberrechts und der sich daraus ergebenden Befugnis-

---

[1] *Schricker-Schricker*, Urheberrecht, § 1, Rdnr. 1.

[2] *Fromm/Nordemann-Nordemann*, Urheberrecht, § 1, Rdnr. 1; *Schricker-Schricker*, Urheberrecht, § 1, Rdnr. 2.

[3] *Ulmer*, Urheber- und Verlagsrecht, § 9 III, Seiten 54/55.

[4] *Rehbinder*, Urheberrecht, Rdnr. 20.

[5] *Ulmer*, Urheber- und Verlagsrecht, § 16 I, Seite 105.

se stellt danach nur „die Anerkennung und nähere Ausgestaltung eines Rechts dar, dessen Existenz im allgemeinen Rechtsbewusstsein" verankert ist.[6]

b. Die Theorie vom Persönlichkeitsrecht

Auch in Deutschland wurde die Lehre vom geistigen Eigentum seit Ende des 17. Jahrhunderts diskutiert. Dabei war es *Immanuel Kant*, der sich erstmals mit dem Unterschied zwischen Sacheigentum und geistigem Eigentum beschäftigte.[7] *Kant* unterschied zwischen dem sachenrechtlichen Eigentum an dem Buchexemplar und dem Inhalt des Buches, den er als Rede des Autors an sein Publikum ansah. An dieser Rede habe der Autor ein *ius personalissimum*, ein unveräußerliches Recht.[8]

Etwa hundert Jahre später entwickelte *Otto von Gierke* die Lehre vom Urheberrecht als Persönlichkeitsrecht. Danach sei das Urheberrecht „in seinem ganzen Umfang als ein aus geistiger Schöpfung fließendes Persönlichkeitsrecht zu konstruieren". Sowohl Inhalt wie auch Umfang des Urheberrechts bestimmten sich nach der Zugehörigkeit des Geisteswerkes zur Persönlichkeitssphäre. Demnach finde das Urheberrecht sein Ende, wenn die „über den Tod hinaus fortwirkende geistige Individualität in keinem Sinne mehr dem engeren Kreise seiner Erben und Rechtsnachfolger und ganz nur noch der Nation und der Menschheit zu gehören scheint".[9] *Von Gierke* übersah zwar nicht, dass das Urheberrecht auch wirtschaftlichen Interessen dient, diese seien jedoch als Ausstrahlung des Persönlichkeitsrechts geschützt.[10] Obwohl die Lehre vom Persönlichkeitsrecht bezüglich der ideellen Interessen des Urhebers großen Einfluss auf die weitere Urheberrechtsentwicklung hatte[11], wurde sie der materiellen Bedeutung des Urheberrechts nicht gerecht. Standen die wirtschaftlichen Interessen schon bei der geschichtlichen Entwicklung des Schutzes im Vordergrund, so spielt die Verkehrsfä-

---

[6] *Ulmer*, Urheber- und Verlagsrecht, § 16 I, Seite 105.

[7] *Kant*, Von der Unrechtmäßigkeit des Büchernachdrucks, UFITA 106 (1987), 137.

[8] *Kant*, Von der Unrechtmäßigkeit des Büchernachdrucks, UFITA, 106 (1987), 137, 144; *Hubmann*, Immanuel Kants Urheberrechtstheorie, UFITA, 106 (1987), 145, 150/151.

[9] *Von Gierke*, Deutsches Privatrecht, Bd. 1, § 1, UFITA 125 (1994), 103, 116-119.

[10] *Ulmer*, Urheber- und Verlagsrecht, § 17 I 1, Seite 110.

[11] *Ulmer*, Urheber- und Verlagsrecht, § 17 I 2, Seite 110.

higkeit und Nutzbarkeit des Urheberrechts im Wirtschaftsleben erst recht eine tragende Rolle.[12]

c. Die Theorie vom Immaterialgüterrecht und die dualistische Theorie

Ende des 19. Jahrhunderts entwickelte *Josef Kohler* die Lehre vom Immaterialgüterrecht, die auf der bereits von *Schopenhauer* gefundenen Erkenntnis aufbaute, dass zwischen dem Sacheigentum und dem geistigen Eigentum ein Unterschied besteht, der es verbietet, das geistige Eigentum den Regeln des Sacheigentums zu unterwerfen.[13] Nach dieser Lehre ist das Urheberrecht ein ausschließliches Recht des Urhebers an dem von ihm geschaffenen Werk, wobei unter Werk ein wirtschaftliches, nicht körperlich greifbares und damit immaterielles Gut zu verstehen ist.[14]

Kohler lehnte zwar die Lehre vom Persönlichkeitsrecht ab, er ging jedoch von der Existenz eines allgemeinen Persönlichkeitsrechts aus, auf das sich auch der Urheber berufen könne. Immaterialgüterrecht und allgemeines Persönlichkeitsrecht seien zwar zum Teil miteinander verklammert, bildeten aber kein einheitliches Recht, sondern stünden getrennt nebeneinander. Damit wurde *Kohler* zum Begründer und Hauptvertreter der dualistischen Theorie.[15]

d. Die monistische Theorie

aa. Die Einheit des Urheberrechts

Nach der heute herrschenden monistischen Theorie ist das Urheberrecht ein einheitliches Recht, aus dem sowohl vermögensrechtliche als auch persönlichkeitsrechtliche Befugnisse erwachsen.[16] Dies wird von *Eugen Ulmer* damit begründet, dass einerseits die Verwertungsrechte, die die vermögensrechtliche Seite des Urheberrechts repräsentieren, auch ideelle Interessen und andererseits die Urheberpersönlichkeits-

---

[12] *Rehbinder*, Urheberrecht, Rdnr. 26; *Ulmer*, Urheber- und Verlagsrecht, § 17 I 2, Seite 111; *Schricker-Vogel*, Urheberrecht, Einleitung, Rdnr. 70.

[13] *Rehbinder*, Urheberrecht, Rdnr. 27.

[14] *Ulmer*, Urheber- und Verlagsrecht, § 17 II 1, Seite 112; *Rehbinder*, Urheberrecht, Rdnr. 27.

[15] *Ulmer*, Urheber- und Verlagsrecht, § 17 II 1, Seite 112; Rehbinder, Urheberrecht, Rdnr. 27; *Schricker-Vogel*, Urheberrecht, Einleitung, Rdnr. 71.

[16] *Ulmer*, Urheber- und Verlagsrecht, § 18 II, Seite 115; *Rehbinder*, Urheberrecht, Rdnr. 28; *Schricker-Vogel*, Urheberrecht, Einleitung, Rdnr. 72.

rechte auch materielle Interessen des Urhebers schützen. Hat beispielsweise ein Schriftsteller der Erstveröffentlichung seines Romans durch eine öffentliche Lesung zugestimmt, so hat er sein Persönlichkeitsrecht aus § 12 Abs. 1 UrhG ausgeübt. Überdies wird der Schriftsteller bei der Entscheidung, ob sein Roman auch vervielfältigt und verbreitet werden und er damit einem Verlag die genannten Nutzungsrechte einräumen soll, auch bedenken, wie sich der Zugang einer größeren Öffentlichkeit zu seinem Werk auf seinen Ruf als Autor auswirkt. Somit spielen auch bei der Einräumung von Nutzungsrechten persönlichkeitsrechtliche Aspekte eine Rolle. Demnach muss man zu dem Ergebnis kommen, dass die Verwertungsrechte auch Schutz in Bezug auf ideelle Anliegen des Urhebers vermitteln. Auf der anderen Seite können dem Urheber aus der Verletzung von Urheberpersönlichkeitsrechten vermögensrechtliche Ersatzansprüche entstehen, § 97 Abs. 1 Satz 1 UrhG. Damit schützen die Urheberpersönlichkeitsrechte auch materielle Interessen des Urhebers.[17]

bb. Urheberrechtliche Verfügungen

Die monistische Theorie liegt dem Urheberrechtsgesetz von 1965 zu Grunde. Erkennbar wird dies beispielsweise an § 29 UrhG, der die Übertragung des Urheberrechts regelt. In § 29 Abs. 1 UrhG wird ausdrücklich die Unübertragbarkeit des Urheberrechts festgelegt, lediglich eine Vererbung, § 28 Abs. 1 UrhG und eine Übertragung im Rahmen einer Erbregelung, § 29 Abs. 1 UrhG, sind möglich. Der Urheber kann jedoch einem anderen ein vom Urheberrecht abgeleitetes[18] Nutzungsrecht einräumen, §§ 29 Abs. 2, 31 Abs. 1 S. 1 UrhG, wodurch das beim Urheber verbleibende Stammrecht belastet wird. Verzichtet der Erwerber auf das Nutzungsrecht, so fällt es automatisch an den Urheber zurück und das Urheberrecht wird von der Belastung befreit. An diesen Regelungen zeigt sich, dass das Nutzungsrecht mit dem Stammrecht verbunden bleibt, auch wenn es einem anderen eingeräumt worden ist.[19]

---

[17] *Ulmer*, Urheber- und Verlagsrecht, § 18 I, Seiten 114/115.

[18] nur eine konstitutive Rechtseinräumung ist zulässig, nicht dagegen eine translative Übertragung, siehe *Schricker-Schricker*, Urheberrecht, Vor §§ 28 ff., Rdnr. 43.

[19] *Fromm/Nordemann-Hertin*, Urheberrecht, Vor § 28, Rdnr. 1.

e. Allgemeinwohlinteressen als Begründung für Urheberrechtsschutz

Der Urheberrechtsschutz wird in Deutschland durch das Grundgesetz gewährleistet. Die persönlichkeitsrechtlichen Elemente können sich auf die Unantastbarkeit der Würde des Menschen, Art. 1 GG und auf das Recht auf freie Entfaltung der Persönlichkeit, Art. 2 Abs. 1 GG, stützen. Die vermögensrechtliche Seite wird von der Gewährleistung des Eigentums in Art. 14 GG mitumfasst.[20] Wie in Art. 14 Abs. 2 Satz 2 GG ausgeführt, soll der Gebrauch des Eigentums und damit auch des Urheberrechts dem Wohle der Allgemeinheit dienen. Die in §§ 45 ff. UrhG geregelten Schranken des Urheberrechts sind eine Ausformung der Sozialbindung auch des geistigen Eigentums.[21] Hierbei dient das Allgemeinwohl jedoch zur Rechtfertigung von Beschränkungen des vom Eigentumsrecht verfassungsrechtlich mitumfassten Urheberrechts, nicht aber zur Rechtfertigung der Gewährung des Urheberrechtsschutzes an sich.[22] Auch daran zeigt sich, dass der Urheberrechtsschutz anders als der Patentrechtsschutz in Deutschland allein individualrechtlich begründet wird.

Aufgrund der kulturellen, wirtschaftlichen und sozialen Bedeutung des Urheberrechts wird vermehrt die Forderung an den Gesetzgeber erhoben, das deutsche Urheberrecht so auszugestalten, dass es optimal zum geistigen, kulturellen und kulturwirtschaftlichen Fortschritt beiträgt. Dies solle durch die Einführung einer weiteren Begründung für den Urheberrechtsschutz geschehen, ohne dabei die individualrechtliche Seite aufzugeben.[23]

---

[20] *Schricker-Schricker*, Urheberrecht, Einleitung, Rdnr. 12; *Ulmer*, Urheber- und Verlagsrecht, § 11 I, Seite 65.

[21] *Schricker-Melichar*, Urheberrecht, Vor §§ 45 ff., Rdnr 1.

[22] *Schricker-Schricker*, Urheberrecht, Einleitung, Rdnr. 12.

[23] *Schricker-Schricker*, Urheberrecht, Einleitung, Rdnr. 13.

2. Entstehungsgeschichte und Schutzzweck des US-amerikanischen *Copyright Law*

Im Mittelpunkt des US-amerikanischen *Copyright Law* steht nicht der Urheber, sondern das von ihm geschaffene Werk.[1]

a. Abkehr von der Lehre vom geistigen Eigentum

Wie das gesamte Rechtssystem der Vereinigten Staaten, so baute auch das *Copyright Law* zunächst auf dem englischen *Copyrigt Law* auf. Die Entwicklung des Schutzes der Autoren war in England im 18. Jahrhundert am weitesten entwickelt, nicht zuletzt wegen der Lehre *John Lockes* über die Rechtfertigung der Existenz von Eigentum.[2] Die naturrechtliche Begründung des geistigen Eigentums wurde zwar in der Entscheidung *Millar v. Taylor*[3] im Jahr 1769 vom *Court of King's Bench* eindrucksvoll anerkannt, indem festgestellt wurde, dass trotz des *Statute of Anne* ein literarisches Eigentum nach *Common Law* besteht. Im Jahr 1774, also nur 5 Jahre später wurde diese Entscheidung jedoch in *Donaldson v. Beckett*[4] inhaltlich revidiert. Das diesmal zur Entscheidung berufene und viel politischer orientierte *House of Lords* (Oberhaus des Englischen Parlaments) war nunmehr der Ansicht, dass neben dem *Statute of Anne* keine Rechtsgrundlage für literarisches Eigentum existiert.[5] Dies bedeutete die Abkehr von der Auffassung, das Recht des Schöpfers an seinem geistigen Eigentum sei ein Naturrecht und die Hinwendung zu der Ansicht, geistiges Eigentum werde erst durch die Verleihung durch ein Gesetz existent.

Dieser Standpunkt fand auch Eingang in das US-amerikanische *Copyright Law*. Art. I sec. 8 cl. 8 der US-Verfassung spricht zwar davon, dass der Kongress ermächtigt wird, den Fortschritt der Wissenschaft und nützlichen Künste zu fördern, indem er die ausschließlichen Rechte der Autoren „sichert" ("*...by securing ..., to Authors and In-*

---

[1] *Wagner-Silva Tarouca*, Der Urheberschutz der ausübenden Künstler und Tonträgerproduzenten in den USA, Seite 15.

[2] Siehe Ausführungen unter II.1.a.

[3] [1558 – 1774] All E.R. Rep. 119.

[4] English Reports, House of Lords, Bd. 1, Seite 837.

[5] *Osterrieth*, Geschichte des Urheberrechts in England, Seiten 123-145; dort werden die Entscheidungen *Millar v. Taylor* und *Donaldson v. Beckett* in Zusammenhang mit den Interessen der Verleger und Buchhändler ausführlich dargestellt.

ventors, the exclusive Right to ..."), was dem Wortlaut nach eher auf ein naturrechtliches Verständnis des *copyright* hinweist. In *Wheaton v. Peters* aus dem Jahr 1834 stellte der *Supreme Court* aber unmissverständlich fest, dass der Kongress durch die Verabschiedung des *Copyright Act* von 1790 nicht ein bereits bestehendes Recht an geistigem Eigentum bestätigt hat, sondern ein solches Recht erst geschaffen hat.[6] Auch der Kongress lehnte eine naturrechtliche Begründung des *copyright* angesichts der Neufassung des *Copyright Act* im Jahre 1909 ab.[7]

Daneben unterstreicht die wichtige Rolle, die die Einhaltung von Formalitäten bis zum Beitritt der USA zur Berner Union spielte, den Charakter des *copyright* als verliehenes Recht. Gemäß §§ 10, 20 C. A. von 1909 musste vom Zeitpunkt der Veröffentlichung an auf dem Original und jedem Vervielfältigungsstück ein Copyrightvermerk angebracht werden. Bei Nichteinhaltung dieser Formvorschrift wurde das Werk gemeinfrei.[8] Der *Copyright Act* von 1976 milderte die strengen Formvorschriften zwar etwas ab[9], diese wurden jedoch erst durch den *BCIA* im Jahre 1989 fast völlig abgeschafft[10]. Eine weitere Formvorschrift betrifft die Registrierung eines *copyright* beim *Copyright Office*. Ohne eine solche Registrierung ist eine Copyrightverletzungsklage unzulässig, § 411(a) C. A.

b. Die Rolle des Allgemeinwohls

In Art. I sec. 8 cl. 8 der US-amerikanischen Verfassung wird der Kongress zur Gesetzgebung auf dem Gebiet des geistigen Eigentums ermächtigt, „um den Fortschritt der Wissenschaft und der nützlichen Künste zu fördern" („*To promote the Progress of Science and the useful Arts,...*"). Daraus ergibt sich, dass die Vorteile, die der Allgemeinheit durch die schöpferische Tätigkeit Einzelner zugute kommen, im Mittelpunkt stehen.[11] Damit aber solche schöpferischen Werke in möglichst großer Zahl geschaf-

---

[6] *Wheaton v. Peters*, 33 U.S. 591, 661 (1834). Diese Auffassung hat sich im Laufe der Zeit auch nicht geändert, siehe *Mazer v. Stein*, 74 S.Ct. 460, 469 (1954).

[7] H.R. Rep. No. 2222, 60th Congress, 2nd Session 1909, Seite 7.

[8] *Patry*, Copyright Law and Practice, Bd. 1, Seite 413.

[9] *Leaffer*, Understanding Copyright Law, § 4.11 [A], Seite 166.

[10] *Leaffer*, Understanding Copyright Law, § 4.8 [B], Seite 161, sie spielen allerdings noch eine Rolle im Copyrightverletzungsprozess.

[11] *Nimmer*, On Copyright, § 1.03 [A], Seite 1-66.9.

fen werden, ist es nach US-amerikanischer Auffassung notwendig, einen Anreiz dafür zu schaffen. Dieser Anreiz besteht in der wirtschaftlichen Verwertbarkeit des *copyright* an der geistigen Schöpfung, denn nur wenn Urheber damit rechnen können, dass ihre Investitionen sich auszahlen und wirtschaftlichen Gewinn bringen können, sind sie bereit, oftmals kostspielige geistige Schöpfungen hervorzubringen.[12] Bezeichnend für die Grundkonzeption des US-amerikanischen *Copyright Law* ist auch, dass die Verfassungsklausel für den Schutz von Autoren und Erfindern den gleichen Geltungsgrund annimmt.[13]

c. Persönlichkeitsrechtliche Elemente im *Copyright Law*

Persönlichkeitsrechte für Urheber von geistigen Werken (*moral rights*) wurden in den USA erst in den letzten Jahren nach und nach eingeführt, zum Teil durch die Rechtsprechung, zum Teil durch die Verabschiedung von Gesetzen. Der *Copyright Act* von 1976 enthielt zur Zeit seines Inkrafttretens noch so gut wie keine Regelungen zu persönlichkeitsrechtlichen Fragen.[14] Vor allem der Beitritt der USA zur Berner Union hat eine Erweiterung des Copyrightschutzes auf persönlichkeitsrechtliche Elemente ausgelöst. An der Umsetzung des Art. 6bis Abs. 1 RBÜ, der für die Mitgliedsländer ein Recht des Urhebers auf Anerkennung der Urheberschaft und ein Recht auf Werkintegrität vorschreibt, entzündete sich im Rahmen des Gesetzgebungsverfahrens eine Kontroverse über die Einführung von *moral rights* in den *Copyright Act*.[15] Letztendlich hielt der Kongress den Schutz der Persönlichkeitsrechte der Schöpfer von geistigen Werken, der durch das nationale Recht sowie das einzelstaatliche *Statutory* und *Common Law* gewährleistet wird, für ausreichend, mit der Folge, dass der *Copyright Act* diesbezüglich zunächst nicht erweitert wurde.[16]

---

[12] *Goldstein*, Copyright, § 1.1, Seiten 4/5; *Mazer v. Stein*, 74 S.Ct. 460, 471 (1954).

[13] Art. I sec. 8 cl. 8 der Constitution lautet: "*Congress shall have power…To promote the Progress of Science and the useful Arts, by securing for limited Times to Authors and Inventors the exclusive Right to their respective Writings and Discoveries.*", siehe *Leaffer*, Understanding Copyright Law, § 1.3, Seite 6.

[14] *Nimmer*, On Copyright, § 8D.02 [C], Seite 8D-13.

[15] *Dietz*, Die USA und das „droit moral": Idiosynkrasie oder Annäherung?, GRUR Int. 1989, 627, 628.

[16] H.R. Rep. No. 100-609, 100th Congress, 2nd Session 1988, abgedruckt in: *Nimmer*, On Copyright, Bd. 9, App. 32, Seiten 32-37 – 32-38.

Kurze Zeit später führte der *Visual Artists Rights Act* (*VARA*) von 1990 zum ersten Mal explizit Persönlichkeitsrechte für bestimmte Schöpfer von Werken der bildenden Künste ein. Diesem Gesetz waren gleichartige Regelungen auf einzelstaatlicher Ebene vorausgegangen. Einer Einführung von Persönlichkeitsrechten auch für andere Schöpfer von Geistesprodukten steht der Kongress jedoch nach wie vor ablehnend gegenüber.[17]

d. Wirtschaftliche Ausrichtung des *Copyright Law*

Nach US-amerikanischem Verständnis ist die Gemeinfreiheit von Werken der natürliche Ausgangszustand. Die gesetzliche Verleihung eines *copyright* stellt dazu eine Ausnahme dar, die zu einer Monopolbildung beim jeweiligen Inhaber des *copyright* an der Verwertung des betreffenden Werkes führt.[18] Ein solches begrenztes Monopol ist allerdings nur gerechtfertigt, weil das Allgemeinwohl durch die schöpferische Tätigkeit der Inhaber eines solchen Monopols gefördert wird und die Kreativität sich erst durch die Gewährung des Monopols entfalten kann.[19]

Aufgrund der Tatsache, dass Persönlichkeitsrechte erst seit neuestem und nur vereinzelt gewährt werden, besteht für den US-amerikanischen Gesetzgeber auch kein Grund, die Umlauffähigkeit des *copyright* einzuschränken. Gemäß § 201 (d) (1) C. A. kann das *copyright* uneingeschränkt auf andere übertragen werden. Hinzu kommt, dass gemäß § 102 (a) C. A. das *copyright* erst mit der Festlegung des Werkes in einem körperlichen Gegenstand entsteht. Damit ist das *copyright* verkehrsfähig wie jedes andere Wirtschaftsgut.[20] Es ist daher nicht verwunderlich, dass ein nationales Gesetz zur Regelung des *copyright* auch auf die *Interstate Commerce Clause*, Art. I sec. 8 cl. 3 der US-amerikanischen Verfassung gestützt werden könnte.[21] Diese Bestimmung gibt dem Kongress die Gesetzgebungskompetenz für Angelegenheiten der Wirtschaft, sofern diese über die Grenzen eines Einzelstaates hinausgehen.

---

[17] *Nimmer*, On Copyright, Bd. 3, § 8D.06, Seite 8D-63.

[18] *Wagner-Silva Tarouca*, Der Urheberschutz der ausübenden Künstler und Tonträgerproduzenten in den USA, Seite 10.

[19] *Nimmer*, On Copyright, Bd. 1, § 1.03 [A], Seite 1-66.10.

[20] *Wagner-Silva Tarouca*, Der Urheberschutz der ausübenden Künstler und Tonträgerproduzenten in den USA, Seite 15.

[21] *Nimmer*, On Copyright, Bd. 1, § 1.09 [A], Seiten 1-66.41 – 1-66.43.

Bereits im Jahr 1903, als die Copyrightindustrie noch in den Kinderschuhen steckte, äußerte sich der Richter am *Supreme Court Oliver Wendell Holmes* zur Bedeutung des wirtschaftlichen Wertes eines Werkes. Zunächst stellte er fest, dass die Anziehungskraft eines Werkes auf breite Bevölkerungsschichten, welche den Handel mit dem Werk und die Möglichkeit, damit Geld zu verdienen, erhöht, nicht gegen die Zugehörigkeit des Werkes zu den schönen Künsten spricht. Darüber hinaus sieht er den wirtschaftlichen und nicht den ästhetischen Wert eines geistigen Produktes als Indiz für dessen Werkqualität an, indem er darlegt, dass ein Werk einen wirtschaftlichen Wert habe, wenn es das Interesse der Öffentlichkeit auf sich zieht und es eine Herabwürdigung des Geschmacks der Öffentlichkeit bedeute, wenn man der Schöpfung den ästhetischen und erzieherischen Wert, der sich aus dem Interesse der Öffentlichkeit ergäbe, abspricht.[22]

3. Vergleich der Grundkonzeptionen des deutschen Urheberrechts und des *US-Copyright Law*

Während im deutschen Urheberrecht die ideellen und materiellen Interessen des Urhebers im Mittelpunkt stehen, ist die Befriedigung dieser Urheberinteressen mit Hilfe des *US-Copyright Law* nur Mittel zum Zweck. Im Mittelpunkt steht dort das Allgemeininteresse an der Schaffung möglichst vieler Werke und einer möglichst weiten Verbreitung dieser Werke. Dem wird durch eine hohe Umlauffähigkeit der copyrightgeschützten Werke Rechnung getragen, denn das *copyright* ist sowohl als Ganzes wie auch in Bezug auf die einzelnen ausschließlichen Rechte übertragbar. Die Verkehrsfähigkeit des deutschen Urheberrechts ist dagegen eingeschränkt durch die mangelnde Übertragbarkeit des gesamten Urheberrechts und die starke Stellung der Urheberpersönlichkeitsrechte. Diese wiederum spielen in den USA immer noch eine geringe Rolle und behindern nur in einigen wenigen vom *VARA* erfassten Fällen die Ausübung von Eigentumsrechten. Obwohl die Kulturwirtschaft in beiden Länder große Bedeutung hat, wird diesem Aspekt in den USA durch die Betrachtung des *copyright* als Wirtschaftsgut mehr Rechnung getragen. Da die Urheberpersönlichkeitsrechte in Deutschland einen hohen Stellenwert genießen, nimmt man in Kauf, dass das Urheberrecht im Wirtschaftsverkehr weniger leicht zirkulieren kann. Allerdings lässt sich in beiden Ländern eine Tendenz dahingehend beobachten, dass sich manche Ak-

---

[22] *Bleistein v. Donaldson Lithographing Co.*, 188 U.S. 239, 251 (1903).

zente leicht verschieben. In den USA werden seit dem *VARA* von 1990 auch *moral rights* für manche bildende Künstler gewährt, während in Deutschland auch Stimmen laut werden, die vom Gesetzgeber eine stärkere Berücksichtigung des Urheberrechts als Wirtschaftsgut verlangen.[23] Insgesamt erscheint das deutsche Urheberrecht in seiner Konzeption ausgewogener, da es nicht nur auf die wirtschaftlichen Interessen abstellt. Eine stärkere Einschränkbarkeit und Abdingbarkeit der Urheberpersönlichkeitsrechte brächte allerdings die Gefahr mit sich, dass der Urheber auf diese Rechte verzichten muss, wenn er sich, wie das meistens der Fall sein wird, in einer schwächeren Verhandlungsposition befindet.

---

[23] *Schricker-Schricker*, Urheberrecht, Einleitung, Rdnr. 13; siehe auch *Schricker*, Urheberrecht auf dem Weg in die Informationsgesellschaft, Seiten 93/94, wo eine weitreichendere vertragliche Einschränkbarkeit des Rechts auf Werkintegrität gemäß Art. 14 UrhG befürwortet wird.

II. Schutzvoraussetzungen

Dieses Kapitel soll die Kriterien untersuchen, die vorliegen müssen, damit ein Produkt geistigen Schaffens Schutz aufgrund des deutschen Urheberrechts bzw. des US-amerikanischen *Copyright Law* genießt.

1. Schutzvoraussetzungen nach deutschem Urheberrecht

§ 2 Abs. 2 UrhG regelt, unter welchen Bedingungen ein Werk im Sinne des Urheberrechtsgesetzes vorliegt. Dabei handelt es sich um einen einheitlichen, d. h. auf alle Werke anwendbaren Werkbegriff, egal welcher Werkkategorie das Werk zuzuordnen ist.[1] Die vier materiellen Schutzvoraussetzungen wurden vom Schrifttum entwickelt und bieten ein umfassendes Prüfungsschema.[2]

a. Persönliche Schöpfung

Durch dieses Kriterium wird zum Ausdruck gebracht, dass ein Werk auf der menschlich-gestalterischen Tätigkeit des Urhebers beruhen muss. Das ergibt sich aus § 2 Abs. 2 UrhG, der festlegt, dass Werke nur persönliche geistige Schöpfungen sein können.[3] Somit können Maschinen keine eigenständigen Werkschöpfungen erbringen, sie können aber von einem Urheber als Hilfsmittel bei der Schöpfung eines Werkes eingesetzt werden, ohne dass dies die Schutzfähigkeit beeinträchtigt.[4] Auch Tiere können keine Werke im Sinne des § 2 Abs. 2 UrhG schaffen. Schließlich sollen durch die Voraussetzung der persönlichen Schöpfung vorgefundene Objekte, sogenannte *objets trouvés* wie z. B. eine im Wald gefundene skurril aussehende Wurzel, vom Schutz ausgenommen werden.[5]

---

[1] *Ulmer*, Urheber- und Verlagsrecht, § 21 I, Seite 130; *Schricker-Loewenheim*, Urheberrecht, § 2, Rdnr. 32.

[2] *Von Gamm*, Urheberrechtsgesetz, § 2, Rdnr. 4; *Erdmann*, Schutz der Kunst im Urheberrecht, in: Festschrift von Gamm, 389, 396; *Schricker-Loewenheim*, Urheberrecht, § 2, Rdnr. 9.

[3] *Schricker-Loewenheim*, Urheberrecht, § 2, Rdnr. 11; *Fromm/Nordemann-Vinck*, Urheberrecht, § 2, Rdnr. 11; *Schack*, Urheber- und Urhebervertragsrecht, Rdnr. 155.

[4] *Schricker-Loewenheim*, Urheberrecht, § 2 Rdnr. 12/13.

[5] *Schack*, Urheber- und Urhebervertragsrecht, Rdnr. 158.

b. Geistiger Gehalt

§ 2 Abs. 2 UrhG fordert unter anderem eine geistige Schöpfung. Im Werk muss der menschliche Geist zum Ausdruck kommen. Das Werk muss damit einen Gedanken- oder Gefühlsinhalt haben, der über das sinnlich wahrnehmbare Substrat hinausgeht.[6] Dieser geistige Gehalt kann je nach Werkart von unterschiedlicher Natur sein. Bei Sprachwerken wird er durch das Mittel der Sprache, bei Musikwerken durch eine bestimmte Tonfolge und bei Werken der bildenden Künste durch formgebende Tätigkeit mit den Darstellungsmitteln der Kunst transportiert.[7] Der geistige Gehalt muss zwar nicht allgemein verständlich sein, er muss jedoch im Werk selbst zum Ausdruck kommen, es reicht nicht aus, wenn er sich aus Lehren und Anweisungen ergibt, die außerhalb des Werkes liegen.[8] Durch dieses Kriterium sollen Zufallsprodukte vom urheberrechtlichen Schutz ausgenommen werden, also Erzeugnisse, die ohne Ausdruck der Gedanken- und Gefühlswelt des Schaffenden nur mechanisch zustande gekommen sind.[9]

c. Wahrnehmbare Formgestaltung

Ein Werk kann erst dann geschützt werden, wenn es in einer bestimmten Form Ausdruck gefunden hat, die sinnlich wahrgenommen werden kann. Vorher existiert es nur im Geiste des Urhebers und bedarf keines Schutzes. Eine körperliche oder dauerhafte Festlegung ist dabei nicht erforderlich. Auch ein Stegreifgedicht oder ein improvisiertes Musikstück sind nach deutschem Urheberrecht schutzfähig.[10] Die Vollendung des Werkes ist für dessen urheberrechtlichen Schutz nicht notwendig, Skizzen, Entwürfe und Fragmente genießen genauso Schutz wie das fertiggestellte Werk.[11] Gedan-

---

[6] *Schricker-Loewenheim*, Urheberrecht, § 2 Rdnr. 18; *Schack*, Urheber- und Urhebervertragsrecht, Rdnr. 157.

[7] *Schricker-Loewenheim*, Urheberrecht, § 2, Rdnr. 19; Rehbinder, Urheberrecht, Rdnr. 115.

[8] *Schricker-Loewenheim*, Urheberrecht, § 2, Rdnr. 18.

[9] *Fromm/Nordemann-Vinck*, Urheberrecht, § 2, Rdnr. 10.

[10] *Schricker-Loewenheim*, Urheberrecht, § 2, Rdnr. 20; *Schack*, Urheber- und Urhebervertragsrecht, Rdnr. 159; *Fromm/Nordemann-Vinck*, Urheberrecht, § 2, Rdnr. 27; *Möhring/Nicolini-Ahlberg*, Urheberrechtsgesetz, § 2, Rdnr. 44 geht allerdings davon aus, dass die wahrnehmbare Formgestaltung keine Frage des Werkbegriffs, sondern des Entstehens des Urheberrechtsschutzes ist.

[11] *Schricker-Loewenheim*, Urheberrecht, § 2, Rdnr. 23; *Rehbinder*, Urheberrecht, Rdnr. 116.

ken und Lehren sind grundsätzlich nicht schutzfähig. Daher war man früher der Ansicht, nur die Form eines Werkes sei schutzfähig, nicht jedoch dessen Inhalt.[12] Eine geistige Schöpfung kann aber genauso durch ihre Form wie durch ihren Inhalt oder die Verbindung von Form und Inhalt bestimmt sein.[13] Daher kann der Schutz eines Werkes auch auf dessen Inhalt beruhen.[14]

d. Individualität

Diese wichtigste Voraussetzung urheberrechtlicher Schutzfähigkeit geht auch auf § 2 Abs. 2 UrhG zurück, der eine persönliche geistige Schöpfung verlangt. Das Werk muss vom individuellen Geist des Urhebers geprägt sein.[15] Individualität ist dabei gleichbedeutend mit Begriffen wie schöpferischer Eigentümlichkeitsgrad[16], schöpferische Eigenart oder eigenschöpferische Prägung.[17] Die Individualität dient dazu, urheberrechtlich geschützte Werke gegenüber rein handwerklichen oder routinemäßigen Leistungen, in denen sich nicht die persönliche Eigenart des Urhebers zeigt, abzugrenzen.[18] Außerdem hilft sie bei der Abgrenzung zu Elementen, die literarisches oder künstlerisches Allgemeingut sind. Solches Gemeingut sind vor allem Merkmale einer geistigen Schöpfung, die durch die Natur, Geschichte, die literarische oder künstlerische Überlieferung vorgegeben sind.[19] Bei der Prüfung der Individualität sind nicht nur die einzelnen Gestaltungsmerkmale, sondern auch das Zusammenspiel dieser

---

[12] *Möhring/Nicolini-Ahlberg*, Urheberrechtsgesetz, § 2, Rdnr. 52.

[13] Regierungsentwurf eines Urheberrechtsgesetzes, Bundestags-Drucksache IV/270, Seite 38.

[14] *Schack*, Urheber- und Urhebervertragsrecht, Rdnr. 160.

[15] *Schricker-Loewenheim*, Urheberrecht, § 2, Rdnr. 23.

[16] So bei *von Gamm*, Urheberrechtsgesetz, § 2, Rdnr. 4.

[17] *Schricker-Loewenheim*, Urheberrecht, § 2, Rdnr. 23.

[18] *Schricker-Loewenheim*, Urheberrecht, § 2, Rdnr. 26.

[19] *Ulmer*, Urheber- und Verlagsrecht, § 19 I, Seite 119.

Elemente im Rahmen einer Gesamtschau zu würdigen.[20] Maßgeblich für die Beurteilung der Individualität ist hierbei der Zeitpunkt der Schöpfung des Werkes.[21]

Das deutsche Urheberrecht stellt traditionell relativ geringe Anforderungen an das Maß der Individualität, die sogenannte Gestaltungshöhe, das zum Erreichen der Schutzgrenze erforderlich ist. Auch die „kleine Münze" soll, außer bei Werken der angewandten Kunst nach § 2 Abs. 1 Nr. 4 UrhG, durchgängig geschützt werden.[22]

Es gibt allerdings je nach Werkkategorie unterschiedliche Anforderungen an die Gestaltungshöhe. Trotz Forderungen aus der Literatur, die Gestaltungshöhe als Schutzvoraussetzung aufzugeben[23], hält die herrschende Meinung nach wie vor daran fest, weil bei manchen Werkarten, z. B. bei den Werken der angewandten Kunst[24], ein höheres Quantum an Individualität vorhanden sein muss. Dies läuft der Einheitlichkeit des Werkbegriffs nicht zuwider, da die für alle Werkarten gleichermaßen geltenden vier materiellen Schutzvoraussetzungen diese Einheitlichkeit ausmachen.[25]

Die Vorgehensweise des BGH bei der Ermittlung, ob eine Schöpfung die erforderliche Individualität erreicht, ist gut geeignet, um zu einer Objektivierung zu gelangen und subjektive Gefühlsentscheidungen zu vermeiden.[26] Dabei ist zunächst der geistig-schöpferische bzw. individuelle Gesamteindruck der zu prüfenden Gestaltung durch einen Vergleich mit den bereits existierenden gleichartigen Gestaltungen zu ermitteln.[27] Es kommt dabei nicht auf die objektive Neuheit an, sondern darauf, ob die konkrete Gestaltung überhaupt individuelle Eigenheiten gegenüber den bereits bekannten

---

[20] *Schricker-Loewenheim*, Urheberrecht, § 2, Rdnr. 27, 37; *Möhring/Nicolini-Ahlberg*, Urheberrechtsgesetz, § 2, Rdnr. 83.

[21] *Schricker-Loewenheim*, Urheberrecht, § 2, Rdnr. 27.

[22] *Schricker*, Der Urheberrechtsschutz von Werbeschöpfungen, GRUR 1996, 815, 817; *Schricker-Loewenheim*, Urheberrecht, § 2, Rdnr. 38.

[23] *Schricker*, Der Urheberrechtsschutz von Werbeschöpfungen, GRUR 1996, 815, 817/818.

[24] *Schricker-Loewenheim*, Urheberrecht, § 2, Rdnr. 33.

[25] *Schricker-Loewenheim*, Urheberrecht, § 2, Rdnr. 32; *Reimer*, Zum Urheberrechtsschutz von Darstellungen wissenschaftlicher und technischer Art, GRUR 1980, 572, 574; BGH GRUR 1995, 581 - *Silberdistel*; a. A. *Fromm/Nordemann-Vinck*, Urheberrecht, § 2, Rdnr. 19; *Schulze*, Der Schutz der kleinen Münze im Urheberrecht, GRUR 1987, 769, 772/773.

[26] *Erdmann*, Schutz der Kunst im Urheberrecht, in: Festschrift von Gamm, 389, 400.

[27] Siehe z. B. BGHZ 27, 351, 356 f. – *Candida*; BGH GRUR 1993, 34, 36 – *Bedienungsanweisung*.

Gestaltungen aufweist.[28] Erst wenn solche individuellen Merkmale festgestellt worden sind, ist zu prüfen, ob die Schöpfung auch die für den Urheberrechtsschutz erforderliche Gestaltungshöhe besitzt. Dies geschieht dadurch, dass die Eigenheiten der konkreten Gestaltung und der sich daraus ergebende Gesamteindruck dem durchschnittlichen Schaffen gegenübergestellt wird. Als Vergleichspersonen kommen dabei allerdings nicht ähnlich gute Gestalter in Frage, sondern Durchschnittsgestalter.[29] Vergleichsmaßstab ist danach das alltägliche, durchschnittliche Schaffen, das auf einer mehr oder weniger routinemäßigen, handwerksmäßigen, mechanisch-technischen Aneinanderreihung und Zusammenfügung des verwendeten Materials beruht.[30] Dabei sind nach Ansicht des BGH auch die Anschauungen der mit schöpferischen Gestaltungen der jeweiligen Art einigermaßen vertrauten und aufgeschlossenen Verkehrskreise mit einzubeziehen.[31]

aa. Die Bedeutung der Neuheit einer Schöpfung

Die Frage, ob neben der Individualität einer Schöpfung auch noch deren Neuheit erforderlich ist, wird nicht einheitlich beantwortet. Einig ist man sich darin, dass die Schöpfung nicht absolut neu sein muss, weil das gesamte urheberrechtliche Schaffen auf früheren schöpferischen Leistungen und damit auf Vorbekanntem aufbaut und ansonsten nur sehr selten urheberrechtlicher Schutz erlangt werden könnte.[32] Dass es auch auf die objektive Neuheit nicht ankommt, zeigt die Schutzfähigkeit von unabhän-

---

[28] BGHZ 18, 319, 322 – *Bebauungsplan*; BGH GRUR 1985, 1041, 1047 – *Inkasso-Programm*.

[29] Missverständlich insoweit *Schricker-Loewenheim*, Urheberrecht, § 2, Rdnr. 28, der sich auf BGH GRUR 1991, 449, 452 – *Betriebssystem* bezieht; dort stellt der BGH aber nicht auf einen Durchschnittsgestalter ab. In BGH GRUR 1986, 739, 741 – *Anwaltsschriftsatz*, BGH GRUR 1993, 34, 36 – *Bedienungsanweisung*, BGH GRUR 1985, 1041, 1047 – *Inkasso-Programm* stellt der BGH aber ausdrücklich auf den durchschnittlichen Gestalter ab.

[30] BGH GRUR 1991, 449, 452 – *Betriebssystem*; BGH GRUR 1986, 739, 741 – *Anwaltsschriftsatz*; BGH GRUR 1985, 1041, 1047 – *Inkasso-Programm*.

[31] BGH GRUR 1981, 267, 268 – *Dirlada*; *Erdmann*, Schutz der Kunst im Urheberrecht, in: Festschrift von Gamm, 389, 400; *Schricker-Loewenheim*, Urheberrecht, § 2, Rdnr. 27.

[32] *Schricker-Loewenheim*, Urheberrecht, § 2, Rdnr. 41; *Möhring/Nicolini*-Ahlberg, Urheberrechtsgesetz, § 2, Rdnr. 71; *Fromm/Nordemann-Nordemann/Vinck*, § 2, Rdnr. 9.

gig voneinander geschaffenen, aber identischen Schöpfungen, sogenannten Doppelschöpfungen.[33]

Zwischen Individualität und Neuheit besteht aber eine besondere Beziehung. Ein geistiges Produkt, das nichts Neues enthält, weil es beispielsweise eine bereits vorhandene Gestaltung übernimmt, kann auch nicht individuell sein. Auf der anderen Seite genügt aber die subjektive, d. h. die für den Schaffenden scheinbare, aber in Wirklichkeit nicht existierende Neuheit einer Schöpfung in manchen Fällen auch nicht, nämlich beispielsweise dann, wenn sie nur aus Gemeingut besteht.[34] Eine Schöpfung muss daher nur neu in dem Sinne sein, dass sie „anders ist als das, was bereits da ist und da gewesen ist“[35].

bb. Ideen und Methoden

Ideen können keinen urheberrechtlichen Schutz erhalten. Eine Monopolisierung von abstrakten Ideen widerspricht den Interessen der Allgemeinheit an der freien Verfügbarkeit von Ideen. Ohne eine konkrete schöpferische Ausgestaltung mangelt es abstrakten Ideen auch an der erforderlichen Individualität.[36]

Auch die Methode des Schaffens, der Stil und die Technik der Darstellung allein sind nicht schutzfähig, da dies eine Einschränkung des literarischen und künstlerischen Fortschritts bedeuten würde. Überdies fehlt es bei Stilmitteln und Schaffensmethoden als solchen ebenfalls an der notwendigen Individualität, da sie Merkmale einer bestimmten Gattung von Werken sind.[37] Daher kann beispielsweise der Bauhausstil, der sich durch eine streng sachliche Linienführung auszeichnet, von jedermann übernommen werden.[38]

---

[33] *Schricker-Loewenheim*, Urheberrecht, § 2, Rdnr. 42; *Möhring/Nicolini-Ahlberg*, Urheberrechtsgesetz, § 2, Rdnr. 72; *Fromm/Nordemann-Nordemann/Vinck*, Urheberrecht, § 2, Rdnr. 8.

[34] *Schricker-Loewenheim*, Urheberrecht, § 2, Rdnr. 42; *Möhring/Nicolini-Ahlberg*, Urheberrechtsgesetz, § 2, Rdnr. 42

[35] *Schulze*, Werturteil und Objektivität im Urheberrecht, GRUR 1984, 400, 407.

[36] *Schricker-Loewenheim*, Urheberrecht, § 2, Rdnr. 50; *Möhring/Nicolini-Ahlberg*, Urheberrechtsgesetz, § 2, Rdnr. 46; *Fromm/Nordemann-Nordemann/Vinck*, Urheberrecht, § 2, Rdnr. 22.

[37] *Schricker-Loewenheim*, Urheberrecht, § 2, Rdnr. 48; *Fromm/Nordemann-Nordemann/Vinck*, § 2, Rdnr. 22.

[38] *Schulze*, Werturteil und Objektivität im Urheberrecht, GRUR 1984, 400, 410.

2. Schutzvoraussetzungen nach *US-Copyright Law*

Die wichtigsten Schutzvoraussetzungen des US-amerikanischen nationalen *statutory copyright* ergeben sich aus § 102 (a) C. A.[39] Schutz durch *copyright* wird nur originalen[40] Werken (*original works of authorship*), d. h. solchen Werken gewährt, die Ergebnis eines Schöpfungsvorgangs sind. Dabei muss es sich um Werke handeln, die auf einer Leistung des Schöpfers beruhen. Daneben ist nach § 102 (a) C. A. eine Festlegung in der Form irgendeines körperlichen Gegenstandes (*fixation in any tangible medium of expression*) erforderlich.

a. Originality

aa. Verfassungsrechtliche Herleitung

Die in § 102 (a) C. A. genannte Schutzvoraussetzung der *originality* eines Werkes geht auf die *Copyright Clause* der US-Verfassung zurück. In Art. I sec. 8 cl. 8 der Verfassung werden ausdrücklich die Autoren als diejenigen genannt, deren ausschließliche Rechte an ihren Schriften durch die Gesetzgebung des Kongresses gesichert werden sollen.[41] Nach einer Definition des *Supreme Court*[42] ist der Autor derjenige, auf den der Ursprung eines Werkes zurückgeht. Zieht man in Betracht, dass „Ursprung" eine deutsche Übersetzung für „*origin*" ist, so bedeutet die Voraussetzung „*originality*", dass das Werk seinen Ursprung bei einem Autor haben muss oder umgekehrt, dass nur jemand, bei dem ein Werk seinen Ursprung hat, sich auch als dessen Autor bezeichnen kann.

Etwas anderes gilt nur bei *works made for hire*, d. h. Werken, die gemäß § 101 C. A. entweder von einem Arbeitnehmer im Rahmen seines Arbeitsverhältnisses geschaffen wurden oder bestimmten Werken, die im Auftrag geschaffen wurden. Bei diesen

---

[39] § 102 (a) C. A. lautet: "*Copyright protection subsists, in accordance with this title, in original works of authorship fixed in any tangible medium of expression, now known or later developed, from which they can be perceived, reproduced, or otherwise communicated, either directly or with the aid of a machine or device.*"

[40] Für das englische Wort *original* wird im weiteren auch der deutsche Begriff original verwendet.

[41] Art. I sec. 8 cl. 8 der US-Constitution lautet: "*Congress shall have power...To promote the Progress of Science and the useful Arts, by securing for limited Times to Authors and Inventors the exclusive Right to their respective Writings and Discoveries.*", siehe *Leaffer*, Understanding Copyright Law, § 1.3, Seite 6.

[42] *Burrow-Giles Lithographic Co. v. Sarony*, 111 U.S. 53, 58 (1884).

works made for hire wird der Arbeit- bzw. Auftraggeber als ursprünglicher Urheber angesehen, § 201 (b) C. A.

bb. Auslegung

Im *Copyright Act* von 1976 findet sich keine Definition von *original*. Der Kongress definierte diesen Begriff absichtlich nicht, um die von den Gerichten entwickelte Auslegung unter der Geltung des *Copyright Act* von 1909 unverändert zu lassen.[43] Einig sind sich der Kongress und die Gerichte jedoch in der Auffassung, dass die für Patente entscheidende Neuheit und *originality* voneinander getrennt werden müssen.[44] Die Verfassung unterscheide in Art. I sec. 8 cl. 8 zwischen Autoren und ihren Schriften und Erfindern und ihren Entdeckungen. In der Verfassung sei außerdem nirgends ein Hinweis darauf zu finden, dass Copyrightschutz nur bei Neuheit eines Werkes gewährt werden dürfe.[45]

Originality bedeutet, dass ein Werk eigenständig geschaffen wurde und nicht die Kopie anderer Werke darstellt.[46] Daher genießt ein Werk, das original, aber mit einem zuvor geschaffenen Werk identisch ist, trotzdem Copyrightschutz, wenn es unabhängig von dem früheren Werk geschaffen wurde.[47] Hat ein Dichter beispielsweise ein Gedicht geschrieben, das zufällig identisch mit einem Gedicht von *Shakespeare* ist, von dem der Dichter noch nie etwas gehört hat, so ist sein Gedicht durch *copyright* geschützt und niemand darf es kopieren, wohingegen das gleichlautende Shakespeare Gedicht aufgrund seiner Gemeinfreiheit kopiert werden darf.

Auch wenn das Kopieren eines Werkes einen erheblichen Aufwand verursacht und spezielle Kenntnisse, besondere Fähigkeiten und ein unabhängiges Beurteilungsvermögen verlangt, kann die Kopie keinen Schutz erlangen, da die Kopie nicht auf einem Schöpfungsakt beruht und der Kopist somit kein Autor ist. Eine solche Kopie ist kein

---

[43] H.R. Rep. No. 94-1476, 94th Congress, 2nd Session 1976, Seite 51.

[44] *Nimmer*, On Copyright, Bd. 1, § 2.01 [A], Seite 2-7.

[45] *Alfred Bell & Co. v. Catalda Fine Arts*, 191 F.2d 99, 102 (2nd Cir. 1951).

[46] *Feist Publications, Inc. v. Rural Telephone Service Company, Inc.*, 499 U.S. 340, 345 (1991) = GRUR Int. 1991, 933 – *Weiße Seiten*.

[47] *Nimmer*, On Copyright, Bd. 1, § 2.01 [A], Seite 2-9.

Werk, das seinen Ursprung einem Urheber zu verdanken hat.[48] Die Ansicht, Copyrightschutz könne Werken allein aufgrund des großen Aufwands an Arbeit und Kapital zuteil werden, war in den USA als *sweat of the brow* Doktrin lange verbreitet und fand insbesondere bei Sammelwerken Anwendung.[49] Dieser Doktrin erteilte der *Supreme Court* mit der Entscheidung *Feist Publications, Inc. v. Rural Telephone Service Company, Inc.* eine Absage.[50] Das Gericht stellte fest, dass zumindest eine minimale kreative Leistung in dem Werk enthalten sein müsse.[51]

Dies wirft nun die Frage auf, welches Maß an schöpferischer Leistung erreicht werden muss, damit es sich um ein *original work of authorship* handelt. Schon eine geringfügige Abweichung von einem früheren Werk genügt den Anforderungen an *originality*, wenn sie auf einer eigenständigen Leistung beruht und nicht völlig trivial ist.[52] Diese Doktrin geht auf die Entscheidung *Bleistein v. Donaldson Lithographing Company* des *Supreme Court* zurück. Darin führt *Justice Holmes* an, dass auch sehr mittelmäßige Kunst etwas enthält, was allein auf die Eigenart eines Menschen zurückgeführt werden kann. Dieses etwas könne er durch *copyright* schützen lassen.[53] Seit dieser Entscheidung hat sich auch die Ansicht durchgesetzt, dass die künstlerische Qualität bei der Beurteilung von *originality* keine Rolle spielen darf.[54] In der späteren, heute noch führenden Entscheidung *Alfred Bell & Co. v. Catalda Fine Arts, Inc.* wurden die Anforderungen an das Maß der *originality* damit umschrieben, dass ein tatsächliches Kopieren nur geringfügig überschritten werden muss.[55]

---

[48] *Nimmer*, On Copyright, Bd. 1, § 2.01 [A], Seite 2-10.

[49] *Leistner*, Rechtsschutz von Datenbanken, Seite 10.

[50] *Feist Publications, Inc. v. Rural Telephone Service Company, Inc.*, 499 U.S. 340, 352 ff. (1991) = GRUR Int. 1991, 933 – *Weiße Seiten*.

[51] *Feist Publications, Inc. v. Rural Telephone Service Company, Inc.*, 499 U.S. 340, 358 (1991) = GRUR Int. 1991, 933 – *Weiße Seiten*.

[52] *Nimmer*, On Copyright, Bd. 1, § 2.01 [B], Seite 2-12.

[53] *Bleistein v. Donaldson Lithographing Co.*, 188 U.S. 239, 250 (1903); die Formulierung „schützen lassen" macht deutlich, dass ein Autor zu dieser Zeit erst nach Erfüllung bestimmter Formalitäten Copyrightschutz erlangen konnte.

[54] *Nimmer*, On Copyright, Bd. 1, § 2.01 [B], Seite 2-13; *Leaffer*, Understanding Copyright Law, § 2.7, Seite 59.

[55] *Alfred Bell & Co. v. Catalda Fine Arts*, 191 F.2d 99, 103 (2nd Cir. 1951).

Nimmer differenziert zwischen *originality* und Kreativität. Das Merkmal der *originality* erfordere nur eine unabhängige Leistung. Darüber hinaus sei jedoch ein minimales Maß an Kreativität nötig, damit der Copyrightschutz eingreift.[56] *Originality* liege schon dann vor, wenn das Werk auf einen Schöpfer zurückgeht. Kreativität sei erst dann gegeben, wenn in dem Werk ein Funken von Eigentümlichkeit enthalten ist, wobei damit nicht etwas noch nie dagewesenes gemeint sei.[57] Das Verhältnis von Kreativität zu *originality* sei reziprok, d. h. je geringer die unabhängige Anstrengung ist, desto höher müsse das Maß an Kreativität sein, damit sich das Werk als schutzfähig qualifiziert.[58]

b. *Work of Authorship*

Auch diese Schutzvoraussetzung ließ der Kongress mit Absicht undefiniert. Damit wollte er verdeutlichen, dass der Schutz nicht auf die acht in § 102 (a) C. A. aufgezählten Werkkategorien beschränkt bleiben sollte. Die genannten Kategorien dienten nur der Verdeutlichung und seien nicht abschließend.[59]

Werke, die nicht von Menschen, sondern z. B. von Maschinen geschaffen wurden, können allerdings nicht als *works of authorship* im Sinne des § 120 (a) C. A. geschützt werden[60], da eine Maschine kein Autor sein kann.

c. Körperliche Festlegung

§ 102 (a) C. A. fordert auch eine körperliche Festlegung des Werkes. Der englische Ausdruck *fixed in any tangible medium of expression* bringt dies noch deutlicher zum Ausdruck: Es muss sich dabei um eine Ausdrucksform handeln, die man anfassen oder berühren kann. Dies ist jedoch nicht nur eine gesetzliche Voraussetzung, sondern schon von der Verfassung in Art. I sec. 8 cl. 8 vorgegeben. Nur die Schriften (*writings*) eines Autors sollen geschützt werden. Nach der Auslegung des *Supreme Court*

---

[56] *Feist Publications, Inc. v. Rural Telephone Service Company, Inc.*, 499 U.S. 340, 345 (1991) = GRUR Int. 1991, 933 – *Weiße Seiten*.

[57] *Nimmer*, On Copyright, Bd. 1, § 2.01 [B], Seite 2-15.

[58] *Nimmer*, On Copyright, Bd. 1, § 2.01 [B], Seite 2-17.

[59] H.R. Rep. 94-1476, 94th Congress, 2nd Session 1976, Seiten 51, 53.

[60] *Goldstein*, Copyright, Bd. 1, § 2.2.2, Seite 72.

beinhaltet *writings*, dass die Früchte der Schöpferkraft des Autors einen physischen Niederschlag gefunden haben müssen.[61] Gemäß der Definition in § 101 C. A. liegt die körperliche Festlegung eines Werkes dann vor, wenn die Verkörperung in Form einer Kopie oder einer Tonaufnahme dauerhaft und stabil genug ist, um das Werk länger als nur vorübergehend wahrzunehmen, zu vervielfältigen oder zu übertragen.[62] Improvisierte Vorstellungen einer Theatergruppe oder einer Jazzband sind daher nach nationalem *Copyright Law* nicht schutzfähig, solange sie nicht aufgenommen wurden. Auch eine Eisskulptur oder eine Sandburg sind mangels ausreichender Dauerhaftigkeit nicht schutzfähig.[63]

Für Werke, die den Festlegungsvoraussetzungen nicht genügen, bleibt aber noch die Möglichkeit, Copyrightschutz aufgrund des *Common Law* der Einzelstaaten zu erlangen, obgleich dies nur einmal von einem einzelstaatlichen Gericht für möglich gehalten wurde.[64]

Zur körperlichen Festlegung an sich muss noch hinzukommen, dass der Autor des Werkes selbst oder ein von ihm Beauftragter die Festlegung vorgenommen haben muss. Die Festlegung durch einen Dritten stellt keine schutzfähige Festlegung dar, weil der Schöpfer dann nicht die Möglichkeit hätte, die Verwertung seines Werkes zu kontrollieren.[65]

Dem Erfordernis der körperlichen Festlegung ist genüge getan, wenn das festgelegte Werk mit Hilfe einer Maschine oder einer anderen Vorrichtung wahrgenommen werden kann, § 102 (a) C. A. Noch unter dem *Copyright Act* von 1909 war die Schutzfähigkeit eines Werkes davon abhängig, dass man die Verkörperung mit bloßem Auge sehen und lesen konnte.[66] Seit dem Inkrafttreten des *Copyright Act* von 1976 kann die Festlegung eines Werkes beispielsweise aus der Aneinanderreihung der Zahlen 0 und

---

[61] *Goldstein v. California*, 412 U.S. 546, 561 (1973) = GRUR Int. 1974, 229.

[62] Die Definition der körperlichen Festlegung in § 101 C. A. lautet: "*A work is 'fixed' in a tanglible medium of expression when its embodiment in a copy or phonorecord, by or under the authority of the author, is sufficiently permanent or stable to permit it to be perceived, reproduced, or otherwise communicated for a period of more than transitory duration.*"

[63] *Leaffer*, Understanding Copyright Law, § 2.3, Seite 48.

[64] Siehe dazu *Leaffer*, Understanding Copyright Law, § 2.6, Seiten 54 – 56.

[65] H.R. Rep. No. 94-1476, 94th Congress, 2nd Session 1976, Seite 53; *Leaffer*, Understanding Copyright Law, § 2.3, Seite 50.

[66] *Nimmer*, On Copyright, Bd. 1, § 2.03 [B], Seite 2-32.1.

1 in einer bestimmten Reihenfolge auf einem digitalen Speichermedium bestehen, solange dieses Werk mit Hilfe eines Computers wahrgenommen werden kann.

d. Unterscheidung zwischen Werk und Werkstück

Nach der Terminologie des *Copyright Act* kann die körperliche Festlegung nur die Form einer Kopie (*copy*) oder eines Tonträgers (*phonorecord*) annehmen, § 101 C. A.[67], wobei *copy* im Sinne von Vervielfältigungsstück verwendet wird. Diese sind aber nur Werkstücke, die Werke verkörpern und nicht selbst Werke sind. Ein Werk kann in vielen Werkstücken verkörpert sein, existiert als immaterielles Gut aber nur einmal.[68]

e. Unterscheidung zwischen Idee und deren Ausdruck

Der Copyrightschutz erstreckt sich nicht auf Ideen, Systeme, Konzepte etc., egal in welcher Form sie beschrieben oder erklärt werden, § 102 (b) C. A. Nur die Art und Weise, wie eine Idee ausgedrückt wird, kann geschützt werden. Durch die Regelung in § 102 (b) C. A. wird ein Konflikt des Copyrightsystems mit der vom ersten Zusatzartikel (*1st Amendment*) der US-amerikanischen Verfassung garantierten Meinungsfreiheit vermieden.[69] Die Gemeinfreiheit von Ideen steht im Einklang mit der Philosophie, einen Anreiz dafür zu schaffen, dass möglichst viele Werke geschaffen werden. Ein Werk wird selten isoliert geschaffen, in den meisten Fällen greifen Autoren auf gemeinfreie Elemente zurück und entwickeln daraus schöpferische geistige Produkte.

Wären Ideen nicht gemeinfrei, so würde schöpferische Tätigkeit als solche unendlich erschwert und man könnte der Vorgabe des Art. I sec. 8 cl. 8 der US-Verfassung, die nützlichen Künste zu fördern, nicht mehr gerecht werden.[70]

---

[67] Siehe Definition von "fixed" in § 101 C. A. in Fn. 60.

[68] *Nimmer*, On Copyright, Bd. 1, § 2.03 [C], Seiten 2-32.4 – 2-34; *Leaffer*, Understanding Copyright Law, § 2.2, Seiten 46-47.

[69] *Nimmer*, On Copyright, Bd. 1, § 2.03 [D], Seite 2-34, § 1.10 [B][2], Seiten 1-74 – 1-82; *Leaffer*, Understanding Copyright Law, § 2.13 [A], Seite 78.

[70] *Newsam*, Architecture and Copyright – Separating the Poetic from the Prosaic, 71 Tul. L. Rev. 1073, 1103/1104; *Leaffer*, Understanding Copyright Law, § 2.13 [A], Seiten 77-78; *Nimmer*, On Copyright, § 2.03 [D], Seiten 2-34 – 2-35.

D. Die Schutzfähigkeit von architektonischen Schöpfungen

In dem folgenden Abschnitt soll untersucht werden, unter welchen spezifischen Voraussetzungen architektonische Schöpfungen im deutschen Urheberrecht und im *US-Copyright Law* Schutz genießen. Dabei soll insbesondere auf die Eigenarten architektonischer Schöpfungen im Vergleich zu anderen geistigen Schöpfungen eingegangen werden.

I. In Betracht kommende Verkörperungen architektonischer Schöpfungen

Zunächst ist die Frage zu klären, welche Arten von geistigen Schöpfungen überhaupt als Werke der Baukunst bzw. *architectural works* in Frage kommen. Dabei muss zwischen den immateriellen geistigen Schöpfungen und den Objekten, die sie verkörpern, streng unterschieden werden.[1]

1. Rechtslage im deutschen Urheberrecht

Zwar sind die in Art. 2 Abs. 1 UrhG genannten Werkarten nicht abschließend und nicht streng voneinander abgegrenzt[2], die genaue Zuordnung einer geistigen Schöpfung ist jedoch schon allein deshalb notwendig, weil die Anforderungen an die Individualität des jeweiligen Werkes und die einschlägigen Schranken des Urheberrechts je nach Werkart unterschiedlich sein können.[3] Für Werke der Baukunst existieren beispielsweise Sondervorschriften in §§ 17 Abs. 3 S. 2 Nr. 1, 23 S. 2, 26 Abs. 8, 53 Abs. 7, 59 Abs. 1 S. 2, Abs. 2, 101 Abs. 2 Nr. 1, 114 Abs. 2 Nr. 2 UrhG.

Die Besonderheit an den in § 2 Abs. 1 UrhG aufgeführten Werkarten liegt darin, dass das Werk als geistige Wesenheit je nach Werkart durch ein bestimmtes Ausdrucksmittel in Erscheinung tritt.[4] Ist es bei Sprachwerken die Sprache und sind es bei

---

[1] Das gilt sowohl für das deutsche Urheberrecht wie auch für das *US-Copyright Law*; *Schricker-Loewenheim*, Urheberrecht, § 2, Rdnr. 10; *Nimmer*, On Copyright, Bd. 1, § 2.03 [C], Seiten 2-32.4 – 2-34.

[2] *Möhring/Nicolini-Ahlberg*, Urheberrechtsgesetz, § 2, Rdnr. 2; der Urheberrechtsschutz als solcher hängt daher grundsätzlich nicht von der Einordnung in eine der Werkarten des § 2 Abs. 1 UrhG ab.

[3] *Schricker-Loewenheim*, Urheberrecht, § 2, Rdnr. 80; a. A. *Fromm/Nordemann-Vinck*, Urheberrecht, § 2, Rdnr. 3, der sich gegen unterschiedliche Schutzvoraussetzungen bei den einzelnen Werkarten wendet, sich zu den auf bestimmte Werkarten bezogenen Schranken aber nicht äußert.

[4] *Schricker*, Urheberrecht auf dem Weg in die Informationsgesellschaft, Seite 37.

Musikwerken Töne[5], so lässt sich das Ausdrucksmittel bei Werken der Baukunst wohl am ehesten dadurch charakterisieren, dass es sich um dreidimensionale Objekte, die aus Baumaterialien bestehen, handeln muss. Da eine genaue abstrakte Definition des Ausdrucksmittels bei Bauwerken nicht existiert, lässt sich das Ausdrucksmittel am besten dadurch eingrenzen, wenn man untersucht, welche einzelnen Schöpfungen in Betracht kommen.

a. Gebäude

Alle Arten von Gebäuden können Werke der Baukunst sein. Auf die Konstruktion, die Herstellungsart oder das verwendete Material kommt es nicht an. Daher kann ein Holzhaus genauso ein Werk der Baukunst im Sinne des § 2 Abs. 1 Nr. 4 UrhG sein wie ein Gebäude aus Stahl, Stein, Beton, Gips etc.[6] Charakteristisch für ein Gebäude ist die feste Verbundenheit mit dem Erdboden, was beispielsweise in dem zivilrechtlichen Verständnis von Gebäude in § 94 Abs. 1 S. 1 BGB und den Definitionen des öffentlichen Baurechts[7] zum Ausdruck kommt. Lässt man die feste Verbundenheit außer Betracht, so legt das allgemeine Verständnis des Begriffs Gebäude zumindest nahe, dass dieses nicht ohne größeren Kraftaufwand von seinem Standort wegbewegt werden kann. Außerdem werden unter Gebäuden üblicherweise überdeckte bauliche Anlagen verstanden, die „von Menschen betreten werden können und geeignet sind, dem Schutz von Menschen, Tieren und Sachen zu dienen".[8] Muss ein Gebäude, um sich urheberrechtlich als Werk der Baukunst zu qualifizieren, fest mit dem Erdboden verbunden sein bzw. nur mit erheblichem Aufwand von seinem ursprünglichen Standort wegzubewegen sein?[9] Der japanische Pavillon auf der Weltausstellung 2000 in

---

[5] *Schricker*, Urheberrecht auf dem Weg in die Informationsgesellschaft, Seite 37.

[6] *Von Gamm*, Urheberrechtsgesetz, § 2, Rdnr. 21, Seite 197; *Schricker-Loewenheim*, Urheberrecht, § 2, Rdnr. 149; *Walchshöfer*, Der persönlichkeitsrechtliche Schutz der Architektenleistung, Festschrift Hubmann, 469, 470; *Jestaedt*, Die Zulässigkeit der Änderung von Werken der Baukunst durch den Inhaber des Nutzungsrechts nach § 39 UrhG, Seite 31.

[7] Z. B. in Art. 2 Abs. 1 S. 1, Abs. 2 BayBO.

[8] Siehe Definition von Gebäude in *Brockhaus*, Die Enzyklopädie, Bd. 8, Seite 206; ähnlich die Definition von Gebäude in Art. 2 Abs. 1 S. 1, Abs. 2 BayBauO.

[9] Ablehnend *Jestaedt*, nach dem es nicht auf die Beweglichkeit ankomme, Die Zulässigkeit der Änderung von Werken der Baukunst durch den Inhaber des Nutzungsrechts nach § 39 UrhG, Seite 30, diese Ansicht wird jedoch nicht begründet. Aufgrund des derzeitigen Stands der Technik ist es möglich, ganze Gebäude zumindest über kurze Distanzen zu bewegen, wie beispielsweise bei der Verschiebung

Hannover war beispielsweise nur aus Papier hergestellt. Aufgrund seiner Größe konnte er zwar nicht ohne weiteres von seinem Standort wegbewegt werden, solche Pavillons könnten aber auch in viel kleinerem Maßstab hergestellt werden und damit aufgrund der Leichtigkeit des Materials ohne größeren Aufwand von einem Ort zum anderen bewegt werden. Es sind jedoch auch andere gebäudeähnliche Gebilde denkbar, die weder unter die bürgerlich-rechtlichen noch unter die öffentlich-rechtlichen Definitionen eines Gebäudes nach den Landesbauordnungen fallen wie z. B. Zelte.

Bauliche Anlagen, die zur wechselnden Aufstellung geeignet und bestimmt sind, wie z. B. Pavillons oder Kioske sind allerdings geschmacksmusterfähig.[10] Das Geschmacksmusterrecht wird oft auch als „kleines Urheberrecht" bezeichnet.[11] Trotz der bestehenden Unterschiede zwischen Urheberrecht und Geschmacksmusterrecht, was die Schutzvoraussetzungen und die Schutzdauer anbelangt, geht es bei beiden Rechtsgebieten um die sogenannte „ästhetische" Schöpfung. Beide Rechte können nebeneinander bestehen.[12] Das Urheberecht fordert in § 2 Abs. 2 UrhG eine persönliche geistige Schöpfung, das Geschmacksmusterrecht in § 1 Abs. 2 GeschmMG ein eigentümliches Erzeugnis. Zwischen diesen beiden Voraussetzungen besteht nur ein gradueller Unterschied.[13] Die Affinität von Urheberrechtsschutz und Geschmacksmusterschutz kommt eigentlich nur bei Werken der angewandten Kunst zum Tragen. Schöpfungen, die als Werke der angewandten Kunst in Frage kommen, also vor allem Bedarfs- und Gebrauchsgegenstände, können Urheber- und Geschmacksmusterschutz erlangen.[14]

---

des Kaisersaals des Hotel Esplanade am Potsdamer Platz in Berlin im März 1996, siehe *http://www.cityscope.de/kaisersaal/ks_historie.html* (zuletzt abgerufen am 14.10.2002). Aufgrund des großen Aufwands einer solchen Verschiebung sind Gebäude, die auch auf eine solche Weise bewegt werden könnten, trotzdem als unbeweglich anzusehen.

[10] *Gerstenberg/Buddeberg*, Geschmacksmustergesetz, Seite 75; *Eichmann/von Falckenstein-Eichmann*, Geschmacksmustergesetz, § 1, Rdnr. 18, der sich auf die Entscheidung BPatGE 15, 173 bezieht. Das BPatG bejahte dort die Gebrauchsmusterfähigkeit von demontierbaren Gebäuden. Eichmann folgert daraus auch die Geschmacksmusterfähigkeit solcher Gegenstände.

[11] *Gerstenberg/Buddeberg*, Geschmacksmustergesetz, Seite 52. Das Geschmacksmustergesetz heißt seiner vom Gesetzgeber gewählten Bezeichnung zufolge „Gesetz betreffend das Urheberrecht an Mustern und Modellen".

[12] *Schricker-Schricker*, Urheberrecht, Einl., Rdnr. 34; *Gerstenberg/Buddeberg*, Geschmacksmustergesetz, Seite 52.

[13] *Von Gamm*, Geschmacksmustergesetz, Einf., Rdnr. 19, Seite 25; *Schricker-Loewenheim*, § 2, Rdnr. 157; *Nirk/Kurtze*, Geschmacksmustergesetz, Einführung, Rdnr. 41; *Schulze*, Werturteil und Objektivität im Urheberrecht, GRUR 1984, 400, 404.

[14] *Schricker-Loewenheim*, Urheberrecht, § 2, Rdnr. 156/157.

Das Geschmacksmusterrecht bildet damit den Unterbau des urheberrechtlichen Schutzes von Werken der angewandten Kunst. Demzufolge wird die Schutzuntergrenze des Urheberrechts bei Werken der angewandten Kunst im Vergleich zu den anderen Werkarten höher angesetzt. Folge davon ist, dass die kleine Münze im Bereich der angewandten Kunst nicht urheberrechtlich, sondern nur geschmacksmusterrechtlich schutzfähig ist.[15] Bei Werken der Baukunst existiert kein geschmacksmusterrechtlicher Unterbau, da Gebäude aufgrund ihrer meist gegebenen mangelnden Beweglichkeit keinen Geschmacksmusterschutz erlangen können.[16] Für vorgefertigte, bewegliche Bauhütten, Pavillons oder Kioske wird die Möglichkeit des Geschmacksmusterschutzes jedoch bejaht.[17] Fraglich ist, ob die Möglichkeit besteht, solche Schöpfungen sowohl als Geschmacksmuster als auch urheberrechtlich als Werke der angewandten Kunst und als Werke der Baukunst zu schützen. Aus der Tatsache, dass für Geschmacksmusterschutz und urheberrechtlichen Schutz von Werken der angewandten Kunst nur andere Anforderungen an das Maß der Individualität gestellt werden, aber die gleichen Schöpfungen in Frage kommen, ergibt sich, dass Pavillons, Kioske, Zelte und ähnliche bewegliche gebäudeartige Gebilde auch als Werke der angewandten Kunst nach § 2 Abs. 1 Nr. 4 UrhG in Frage kommen müssen. Ob sie daneben auch als Werke der Baukunst geschützt werden können, richtet sich danach, ob die unterschiedlichen Schutzvoraussetzungen von Werken der Baukunst und Werken der angewandten Kunst bezüglich des Grades an Individualität dem entgegenstehen und ob die feste Verbindung mit dem Erdboden entscheidend ist. Ein Werk muss nicht nur einer einzigen, bestimmten Werkart zugerechnet werden können. Bei vielen Schöpfungen treffen mehrere Werkarten zusammen, etwa bei Opern, Musicals oder Liedern, welche sowohl Sprach- als auch Musikwerke sein können.[18] Dabei kann es nicht darauf ankommen, dass Schöpfungen, die unter Werkkategorien fallen, die eine gleich

---

[15] *Schricker-Loewenheim*, Urheberrecht, § 2, Rdnr. 158/159; *Rehbinder*, Urheberrecht, Rdnr. 136.

[16] *Von Gamm*, Geschmacksmustergesetz, § 1, Rdnr. 19; *Gerstenberg/Buddeberg*, Geschmacksmustergesetz, Seite 75; *Nirk/Kurtze*, Geschmacksmustergesetz, § 1, Rdnr. 53; *Eichmann/von Falckenstein-Eichmann*, Geschmacksmustergesetz, § 1, Rdnr. 1.

[17] *Eichmann/von Falckenstein-Eichmann*, Geschmacksmustergesetz, § 1, Rdnr. 18; *Gerstenberg/Buddeberg*, Geschmacksmustergesetz, Seite 75, der auch die Geschmacksmusterfähigkeit von Fertighäusern annimmt.

[18] *Schricker-Loewenheim*, Urheberrechtsgesetz, § 2, Rdnr. 75; *Möhring/Nicolini-Ahlberg*, Urheberrechtsgesetz, § 2, Rdnr. 2.

hohe Gestaltungshöhe voraussetzen, als Werke dieser Kategorien geschützt werden können und Schöpfungen, die unter Werkarten fallen, die ein unterschiedliches Maß an Individualität erfordern nur als Werk der einen oder anderen Werkkategorie Schutz erlangen können.[19] Lassen sich wie bei Pavillons, Kiosken oder Zelten und anders als bei den gerade genannten Schöpfungen die einzelnen Teile nicht getrennt in einzelne Werkarten aufspalten, so würde ein Schutz nach Geschmacksmusterrecht sowie nach Urheberrecht als Werke der angewandten Kunst, § 2 Abs. 1 Nr. 4 UrhG und als Werke der Baukunst, § 2 Abs. 1 Nr. 4 UrhG in Frage kommen.

Dagegen könnte aber die mangelnde Verbundenheit mit dem Erdboden sprechen. Ob die feste Verbundenheit mit dem Erdboden eine zwingende Voraussetzung für ein Werk der Baukunst ist, lässt sich am ehesten anhand der Sondervorschriften des Urheberrechtsgesetzes für Werke der Baukunst ermitteln. In § 23 S. 2 UrhG wird bestimmt, dass bereits die Herstellung der Bearbeitung oder Umgestaltung eines Nachbaus eines Werkes der Baukunst und nicht erst dessen Veröffentlichung oder Verwertung der Einwilligung des Urhebers bedarf. Diese Ausnahme zu der Regel des § 23 S. 1 UrhG, wonach die Einwilligung des Urhebers nur für die Veröffentlichung oder Verwertung einer Bearbeitung oder Umgestaltung erforderlich ist, wird damit begründet, dass sich diese Fälle nicht im privaten Bereich abspielen, meist bereits aus Gründen der gewerblichen Verwertung hergestellt werden und hohe Herstellungskosten verursachen[20]. Diese ursprünglich nur für Filmwerke angelegte Begründung passt für den Nachbau eines Werkes der Baukunst nur insofern, als sich ein Nachbau auch nicht im privaten Bereich abspielt und die Herstellungskosten zumeist hoch sind. Die Absicht der gewerblichen Verwertung steht bei Werken der Baukunst jedoch nicht im Vordergrund. Die Herstellungskosten für bewegliche bauliche Schöpfungen wie Pavillons, Zelte oder Kioske sind jedoch im Vergleich zu fest mit dem Erdboden verbundenen Gebäuden viel geringer. § 23 S. 2 UrhG legt somit die Vermutung nahe, dass unter Werken der Baukunst fest mit dem Erdboden verbundene Gebäude zu verstehen sind.

Nach § 59 Abs. 1 S. 1 UrhG ist es zulässig, Werke, die sich bleibend an öffentlichen Wegen, Straßen oder Plätzen befinden, mit Mitteln der Malerei oder Graphik, durch Lichtbild oder durch Film zu vervielfältigen, zu verbreiten und öffentlich wieder-

---

[19] *Schricker-Loewenheim*, Urheberrechtsgesetz, § 2, Rdnr. 75; *Schricker*, Zum Urheberrechtsschutz und Geschmacksmusterschutz von Postwertzeichen – Teil I, GRUR 1991, 563, 569.

[20] Regierungsentwurf zum UrhG vom 23.03.1962, Bundestags-Drucksache IV/270, abgedruckt in: *Schulze*, Materialien zum Urheberrechtsgesetz, Seite 448.

zugeben. In § 59 Abs. 1 S. 2 UrhG wird bestimmt, dass diese Befugnisse für Bauwerke nur in Bezug auf deren äußere Ansicht gelten. Aus der Voraussetzung, dass sich die Werke bleibend an öffentlichen Wegen Straßen oder Plätzen befinden müssen, kann man jedoch nicht darauf schließen, dass der Gesetzgeber davon ausgegangen ist, dass Werke der Baukunst immer fest mit dem Boden verbunden sein müssen, denn auch Schneeplastiken oder Pflastermalereien werden als bleibend im Sinne des § 59 Abs. 1 S. 1 UrhG angesehen.[21]

Da zumindest § 23 S. 2 UrhG eine feste Verbundenheit von Werken der Baukunst mit dem Erdboden nahe legt und weil für bewegliche gebäudeähnliche Schöpfungen wie Pavillons, Kioske, Zelte etc. wegen der Möglichkeit des Schutzes nach Geschmacksmusterrecht und als Werke der angewandten Kunst kein Bedürfnis besteht, sie auch als Werke der Baukunst zu schützen, ist davon auszugehen, dass Werke der Baukunst fest mit dem Erdboden verbunden oder nur mit großem Aufwand von ihrem Standort wegzubewegen sein müssen.

b. Andere bauliche Konstruktionen

Auch Konstruktionen, die keine Gebäude sind, weil sie von Menschen nicht betreten werden können und nicht geeignet sind, dem Schutz von Menschen, Tieren oder Sachen zu dienen[22], kommen als Werke der Baukunst im Sinne des § 2 Abs. 1 Nr. 4 UrhG in Frage. Darunter fallen beispielweise Brücken, Türme oder Denkmäler.[23]

c. Raumgestaltungen

aa. Innenraumgestaltungen

Desweiteren kommt die Gestaltung von Innenräumen für den Urheberrechtsschutz nach § 2 Abs. 1 Nr. 4 UrhG in Frage.[24] Dabei ging der BGH in seiner Entscheidung

---

[21] *Schricker-Vogel*, Urheberrecht, § 59, Rdnr. 12; *Möhring/Nicolini-Gass*, Urheberrechtsgesetz, § 59, Rdnr. 9.

[22] Siehe dazu unter D.I.1.a.

[23] *Schricker-Loewenheim*, Urheberrecht, § 2, Rdnr. 149; *Haberstumpf*, Handbuch des Urheberrechts, Rdnr. 138; *Möhring/Nicolini-Ahlberg*, Urheberrechtsgesetz, § 2, Rdnr. 25; *Fromm/Nordemann-Vinck*, Urheberrecht, § 2, Rdnr. 70; *von Gamm*, Urheberrechtsgesetz, § 2, Rdnr. 21.

[24] *Schricker-Loewenheim*, Urheberrecht, § 2, Rdnr. 150; *Haberstumpf*, Handbuch des Urheberrechts, Rdnr. 138; *Möhring/Nicolini-Ahlberg*, Urheberrechtsgesetz, § 2, Rdnr. 25; *Fromm/Nordemann-Vinck*, § 2, Rdnr. 71.

Kirchen-Innenraumgestaltung[25] davon aus, dass nur die Gesamtkonzeption derjenigen Gestaltungselemente, die fest mit dem Gebäude verbunden sind, Schutz nach § 2 Abs. 1 Nr. 4 UrhG erlangen kann.[26] Auch die Gestaltung eines Treppenhauses[27] kann als Werk der Baukunst Urheberrechtsschutz erlangen. Die Gesamtkonzeption einer Ladeneinrichtung wurde vom LG Düsseldorf als Werk der Baukunst angesehen, wobei in der Entscheidung nicht zwischen den beweglichen und den unbeweglichen Elementen der Einrichtung unterschieden wurde.[28] Wie bereits dargelegt, kommen als Werke der Baukunst nach der hier vertretenen Ansicht aber nur unbewegliche Gegenstände in Frage. Die Einordnung von Innenraumschöpfungen in eine bestimmte Werkkategorie bereitet insofern Schwierigkeiten, als sie aus vielen unterschiedlichen Einrichtungselementen bestehen kann, die, wie zum Beispiel der Grundriss des Raumes und die Lichtführung, aber auch Tapeten, Bemalungen, Sockel, Kamine etc., fest mit dem Gebäude verbunden sind oder wie Möbel, Lampen, Bilder etc., beweglich sind. Besteht die Innenraumschöpfung gerade aus der individuellen Kombination dieser unterschiedlichen Elemente, kommen grundsätzlich mehrere Werkkategorien in Betracht. Zu denken ist dabei an die Kategorien Werke der angewandten Kunst und Werke der Baukunst. Die Unterscheidung zwischen diesen beiden Werkarten ist wegen der unterschiedlichen Gestaltungshöhe, die für einen Urheberrechtsschutz erforderlich ist, von großer Bedeutung.[29] Werke der angewandten Kunst zeichnen sich dadurch aus, dass sie im Gegensatz zu Werken der reinen Kunst einem Gebrauchszweck dienen.[30] Möbelprogramme, d. h. eine Kombination aus verschiedenen Möbelstücken, sind je nach Gestaltungshöhe geschmacksmusterfähig[31] oder als Werke der angewandten Kunst[32]

---

[25] BGH GRUR 1982, 107, 109 - *Kirchen-Innenraumgestaltung.*

[26] *Jestaedt*, Die Zulässigkeit der Änderung von Werken der Baukunst durch den Inhaber des Nutzungsrechts nach § 39 UrhG, Seite 30.

[27] BGH GRUR 1999, 230, 231 - *Treppenhausgestaltung.*

[28] LG Düsseldorf, Urteil vom 24.10.1963, abgedruckt in: *Schulze*, Rechtsprechung zum Urheberrecht, LGZ 99.

[29] Bei Werken der angewandten Kunst wird im Gegensatz zu Werken der Baukunst die kleine Münze nicht urheberrechtlich, sondern nur nach Geschmacksmusterrecht geschützt, siehe dazu unter D.I.1.a.

[30] *Schricker-Loewenheim*, Urheberrecht, § 2, Rdnr. 156.

[31] BGH GRUR 1975, 383 – *Möbelprogramm.*

nach § 2 Abs. 1 Nr. 4 UrhG urheberrechtsschutzfähig. Innenraumgestaltungen, die sich nur auf die baulichen Elemente wie den Grundriss, die Lichtführung, die Anordnung der Fenster, Abstufungen des Bodens und der Decke etc. beziehen, sind als Werke der Baukunst schutzfähig.[33] Tendenziell wird bei Inneneinrichtungen der Gebrauchszweck überwiegen, gerade bei der Einrichtung von Verkaufsläden wie in dem Sachverhalt, der dem Urteil des LG Düsseldorf zugrunde lag.[34] Dieser Entscheidung kann daher nicht gefolgt werden, wenn sie eine solche Inneneinrichtung als Werk der Baukunst qualifiziert. Es ist sinnvoller, im Einzelfall darauf abzustellen, ob sich die Schöpfung überwiegend aus beweglichen Gegenständen, die einem Gebrauchszweck dienen, oder aus Elementen, die fest mit dem Gebäude verbunden sind und aus Baumaterialien bestehen, zusammensetzt. Dadurch kann auch gewährleistet werden, dass die Sondervorschriften für die jeweilige Werkart auf das in Frage stehende Werk sinnvoll angewendet werden können.[35] Dies widerspricht auch nicht der Auffassung der herrschenden Meinung, dass „mehrkategoriale" Werke nach den Schutzvoraussetzungen aller in Betracht kommender Werkarten zu prüfen seien[36], denn wenn der Schwerpunkt einer Innenraumschöpfung aus Gebrauchsgegenständen oder aus fest mit dem Gebäude verbundenen Elementen besteht, kann die Schöpfung nicht mehr als „mehrkategorial" angesehen werden, weil nur die Kombination der festen und beweglichen Elemente die Schutzfähigkeit ausmacht und eine Aufspaltung daher nicht möglich ist. Nur in den seltenen Fällen, in denen eine Innenraumgestaltung zu gleichen Teilen aus Gebrauchsgegenständen und fest verbundenen Elementen besteht, erscheint eine Einordnung in beide Werkkategorien sinnvoll.

---

[32] BGH GRUR 1982, 305, 306 f. – *Büromöbelprogramm*, wo allerdings die Ausführungen des Berufungsgerichts zur Schutzfähigkeit des Büromöbelprogramms der Revision nicht standhielten; OLG Frankfurt am Main GRUR 1990, 121 – *USM-Haller*.

[33] BGH GRUR 1982, 107, 109 - *Kirchen-Innenraumgestaltung*.

[34] LG Düsseldorf, Urteil vom 24.10.1963 , abgedruckt in *Schulze*, Rechtsprechung zum Urheberrecht, LGZ 99, Seiten 1/2.

[35] Zu denken wäre hier zum Beispiel an § 23 S. 2 UrhG, wonach bereits die Herstellung einer Umgestaltung eines Werkes der Baukunst der Einwilligung des Urhebers bedarf. Bei Werken der angewandten Kunst ist für die bloße Herstellung aber keine Einwilligung erforderlich.

[36] *Schricker-Loewenheim*, Urheberrecht, § 2, Rdnr. 75; *Schricker*, Zum Urheberrechtsschutz und Geschmacksmusterschutz von Postwertzeichen – Teil I, GRUR 1991, 563, 569; *Loewenheim*, Urheberrechtliche Probleme bei Multimediaanwendungen, GRUR 1996, 830, 831f.

Bei Innenraumgestaltungen beweglicher gebäudeähnlicher Konstruktionen wie Pavillons oder Kiosken kann nur ein Schutz als Werk der angewandten Kunst oder als Geschmacksmuster in Betracht kommen, gleichgültig, ob die Einrichtungselemente fest mit der Konstruktion verbunden sind oder nicht, da insbesondere die Sondervorschrift des § 23 S. 2 UrhG aufgrund der im allgemeinen weitaus geringeren Herstellungskosten solcher beweglicher Konstruktionen nicht sinnvoll angewendet werden könnte.

bb. Außenraumgestaltungen

Eine Außenraumgestaltung liegt vor, wenn Räume unter freiem Himmel gestaltet werden. Das ist beispielsweise der Fall, wenn einzelne Gebäude kompositorisch zueinander und zur unmittelbaren landschaftlichen Umgebung in Beziehung gesetzt werden. Solche Außenraumgestaltungen können ebenfalls Urheberrechtsschutz nach § 2 Abs. 1 Nr. 4 UrhG erlangen.[37] Folglich kann auch die Gestaltung von Plätzen und ganzen Siedlungsgebieten unter § 2 Abs. 1 Nr. 4 UrhG fallen.[38]

Auch bei Gartenbaugestaltungen werden Räume unter freiem Himmel geschaffen. Dabei ist jedoch nicht geklärt, ob Gartengestaltungen als Werke der bildenden Kunst oder Werke der Baukunst einzuordnen sind.[39] Der Unterschied zu Schöpfungen, die als Werke der Baukunst in Frage kommen, liegt in dem Material, aus dem Gartengestaltungen geschaffen werden. Es handelt sich dabei um pflanzliche und damit lebendige Stoffe im Gegensatz zu den leblosen Materialien aus denen Werkstücke von Werken der Baukunst entstehen.[40] Grundsätzlich kann eine Schöpfung, die aus organischem Material besteht, wie jede andere Schöpfung, die die Voraussetzungen des § 2 Abs. 2 UrhG erfüllt, urheberrechtlichen Schutz erlangen.[41] Für die Geeignetheit von Gartengestaltungen als Werke der Baukunst spricht vor allem, dass die Sondervor-

---

[37] BGH GRUR 1957, 391, 393 - *Ledigenheim*.

[38] *Fromm/Nordemann-Vinck*, Urheberrecht, § 2, Rdnr. 72.

[39] *Schaefer*, Die urheberrechtliche Schutzfähigkeit von Gartengestaltungen, Seite 58 mit Literaturnachweisen zu den unterschiedlichen Ansichten zur Einordnung in die betreffenden Werkkategorien.

[40] *Schaefer*, Die urheberrechtliche Schutzfähigkeit von Werken der Gartengestaltung, Seite 61.

[41] OLG Düsseldorf GRUR 1990, 189, 191 – *Grünskulptur*; KG Berlin NJW-RR 2001, 1201, wobei das Gericht Gartengestaltungen als Werke der bildenden Kunst im engeren Sinne ansieht, ohne dies näher zu begründen.

schriften für Werke der Baukunst allesamt auch auf Schöpfungen des Gartenbaus anwendbar sind.[42] Außerdem sind Gartengestaltungen im allgemeinen auch fest mit dem Erdboden verbunden und nicht beweglich. Damit sollten Gartengestaltungen als Werke der Baukunst nach § 2 Abs. 1 Nr. 4 UrhG geschützt werden.[43]

d. Teile von Bauwerken

Weit häufiger als das gesamte Gebäude sind Teile von baulichen Schöpfungen Gegenstand von Urheberrechtsstreitigkeiten, denn auch sie kommen als Werke der Baukunst im Sinne des § 2 Abs. 1 Nr. 4 UrhG in Betracht.[44] Dabei sind alle nur denkbaren Teile von Bauwerken dem Urheberrechtsschutz zugänglich, wie beispielsweise die Außenflächen- und Fassadengestaltung[45], die Aufgliederung des Baukörpers, die besondere Ausgestaltung der Balkone[46], die bereits erwähnte Gestaltung von Innenräumen[47], die Raumaufteilung[48], der Erdgeschossgrundriss eines Einfamilienhauses[49] oder die Gestaltung eines Treppenhauses[50].

e. Entwürfe und Skizzen

Entwürfe baulicher Schöpfungen sind Zeichnungen, die noch nicht das endgültige Bauwerk beschreiben, sondern eine Vorstufe zur endgültigen Planung darstellen. Ein urheberrechtlicher Schutz kommt hier in zweifacher Hinsicht in Frage, einmal als Werk der Baukunst nach § 2 Abs. 1 Nr. 4 UrhG und als Darstellung technischer Art

---

[42] *Schaefer*, Die urheberrechtliche Schutzfähigkeit von Werken der Gartengestaltung, Seiten 62 – 64.

[43] So auch *Heath*, Verwertungsverträge im Bereich der Baukunst, in: Urhebervertragsrecht, 459, 463.

[44] *Schricker-Loewenheim*, Urheberrecht, § 2, Rdnr. 151.

[45] BGH GRUR 1973, 663, 664 - *Wählamt.*

[46] OLG Frankfurt GRUR 1986, 244 - *Verwaltungsgebäude.*

[47] BGH GRUR 1982, 107 - *Kirchen-Innenraumgestaltung.*

[48] BGH GRUR 1982, 369, 370 - *Allwetterbad.*

[49] BGH GRUR 1987, 533, 534 - *Vorentwurf II.*

[50] BGH GRUR 1999, 230, 231 - *Treppenhausgestaltung.*

nach § 2 Abs. 1 Nr. 7 UrhG.[51] Um in die Kategorie Werke der Baukunst nach § 2 Abs. 1 Nr. 4 UrhG zu fallen, muss ein solcher Entwurf jedoch nach der Rechtsprechung des BGH die wesentlichen Raumvorstellungen der architektonischen Schöpfung erkennen lassen. Dazu zählen beispielsweise die Baukörperform und die Anpassung an das vorhandene Grundstück, die Raumzuordnung, die Tür- und Fensteranordnung und die Lichtführung.[52]

f. Ausdrucksformen

Die für Urheberrechtsschutz geeigneten baulichen Schöpfungen können in vielen Ausdrucksformen verkörpert sein: in einem fertiggestellten Gebäude, in einem architektonischen Plan, in einem Modell, digitalisiert auf einem computerlesbaren Speichermedium etc. Das spielt jedoch weder für die Frage eine Rolle, ob die verkörperte Schöpfung in die Kategorie der Werke der Baukunst nach § 2 Abs. 1 Nr. 4 UrhG fällt noch für die Frage, ob die Schöpfung gemäß § 2 Abs. 2 UrhG ein schutzfähiges Werk der Baukunst ist. Das liegt an der Natur des Werkes als immaterielles Gut und der daraus folgenden Unterscheidung von Werk und Werkstück.[53]

2. Rechtslage im US-amerikanischen *Copyright Law*

a. Vor dem *AWCPA* von 1990

Wie bereits festgestellt[54], waren zwischen dem Inkrafttreten des *Copyright Act* von 1976 und dem Inkrafttreten des *AWCPA* von 1990 nur architektonische Pläne als technische Zeichnungen, die nach der Definition in § 101 C. A. zu den Werken der Malerei, Graphik und Bildhauerei zählen, copyrightfähig. Eine genaue Definition, wann architektonische Pläne vorliegen, hat sich nicht entwickelt und war auch nicht notwendig, sie mussten lediglich die Voraussetzungen einer technischen Zeichnung erfüllen.

---

[51] *Schricker-Loewenheim*, Urheberrecht, § 2, Rdnr. 155; *Fromm/Nordemann-Vinck*, Urheberrecht, § 2, Rdnr. 7; *Möhring/Nicolini-Ahlberg*, Urheberrechtsgesetz, § 2, Rdnr. 115.

[52] BGH GRUR 1988, 533, 534 – *Vorentwurf II*; BGH GRUR 1989, 416 – *Bauaußenkante*; *Dreier*, Anmerkung zu BGH GRUR 1989, 416 – *Bauaußenkante*, in: *Schulze*, Rechtsprechung zum Urheberrecht, BGHZ 393, Seite 9.

[53] *Schricker-Loewenheim*, Urheberrecht, § 2, Rdnr. 10; siehe auch C.I.1.c. zur Theorie vom Immaterialgüterrecht.

[54] siehe B.III.4.

Eine technische Zeichnung lag dann vor, wenn sie unter anderem wissenschaftliche oder technische Informationen in gezeichneter Form vermittelte.[55] Die meisten Entscheidungen auf diesem Gebiet befassten sich mit Plänen und Zeichnungen, die Gebäude im herkömmlichen Sinne darstellten.[56] Es gab jedoch auch vereinzelt Entscheidungen, die sich mit Plänen auseinander setzten, die andere Objekte darstellen. So wurden auch die Copyrightfähigkeit eines steinernen Kirchenaltars[57], einer Brückenauffahrt[58] oder von Plänen zur Renovierung einer Bootsfähre[59] diskutiert.

b. Nach dem *AWCPA* von 1990

aa. *Building* im Sinne des § 101 C. A.

Durch den *AWCPA* von 1990 wurde in 17 U.S.C. § 101 eine Definition des architektonisches Werkes eingefügt. Danach ist ein architektonisches Werk die Gestaltung eines Gebäudes.[60] Der Kongress hat es jedoch unterlassen, eine Definition von Gebäude festzulegen. In der ursprünglichen Version des Gesetzentwurfs des *AWCPA* war noch von der Gestaltung eines Gebäudes oder eines anderen dreidimensionalen Gebildes die Rede.[61] Die Formulierung „oder eines anderen dreidimensionalen Gebildes" sollte architektonische Werke erfassen, die in „innovativen" Konstruktionen verkörpert sind, die nicht ohne weiteres als Gebäude eingeordnet werden können. Sie wurde jedoch vom für geistiges Eigentum zuständigen Unterausschuss gestrichen, weil man vermeiden wollte, dass auch an Brücken der nationalen Autobahnen, an Autobahnkleeblättern, Kanälen, Dämmen und Gehsteigen ein *copyright* entsteht. Ein Copyright-

---

[55] 37 Code of Federal Regulations (C.F.R.) § 202.12 (a) (1959).

[56] Als Beispiele seien genannt: *Smith v. Paul*, 345 P.2d 546 (Cal.App. 1959) = GRUR Int. 1961, 51; *Demetriades v. Kaufmann*, 698 F. Supp. 521 (S.D.N.Y., 1988); *De Silva Construction Corp. v. Herrald*, 213 F.Supp. 184 (D.C.Fla. 1962); *Imperial Homes Corp. v. Lamont*, 458 F.2d 895 (5th Cir. 1972); *Scholz Homes, Inc. v. Maddox*, 379 F.2d 84 (C.A.Ky. 1967); *Robert R. Jones Associates, Inc. v. Nino Homes*, 858 F.2d 274 (6th Cir. 1988).

[57] *Morris European & American Express Co. v. U.S.*, 85 F. 964, 965/966 (C.C.N.Y. 1898).

[58] *Muller v. Triborough Bridge Authority*, 43 F. Supp. 298 (D.C.N.Y. 1942).

[59] *Oakes v. Suelynn Corp.*, 100 Cal.Rptr. 838 (Cal.App. 1972).

[60] Dieser Abschnitt in § 101 C. A. lautet: „*An architectural work is the design of a building* ...".

[61] H.R. 3990, 101st Congress, 2nd Session 1990: „...*the design of a building or other three-dimensional structure*...".

schutz sei hier nicht notwendig, um Kreativität zu fördern und ungenehmigte Vervielfältigungen zu verhindern.[62] Man befürchtete außerdem, dass ein *copyright* an Teilen des nationalen Verkehrssystems zu höheren finanziellen Belastungen des Staates führen könnte.[63] Nach der Auffassung des Kongresses sind unter dem Begriff Gebäude bewohnbare Konstruktionen wie Häuser und Verwaltungsgebäude sowie Konstruktionen zu verstehen, die zwar von Menschen benutzt, aber nicht bewohnt werden, wie Kirchen, Laubengänge, Aussichtstürme und Gartenpavillons.[64] Der Kongress verkannte jedoch nicht, dass für die anderen, nicht erfassten dreidimensionalen Gebilde ein Regelungsbedürfnis besteht. Eine diesbezügliche Regelung wurde jedoch für die Übereinstimmung mit der RBÜ nicht als notwendig angesehen und auf einen unbestimmten Zeitpunkt in der Zukunft verschoben.[65]

Das für die Registrierung von Copyrightansprüchen zuständige *Copyright Office* hat Verwaltungsvorschriften (*Federal Regulations*) erlassen, durch die festgelegt werden soll, welche Konstruktionen unter den Begriff „Gebäude" fallen. Dabei ging das *Copyright Office* auch auf die Kritik ein, dass die Definition des architektonischen Werkes im *Copyright Act* zu eng gefasst sei.[66] Was unter Gebäude im Sinne § 101 C. A. zu verstehen sei, wurde in mehrfacher Hinsicht konkretisiert. In der Endfassung von 37 C.F.R § 202.11 (b) (1) wird zusätzlich zur Umschreibung von „Gebäude" im *House Report* zur *AWCPA* bestimmt, dass es sich dabei um von Menschen bewohnbare Konstruktionen handeln muss, die von ihrer Bestimmung her dauerhaft und unbeweglich sind. Außerdem sind dauerhafte und unbewegliche Konstruktionen miterfasst, die dem Aufenthalt von Menschen dienen, wobei die beispielhafte und nicht abschließende Aufzählung anders als im *House Report* auch Museen erwähnt. Die beispielhafte Aufzählung anderer Konstruktionen als Gebäude, die nicht geschützt werden können, wird in 37 C.F.R. § 202.11 (d) erweitert um Zelte, Fahrzeuge, die der Freizeitgestaltung dienen, *mobile homes* und Boote.

---

[62] H.R. Rep. No. 101-735, 101st Congress, 2nd Session 1990, 1990 WL 200440, Seite 16.

[63] Begründung von 37 C.F.R 202, 1992 WL 245726 (F.R.), Seite 2.

[64] H.R. Rep. No. 101-735, 101st Congress, 2nd Session 1990, 1990 WL 200440, Seite 16.

[65] H.R. Rep. No. 101-735, 101st Congress, 2nd Session 1990, 1990 WL 200440, Seite 16.

[66] *Pollock*, The AWCPA: Analysis of Probable Ramifications and Arising Issues, 70 Neb. L. Rev. 873, 876 (1991); *Winick*, Copyrigt Protection for Architectural Works after the AWCPA of 1990, 41 Duke L.J. 1598, 1613 (1992).

Nach der Auffassung des Kongresses soll auch die innenarchitektonische Gestaltung copyrightfähig sein.[67] In der überwiegenden Anzahl der Gerichtsentscheidungen, die architektonische Pläne und Werke betreffen, geht es um Wohnhäuser, die unproblematisch als *buildings* im Sinne der Definition in § 101 C. A. qualifiziert werden können.[68] In der Entscheidung *Yankee Candle Co., Inc. v. New England Candle Co., Inc.*[69] befasste sich das Gericht mit der Frage, ob ein Ladengeschäft, das sich innerhalb eines überdachten Einkaufszentrums (*mall*) befindet, ein Gebäude darstellt. Nach der Auffassung des Gerichts stellte zwar das Einkaufszentrum als solches ein Gebäude dar, nicht jedoch das darin enthaltene Ladengeschäft. Es begründete seine Ansicht damit, dass das Ladengeschäft in den vorhandenen Parzellen, die bereits aus Wänden und Decken bestehen, eingerichtet wurde und damit kein Gebäude mehr sein könne. Ein Gebäude müsse unter anderem auch freistehend sein.[70] Obwohl sich der *District Court* mit der Gesetzgebungsgeschichte der *AWCPA* auseinander setzte, hat er offensichtlich übersehen, dass nach der Auffassung des Kongresses auch innenarchitektonische Gestaltungen als architektonische Werke schutzfähig sein sollen.[71] Zweifelsohne stellt die Gestaltung eines Ladengeschäfts innerhalb eines Einkaufszentrums Innenarchitektur dar, soweit eine feste Verbundenheit der Einrichtung mit dem Gebäude besteht. Auch wenn das Ladengeschäft nur einen Teil des Einkaufszentrums einnimmt, so liegt auf jeden Fall eine innenarchitektonische Gestaltung eines Teils eines Gebäudes vor.

Wie sich aus dem Wortlaut der Definition des architektonischen Werkes in § 101 C. A. ergibt, kann sich der Copyrightschutz sowohl auf die Gesamtgestaltung als auch auf die Zusammenstellung der einzelnen Räume und auf einzelne Gestaltungselemente beziehen. Damit sind auch Teile von Gebäuden grundsätzlich schutzfähig.

---

[67] H.R. Rep. No. 101-735, 101st Congress, 2nd Session 1990, 1990 WL 200440, Seite 17.

[68] Siehe z. B. *Value Group, Inc. v. Mendham Lake Estates, L. P.*, 800 F. Supp. 1228 (D.N.J. 1992); *Richmond Homes Management, Inc. v. Raintree, Inc.*, 862 F.Supp. 1517 (W.D.Va. 1994); *Ronald Mayotte & Ass. v. MGC Bldg. Co.*, 885 F.Supp. 148 (E.D.Mich. 1994); *J.R. Lazaro Builders, Inc. v. R.E. Ripberger Builders, Inc.*, 883 F. Supp. 336 (S.D.Ind. 1995); *Arthur Rutenberg Homes, Inc. v. Maloney*, 891 F.Supp. 1560 (M.D.Fla. 1995); *Craig v. Dabrowski*, 1999 WL 412581 (N.D.Ill. 1999); *John Alden Homes, Inc. v. Kangas*, 142 F.Supp.2d 1338 (M.D.Fla. 2001).

[69] 14 F.Supp.2d 154 (D.Mass. 1998).

[70] *Yankee Candle Co., Inc. v. New England Candle Co., Inc.*, 14 F.Supp.2d 154, 159-160 (D.Mass. 1998).

[71] H.R. Rep. No. 101-735, 101st Congress, 2nd Session 1990, 1990 WL 200440, Seite 17.

bb. Pläne und Zeichnungen

Auch nach der *AWCPA* von 1990 besteht weiterhin die Möglichkeit, dass architektonische Pläne als Werke der Malerei, Graphik und Bildhauerei nach § 102 (a) (5) C. A. Schutz genießen. Das ergibt sich schon aus der eindeutigen Formulierung der Definition dieser Werkkategorie in § 101 C. A.

Daneben werden architektonische Pläne und Zeichnungen als eine Art der körperlichen Festlegung architektonischer Werke angesehen, was sich explizit aus der Definition des architektonischen Werkes in § 101 C. A. ergibt. Die Zeichnung oder der Plan als solcher kann somit nicht nach § 102 (a) (8) C. A. als architektonisches Werk geschützt werden, sondern nur das Werk, das darin verkörpert ist.

cc. Vom Schutz ausgeschlossene Schöpfungen

(1) Durch die Definition ausgeschlossene Elemente

Nach der Definition des architektonischen Werkes in § 101 C. A. können einzelne Standardmerkmale eines Gebäudes kein solches Werk sein. Dabei versteht der Kongress unter Standardmerkmalen übliche Fenster, Türen oder andere gewöhnliche Gebäudeteile (*staple building components*).[72] Die Gewährung von ausschließlichen Rechten an solchen Elementen würde Entwicklungen in der Architektur eher behindern als fördern. Dabei wurde ausdrücklich festgestellt, dass Elemente, die die Kreativität des Architekten wiederspiegeln, auf jeden Fall Copyrightschutz erlangen können.[73]

In dem Urteil eines *Circuit Court* wurde in diesem Zusammenhang entschieden, dass eine insel- oder halbinselförmige Bar, die als Raumteiler zwei verschieden bestuhlte Bereiche voneinander trennt, ein solches Standardelement ist und daher keinen Copyrightschutz als architektonisches Werk erlangen kann.[74]

(2) Schöpfungen, die nicht unter *building* subsumiert werden können

Bedenkt man, dass die Brooklyn Bridge in New York und die Golden Gate Bridge in San Francisco zu den bekanntesten und bedeutendsten architektonischen Schöpfun-

[72] H.R. Rep. No. 101-735, 101st Congress, 2nd Session 1990, 1990 WL 200440, Seite 15.

[73] H.R. Rep. No. 101-735, 101st Congress, 2nd Session 1990, 1990 WL 200440, Seite 15.

[74] *Ale House Management, Inc. v. Raleigh Ale House, Inc.*, 205 F.3d 137, 143 (4th Cir. 2000).

gen in den USA gehören, so wird die Tragweite des Ausschlusses der Brücken vom Copyrightschutz besonders deutlich.[75] Insofern hat der Kongress hier eine Schutzlücke zugelassen, deren Schließung er auf einen unbestimmten Zeitpunkt in der Zukunft verschoben hat.[76]

Auch die Gestaltung von Gärten, Golfplätzen oder Parks wie dem Central Park in New York können nicht als architektonische Werke geschützt werden. Es fehlt an einer für ein Gebäude im Sinne der Definition des architektonischen Werkes in § 101 C. A. notwendigen baulichen Konstruktion, die einen Raum umschließt.[77]

Damit kommt für Brücken und Gartengestaltungen, aber auch für die anderen vom Kongress ausgeschlossenen Schöpfungen kein Copyrightschutz als architektonische Werke nach § 102 (a) (8) C. A. in Betracht. Pläne und Zeichnungen solcher Schöpfungen kommen aber im Rahmen des § 102 (a) (5) C. A. für den Schutz durch *copyright* in Frage.

---

[75] Siehe auch *Goldberger* in: *Winick*, Copyright Protection for Architectural Works after the AWCPA of 1990, 41 Duke L.J. 1598, 1613 (1992).

[76] H.R. Rep. No. 101-735, 101st Congress, 2nd Session 1990, 1990 WL 200440, Seite 16.

[77] *Winick*, Copyright Protection for Architectural Works after the AWCPA of 1990, 41 Duke L.J. 1598, 1615 (1992).

II. Schutzvoraussetzungen für architektonische Schöpfungen nach deutschem Urheberrecht und US-amerikanischem *Copyright Law*

1. Der Schaffensprozess des Architekten

Um einigermaßen genau bestimmen zu können, ob und inwiefern eine architektonische Schöpfung genügend Individualität bzw. *originality* aufweist, ist es sehr hilfreich, sich den Schaffensprozess des Architekten zu vergegenwärtigen. Bei der Untersuchung der einzelnen Arbeitsschritte vom ersten Kontakt mit dem Bauherrn bis zur Fertigstellung des Gebäudes muss dabei immer die Frage im Vordergrund stehen, wie viel Spielraum dem Architekten bleibt, um seiner Persönlichkeit in schöpferischer Weise Ausdruck zu verleihen. Dabei ist vor allem auf die Arbeitsschritte einzugehen, die Auswirkungen auf die urheberrechtliche Schutzfähigkeit haben können.

Auch für die Beurteilung der stillschweigenden Einräumung von Nutzungsrechten ist es erforderlich, sich mit dem Schaffensprozess des Architekten zu befassen, um eine Fallgruppenbildung nachvollziehbar zu machen.[1]

a. Systematik der Honorarordnung für Architekten und Ingenieure

Eine Aufzählung aller möglichen Leistungen eines Architekten findet sich in der deutschen Honorarordnung für Architekten und Ingenieure (HOAI). Diese Verordnung dient der Berechnung der Entgelte für die Leistungen von Architekten, soweit sie durch Leistungsbilder erfasst werden, § 1 HOAI. In den Leistungsbildern werden bestimmte Tätigkeiten beschrieben, wie z. B. bei dem in der Praxis am häufigsten einschlägigen Leistungsbild des § 15 HOAI die Objektplanung für Gebäude, Freianlagen und raumbildende Ausbauten. Die Leistungsbilder sind in Grundleistungen und Besondere Leistungen untergliedert, § 2 Abs. 1 HOAI. Grundleistungen umfassen die Leistungen, die zur ordnungsgemäßen Erfüllung eines Auftrags im allgemeinen erforderlich sind, § 2 Abs. 2 S. 1 HOAI. Sachlich zusammengehörige Grundleistungen sind zu jeweils in sich abgeschlossenen Leistungsphasen zusammengefasst, § 2 Abs. 2 S. 2 HOAI. Besondere Leistungen können zu den Grundleistungen hinzu oder an deren Stelle treten, wenn besondere Anforderungen an die Ausführung des Auftrags gestellt werden, die über die allgemeinen Leistungen hinausgehen oder diese ändern, § 2 Abs. 3 S. 1 HOAI. Sie sind in den Leistungsbildern nicht abschließend aufgeführt, § 2 Abs.

---

[1] Siehe dazu unter C.I.1.a.aa.(1)(d).

3 S. 2 HOAI. Aus der fehlenden Feststellung, dass auch die Grundleistungen nicht abschließend genannt sind, ergibt sich, dass der Gesetzgeber die Grundleistungen abschließend aufzählen wollte.[2] Die in § 15 Abs. 2 HOAI festgelegten Grundleistungen bezeichnen somit alle Leistungen, die nach allgemeiner Erfahrung zur Planung und zum Bau eines Gebäudes durch einen Architekten erforderlich sind[3] und sind daher geeignet, den typischen Schaffensprozess des Architekten wiederzugeben.

In § 15 I HOAI ist den einzelnen Leistungsphasen ein bestimmter Prozentsatz zugeordnet, der den Anteil der jeweiligen Leistungsphase am Gesamthonorar festlegt. Die Höhe des Architektenhonorars ist von der Honorarzone abhängig, in die das Gebäude je nach der Schwierigkeit der Planungsanforderungen fällt, §§ 11, 12 HOAI. Die Mindest- und Höchstsätze der Honorare sind in Honorartafeln aufgelistet, für Grundleistungen bei Gebäuden und raumbildenden Maßnahmen beispielsweise in § 16 HOAI.

b. Die Vertragsformulare des *American Institute of Architects*

In den USA gibt es keine gesetzliche Regelung der möglichen Leistungen eines Architekten bei der Planung und Ausführung eines Gebäudes. Das *American Institute of Architects* (*AIA*), die Standesvertretung der US-amerikanischen Architekten, hat jedoch vorformulierte Vertragsformulare erarbeitet, die das rechtliche Verhältnis zwischen Bauherr und Architekt regeln sollen. Diese Vertragsformulare werden von den meisten US-amerikanischen Architekten verwendet, nur selten werden derartige Verträge einzeln ausgehandelt.[4] Es handelt sich dabei um das *AIA Document B141* und das *AIA Document B161* mit seinem Begleit-*Document B162*.[5] Grundsätzlich werden bei der Einteilung der möglichen Leistungen eines Architekten 5 Phasen unterschieden, die wiederum in 10 Arbeitsabschnitte untergliedert sind.[6] Das Vertragsformular B141 ist zwar das am weitesten verbreitete, sieht jedoch nur grundlegende Leistungen des Architekten aus der zweiten Phase: Gestaltung (*design*) und der dritten Phase: Errich-

---

[2] *Hesse/Korbion/Mantscheff/Vygen*, HOAI, § 2, Rdnr. 6.

[3] *Hesse/Korbion/Mantscheff/Vygen*, HOAI, § 15, Rdnr. 5.

[4] *Newsam*, Architecture and Copyright - Separating the Poetic from the Prosaic, 71 Tul. L. Rev. 1073, 1084.

[5] *Heuer*, Contractual Issues, in: The Architect's Handbook, Bd. 2, § 2.2, Seite 9.

[6] *Haviland*, The Building Enterprise, in: The Architect's Handbook, Bd. 1, § 1.1, Seiten 10/11.

tung (*construction*) vor. Das Formular B161 in Verbindung mit B162 regelt dagegen die ganze Bandbreite der Tätigkeiten eines Architekten, also die Leistungen aller Phasen und Arbeitsabschnitte.[7]

c. Die einzelnen Arbeitsschritte eines Architekten

Die Untersuchung der einzelnen Arbeitsschritte des Architekten orientiert sich hauptsächlich an den Grundleistungen der relevanten Leistungsphasen des § 15 Abs. 2 HOAI, da diese gesetzlichen Regelungen einen differenzierteren Einblick in die Arbeitsweise eines Architekten geben als die vorformulierten US-amerikanischen Verträge. Diese werden dann zum Vergleich oder zur Ergänzung herangezogen. Auch wenn die Einteilung der verschiedenen Arbeitsschritte in beiden Ländern leicht unterschiedlich ausfällt, so sind die einzelnen Tätigkeiten, die ein Architekt bei der schöpferischen Planung eines Bauvorhabens auszuführen hat, wegen der Natur der Sache in beiden Ländern sehr ähnlich.

aa. Analyse des Bauvorhabens

Der Architekt muss zuerst einmal alle Informationen in Erfahrung bringen, die er benötigt, um mit einer Planung beginnen zu können. Die Bauwünsche des Auftraggebers und deren Klärung stehen dabei im Mittelpunkt. Dazu gehören z. B. die Art der Nutzung, die notwendigen Flächen, die Lage und Beschaffenheit des zu bebauenden Grundstücks, die Rechtslage in Bezug auf die Bebaubarkeit des Grundstücks, wozu auch schon die Berechnung des zulässigen Maßes der baulichen Nutzung gehört. Dies ergibt sich für die deutschen Architekten aus der ersten Grundleistung „Klären der Aufgabenstellung" der ersten Leistungsphase „Grundlagenermittlung", § 15 Abs. 2 Nr. 1 HOAI.[8] In den USA wird diese Tätigkeit „*program analysis*" genannt und ist Teil des Arbeitsabschnitts „*predesign services*" der ersten Phase „*predesign*"[9], welche aber nur von dem Vertragsformular B161 i. V. m. B162 erfasst wird. Gerade das zulässige Maß der baulichen Nutzung, welches sich aus den entsprechenden baurechtlichen

[7] *Heuer*, Contractual Issues, in: The Architect's Handbook, Bd. 2, § 2.2, Seite 9.

[8] *Löffelmann/Fleischmann*, Architektenrecht, Kapitel 4, Rdnr. 61-65; *Jochem*, HOAI, § 15, Rdnr. 5, 6.

[9] *Haviland*, The Building Enterprise, in: The Architect's Handbook, Bd. 1, § 1.1, Seiten 9/10.

Vorschriften ergibt, ist entscheidend für die Beschaffenheit des zu planenden Gebäudes und für den Bauherrn, der das Gebäude wirtschaftlich nutzen will.[10]

Eine genauere Analyse des Standorts, an dem das Gebäude errichtet werden soll, ist nur bei anspruchsvolleren Bauvorhaben erforderlich. Das betrifft z. B. nach § 15 Abs. 2 Nr. 1, 2. Besondere Leistung HOAI „Standortanalyse" die Frage, ob die Umgebung des Baugrundstücks im Hinblick auf Infrastruktur, Umweltbedingungen, vorhandene Bebauung etc. für das Vorhaben geeignet ist.[11] In den USA wird unter *„site analysis"* eine Analyse des Grundstücks in Bezug auf physische, kulturelle und baurechtliche Faktoren verstanden[12], was in der HOAI unter „Klärung der Aufgabenstellung" fällt. Leistungen, die eine genaue Standortanalyse betreffen, werden in den USA auch nur von B161 i. V. m. B162 geregelt und stellen damit keine Standardaufgabe für den Architekten dar.

Bei Grundstücken, die schon teilweise bebaut sind, ist eine Bestandsaufnahme der vorhandenen Bebauung, auf die sich die geplante Bebauung technisch und gestalterisch abstimmen muss, angebracht.[13]

Der Zeitplan, nach dem das Bauwerk fertiggestellt werden muss, kann auch Einfluss auf die Gestaltung des Bauvorhabens nehmen. Soll das Gebäude möglichst schnell bezugsfertig sein, so müssen weniger aufwändige Materialien und Bautechniken verwendet werden als bei einem Projekt, dessen Fertigstellung nicht eilt.[14]

Schließlich muss der Architekt zumindest in groben Zügen den zu erwartenden Kostenrahmen bestimmen. In der HOAI fällt diese Aufgabe unter „Klärung der Aufgabenstellung", der ersten Grundleistung der Leistungsphase 1 des § 15 Abs. 2 HOAI.[15] In den USA ist die Projektbudgetierung als Leistung der Arbeitsschritte *„predesign services"* und *„site analysis services"* vorgesehen.[16] Die zur Verfügung stehenden

---

[10] *Perkins*, Building Design, in: The Architect's Handbook, Bd. 2, § 2.5, Seite 6.

[11] *Löffelmann/Fleischmann*, Architektenrecht, Kapitel 4, Rdnr. 82; *Hesse/Korbion/Mantscheff/Vygen*, HOAI, § 15, Rdnr. 38; *Jochem*, HOAI, § 15, Rdnr. 11.

[12] *Perkins*, Building Design, in: The Architect's Handbook, Bd. 2, § 2.5, Seiten 5/6.

[13] Siehe § 15 Abs. 2 Nr. 1, 1. Besondere Leistung HOAI; *Perkins*, Building Design, in: The Architect's Handbook, Bd. 2, § 2.5, Seite 6.

[14] *Perkins*, Building Design, in: The Architect's Handbook, Bd. 2, § 2.5, Seite 6.

[15] *Löffelmann/Fleischmann*, Architektenrecht, Kapitel 4, Rdnr. 66 – 70.

[16] *Haviland*, The Building Enterprise, in: The Architect's Handbook, Bd. 1, § 1.1, Seiten 10/11.

Mittel seitens des Bauherrn haben einen großen Einfluss auf die spätere Gestaltung des Bauvorhabens.

Ein weiterer Faktor können die Besonderheiten der örtlichen Bauindustrie sein, wie z. B. die Verfügbarkeit bestimmter Baumaterialien, um hohe Transportkosten zu vermeiden. Außerdem ist es unter Architekten üblich, sich bereits fertiggestellte Projekte mit vergleichbaren Aufgabenstellungen genau anzusehen, um dadurch Inspirationen für das eigene Bauprojekt zu erhalten.[17]

Diese notwendigen tatsächlichen und rechtlichen Vorgaben beschränken zwar den Spielraum des Architekten, schöpferisch tätig zu werden, aber grundsätzlich nicht in einem Maße, dass keine Individualität bzw. *originality* mehr möglich wäre.[18]

bb. Synthese der Vorgaben

Die große schöpferische Aufgabe des Architekten ist es nun, die gefundenen Informationen und Vorgaben zu einer einheitlichen gestalterischen Lösung zusammenzufügen. Diese Synthese erfolgt, trotz aller Unterschiede im Detail, bei allen Architekten in bestimmten Stufen.

(1) Vorplanung/*schematic design*

Als erster Schritt muss eine Analyse der Grundlagen, § 15 Abs. 2 Nr. 2, 1. Grundleistung HOAI, vorgenommen werden, um die für den Bereich der Vorplanung erforderlichen Maßnahmen zu konkretisieren. Dies soll aufbauend auf den Ergebnissen der Grundlagenermittlung geschehen.[19]

Daraufhin sind die Zielvorstellungen aufeinander abzustimmen, § 15 Abs. 2 Nr. 2, 2. Grundleistung HOAI. Dort geht es darum, die Interessen der an dem Bauvorhaben Beteiligten aufeinander abzustimmen.[20] Hier sollen neben der weiteren Absteckung des Kostenrahmens die Prioritäten unter den Wunschvorstellungen des Bauherrn fest-

---

[17] *Perkins*, Building Design, in: The Architect's Handbook, Bd. 2, § 2.5, Seiten 6/7.

[18] *Schricker-Loewenheim*, Urheberrecht, § 2, Rdnr. 29.

[19] *Hesse/Korbion/Mantscheff/Vygen*, HOAI, § 15, Rdnr. 45; *Löffelmann/Fleischmann*, Architektenrecht, Kapitel 4, Rdnr. 102.

[20] *Hesse/Korbion/Mantscheff/Vygen*, HOAI, § 15, Rdnr. 45; *Perkins*, Building Design, in: The Architect's Handbook; Bd. 2, § 2.5, Seiten 8/9.

gelegt werden, da sich diese Vorstellungen selten alle miteinander vereinbaren lassen.[21] Dabei müssen insbesondere die Wünsche des Auftraggebers mit der technischen Realisierbarkeit in Einklang gebracht werden und die Vorstellungen in Bezug auf innere und äußere Gestaltung des Gebäudes konkretisiert werden.[22] Je genauer die gestalterischen Vorgaben des Bauherrn sind, desto mehr verringert sich jedoch der Spielraum des Architekten, innerhalb dessen er eigenschöpferisch tätig werden kann. Zu einer Reduzierung dieses Spielraums auf Null kommt es aber nur dann, wenn dem Architekten nur eine einzige Möglichkeit verbleibt, die gestalterischen Vorgaben des Auftraggebers umzusetzen. Dazu müsste der Bauherr bereits vor Beauftragung des Architekten einen fertiggestellten Plan haben, der auch realisierbar ist. Ist dies der Fall, entfällt der schöpferische Teil der Arbeit, womit ein Urheberrecht des Architekten an dem Bauwerk nicht mehr in Frage kommt.

Die erarbeiteten Zielvorstellungen sind nach deutschem Recht in einem planungsbezogenen Zielkatalog festzuhalten, der dritten Grundleistung des § 15 Abs. 2 Nr. 2 HOAI. Ein solcher Zielkatalog ist zwar in den US-amerikanischen Vertragsformularen nicht vorgesehen, ein Festhalten der Zielvorstellungen ist aber für jeden Architekten von großem Nutzen.[23]

Dieser Zielkatalog stellt den Ausgangspunkt für die eigentliche planerische Tätigkeit des Architekten dar. Als vierte Grundleistung während der zweiten Leistungsphase muss der Architekt gemäß § 15 Abs. 2 Nr. 2 HOAI ein Planungskonzept einschließlich der Untersuchung alternativer Lösungsmöglichkeiten nach gleichen Anforderungen erarbeiten. Dieses Konzept hat er auch zeichnerisch darzustellen und zu bewerten, zum Beispiel in Form von versuchsweisen zeichnerischen Darstellungen und Strichskizzen, gegebenenfalls mit erläuternden Angaben.[24] Eine maßstabsgetreue Darstellung ist dabei zwar noch nicht notwendig, die zeichnerische Lösung sollte aber so beschaffen sein, dass der Auftraggeber in der Lage ist, die vom Architekten konzipierte Gesamtvorstellung zu erkennen und zu beurteilen. Dabei müssen auch die wesentlichen gestalterischen Elemente in ihrem ungefähren Verhältnis zueinander darge-

---

[21] *Löffelmann/Fleischmann*, Architektenrecht, Kapitel 4, Rdnr. 103/104.

[22] *Hesse/Korbion/Mantscheff/Vygen*, HOAI, § 15, Rdnr. 45; *Perkins*, Building Design, in: The Architect's Handbook, Bd. 2, § 2.5, Seite 8.

[23] *Perkins*, Building Design, in: The Architect's Handbook, Bd. 2, § 2.5, Seite 8.

[24] Siehe Wortlaut des § 15 Abs. 2 Nr. 2 HOAI.

stellt sein.[25] In den USA nennt sich dieses Planungskonzept *parti* und enthält im wesentlichen die gleichen Elemente, insbesondere auch schon die grundlegenden gestalterischen Festlegungen.[26] In dieser Phase entfaltet sich die schöpferische Arbeit des Architekten zum ersten Mal. Nachdem er alle Vorstellungen des Bauherrn kennengelernt hat, kann er innerhalb dieser Grenzen seiner Schöpferkraft freien Lauf lassen und ein Gebäude entwerfen, das individuelle bzw. originale Züge trägt. Mit dem Entwurf findet die geistige Schöpferkraft des Architekten zum ersten Mal in einer wahrnehmbaren Formgestaltung[27] Ausdruck. In diesem Stadium ist allerdings noch fraglich, ob der Architekt lediglich eine nicht schutzfähige Idee zeichnerisch fixiert hat oder ob die Idee bereits eine ausreichend individuelle bzw. originale Form angenommen hat. Diese Frage kann aber nur im jeweiligen Einzelfall entschieden werden.

Zu dieser Grundleistung gehört auch das Erarbeiten von Varianten unter Zugrundelegung desselben Zielkatalogs, deren Ausführung nach den anerkannten Regeln der Technik möglich ist. Der Bauherr soll dadurch die Möglichkeit erhalten, unter verschiedenen künstlerischen und technischen Verwirklichungsmodellen seiner Vorstellungen eine Auswahl zu treffen.[28] Auch unter US-amerikanischen Architekten ist die Erarbeitung von konzeptionellen Alternativen ein wichtiger Schritt, um zu einer endgültigen Lösung zu gelangen. Dabei ist es nützlich, die Alternativen miteinander zu vergleichen und bestimmte Elemente gegeneinander auszutauschen bis sich eine Lösung herauskristallisiert.[29] Diese Aufgabe des Architekten innerhalb der zweiten Leistungsphase zeigt, dass der Verordnungsgeber davon ausgegangen ist, dass dem Architekten in den allermeisten Fällen[30] mehrere Möglichkeiten offen stehen, ein Bauvorhaben künstlerisch und technisch zu gestalten. Kann er das Vorhaben nur auf eine einzige Art und Weise realisieren, so ist eine persönlich-geistige Schöpfung im Sinne des §

---

[25] *Hesse/Korbion/Mantscheff/Vygen*, HOAI, § 15, Rdnr. 46; *Fleischmann/Löffelmann*, Architektenrecht, Kapitel 4, Rdnr. 108.

[26] *Perkins*, Building Design, in: The Architect's Handbook, Bd. 2, § 2.5, Seite 9.

[27] Eine Voraussetzung für das Vorliegen eines Werkes im Sinne des § 2 UrhG ist, dass die Schöpfung eine Form angenommen haben muss, die von den menschlichen Sinnen wahrgenommen werden kann, *Schricker-Loewenheim*, Urheberrecht, § 2, Rdnr. 20.

[28] *Hesse/Korbion/Mantscheff/Vygen*, HOAI, § 15, Rdnr. 47; *Löffelmann/Fleischmann*, Architektenrecht, Kapitel 4, Rdnr. 109/110.

[29] *Perkins*, Building Design, in: The Architect's Handbook, Bd. 2, § 2.5, Seiten 9/10.

[30] *Hesse/Korbion/Mantscheff/Vygen*, HOAI, § 15, Rdnr. 47.

2 Abs. 2 UrhG bzw. ein *original work of authorship* im Sinne des § 102 (a) C. A. ausgeschlossen.

§ 15 Abs. 2 Nr. 2, 6. Grundleistung HOAI beinhaltet das Klären und Erläutern der wesentlichen städtebaulichen, gestalterischen, funktionalen, technischen, bauphysikalischen, wirtschaftlichen, energiewirtschaftlichen (z. B. hinsichtlich rationeller Energieverwendung und der Verwendung erneuerbarer Energien) und landschaftsökologischen Zusammenhänge, Vorgänge und Bedingungen sowie der Belastung und Empfindlichkeit der betroffenen Ökosysteme. Diese Überlegungen dienen dem Ziel, die wichtigen Anforderungen für das Bauvorhaben zu klären und dem Bauherrn die gefundenen Ergebnisse zu vermitteln. Durch die frühzeitige Abstimmung mit dem Bauherrn soll verhindert werden, dass die bisherige Planung an den Interessen und Wünschen des Bauherrn vorbei geht und damit obsolet wird.[31] Urheberrechtlich relevant ist dabei die Klärung des Aufbaus und die äußere Gestaltung des Gebäudes. Erklärt sich der Auftraggeber mit keiner der vom Architekten erarbeiteten Vorentwürfe einverstanden, so muss der Architekt erneut schöpferisch tätig werden und versuchen, einen anderen mit den Vorgaben vereinbaren Vorschlag zu finden. An den bisherigen Schöpfungen behält er aber sein Urheberrecht bzw. *copyright*, soweit die rechtlichen Voraussetzungen, insbesondere des § 2 Abs. 2 UrhG bzw. § 102 (a) C. A., erfüllt werden.

Bei den Besonderen Leistungen im Rahmen des § 15 Abs. 2 Nr. 2 HOAI kann das Anfertigen von Darstellungen durch besondere Techniken, wie zum Beispiel Perspektiven, Muster oder Modelle, urheberrechtlich von Bedeutung sein. Vor allem Auftraggeber, die den geplanten Bau weiterveräußern oder gewinnbringend nutzen wollen, benötigen derartige besondere Darstellungen als Werbemittel für potentielle Kunden. Hier kann ein urheberrechtlicher Schutz nach § 2 Abs. 1 Nr. 4 UrhG als Werk der Baukunst und nach § 2 Abs. 1 Nr. 7 UrhG als Darstellung wissenschaftlicher und technischer Art in Betracht kommen. In den USA stellt das Herstellen von Modellen eine Standardleistung dar, die während der *schematic design* Phase erbracht wird.[32]

In den USA sind während der *schematic design* Phase detailliertere Pläne und Zeichnungen zu erstellen als während der Leistungsphase 2, „Vorplanung“, in § 15

---

[31] *Hesse/Korbion/Mantscheff/Vygen*, HOAI, § 15, Rdnr. 50; *Löffelmann/Fleischmann*, Architektenrecht, Kapitel 4, Rdnr. 114/115.

[32] *Perkins*, Building Design, in: The Architect's Handbook, Bd. 2, § 2.5, Seite 11.

Abs. 2 Nr. 2 HOAI. Es sind auch schon maßstabsgerechte Zeichnungen anzufertigen[33], was nach der HOAI erst in Leistungsphase 3, „Entwurfsplanung", gefordert wird.

(2) Entwurfsplanung/*design development*

Die in § 15 Abs. 2 Nr. 3 HOAI geregelte Leistungsphase „Entwurfsplanung" stellt das Kernstück des kreativen Schaffens eines Architekten dar. Die erste Grundleistung erfasst das Durcharbeiten des Planungskonzepts (stufenweise Erarbeitung einer zeichnerischen Lösung) unter Berücksichtigung städtebaulicher, gestalterischer, funktionaler, technischer, bauphysikalischer, wirtschaftlicher, energiewirtschaftlicher (z. B. hinsichtlich rationeller Energieverwendung und der Verwendung erneuerbarer Energien) und landschaftsökologischer Anforderungen unter Verwendung der Beiträge anderer an der Planung fachlich Beteiligter bis zum vollständigen Entwurf, § 15 Abs. 2 Nr. 3, 1. Grundleistung HOAI. Die einzelnen Punkte wurden bereits in der zweiten Leistungsphase erwähnt, in der dritten Leistungsphase sollen jedoch die bisherigen Planungen verfeinert werden mit dem Ziel, das Planungskonzept endgültig in Form von genehmigungsreifen Plänen darzustellen.[34] Dabei schränken die städtebaulichen, funktionalen, bauphysikalischen, wirtschaftlichen, energiewirtschaftlichen und landschaftsökologischen Anforderungen wiederum den schöpferischen Spielraum des Architekten ein. Gerade die haustechnischen Anforderungen sind dabei sehr wichtig und müssen den anerkannten Regeln der Technik entsprechen.[35] Es sind jedoch kaum Fälle denkbar, in denen aufgrund der unterschiedlichen Anforderungen überhaupt kein gestalterischer Freiraum mehr verbleibt.

Die nächste Grundleistung beinhaltet die zeichnerische Darstellung des Gesamtentwurfs, z. B. durchgearbeitete, vollständige Vorentwurfs- und/oder Entwurfszeichnungen (Maßstab nach Art und Größe des Bauvorhabens; ...), ggf. auch Detailpläne mehrfach wiederkehrender Raumgruppen, § 15 Abs. 2 Nr. 3, 4. Grundleistung HOAI. Die Ergebnisse aller vorangegangenen Grundleistungen und damit das Bauvorhaben als ganzes müssen aus dieser zeichnerischen Darstellung des Gesamtentwurfs hervorge-

---

[33] *Perkins*, Building Design, in: The Architect´s Handbook, Bd. 2, § 2.5, Seite 11.

[34] *Hesse/Korbion/Mantscheff/Vygen*, HOAI, § 15, Rdnr. 78 – 80; *Löffelmann/Fleischmann*, Architektenrecht, Kapitel 4, Rdnr. 161.

[35] *Hesse/Korbion/Mantscheff/Vygen*, HOAI, § 15, Rdnr. 80.

hen.[36] Die Zeichnungen müssen maßstabsgerecht sein und alle Ansichten, Grundrisse und Schnitte des Gebäudes aufweisen sowie die für das Genehmigungsverfahren wesentlichen Hauptmaße enthalten.[37] Es muss jedoch nicht jedes Detail, das zur Bauausführung notwendig ist, zeichnerisch in dem Entwurf dargestellt werden. Dies muss erst im Rahmen der Leistungsphase 5, „Ausführungsplanung“ geschehen. Handelt es sich bei dem zu bebauenden Grundstück um ein Hanggrundstück, so ist auch die Einbindung des Gebäudes in das vorhandene Gelände darzustellen. Bei Innenräumen sind die Farb-, Licht- und Materialgestaltung aufzuführen.[38] Mit der Fertigstellung der Entwurfszeichnungen stehen alle gestalterischen Einzelheiten des Bauvorhabens fest. In den USA müssen diese vollständigen Pläne bereits am Ende der *schematic design* Phase vorliegen. Während der *design development* Phase finden nur noch Verfeinerungen statt, die das gestalterische Konzept nur marginal berühren.[39] Mit der Fertigstellung dieser Pläne ist das Werk der Baukunst bzw. *architectural work* vollendet, wenn es die jeweiligen Anforderungen des Urheberrechtsgesetzes bzw. des *Copyright Act* erfüllt.

(3) Restliche Arbeitsschritte bis zur Fertigstellung des Bauvorhabens

Der weitere Arbeitsprozess eines Architekten, der sich zum Großteil auf die Ausführung des geplanten Bauvorhabens erstreckt, erfordert keine kreativen Leistungen mehr.

Bei der Leistungsphase 4, „Genehmigungsplanung“, § 15 Abs. 2 Nr. 4 HOAI geht es um die Zusammenstellung der für die Erteilung der Baugenehmigung erforderlichen Unterlagen.

Die Leistungsphase 5, „Ausführungsplanung“, § 15 Abs. 2 Nr. 5 HOAI, schreibt die Ausarbeitung der Pläne bis hin zu einer ausführungsreifen Lösung vor, d. h. das Ge-

---

[36] *Löffelmann/Fleischmann*, Architektenrecht, Kapitel 4, Rdnr. 172; *Hesse/Korbion/Mantscheff/Vygen*, HOAI, § 15, Rdnr. 82.

[37] *Hesse/Korbion/Mantscheff/Vygen*, HOAI, § 15, Rdnr. 82; *Löffelmann/Fleischmann*, Architektenrecht, Kapitel 4, Rdnr. 173.

[38] *Hesse/Korbion/Mantscheff/Vygen*, HOAI, § 15, Rdnr. 82.

[39] *Perkins*, Building Design, in: The Architect's Handbook, Bd. 2, § 2.5, Seite 12.

bäude muss an Hand dieser Pläne bis in jede Einzelheit gebaut werden können.[40] Dabei sind endgültige, vollständige Ausführungs-, Detail- und Konstruktionszeichnungen im Maßstab 1:50 bis 1:1 auszuarbeiten, § 15 Abs. 2 Nr. 5, 2. Grundleistung HOAI. Bei der Ausführungsplanung geht es nicht mehr um die schöpferische Gestaltung des Bauvorhabens, diese findet ihren Abschluss mit der Entwurfsplanung (Leistungsphase 3). In der US-amerikanischen Praxis kommt es allerdings auch während der mit der Ausführungsplanung vergleichbaren *construction documents* Phase oft noch zu kleineren gestalterischen Veränderungen.[41]

Bei den übrigen Leistungsphasen - 6. „Vorbereitung der Vergabe“, 7. „Mitwirkung bei der Vergabe“, 8. „Objektüberwachung (Bauüberwachung)“, 9. „Objektbetreuung und Dokumentation“ – bleibt für ein schöpferisches Tätigwerden des Architekten kein Raum. Gleiches gilt mit geringen Ausnahmen für die Architekten in den USA, nachdem der *design process* mit der *construction documents* Phase abgeschlossen ist.[42]

(4) Gewichtung der einzelnen Arbeitsschritte an Hand der HOAI

Welchen Anteil die schöpferische Arbeit eines Architekten an seiner gesamten Tätigkeit hat, lässt sich an Hand der detaillierten Regelungen der HOAI zur Berechnung des Architektenhonorars ablesen. Da in den USA keine vergleichbaren gesetzlichen Regelungen existieren, das Honorar vielmehr jeweils vertraglich ausgehandelt werden kann und keine Berechnungsfaktoren vorgegeben sind, lassen sich über die Gewichtung der gestalterischen Arbeit der Architekten in den USA keine generellen Aussagen treffen.

In der Tabelle in § 15 Abs. 1 HOAI sind gemäß § 15 Abs. 1 S. 3 HOAI die Anteile der einzelnen Leistungsphasen in Vomhundertsätzen des für Gebäude in Frage kommenden Honorars des § 16 HOAI aufgelistet. Die Leistungsphasen 2 und 3, Vorplanung und Entwurfsplanung, während derer sich das geistig-persönliche Schaffen des Architekten abspielt, machen dabei nur insgesamt 18 % des Gesamthonorars aus (Vorplanung: 7 %, Entwurfsplanung: 11 %), § 15 Abs. 1 HOAI. Zieht man weiterhin in Betracht, dass nur einzelne Grundleistungen der jeweiligen Leistungsphasen die

---

[40] *Hesse/Korbion/Mantscheff/Vygen*, HOAI, § 15, Rdnr. 111; *Locher/Koeble/Frik*, HOAI, § 15, Rdnr. 20.

[41] *Perkins*, Building Design, in: The Architect's Handbook, Bd. 2, § 2.5, Seite 12.

[42] *Heuer*, Contractual Issues, in: The Architect's Handbook, Bd. 2, § 2.2, Seiten 10/11.

Schöpferkraft des Architekten erfordern, nämlich in der zweiten Leistungsphase die vierte Grundleistung (Erarbeiten eines Planungskonzepts mit zeichnerischer Darstellung), § 15 Abs. 2 Nr. 2 HOAI, und in der dritten Leistungsphase die erste (Durcharbeiten des Planungskonzepts) und vierte Grundleistung (Zeichnerische Darstellung des Gesamtentwurfs), § 15 Abs. 2 Nr. 3 HOAI, so fällt der Anteil der schöpferischen Tätigkeit des Architekten im Verhältnis zum gesamten Arbeitsaufwand bei Planung und Bau eines Hauses noch geringer aus. Dabei ist grundsätzlich davon auszugehen, dass der Arbeitsaufwand ungefähr der Vergütung entspricht. Die einzelnen Grundleistungen werden bei der zweiten und dritten Leistungsphase jeweils gleich hoch bewertet.[43] Die vierte Grundleistung der zweiten Leistungsphase macht damit 0,77 % des Gesamthonorars aus. Die erste und vierte Grundleistung der dritten Leistungsphase machen zusammen 3,14 % des Gesamthonorars aus. Insgesamt entfällt auf die schöpferische Tätigkeit des Architekten also 3,91 % des gesamten ihm zustehenden Honorars. Geht man davon aus, dass der Arbeitsaufwand ungefähr der Vergütung entspricht, so ist ein Anteil von nur etwa 4 % des gesamten Arbeitsaufwandes eines Architekten schöpferische Arbeit.

Dies unterscheidet die Arbeit eines Architekten wesentlich von der Arbeit eines Dichters, Komponisten oder Malers. Bei diesen Berufen dominiert eindeutig die schöpferische Tätigkeit. Auf der anderen Seite muss man jedoch bedenken, dass ein Dichter oder Maler bei seiner Arbeit nicht auf andere Beteiligte angewiesen ist. Ein Architekt hat sich dagegen mit einer Vielzahl von Personen und deren unterschiedlichen Interessen im Laufe der Planung und der Errichtung eines Gebäudes auseinander zu setzen. Allen voran steht der Bauherr, an dessen Vorgaben und Wünsche der Architekt sich halten muss. Dazu kommen Sonderfachleute, Behörden etc. Die Arbeit eines Architekten ist damit zwangsläufig viel komplexer und stärker fremdbestimmt als die eines Malers oder Dichters.

---

[43] *Löffelmann/Fleischmann*, Architektenrecht, Kapitel 4, Rdnr. 145, 191.

2. Schutzvoraussetzungen für Werke der Baukunst im Sinne des § 2 Abs. 1 Nr. 4 UrhG

Bei der Untersuchung ob es sich bei einer architektonischen Schöpfung um ein Werk der Baukunst handelt, kommt es darauf an, dass diese Schöpfung die aus § 2 Abs. 2 UrhG hergeleiteten materiellen Schutzvoraussetzungen erfüllt.

a. Unterschiede in Rechtsprechung und Literatur

aa. Die Kunstdefinition der Rechtsprechung

Nach der Begriffsbestimmung eines Werkes der bildenden Kunst, die der BGH im Anschluss an das RG entwickelt hat und die auch Werke der Baukunst umfasst, kommt es darauf an, dass es sich um eine eigenpersönliche, geistige Schöpfung handelt, die mit Darlegungsmitteln der Kunst durch formgebende Tätigkeit hervorgebracht und vorzugsweise für die Anregung des ästhetischen Gefühls durch Anschauen bestimmt ist; dabei ist es gleichgültig, ob das Werk neben seinem ästhetischen Zweck noch einem praktischen Gebrauchszweck dient. Der ästhetische Gehalt des Werkes muss einen solchen Grad erreicht haben, dass nach Auffassung der für Kunst empfänglichen und mit Kunstanschauungen einigermaßen vertrauten Verkehrskreise von einer künstlerischen Leistung gesprochen werden kann.[1] Diese Formel enthält zwar die entscheidenden Kriterien[2], die die materiellen Schutzvoraussetzungen ausmachen, manche Formulierungen sind jedoch unklar und missverständlich. Dem Ausdruck „eigenpersönliche geistige Schöpfung", der fast identisch in § 2 Abs. 2 UrhG auftaucht, aber lange vor Inkrafttreten des UrhG von 1965 durch das RG geprägt worden ist[3], kann entnommen werden, dass es sich bei einem Werk der bildenden Kunst um eine Schöpfung handeln muss, die ihren Ursprung in einer eigenen, persönlichen Schaffenstätigkeit des Urhebers hat, im Gegensatz zu von Maschinen erzeugten Produkten. Weiterhin ergibt sich aus der Definition, dass das Werk eine Formgestaltung

---

[1] RGZ 76, 339, 344 – *Schulfraktur*; RGZ 124, 68, 71/72; RG GRUR 1933, 323, 325; BGHZ 16, 4, 6 – *Mantelmodell*; BGHZ 22, 209, 215; BGH GRUR 1957, 391 – *Ledigenheim*; BGH GRUR 1972, 38, 39 – *Vasenleuchter*; BGH GRUR 1981, 517, 519; vgl. auch OLG Schleswig GRUR 1980, 1072, 1073 – *Louisenlund*; OLG München GRUR 1987, 290; OLG Saarbrücken GRUR 1999, 421, 422 - *Verbindungsgang.*

[2] *Von Gamm*, Der Architekt und sein Werk, BauR 1982, 97, 102.

[3] So bereits in RGZ 124, 68, 71 aus dem Jahr 1929.

aus eigener Gestaltungskraft sein muss und nicht bloß fremde Vorbilder nachahmen darf. Auch dass ein Werk der bildenden Kunst einen bestimmten Grad an Eigentümlichkeit voraussetzt, lässt diese Formel erkennen.[4] Außerdem macht die Definition deutlich, dass ein Werk der bildenden Kunst eine bestimmte Form angenommen haben muss, die man mit dem Auge wahrnehmen kann. Schließlich gibt die Definition noch eine Hilfestellung bei der Beurteilung des erforderlichen Maßes an Individualität, das für den Urheberrechtsschutz erforderlich ist.

Die Begriffsbestimmung der Rechtsprechung enthält jedoch auch Wendungen, die unbrauchbar sind, weil sie mangels klarer Bestimmbarkeit keine geeigneten materiellen Schutzvoraussetzungen darstellen können. Allen voran sei hier der Ausdruck „ästhetischer Gehalt" genannt. Obwohl der Begriff Ästhetik in seiner ursprünglichen altgriechischen Bedeutung die Lehre von der sinnlichen Wahrnehmung bezeichnete, versteht man darunter seit dem 18. Jahrhundert die Kunst des Schönen.[5] Jeder einzelne hat allerdings eine andere Vorstellung davon, was schön ist, Schönheit ist folglich völlig subjektiv und lässt sich nicht klar festlegen. Außerdem hat sich die moderne bildende Kunst im 20. Jahrhundert weit von dem Verständnis von bildender Kunst vergangener Jahrhunderte wegentwickelt. „Schönheit" spielt in der modernen bildenden Kunst nur noch eine untergeordnete Rolle, viele bildende Künstler wollen keine „schönen" Werke schaffen, sondern mit ihren Werken provozieren und kontroverse Diskussionen auslösen. Ein ästhetischer Gehalt als materielle Schutzvoraussetzung ist damit heute schon lange nicht mehr zeitgemäß.[6] Der BGH hat zwar klargestellt, dass § 2 Abs. 2 UrhG keinen ästhetischen Gehalt in einer den Schönheitssinn ansprechenden Bedeutung verlangt[7], verwendet den Begriff „ästhetisch" aber weiterhin in seinen Urteilsbegründungen.[8]

---

[4] *Von Gamm*, Der Architekt und sein Werk, BauR 1982, 97, 102.

[5] *Erdmann*, Schutz der Kunst im Urheberrecht, in: Festschrift von Gamm, 389, 393.

[6] *Gerstenberg*, Der Begriff des Kunstwerks in der bildenden Kunst, GRUR 1963, 245, 248; *ders.*, Moderne Kunst und Urheberrecht, in: Festschrift Wendel, 89, 90; *Ulmer*, Der urheberrechtliche Werkbegriff und die moderne Kunst, GRUR 1968, 527, 529.

[7] BGH GRUR 1985, 1041, 1047 – *Inkasso-Programm.*

[8] Ein Abrücken des BGH von dem Begriff „ästhetisch" bei der Beurteilung der urheberrechtlichen Schutzfähigkeit seit BGH GRUR 1982, 107, 109 – *Kirchen-Innenraumgestaltung* ist nicht erkennbar, siehe BGH GRUR 1989, 416, 417 – *Bauaußenkante*, BGH GRUR 1988, 690 – *Kristallfiguren*, BGH GRUR 1984, 656, 659.

Die Definition der Rechtsprechung findet sich auch bis heute in obergerichtlichen Urteilen.[9]

Außerdem ist das Abstellen auf bestimmte Darstellungsmittel der bildenden Kunst verfehlt, da in der modernen Kunst mittlerweile eine unendliche Vielzahl von Darstellungsmitteln zu finden ist.[10]

Die Auffassung der für Kunst empfänglichen und mit Kunstanschauungen einigermaßen vertrauten Kreise darüber, ob noch von einer künstlerischen Leistung gesprochen werden kann, ist als entscheidendes Kriterium für das Erreichen der notwendigen Gestaltungshöhe ebenfalls nicht geeignet.[11] Zum einen wird hier zur Definition von bildender Kunst der Begriff der Kunst selbst verwendet.[12] Damit gelangt man aber bei Anwendung dieses Begriffes zu einem Zirkelschluss, der zu keinem befriedigenden Ergebnis führen kann. Mit dieser Leerformel können keine praktikablen Abgrenzungen vorgenommen werden. Es ist auch nur schwer möglich, empirisch zu erfassen, wer die mit Kunstanschauungen einigermaßen vertrauten Kreise sind und wie viele von ihnen bestimmte Schöpfungen als Kunst empfinden.[13]

bb. Der Ansatz der Literatur

Die Definition der Rechtsprechung und der Ansatz der Literatur sind sich zwar grundsätzlich einig über die materiellen Schutzvoraussetzungen, sie werden aber jeweils anders umschrieben. Die vier von der Literatur entwickelten materiellen Schutzvoraussetzungen bieten auch für Werke der bildenden Kunst und damit auch für Werke der Baukunst ein viel klareres und griffigeres Prüfungsschema. Außerdem werden Begriffe vermieden, die nicht definierbar sind. Ein Werk liegt damit immer dann vor, wenn man es mit einer persönlichen Schöpfung mit geistigem Gehalt in einer wahr-

---

[9] Z. B. in OLG Saarbrücken, GRUR 1999, 420, 422 – *Verbindungsgang.*

[10] *Ulmer*, Urheber- und Verlagsrecht, § 24 II, Seite 145; *Schramm*, Zum Begriff „Kunst“, UFITA 51 (1968), 75, 81.

[11] *Schulze*, Werturteil und Objektivität im Urheberrecht, GRUR 1984, 400, 411.

[12] *Erdmann*, Schutz der Kunst im Urheberrecht, in: Festschrift von Gamm, 389, 393; *Möhring/Nicolini-Ahlberg*, Urheberrechtsgesetz, § 2, Rdnr. 109.

[13] *Schricker*, Der Urheberrechtsschutz von Werbeschöpfungen, GRUR 1996, 815, 819; *Fromm/Nordemann-Nordemann/Vinck*, Urheberrechtsgesetz, § 2, Rdnr. 19.

nehmbaren Formgestaltung zu tun hat, die ein bestimmtes Maß an Individualität aufweist.[14]

b. Persönliche Schöpfung

Auch hinter einer architektonischen Schöpfung muss eine menschlich-gestalterische Tätigkeit stehen.[15] Angesichts der bereits analysierten Vielzahl von Interessen und Einflüssen, die ein Architekt bei seiner Arbeit berücksichtigen muss, ist es undenkbar, z. B. ein Gebäude nur durch einen Computer erstellen zu lassen, der allein alle Entscheidungen trifft. Es werden zwar mittlerweile fast in jedem Architekturbüro Zeichnungen mit einem CAD (*computer-assisted-drawing*)-Programm erstellt, dabei trifft aber der Architekt, der am Computer sitzt, die Entscheidungen über Gestaltung, Raumprogramm, Masse etc. des Gebäudes und nicht der Computer. Einzig denkbar wäre die Planung eines Gebäudes durch einen Computer mittels Zufallsgenerator, wobei der Computer selbst die einzelnen, in einem Programm zur Auswahl stehenden Gestaltungs- und sonstige für ein Gebäude notwendigen Elemente zufällig auswählt. Dann würde keine persönliche Schöpfung im Sinne des § 2 Abs. 2 UrhG vorliegen und der auf diese Weise entstandene Plan wäre nicht schutzfähig. Es ist jedoch schwer vorstellbar, dass ein Bauherr sich auf eine solche „Planung" einlässt.

c. Geistiger Gehalt

Der geistige Gehalt eines Werkes der Baukunst liegt regelmäßig in den Gedanken und Gefühlen, die in einer bestimmte Raumgestaltung zum Ausdruck kommen. Dabei spielt es keine Rolle, ob das Werk in der Form eines Plans oder ausgeführten Gebäudes existiert, immer teilt sich der geistige Gehalt über den Sehsinn mit.[16]

d. Wahrnehmbare Formgestaltung

Werke der Baukunst können in vielen verschiedenen Formgestaltungen auftreten. Am häufigsten tritt ein Werk der Baukunst in der Form eines architektonischen Planes

---

[14] *Schricker-Loewenheim*, Urheberrecht, § 2, Rdnr. 9; *von Gamm*, Urheberrechtsgesetz, § 2, Rdnr. 4; *Erdmann*, Schutz der Kunst im Urheberrecht, in: Festschrift von Gamm, 389, 396.

[15] Allgemein zur materiellen Schutzvoraussetzung „persönliche Schöpfung" siehe unter C.II.1.a.

[16] Allgemein zur materiellen Schutzvoraussetzung „geistiger Gehalt" siehe C.II.1.b.

auf. Dabei kann es sich um einen Vorentwurf oder um einen endgültigen Entwurf handeln. Bedingt durch den Arbeitsprozess bei der Planung und der Errichtung eines Gebäudes wird das Werk immer zuerst als Zeichnung auf dem Medium Papier in Erscheinung treten. In Frage kommt auch noch die Anfertigung einer Zeichnung durch einen Computer mit Hilfe eines CAD-Programms und deren Speicherung auf der Festplatte oder einem anderen Speichermedium. Solche Zeichnungen können dann über den Bildschirm wahrgenommen werden. Die nachfolgend entstehenden Formgestaltungen desselben Werkes sind dann keine eigenständigen Schöpfungen mehr, sondern nur noch Vervielfältigungen im Sinne der §§ 15 Abs. 1 Nr. 1, 16 UrhG. Dabei handelt es sich vor allem um fertiggestellte Gebäude oder auch um Modelle. Beides wird an Hand der vorher erstellten Pläne ausgeführt und stellt damit keinen eigenständigen Schöpfungsakt mehr dar.[17] Des weiteren kann ein Werk der Baukunst auch auf einer Fotografie oder in einem Film verkörpert sein.

e. Individualität

Spezielle Voraussetzungen und Maßstäbe für die Beurteilung der notwendigen Individualität verschiedenartiger architektonischer Schöpfungen haben sich vor allem in der Rechtsprechung entwickelt.

aa. Bei einzelnen Gebäuden

Als erstes Gericht hat sich das LG Berlin im Jahre 1930 mit dem urheberrechtlichen Schutz von Bauwerken befasst. Bei der Beurteilung der Individualität eines Hotels, an dem bauliche Veränderungen vorgenommen wurden, ging das Gericht noch davon aus, dass das Bauwerk künstlerische Zwecke verfolgen müsse, § 2 Abs. 1 S. 2 KUG. Dazu wurde lediglich festgestellt, dass es sich bei dem Hotel nicht um ein bloß handwerksmäßig ausgeführtes Gebäude handelt und es daher geeignet sei, „bei dem ästhetisch eingestellten Betrachter einen künstlerischen Eindruck zu erwecken".[18] Die Begründung der Individualität einer architektonischen Schöpfung fiel damit sehr kurz und oberflächlich aus, das Gericht ging nicht auf die Gestaltung des Gebäudes im einzel-

---

[17] Siehe zur rechtlichen Bedeutung der Erstfixierung *Möhring/Nicolini-Ahlberg*, Urheberrechtsgesetz, § 2, Rdnr. 47.

[18] LG Berlin vom 30.10.1930 – *Eden-Hotel*, in: *Schulze*, Rechtsprechung zum Urheberrecht, LGZ 64, Seiten 5/6.

nen ein, sondern bejahte unter Verwendung der schwammigen Begriffe „ästhetisch“ und „künstlerisch“ den Urheberrechtsschutz für das Hotel.

1953 nahm dasselbe LG Berlin an, dass ein Rathaus Urheberschutz genießt, weil das Gebäude in seiner äußeren Erscheinung reich gegliedert sei und einen gefälligen architektonischen Eindruck mache und daher als künstlerisch anzusehen sei.[19] Auch dieser Beurteilung mangelt es noch sehr an eindeutigen, objektiven Beurteilungskriterien, die subjektive Geschmacksurteile so weit wie möglich verhindern können.

Das OLG Hamm hielt im Jahr 1966 ein Einfamilienhaus und ein Zweifamilienhaus, die jeweils in Plänen verkörpert waren, für Werke der Baukunst im Sinne des § 2 Abs. 1 Nr. 4 UrhG, obwohl es sich dabei um einfache Bauvorhaben handelte, die noch dazu aufgrund der öffentlichen Wohnungsbauförderung zahlreiche Vorgaben zu erfüllen hatten. Trotzdem wiesen die Bauvorhaben nach Ansicht des Gerichts einen zwar geringen, aber ausreichenden „ästhetischen“ Gehalt auf.[20] Eine genauere Darlegung, warum es sich um eine individuelle Schöpfung handelt, nimmt das Gericht nicht vor. Damit ist nicht nachvollziehbar, ob es sich wirklich um Werke der Baukunst handelte.[21]

Das OLG München befasste sich 1969 mit der Frage, ob ein Einfamilienhaus urheberrechtlichen Schutz beanspruchen kann. Anstatt den Entwurf genau auf die erforderliche Individualität hin zu untersuchen, stellte das Gericht lediglich fest, dass die Schutzvoraussetzungen des § 2 Abs. 2 UrhG bei Entwürfen für Einfamilienhäuser regelmäßig vorliegen, auch wenn diese aus bekannten Elementen zusammengesetzt sind und dabei vielfach konkret geäußerte Wünsche des Bauherrn verwertet worden sind.[22] Das OLG München hat hier einen großzügigen Maßstab bei der Beurteilung der erforderlichen Gestaltungshöhe angelegt.[23] Mangels Begründung dieser Auffassung

---

[19] LG Berlin vom 16.02.1953 – *Rathaus Friedenau*, in: *Schulze*, Rechtsprechung zum Urheberrecht, LGZ 65, Seite 4.

[20] OLG Hamm GRUR 1967, 608, 609 – *Baupläne*.

[21] *Seydel*, Anmerkung zum Urteil des OLG Hamm vom 16. Dezember 1966, in: *Schulze*, Rechtsprechung zum Urheberrecht, OLGZ 78, Seite 12.

[22] OLG München vom 8. Mai 1969, in: *Schulze*, Rechtsprechung zum Urheberrecht, OLGZ 96, Seiten 11/12.

[23] *Gerstenberg*, Anmerkung zum Urteil des OLG München vom 8. Mai 1969, in: *Schulze*, Rechtsprechung zum Urheberrecht, OLGZ 96, Seite 15.

kann jedoch nicht gerade von einer richtungsweisenden Entscheidung gesprochen werden.

Der BGH hatte im Jahr 1973 darüber zu entscheiden, ob ein Wählamt der Bundespost Urheberrechtsschutz genießt, obwohl für solche Gebäude genaue Vorgaben von Seiten der Bundespost existierten.[24] Nach diesen Vorgaben handelte es sich bei einem Wählamt um ein zweigeschossiges, unterkellertes Gebäude mit Flachdach. Im Erdgeschoss sollten sich auf den Längsseiten je sechs Fenster befinden. Im Obergeschoss waren entsprechend den Richtlinien über diesen Fenstern Lüftungsöffnungen vorgesehen, deren Mittelachsen ebenso wie die der darunter liegenden Fenster etwa in der Mitte des Stockwerks verliefen. Diese Lüftungsöffnungen sollten sich in rechteckigen Rahmen befinden, die genauso breit, aber etwas niedriger als die Fenster im Erdgeschoss waren. Die Lüftungsöffnungen sollten dabei so beschaffen sein, dass innerhalb eines jeden Rahmens in drei waagrechten Reihen je vier quadratische Öffnungen liegen.[25] Der Entwurf des Architekten sah gegenüber diesen Richtlinien einige Änderungen vor. Es waren nur über fünf der sechs Fenster Entlüftungsöffnungen vorgesehen, über dem sechsten Fenster war ein gleich großes Fenster angeordnet, dessen Oberkante auf gleicher Höhe mit den Oberkanten der Entlüftungsöffnungen lag. Die Rahmen der Entlüftungsöffnungen wurden in dem Entwurf verkleinert und die Öffnungen selbst anders gestaltet. Die Rahmen wurden vom Architekten bei gleicher Breite auf die Hälfte der Höhe der Fensteröffnungen verkleinert. Anstatt quadratischer waren runde Öffnungen vorgesehen, die statt in drei nur in zwei Reihen zu je vier Öffnungen angeordnet waren. Der BGH sah diese Änderungen als weitgreifend an, da sie zu einem anderen ästhetischen Eindruck der Längsfassaden des Gebäudes führten. Die Fassade des Entwurfs mache dabei einen aufgelockerteren und weniger monotonen Eindruck als die in den Richtlinien vorgesehene Gestaltung, was der BGH vor allem durch die runden statt quadratischen Lüftungsöffnungen hervorgerufen sah. Außerdem komme die Wandfläche als belebendes Element der Fassade besser zur Geltung, weil der Abstand zwischen den Fenstern im Erdgeschoss und den Entlüftungsöffnungen größer ist. Allerdings beschränke sich die schöpferische Gestaltung nur auf die Fassade, da sich der Architekt bezüglich der Abmessungen des Baus, der Anordnung und Größe der

---

[24] BGH GRUR 1973, 663 – *Wählamt*.

[25] BGH GRUR 1973, 663, 664 – *Wählamt*.

Räume an die Vorgaben der Bundespost gehalten hat.[26] Es ist zu begrüßen, dass sich der BGH in diesem Urteil ausführlich mit den Gestaltungselementen des Entwurfs eines Zweckbaus auseinandersetzt.[27] Nur eine in alle Details gehende Untersuchung kann zu einem befriedigenden und so objektiv wie möglichen Ergebnis führen. Auch bei der Planung eines Zweckbaus, für den ausführliche Vorgaben gemacht werden, verbleibt dem Architekten also ein ausreichender Spielraum, um ein individuelles Werk zu schaffen. Positiv zu werten ist auch, dass der BGH die von der Rechtsprechung entwickelte Begriffsbestimmung von Werken der bildenden Kunst nicht erwähnt, sondern sich allein darauf konzentriert, ob eine schöpferische Gestaltung vorliegt. Der BGH hat sich jedoch zu sehr auf die Vorgaben der Bundespost konzentriert und nicht bereits vorbekannte Wählämter zum Vergleich herangezogen. Dies ist aber notwendig, um zu ergründen, ob der in Frage stehende Entwurf überhaupt individuelle Züge aufweist. Der BGH ist offensichtlich davon ausgegangen, dass alle Wählämter genau nach den Vorgaben der Bundespost gebaut wurden, was aber nicht zwingend der Fall sein muss, wie das zu beurteilende Wählamt zeigt.

Welche Rolle vorbekannte Formelemente bei der Beurteilung der urheberrechtlichen Schutzfähigkeit spielen, zeigt eine Entscheidung des LG München aus dem Jahre 1976.[28] Darin stellte das Gericht fest, dass es nicht allein darauf ankommt, ob einzelne Elemente des Entwurfs dem vorbekannten Formenschatz angehören, entscheidend sei vielmehr der sich ergebende Gesamteindruck. Bei den vorbekannten Elementen handelte es sich um ein stark herabgezogenes Dach, einen offenen Kamin als Abtrennung der Terrasse zweier Doppelhaushälften, eine Treppe, etc. Diese Elemente wurden aber in einer Weise kombiniert und ausgestaltet, die eine persönliche geistige und damit auch individuelle Schöpfung darstelle.[29] An diesem Urteil zeigt sich auch die Besonderheit bei architektonischen Schöpfungen, dass der Architekt zwar zum Großteil aus einem Formenschatz schöpft, der sich im Laufe der Architekturgeschichte entwickelt hat, aber aufgrund des Spielraums, der ihm bei der Komposition und der konkreten

---

[26] BGH GRUR 1973, 663, 664 – *Wählamt.*

[27] *Gerstenberg,* Anmerkung zu BGH GRUR 1973, 663 - *Wählamt,* in *Schulze,* Rechtsprechung zum Urheberrecht, BGHZ 206, Seiten 14/15.

[28] Urteil des LG München I vom 9. Dezember 1976, in: *Schulze,* Rechtsprechung zum Urheberrecht, LGZ 157.

[29] Urteil des LG München I vom 9. Dezember 1976, in: *Schulze,* Rechtsprechung zum Urheberrecht, LGZ 157, Seiten 3/4.

Ausgestaltung dieser Elemente verbleibt gleichwohl ein individuelles Werk der Baukunst schaffen kann.

In der Entscheidung *Allwetterbad*[30] aus dem Jahr 1981 geht der BGH zwar nur kurz auf die Beurteilung der urheberrechtlichen Schutzfähigkeit des betreffenden Schwimmbads durch das Berufungsgericht ein, nennt aber die entscheidenden Voraussetzungen. Er stimmt dem Berufungsgericht darin zu, dass das Allwetterbad neuartige Gestaltungsformen zeige, die vor allem durch das charakteristische Zeltdach, der vom persönlichen Stil des Architekten getragenen Raumaufteilung und der zweckdienlichen Ausgestaltung der gesamten Anlage geprägt werde. Daraus habe dann das Berufungsgericht rechtsfehlerfrei das Vorliegen einer persönlichen geistigen Schöpfung gefolgert.[31] Die Verwendung des Wortes „neuartig" zeigt, dass auch der BGH der Auffassung ist, dass Individualität nur bei Schöpfungen vorliegen kann, die im Vergleich zu den vorbekannten Schöpfungen etwas neues zeigen, da vor allem auch der Nachweis einer Doppelschöpfung nur selten gelingen wird. Erst nach dieser Feststellung geht es dann um die Frage, ob die Individualität ausgeprägt genug ist.

Das OLG Karlsruhe orientierte sich im Jahr 1985 bei der Beurteilung der Schutzfähigkeit von Plänen für ein Mehrfamilienhaus[32] nicht an der Begriffsdefinition der Rechtsprechung von bildender Kunst. Das Gericht ging davon aus, dass eine Architektenleistung dann keinen schöpferischen Gehalt aufweist, wenn sich die Raumaufteilung, die äußere und innere Gestaltung und die Anpassung an die Umgebung und Landschaft nicht vom üblichen abhebt. Ein urheberrechtlicher Schutz sei nur dann möglich, wenn besondere gestalterische Elemente vorhanden sind, die nicht üblich sind.[33] Leider geht das OLG Karlsruhe nicht detailliert genug auf das in Frage stehende Einfamilienhaus ein, um die Argumentation nachvollziehbar zu machen, sondern stellt nur fest, dass keine über den Durchschnitt hinausgehende eigenschöpferische Leistung vorliegt. Es ist aber auch in dieser Entscheidung die Tendenz erkennbar, das Vorliegen von Individualität in zwei Stufen zu prüfen.

---

[30] BGH GRUR 1982, 369 – *Allwetterbad.*

[31] BGH GRUR 1982, 369, 370 – *Allwetterbad.*

[32] OLG Karlsruhe GRUR 1985, 534 – *Architektenplan.*

bb. Raumgestaltungen

(1) Außenraumgestaltungen

In der *Ledigenheim*-Entscheidung aus dem Jahr 1957 setzte sich der BGH zum ersten Mal mit den Voraussetzungen der Individualität einer architektonischen Schöpfung auseinander. Der BGH stellte fest, dass entgegen dem Wortlaut des § 2 Abs. 1 S. 2 KUG ein Bauwerk unter den gleichen Voraussetzungen schutzfähig ist wie Erzeugnisse des Kunstgewerbes und damit neben der schöpferischen Eigentümlichkeit keines darüber hinausgehenden künstlerischen Zwecks bedarf.[34] Das Berufungsgericht begründete die individuell-schöpferische Eigentümlichkeit der drei Wohngebäude zum einen damit, dass die drei Baukörper in besonderer Weise versetzt angeordnet worden seien und damit Wirkungen erzielten, die vom Üblichen abwichen.[35] Hier kristallisiert sich bereits die Prüfungsreihenfolge heraus, nach der in zwei Schritten ermittelt werden soll, ob die in Frage stehende Schöpfung individuell ist. Zuerst soll festgestellt werden, ob die Schöpfung vom Vorbekannten abweicht und in einem zweiten Schritt, ob die notwendige Gestaltungshöhe erreicht worden ist.[36] Auch die Aufgliederung der Außenflächen durch Fenster und Türen hätte eine erhebliche „ästhetische" Wirkung. Darunter kann man sich jedoch leider nichts konkretes vorstellen. Hier zeigt sich wieder die Schwäche einer Definition, die aus undefinierbaren Begriffen wie „ästhetisch" besteht. Die schöpferische Eigentümlichkeit des Entwurfs ergebe sich auch daraus, dass die Gestaltung der für eine größere Anzahl von Menschen gedachten Unterkünfte nicht in den Kasernen- oder Barackenstil abgleite, sondern an harmonisch gestaltete, ländliche Bauten erinnere. Dazu trage auch die Art bei, wie die drei Gebäude in die Landschaft eingefügt und aufeinander abgestimmt sind. Insgesamt ergäbe sich eine dorfähnliche Wirkung. Dieser Einschätzung schloss sich der BGH in vollem Umfang an, insbesondere wurde unterstrichen, dass sich die Individualität auch aus der Zuordnung der Gebäude zueinander und der Einfügung in die Landschaft ergeben kann.[37]

---

[33] OLG Karlsruhe GRUR 1985, 534, 535 – *Architektenplan.*

[34] BGH GRUR 1957, 391, 392 – *Ledigenheim.*

[35] BGH GRUR 1957, 391, 393 - *Ledigenheim.*

[36] Siehe dazu unter C.II.1.d.

[37] BGH GRUR 1957, 391, 393/394 - *Ledigenheim.*

In der Entscheidung *Flughafenpläne* aus dem Jahr 1980[38] verneinte der BGH das Vorliegen eines schutzfähigen Entwurfs für ein Werk der Baukunst mangels Individualität bei Skizzen zu einem geplanten Flughafen. Dabei handelte es sich um einfache Skizzen, die die Grundrissformen der Gebäude, die quadratisch gestalteten Gebäudeformen mit einem gewölbten Mitteltrakt sowie den Verlauf der Startbahnen, Straßenzüge, und unterirdisch gedachten Gleisanlagen darstellten. Aus den Skizzen sei die äußere Gestaltungsform der Gebäude und Anlagen nicht erkennbar. Die Zuordnung der Gebäude und Anlagen sei zwar den Zeichnungen zu entnehmen, ein künstlerisches Schaffen werde dadurch aber nicht vermittelt. In den Skizzen würden nur technische Überlegungen angestellt, was einem Urheberrechtsschutz nach § 2 Abs. 1 Nr. 4 UrhG aber entgegenstehe.[39] Dieser Entscheidung ist zwar zugestimmt worden[40], da anerkanntermaßen die bloß technische Lösung einer Aufgabe Individualität ausschließt.[41] Die Begründung des BGH ist jedoch etwas dürftig. Nach dem, was sich aus dem Tatbestand und den Entscheidungsgründen des Urteils ergibt, wurden in den Skizzen des Architekten dessen Ideen für die Planung des Flughafenprojektes dargestellt. Ideen sind jedoch als solche nicht schutzfähig, wenn sie nicht eine konkrete, individuelle Formgestaltung durch den Urheber gefunden haben[42], was bei den in Frage stehenden Zeichnungen nicht der Fall war. Es muss sich dabei um Zeichnungen gehandelt haben, die während der Leistungsphase 2: Vorplanung des § 15 Abs. 2 HOAI angefertigt wurden, da die zeichnerischen Darstellungen der Leistungsphase 3: Entwurfsplanung des § 15 Abs. 2 HOAI bereits die konkrete Ausgestaltung enthalten müssen.

Das OLG Schleswig entschied 1980, dass zwei von einem Architekten geplante Internatshäuser nicht schutzfähig seien.[43] Das Gericht orientiert sich leider an der Definition der Rechtsprechung von bildender Kunst, was sich negativ auf die Qualität und Stringenz der Argumentation auswirkt. Die unklaren Begriffe wie „ästhetischer Ge-

---

[38] BGH GRUR 1979, 464 – *Flughafenpläne.*

[39] BGH GRUR 1979, 464, 465 – *Flughafenpläne.*

[40] *Hubmann*, Anmerkung zu BGH GRUR 1979, 464 - *Flughafenpläne*, in: *Schulze*, Rechtsprechung zum Urheberrecht, BGHZ 257, Seite 9.

[41] *Schricker-Loewenheim*, Urheberrecht, § 2, Rdnr. 153.

[42] *Schricker-Loewenheim*, Urheberrecht, § 2, Rdnr. 50.

[43] OLG Schleswig GRUR 1980, 1072 – *Louisenlund.*

halt" oder die Frage, „ob aus der Sicht des kunstempfänglichen Laien noch von Kunst gesprochen werden kann" führen aufgrund ihrer Subjektivität und mangelnden Nachprüfbarkeit dazu, dass sich Gerichte nicht mit objektivierbaren und damit nachprüfbaren Argumenten auseinandersetzen, sondern Gefühls- und Geschmacksentscheidungen treffen. Dies scheint auch in diesem Urteil der Fall gewesen zu sein. Das OLG ist darüber hinaus der Auffassung, dass an die Anforderungen einer persönlichen geistigen architektonischen Schöpfung ein strenger Maßstab anzulegen ist. Dabei sollen die gleichen Grundsätze gelten wie bei der Abgrenzung zwischen einem Werk der angewandten Kunst und einem bloß geschmackmusterfähigen Erzeugnis.[44] Diese Ansicht ist verfehlt. Es ist kein Grund dafür ersichtlich, dass auch bei Werken der Baukunst wie bei Werken der angewandten Kunst ein höherer Schutzstandard angebracht ist. Unbewegliche Sachen sind nicht geschmacksmusterfähig.[45] Damit existiert bei Werken der Baukunst auch kein rechtlicher Unterbau, der die kleine Münze schützen und so höhere Anforderungen an die Individualität rechtfertigen würde. Abgesehen von Werken der angewandten Kunst ist der Schutz der kleinen Münze durch das Urheberrecht allgemein anerkannt.[46] In seiner *Wählamt* - Entscheidung[47] hat der BGH die Schutzfähigkeit der Fassade eines Zweckbaus bejaht, die der Architekt gegenüber der amtlichen Vorlage abgeändert hatte. Von einem deutlichen Überragen des durchschnittlichen Schaffens der Architekten konnte dabei nicht die Rede sein. Vielmehr ergibt sich aus diesem Urteil, dass der BGH der zutreffenden Auffassung ist, dass ein geringes Maß an Individualität auch bei architektonischen Schöpfungen urheberrechtlichen Schutz verdient. Das OLG Schleswig befasste sich außerdem nicht eingehend genug mit der Gestaltung der zwei Internatsgebäude. Der schöpferische Eigentümlichkeitsgrad sei nicht genügend vorhanden, weil der Treppenanlage, der Möglichkeit der variablen Raumnutzung und der zentralen Anordnung des sanitären Bereichs der künstlerische Akzent fehle.[48] Solche Argumentationen sind nicht nachvollziehbar und

---

[44] OLG Schleswig GRUR 1980, 1072, 1073 – *Louisenlund.*

[45] *Von Gamm*, Geschmacksmustergesetz, § 1, Rdnr. 19; *Gerstenberg/Buddeberg*, Geschmacksmustergesetz, Seite 75; *Nirk/Kurtze*, Geschmacksmustergesetz, § 1, Rdnr. 53; *Eichmann/von Falckenstein*, Geschmacksmustergesetz, § 1, Rdnr. 1.

[46] *Schricker*, Zum Urheberrechtsschutz und Geschmacksmusterschutz von Postwertzeichen – Teil I, GRUR 1991, 563, 568/569; *Schricker-Loewenheim*, Urheberrecht, § 2, Rdnr. 38.

[47] BGH GRUR 1973, 663 – *Wählamt.*

[48] OLG Schleswig GRUR 1980, 1072, 1073 – *Louisenlund.*

nicht nachprüfbar und können daher auch keine Rechtssicherheit garantieren. Nach Auffassung des Gerichts kann allein die vom Sachverständigen festgestellte gelungene Anpassung der Gebäude an die umgebende Landschaft nicht die eigenschöpferische Note der Gebäude begründen. Die Anpassung an die Landschaft sei dabei Ursache für eine bestimmte Gestaltungsform des Bauwerks, nicht aber ein Element seiner Gestaltung selbst.[49] Das OLG Schleswig weicht dabei von der Rechtsprechung des BGH in der *Ledigenheim* - Entscheidung ab. Dort stellte der BGH fest, dass sich das künstlerische Schaffen „unter Umständen sogar vorzugsweise auf die Herbeiführung einer ästhetischen Wirkung durch Anpassung an die Umgebung erstrecken" kann.[50] Das OLG Schleswig hat offenbar nicht erkannt, dass die Beschaffenheit der umgebenden Landschaft dem Architekten einen Spielraum für die Anpassung der architektonischen Schöpfung belässt und nur in seltenen, extremen Fällen zu einer bestimmten Lösung zwingt. Daher kann sich die erforderliche Individualität sehr wohl auch in der Abstimmung eines Gebäudes auf die umgebende Landschaft manifestieren.

Auch das OLG München nahm im Jahr 1986 die Begriffsdefinition der Rechtsprechung von bildender Kunst als Ausgangspunkt für die Beurteilung der Schutzfähigkeit einer Wohnanlage.[51] Das Gericht geht in seiner Entscheidung ausführlich auf die Gestaltungselemente ein, aus denen sich die eine durchschnittliche Gestaltertätigkeit eindeutig überragende schöpferische Gestaltungskraft ergebe. Die Anlage sei aufgrund der geringen Höhe, des herabgezogenen Daches und der vielen Verglasungen harmonisch an das Gartengrundstück mit altem Baumbestand angepasst. Unter den zahlreichen Möglichkeiten der Bebauung des Grundstücks habe der Architekt mit den zwei Gebäudeflügeln, die doppeltspiegelbildlich angeordnet sind, eine besonders ansprechende Lösung gefunden.[52] Hier verwendet das Gericht den problematischen Begriff „ansprechend". Was ansprechend ist, hängt ausschließlich vom subjektiven Geschmack ab. Außerdem kommt es nicht darauf an, ob eine Schöpfung ansprechend ist, sondern nur darauf, ob sie sich von Vorbekanntem abhebt und die individuellen Züge in ausreichendem Maße vorhanden sind, egal ob sie von vielen Menschen als hässlich empfunden wird. Weiterhin spricht das Gericht von einer „gefälligen" Dimensionie-

---

[49] OLG Schleswig GRUR 1980, 1072, 1073 – *Louisenlund.*

[50] BGH GRUR 1957, 391, 393 – *Ledigenheim.*

[51] OLG München GRUR 1987, 290 – *Wohnanlage.*

[52] OLG München GRUR 1987, 290 – *Wohnanlage.*

rung der Baukörper. Auch dieser Begriff lässt sich nicht objektiv festlegen und ist daher genauso ungeeignet zur Beurteilung der Individualität. An dieser Entscheidung zeigt sich, dass bei der Verwendung der Definition der Rechtsprechung von bildender Kunst ein Abgleiten in subjektive Geschmacksurteile nur schwer vermeidbar ist. Das Gericht geht allerdings noch eingehend auf die äußere Gestaltung der Wohnanlage ein, bei der die vertikalen Elemente besonders betont seien.[53] Es fehlt jedoch eine genauere Auseinandersetzung mit vorbekannten, vergleichbaren architektonischen Schöpfungen. Nur wenn sich die Wohnanlage davon abhebt, kann sie überhaupt individuell sein.

(2) Innenraumgestaltungen

Im Jahre 1963 entschied das Landgericht Düsseldorf, dass der Einrichtung eines Kaffeegeschäfts mit Mocca-Ausschank Urheberrechtsschutz zukommt.[54] Das Gericht war der Ansicht, dass durch die Kombination von baulichen Elementen und Elementen der Inneneinrichtung ein in sich geschlossenes Ganzes geschaffen worden ist, das in hohem Maße eine individuelle schöpferische Prägung aufweist.[55] Die Individualität ergibt sich nach Ansicht des Gerichts aus der Verwirklichung der Raumidee des Gegensatzes. Der helle Hauptraum des Geschäfts kontrastiere mit der dunkleren Nische, der helle Boden im Hauptraum mit der dortigen auberginefarbenen Decke, welche wiederum mit der hellen Decke der Nische einen Kontrast bilde. Diese Raumidee werde abgerundet durch die sorgfältig ausgewählten Einrichtungsgegenstände.[56] Es wird auch festgestellt, dass sich diese Einrichtung aus der Vielzahl anderer vergleichbarer Geschäfte hervorhebt. Es spiele schließlich auch keine Rolle, dass die einzelnen Elemente der Raumgestaltung zum Teil vorbekannt sind, weil es auf die Kombination dieser Elemente ankomme.[57] Abgesehen von der verfehlten Einordnung der Schöpfung in die Kategorie Werke der Baukunst[58] ist positiv zu bemerken, dass dieses Landge-

---

[53] OLG München GRUR 1987, 290, 291 – *Wohnanlage.*

[54] LG Düsseldorf vom 24.10.1963, in: *Schulze*, Rechtsprechung zum Urheberrecht, LGZ 99.

[55] LG Düsseldorf vom 24.10.1963, in: *Schulze*, Rechtsprechung zum Urheberrecht, LGZ 99, Seite 2.

[56] LG Düsseldorf vom 24.10.1963, in: *Schulze*, Rechtsprechung zum Urheberrecht, LGZ 99, Seite 3.

[57] LG Düsseldorf vom 24.10.1963, in: *Schulze*, Rechtsprechung zum Urheberrecht, LGZ 99, Seite 3/4.

[58] Siehe unter D.I.1.c.aa.

richtsurteil sehr detailliert auf die einzelnen Gestaltungselemente eingeht und die Individualität der Gesamtkonzeption eingehend begründet. Das Gericht verwendet zwar leider auch den Begriff des „ästhetischen Gehalts" und spricht davon, dass auch ein Laie sich von der künstlerischen Gestaltung angesprochen fühle[59], dies hat aber in dem Urteil keine tragende Bedeutung. Die Ausführungen zur Individualität sind objektiv nachvollziehbar und lassen keine subjektiven Kunst- oder Geschmacksauffassungen erkennen.

Bei der Entscheidung *Kirchen-Innenraumgestaltung* aus dem Jahr 1981 verwendete der BGH zum ersten Mal die Formulierung, dass eine architektonische Schöpfung „aus der Masse des alltäglichen Bauschaffens herausrage(n)" und das Ergebnis einer persönlichen geistigen Schöpfung sein müsse, um sich als Werk der Baukunst im Sinne des § 2 Abs. 1 Nr. 4 UrhG zu qualifizieren.[60] Diese Formulierung stammt ursprünglich aus dem Urteil des KG Berlin, dem vorinstanzlichen Gericht, und wurde so vom BGH übernommen. Die Definition der Rechtsprechung von bildender Kunst hat der BGH nicht erwähnt, aber genauso wenig, dass er von dieser Begriffsbestimmung bei Werken der Baukunst Abstand nehmen will. In dieser Entscheidung ging es u. a. um die Schutzfähigkeit eines Kircheninnenraums. Das Berufungsgericht, dem sich der BGH anschloss, analysierte die festen Bestandteile des Innenraumes, wie z. B. die Gliederung der Wände, die Glasfenster und ihre Anordnung oder den erhöhten Chor, und wie sie aufeinander abgestimmt sind.[61] Zwar ergibt sich aus der Feststellung, dieses Bauwerk rage aus der Masse des alltäglichen Bauschaffens heraus, indirekt, dass ein Vergleich mit vorbekannten, vergleichbaren Kircheninnenräumen stattgefunden hat, dies hätte der BGH aber deutlicher darstellen sollen. Schließlich äußert sich der BGH auch dahingehend, dass die Schutzfähigkeit eines Innenraumes nur aufgrund seiner baulichen, d. h. fest mit dem Gebäude verbundenen Elemente möglich ist.[62]

---

[59] LG Düsseldorf vom 24.10.1963, in: *Schulze*, Rechtsprechung zum Urheberrecht, LGZ 99, Seite 3.

[60] BGH GRUR 1982, 107, 109 – *Kirchen-Innenraumgestaltung*.

[61] BGH GRUR 1982, 107, 109 – *Kirchen-Innenraumgestaltung*.

[62] Siehe dazu unter D.I.1.c.aa.

cc. Teile von Gebäuden

Das RG befasste sich im Jahr 1942 mit der Schutzfähigkeit einer Gebäudefassade. Dabei nahm es keine ins Detail gehende Prüfung der Individualität des betreffenden Fabrik- und Verwaltungsgebäudes vor, sondern übernahm die Einschätzung des Berufungsgerichts, dass die Straßenschauseiten des Gebäudes schöpferische Durchformung aufweisen.[63]

Der BGH entschied im Jahr 1987, dass auch ein Erdgeschossgrundriss als Werkteil allein Urheberrechtsschutz nach § 2 Abs. 1 Nr. 4 UrhG erlangen kann. Dabei geht der BGH detailliert auf die einzelnen Elemente des Erdgeschossgrundrisses ein, wobei er sich an den Ergebnissen eines Gutachtens orientiert.[64] Zuerst werden die einzelnen gestalterischen Elemente genau beschrieben, ohne sie urheberrechtlich zu bewerten. Anschließend führt der BGH aus, woraus sich die Individualität ergibt. Es seien danach vor allem die Blickrichtungen, die den Erdgeschossgrundriss prägten. Die einzelnen Räume seien so gestaltet, dass sich eine große Tiefenwirkung ergebe, wobei auch der Garten durch die Verwendung von Glas miteinbezogen werde. Hinzu komme der kontrastierende Wechsel der Raumformen und der Lichtführung sowie die abwechslungsreichen Innen- und Außenbeziehungen.[65] Durch diese Besonderheiten unterscheide sich der Grundriss von vorbestehenden Gestaltungen und hebe sich deutlich vom durchschnittlichen Architektenschaffen ab. Der BGH erwähnt die Definition der Rechtsprechung von bildender Kunst nicht, sondern stellt allein darauf ab, ob sich der Erdgeschossgrundriss von vergleichbaren vorbestehenden Schöpfungen abhebt und das durchschnittliche Architektenschaffen übersteigt. Der BGH vermeidet auch alle unklaren Begriffe wie „ästhetisch, gefällig, ansprechend" etc. und gleitet dadurch nicht in subjektive und willkürliche Geschmacksentscheidungen ab, sondern kommt zu einem objektiv nachvollziehbaren Ergebnis. Diese Entscheidung des BGH kann man daher mit Recht als sachgerecht und vorbildlich für andere Gerichte bezeichnen.[66]

Bei der Entscheidung, ob eine Bauaußenkante als solche schutzfähig ist, ging der BGH im Jahr 1989 in besonderem Maße auf die Vorbekanntheit dieses Gestaltungs-

---

[63] RG GRUR 1943, 187, 188.

[64] BGH GRUR 1988, 534 – *Vorentwurf II.*

[65] BGH GRUR 1988, 534, 535 – *Vorentwurf II.*

[66] *Seydel*, Anmerkung zu BGH GRUR 1988, 533 – *Vorentwurf II*, in: *Schulze*, Rechtsprechung zum Urheberrecht, BGHZ 378, Seite 11.

mittels ein.[67] In dem betreffenden Fall ging es vor allem darum, ob die als Rundbogen gestaltete Bauaußenkante gem. § 2 Abs. 1 Nr. 4 UrhG schutzfähig ist. Das Gericht stellte fest, dass eine als Rundbogen gestaltete Bauaußenkante auch als Abschluss zweier im spitzen Winkel aufeinander zulaufender Straßenzüge vorbekannt sei. Das ergebe sich schon daraus, dass mehrere der Wettbewerbsarbeiten eine solche runde Bauaußenkante vorsahen. Aus der Urteilsbegründung ergibt sich aber, dass die Vorbekanntheit dann nicht gegeben ist, wenn durch ein allgemeinbekanntes Gestaltungsmittel eine besondere eigenschöpferische Wirkung erzielt wird.[68] Dabei müssten aber städtebauliche und verkehrstechnische Wirkungen außer Betracht bleiben. Der BGH hat damit in diesem Urteil die Individualität schon nach Prüfung der ersten Stufe, der Vorbekanntheit, verneint.

Das OLG Saarbrücken hat sich im Jahr 1999 sehr ausführlich mit der Schutzfähigkeit eines Verbindungsganges zwischen zwei Gebäudekomplexen einer Reha-Klinik befasst.[69] Leider nimmt das OLG Saarbrücken die Begriffsbestimmung der Rechtsprechung von bildender Kunst zum Ausgangspunkt, obwohl der BGH diese Definition seit der Entscheidung *Wählamt*[70] aus dem Jahr 1973 im Zusammenhang mit Werken der Baukunst nicht mehr erwähnt hat. Dies hat zur Folge, dass in der Entscheidung immer wieder mit Begriffen wie „ästhetisch“ oder „künstlerisch“ gearbeitet wird, die nicht definierbar sind und damit keine Rechtssicherheit gewährleisten können.[71] Die Voraussetzungen, auf die es bei der Prüfung der erforderlichen Individualität ankommt, werden zwar genannt und geprüft, insgesamt verläuft die Prüfung aber unsystematisch und ist immer wieder durchsetzt mit den diffusen Begriffen der Definition der Rechtsprechung von bildender Kunst. Beispielsweise wird einerseits erwähnt, dass die Schutzfähigkeit davon abhängt, dass sich die architektonische Schöpfung als etwas Neues darstellt, sich von Bekanntem unterscheidet und aus der Masse alltäglicher Gebilde herausragt.[72] Auf der anderen Seite wird leider auch ein ästhetischer Über-

---

[67] BGH GRUR 1989, 416 – *Bauaußenkante.*

[68] BGH GRUR 1989, 416, 417 – *Bauaußenkante.*

[69] OLG Saarbrücken GRUR 1999, 421 – *Verbindungsgang.*

[70] BGH GRUR 1973, 663 – *Wählamt.*

[71] OLG Saarbrücken GRUR 1999, 421, 423 – *Verbindungsgang.*

[72] OLG Saarbrücken GRUR 1999, 421, 423 – *Verbindungsgang.*

schuss gefordert, aber nicht erklärt, was darunter zu verstehen ist.[73] Positiv ist, dass das Gericht sehr detailliert sowohl auf die einzelnen gestalterischen Merkmale wie auch den Gesamteindruck und die architektonische Beziehung des Verbindungsgangs zu den zwei Gebäudekomplexen eingeht. Trotzdem ist erkennbar, dass die vom BGH entwickelte zweistufige Prüfung der Individualität unter Außerachtlassen von Definitionsmerkmalen, die nicht objektivierbar sind, von den im Rang nachfolgenden Gerichten leider immer noch nicht in gleicher Weise angewandt wird.

Das zeigt sich auch an einem Urteil des OLG Celle aus dem Jahr 2000. Dort wird bei der Prüfung der Urheberschutzfähigkeit wiederum die unklare Definition der Rechtsprechung von bildender Kunst angeführt.[74] Darüber hinaus geht das Gericht von zu hohen Voraussetzungen an die Gestaltungshöhe aus, in dem es ein bedeutendes Überragen der Durchschnittsgestaltertätigkeit fordert. An die Anforderungen für eine persönliche geistige Schöpfung sei bei Bauwerken ein strenger Maßstab anzulegen.[75] Diese hohen Voraussetzungen an die Gestaltungshöhe von architektonischen Schöpfungen sind aber genau wie bei dem Urteil des OLG Schleswig *Louisenlund*[76], auf das sich das OLG Celle ausdrücklich bezieht[77], abzulehnen.[78]

dd. Entwicklung der Rechtsprechung zur Individualität von Werken der Baukunst

Überblickt man die Rechtsprechung deutscher Gerichte zur urheberrechtlichen Schutzfähigkeit von architektonischen Schöpfungen von ihren Anfängen bis heute, so lässt sich eine bestimmte Entwicklung erkennen. Die Rechtsprechung des BGH orientierte sich zwar anfänglich noch an der vom Reichsgericht entwickelten Begriffsbestimmung von bildender Kunst[79], löste sich aber nach und nach von dieser Definition.

---

[73] OLG Saarbrücken GRUR 1999, 421, 422 – *Verbindungsgang.*

[74] OLG Celle BauR 2000, 1069, 1071.

[75] OLG Celle BauR 2000, 1069, 1071.

[76] OLG Schleswig GRUR 1980, 1072, 1073 – *Louisenlund.*

[77] OLG Celle BauR 2000, 1069, 1071, Fn. 5.

[78] Siehe Ausführungen zum Urteil des OLG Schleswig *Louisenlund* unter D.II.2.e.bb.

[79] BGH GRUR 1957, 391 – *Ledigenheim.*

Seit der Entscheidung *Wählamt* aus dem Jahr 1973[80] wurde diese Begriffsbestimmung nicht mehr erwähnt, ohne dass der BGH sich aber ausdrücklich davon distanziert hat. Dies hat zur Folge, dass der BGH bei der Beurteilung der Schutzfähigkeit von architektonischen Schöpfungen keine Kriterien wie „ästhetisch" oder „künstlerisch" mehr heranzieht, sondern allein auf objektivierbare Voraussetzungen abstellt. Eine architektonische Schöpfung muss aus der Masse des alltäglichen Bauschaffens herausragen[81], in dem sie sich durch ihre subjektive Neuheit von vorbekannten Schöpfungen abhebt und eine ausreichende Gestaltungshöhe aufweist, indem sie die durchschnittliche Architektentätigkeit übertrifft[82]. Ein deutliches Überragen der durchschnittlichen Schaffenstätigkeit von Architekten und ein strenger Maßstab bei der Prüfung der Individualität architektonischer Schöpfungen wurde lediglich in vereinzelten OLG Entscheidungen[83] gefordert, aber nie vom BGH selbst. Für den BGH ist es offenbar selbstverständlich, dass bei Werken der Baukunst anders als bei Werken der angewandten Kunst auch die kleine Münze geschützt wird. Dies ergibt sich z. B. aus der Entscheidung *Bauaußenkante*, in der der BGH feststellt, dass auch einer als Rundbogen gestalteten Bauaußenkante grundsätzlich Urheberrechtsschutz zukommen kann, wenn sie eine hinreichende schöpferische Gestaltungskraft aufweist.[84] Daraus lässt sich schließen, dass der BGH die kleine Münze auch bei Werken der Baukunst als schutzfähig ansieht.[85] Dem ist aus bereits genannten Gründen zuzustimmen.[86]

Der BGH untersucht bei dieser Prüfung zuerst detailliert alle einzelnen Gestaltungsmerkmale und danach den Gesamteindruck, den diese Elemente in ihrer Komposition erzeugen.[87] Der BGH hat damit klare Prüfungskriterien geschaffen, die zu nachvollziehbaren und objektiven Entscheidungen führen können. Leider sind die im Rang

---

[80] BGH GRUR 1973, 663 – *Wählamt.*

[81] BGH GRUR 1982, 107, 109 – *Kirchen-Innenraumgestaltung.*

[82] BGH GRUR 1988, 533, 535 – *Vorentwurf II.*

[83] OLG Schleswig GRUR 1980, 1072, 1073; OLG Celle BauR 2000, 1069, 1073.

[84] BGH GRUR 1989, 416 – *Bauaußenkante.*

[85] *Dreier*, Anmerkung zu BGH GRUR 1989, 416 – *Bauaußenkante*, in: *Schulze*, Rechtsprechung zum Urheberrecht, BGHZ 393, Seite 9.

[86] Siehe Ausführungen zum OLG Schleswig - *Louisenlund*, D.II.2.e.bb.(1).

[87] BGH GRUR 1988, 533, 535 – *Vorentwurf II.*

nachfolgenden Gerichte offenbar nicht intensiv mit der Rechtsprechung des BGH in dieser Frage vertraut, mit der Folge, dass die Qualität der Urteilsbegründungen oft zu wünschen übrig lässt. Manche Oberlandesgerichte gehen immer noch von der Begriffsdefinition der Rechtsprechung von bildender Kunst mit ihren unklaren Begriffen aus.[88] Das birgt die große Gefahr subjektiver Gefühls- und Geschmacksurteile in sich. Entscheidend ist jedoch - und das zeigt die Rechtsprechung des BGH - bei der Individualitätsprüfung zu einer Objektivierung zu kommen.[89]

f. Beurteilungsmaßstab

Auf wessen Sicht kommt es bei der Beurteilung der Individualität einer architektonischen Schöpfung an, auf die Sicht eines Architekturexperten, eines mit Architektur vertrauten Laien oder eines Durchschnittsbetrachters? In ständiger Rechtsprechung hat der BGH entschieden, dass es auf die Auffassung der für Kunst empfänglichen und mit Kunst einigermaßen vertrauten Kreise ankommt.[90] Abgesehen davon, dass diese Formel aufgrund der mangelnden Definierbarkeit von Kunst wenig Rechtssicherheit bietet und empirisch nicht nachvollziehbar ist[91], bleibt aber doch die Frage zu klären, aus wessen Sicht die Individualität zu beurteilen ist. Der BGH begründet seine Formel damit, dass es nicht auf die ästhetischen Feinheiten ankomme, die nur einem auf dem fraglichen Gebiet besonders geschulten Fachmann auffallen.[92] Nähere Begründungen für diesen Maßstab finden sich in den Urteilen jedoch nicht. Es fällt aber auf, dass diese Formel immer dann erwähnt wird, wenn es darum geht, ob das Berufungsgericht, dessen Urteil mit der Revision zum BGH angegriffen wurde, bei der Beurteilung der urheberrechtlichen Schutzfähigkeit seine eigene Sachkunde zu Grunde legen durfte.[93]

---

[88] so zuletzt OLG Saarbrücken GRUR 1999, 420, 422 – *Verbindungsgang*; OLG Celle BauR 2000, 1069, 1073.

[89] *Erdmann*, Schutz der Kunst im Urheberrecht, in: Festschrift von Gamm, 389, 400.

[90] BGH GRUR 1957, 391, 394 – *Ledigenheim*; BGH GRUR 1974, 675, 677 – *Schulerweiterung*; BGH GRUR 1982, 369, 371 – *Allwetterbad*; BGH GRUR 1988, 533, 535 – *Vorentwurf II*.

[91] *Schricker*, Der Urheberrechtsschutz von Werbeschöpfungen, Werbeideen, Werbekonzeptionen und Werbekampagnen, GRUR 1996, 815, 819.

[92] BGHZ 27, 351, 356 – *Candida-Schrift*.

[93] BGHZ 27, 351, 356 – *Candida-Schrift*; BGH GRUR 1980, 853, 854 – *Architektenwechsel*; BGH GRUR 1982, 369, 371 – *Allwetterbad*.

Dies legt den Schluss nahe, dass sich die Gerichte auf dem Gebiet des Urheberrechtsschutzes nicht zu sehr in die Abhängigkeit von Sachverständigen begeben möchten und deshalb diese Beurteilungsformel aufrechterhalten. Würde vom BGH entschieden, dass es auf die Sicht z. B. eines Architekturexperten ankomme, so müsste in jedem derartigen Rechtsstreit ein Sachverständiger beigezogen werden, was natürlich auch zusätzliche Kosten verursachen würde.

Auf der anderen Seite erfordert aber gerade die Beurteilung der Vorbekanntheit bei architektonischen Schöpfungen eine genaue Sachkenntnis der zum Zeitpunkt der Fertigstellung dieser Schöpfung bereits existierenden gleichartigen geistigen Produkte. Angesichts der Vielzahl von architektonischen Gestaltungen, die jeden Tag vollendet werden, ist es für ein Gericht so gut wie unmöglich, ständig auf dem neuesten Stand der architektonischen Entwicklungen zu sein. Außerdem sind es gerade die problematischen und nicht die eindeutigen Fälle, die von den Gerichten entschieden werden müssen. Es ist auch nicht einzusehen, warum nur von einem Fachmann erkennbare Feinheiten keine Bedeutung für die Beurteilung der Individualität haben sollen, sondern nur die einem architekturverständigen Laien offensichtlichen individuellen Gestaltungsmerkmale. Auch die Feinheiten können Ausdruck der Individualität des jeweiligen Urhebers sein, soweit sie nicht vorbekannt sind und die erforderliche Gestaltungshöhe aufweisen. In der Praxis entscheiden manche Gerichte auch bei architektonischen Schöpfungen unter Zugrundelegung von Sachverständigengutachten.[94] Das lässt sich aber mit der gebetsmühlenartig wiederholten Formel vom kunstverständigen Laien nur schwer vereinbaren, denn wenn es nur auf dessen Sicht ankäme, müsste statt eines Sachverständigengutachtens eine Umfrage unter solchen Laien über die Individualität der betreffenden Schöpfung durchgeführt werden, was aber noch kein Gericht getan hat.[95] Es ist daher zu fordern, diese allgemeine Formel aufzugeben und zumindest auf die Sicht eines Betrachters mit durchschnittlichem Fachwissen abzustellen, wenn es um die Feststellung der materiellen Schutzvoraussetzungen geht. Das mag zwar in Einzelfällen zu einer Verengung des Schutzbereichs führen, weil ein Betrachter mit durchschnittlichem Fachwissen besser erkennen kann, ob bereits vorbekannte Schöpfungen existieren. Auf der anderen Seite wird aber ein solcher Betrachter auch eher feine, aber durchaus ausschlaggebende Unterschiede zu vorbekannten Schöpfun-

---

[94] Z. B BGH GRUR 1988, 533, 535 – *Vorentwurf II.*

[95] siehe dazu auch *Möhring/Nicolini-Ahlberg*, Urheberrechtsgesetz, § 2, Rdnr. 158.

gen erkennen können, die einem kunstverständigen Laien verborgen bleiben. Insgesamt bleiben die Auswirkungen auf den Schutzbereich daher meiner Meinung nach gering. Dies kann man gerade auch unter dem Gesichtspunkt der Wahrheitsfindung in Kauf nehmen. Das gleiche gilt für prozessökonomische Erwägungen.

3. Die Schutzfähigkeit architektonischer Pläne und Modelle nach § 2 Abs. 1 Nr. 7 UrhG

a. Darstellungen wissenschaftlicher und technischer Art im Sinne des § 2 Abs. 1 Nr. 7 UrhG

Die Vermittlung von Informationen im Sinne einer Belehrung oder Unterrichtung über den dargestellten Gegenstand steht bei Darstellungen wissenschaftlicher und technischer Art im Sinne des § 2 Abs. 1 Nr. 7 UrhG im Mittelpunkt. Das Ausdrucksmittel ist dabei die graphische oder räumliche Darstellung im Unterschied z. B. zur Sprache bei den Sprachwerken nach § 2 Abs. 1 Nr. 1 UrhG.[96] Es kommt nicht darauf an, dass der dargestellte Gegenstand ein wissenschaftlicher oder technischer ist, sondern nur auf die Informationsvermittlung als solche. Ein urheberrechtlicher Schutz des technischen oder wissenschaftlichen Inhalts ist nicht möglich, da ansonsten das Regelungssystem des Patent- und Gebrauchsmusterrechts, mit seinen jeweils viel kürzeren Schutzfristen, aus den Angeln gehoben würde.[97] Es reicht aus, wenn die Darstellung objektiv zur Informationsvermittlung geeignet ist, eine subjektive Absicht des Verfassers ist nicht erforderlich.[98]

Wie sich bereits aus dem Wortlaut des § 2 Abs. 1 Nr. 7 UrhG ergibt, kommen nicht nur zweidimensionale Zeichnungen wie architektonische Pläne als Darstellungen wissenschaftlicher oder technischer Art in Betracht, sondern auch plastische Modelle, wie z. B. dreidimensionale Modelle von Gebäuden.[99] Die Anfertigung von Modellen eines Bauvorhabens stellt zwar keine Grundleistung, sondern eine besondere Leistung der Leistungsphase 2: Vorplanung gem. § 15 Abs. 2 Nr. 2 HOAI dar, in der Praxis ist dies jedoch sehr verbreitet. Ein Laie kann sich allein aufgrund einer Zeichnung nur schwer vorstellen, wie das fertiggestellte Gebäude einmal aussehen wird. Ein Modell kann daher von großem Nutzen sein, wenn es darum geht, die Vorstellungen des Bauherrn zu konkretisieren.

---

[96] *Schricker-Loewenheim*, Urheberrecht, § 2, Rdnr. 192; *Reimer*, Zum Urheberrechtsschutz von Darstellungen wissenschaftlicher und technischer Art, GRUR 1980, 572, 576.

[97] *Reimer*, Zum Urheberrechtsschutz von Darstellungen wissenschaftlicher und technischer Art, GRUR 1980, 572, 576; *Schulze*, Der Schutz von technischen Zeichnungen und Plänen, CR 1988, 181, 183.

[98] *Schricker-Loewenheim*, Urheberrecht, § 2, Rdnr. 192.

[99] *Schricker-Loewenheim*, Urheberrecht, § 2, Rdnr. 193.

b. Materielle Schutzvoraussetzungen

Wie auch bei den übrigen Werkarten kann bei Darstellungen wissenschaftlicher oder technischer Art nur dann Urheberrechtsschutz entstehen, wenn die Darstellung als konkrete Formgestaltung ein genügendes Maß an Individualität aufweist. Individualität kann sich aber nur dort entfalten, wo auch ein ausreichender Spielraum für schöpferisches Schaffen besteht. Da Darstellungen wissenschaftlicher und technischer Art regelmäßig einem praktischen Zweck dienen und damit nur ein enger Gestaltungsspielraum für individuelles Schaffen bleibt, sind an das Maß der Individualität keine zu hohen Anforderungen anzusetzen.[100]

Der BGH befasste sich im Jahr 1955 mit der Frage, ob ein Bebauungsplan als technische Zeichnung gemäß § 1 Abs. 1 Nr. 3 LUG Schutz genießt. Der BGH stellte dabei fest, dass es entgegen der Auffassung des Berufungsgerichts nicht darauf ankomme, ob der dargestellte Gegenstand als solcher neu und eigenartig ist.[101] Vielmehr könne auch die Abbildung eines allgemein bekannten Gegenstandes die Voraussetzungen des § 1 Abs. 1 Nr. 3 LUG erfüllen, wenn die Art der Darstellung das Ergebnis eigenpersönlicher Geistestätigkeit ist. Es genüge, dass überhaupt eine individuelle Geistestätigkeit in der Darstellung erkennbar ist, auch wenn deren Maß nur gering ist. Bei der Prüfung des betreffenden Bebauungsplans ging der BGH nicht ins Detail, sondern zählte nur die dargestellten Flächen auf. Er setzte sich auch nicht damit auseinander, inwiefern sich die Darstellung des Bebauungsplans von vergleichbaren Bebauungsplänen abhebt. Insofern ist dieses Urteil für die Frage der Individualität wenig ergiebig.

Bei der Beurteilung der Schutzfähigkeit von Zeichnungen und Skizzen für einen Flughafen nach § 2 Abs. 1 Nr. 7 UrhG stellte der BGH unmissverständlich klar, dass dabei nicht auf den sachlichen Inhalt der Zeichnungen und die darin zum Ausdruck gelangten technischen Gedanken abgestellt werden darf.[102] Eine solche Auslegung des § 2 Abs. 1 Nr. 7 UrhG würde sich in Widerspruch zum Wesen des Urheberrechts und seiner Abgrenzung gegenüber den technischen Schutzrechten stellen. Vielmehr komme es allein auf die Form der Darstellungen an.[103] Kritisiert wurde an der Entschei-

---

[100] *Möhring/Nicolini-Ahlberg*, Urheberrechtsgesetz, § 2, Rdnr. 145; *Schricker-Loewenheim*, Urheberrecht, § 2, Rdnr. 196/197; *Fromm/Nordemann-Nordemann/Vinck*, Urheberrecht, § 2, Rdnr. 80.

[101] BGH GRUR 1956, 88, 89.

[102] BGH GRUR 1979, 464, 465 – *Flughafenpläne.*

[103] BGH GRUR 1979, 464, 465 – *Flughafenpläne.*

dung, dass der BGH die bloße Formgebung zu sehr betone und die in der Erarbeitung und Darstellung des Inhalts liegende geistige Leistung außer Betracht lasse.[104] Es sei nicht einzusehen, warum die Verfasser von Zeichnungen und Plänen gezwungen sein sollen, ihr schöpferisches Ideengut kompliziert und gekünstelt anstatt einfach und konventionell darzustellen, um Urheberrechtsschutz nach § 2 Abs. 1 Nr. 7 UrhG zu erlangen. Gerade bei solchen Darstellungen komme es auf deren Verständlichkeit an und diese sei am ehesten durch die Verwendung der üblichen und normierten Ausdrucksformen gewährleistet.[105] Dem ist jedoch entgegenzuhalten, dass die Ausdehnung des Urheberrechtsschutzes auf den Inhalt technischer Zeichnungen mit den technischen Schutzrechten wie dem Patentrecht in Konflikt gerät[106] und damit zu unüberschaubaren Abgrenzungsproblemen zwischen diesen beiden Arten des Schutzes geistigen Eigentums führen würde.

Außerdem wurde an dieser Entscheidung kritisiert, der BGH stelle zu hohe Anforderungen, wenn er die Möglichkeit einer willkürlichen Formgebung verlange. Damit wären dann geographische Karten und medizinische Abbildungen nicht schutzfähig.[107] Der BGH hat sich jedoch in seiner Entscheidung entgegen der Auffassung dieser Kritik die Formulierung des RG von der willkürlichen Formgebung nicht zu eigen gemacht. Es kommt dem BGH allein darauf an, dass die Darstellung selbst eine eigenpersönliche geistige Leistung erkennen lässt.[108] Davon werden auch Darstellungen erfasst, bei denen nur eine eingeschränkte Anzahl an Ausdrucksmöglichkeiten gegeben ist.

Der BGH hat in seiner weiteren Rechtsprechung zu § 2 Abs. 1 Nr. 7 UrhG daran festgehalten, dass es bei Darstellungen wissenschaftlicher oder technischer Art nur auf

---

[104] *Reimer*, Zum Urheberrechtsschutz von Darstellungen wissenschaftlicher und technischer Art, GRUR 1980, 572, 580; *Hubmann*, Anmerkung zu BGH GRUR 1979, 464 – *Flughafenpläne*, in: *Schulze*, Rechtsprechung zum Urheberrecht, BGHZ 257, Seite 9.

[105] *Reimer*, Zum Urheberrechtsschutz von Darstellungen wissenschaftlicher und technischer Art, GRUR 1980, 572, 580.

[106] *Schulze*, Der Schutz von technischen Zeichnungen und Plänen, CR 1988, 181, 185.

[107] *Hubmann*, Anmerkung zu BGH GRUR 1979, 464 – *Flughafenpläne*, in: *Schulze*, Rechtsprechung zum Urheberrecht, BGHZ 257, Seite 9.

[108] BGH GRUR 1979, 464 – *Flughafenpläne*.

die Individualität der Formgestaltung ankomme.[109] Dem hat sich auch das Schrifttum angeschlossen.[110]

In den Entscheidungen *Vorentwurf II* und *Bauaußenkante* stellte der BGH lediglich klar, dass Architektenpläne nach § 2 Abs. 1 Nr. 7 UrhG grundsätzlich geschützt werden können, ohne aber genauer auf die entsprechenden materiellen Schutzvoraussetzungen einzugehen.[111]

Der Grund für die geringe Anzahl von Entscheidungen zum Schutz von architektonischen Plänen nach § 2 Abs. 1 Nr. 7 UrhG liegt wohl darin, dass der Schutzumfang weit geringer ist als bei Werken der Baukunst gemäß § 2 Abs. 1 Nr. 4 UrhG. Liegt ein Werk der Baukunst vor, so besteht ein Schutz sowohl gegen eine Vervielfältigung in Form von Plänen als auch in Form eines Nachbaus des in den Plänen verkörperten Werkes.[112] Die technischen Zeichnungen können jedoch nur in zweidimensionaler Form vervielfältigt werden. Damit ist ein Schutz gegen Nachbau bei nur im Rahmen von § 2 Abs. 1 Nr. 7 UrhG geschützten Werken nicht möglich.[113]

Es existieren zwar keine neueren höchstrichterlichen Entscheidungen zur Schutzfähigkeit architektonischer Pläne nach § 2 Abs. 1 Nr. 7 UrhG, die Rechtsprechung zu anderen von § 2 Abs. 1 Nr. 7 UrhG erfassten wissenschaftlichen und technischen Darstellungen lässt aber Rückschlüsse darauf zu, wie der BGH heute bei der Prüfung der Schutzfähigkeit vorgehen würde. In den beiden letzten Entscheidungen, *Bedienungsanweisung* aus dem Jahr 1991 und *Stadtplanwerk* aus dem Jahr 1998, nimmt der BGH die zweistufige Prüfung vor, vergleicht also zuerst die streitgegenständliche Darstellung mit den vorbekannten Darstellungen. Erkennt er dabei neuartige, schöpferische Elemente, stellt er diese dem durchschnittlichen Schaffen der betroffenen Berufsgruppe gegenüber. Die notwendige Gestaltungshöhe ist erst dann erreicht, wenn das durchschnittliche Schaffen übertroffen wird.[114] Es ist davon auszugehen, dass der BGH bei

---

[109] BGH GRUR 1998, 916, 917 – *Stadtplanwerk*; BGH GRUR 1993, 34, 35 – *Bedienungsanweisung*.

[110] *Schricker-Loewenheim*, Urheberrecht, § 2, Rdnr. 195; *Fromm/Nordemann-Nordemann/Vinck*, Urheberrecht, § 2, Rdnr. 80; *Möhring/Nicolini-Ahlberg*, Urheberrechtsgesetz, § 2, Rdnr. 145; *Schack*, Urheber- und Urhebervertragsrecht, Rdnr. 180 – 183.

[111] BGH GRUR 1988, 533, 534 – *Vorentwurf II*; BGH GRUR 1989, 416, 417 – *Bauaußenkante*.

[112] *Schricker-Loewenheim*, Urheberrecht, § 16, Rdnr. 7.

[113] *Schricker-Loewenheim*, Urheberrecht, § 2, Rdnr. 194.

[114] BGH GRUR 1993, 34, 36 – *Bedienungsanweisung*; BGH GRUR 1998, 916, 918 – *Stadtplanwerk*.

der Prüfung der Schutzfähigkeit eines architektonischen Plans heute auch so vorgehen würde.

Was die Gestaltungshöhe anbelangt, so hat der BGH in seinen neueren Entscheidungen immer wieder betont, dass an das Maß der Individualität bei Darstellungen i. S. d. § 2 Abs. 1 Nr. 7 UrhG keine zu hohen Anforderungen zu stellen sind und damit auch ein geringes Maß an individueller Prägung genügt.[115]

---

[115] BGH GRUR 1998, 916 – *Stadtplanwerk*; BGH GRUR 1993, 34, 35 – *Bedienungsanweisung*; BGH GRUR 1987, 360, 361 – *Werbepläne*; BGH ZUM 1987, 634, 636 – *Topographische Landeskarten*.

4. Schutzvoraussetzungen für architektonische Schöpfungen nach US-amerikanischem *Copyright Law*

Was den Schutz von architektonischen Schöpfungen durch das US-amerikanische *Copyright Law* anbelangt, so muss man drei zeitliche Abschnitte, die mit der Veränderung der diesbezüglichen Rechtslage einhergehen, unterscheiden: Die Rechtslage unter dem *Copyright Act* von 1909 bis zum Inkrafttreten des *Copyright Act* von 1976, den Zeitabschnitt im Anschluss daran bis zum Inkrafttreten des *AWCPA* 1990 und die rechtliche Situation seit 1990.[1] Auf die materiellen Schutzvoraussetzungen kommt es aber gar nicht mehr an, wenn der architektonische Plan bereits, beispielsweise durch eine Veröffentlichung, gemeinfrei geworden ist.

a. Formelle Schutzvoraussetzungen: Die Problematik der Veröffentlichung architektonischer Pläne

Wenn es um die rechtlichen Folgen der Veröffentlichung von Werken geht, so sind wiederum drei Zeitabschnitte von Bedeutung, in denen die rechtliche Beurteilung unterschiedlich ausfällt. Die Rechtslage während der Geltung des *Copyright Act* von 1909, nach Inkrafttreten des *Copyright Act* von 1976 und nach Inkrafttreten des *Berne Convention Implementation Act* (*BCIA*) von 1989.

aa. Veröffentlichungen unter dem *Copyright Act* von 1909

Während der Geltungsdauer des *Copyright Act* von 1909 war die Problematik der Veröffentlichung von architektonischen Plänen durch die Zweigleisigkeit des US-amerikanischen Copyrightsystems geprägt.[2] Unveröffentlichte architektonische Pläne waren durch das *common law copyright* der Einzelstaaten geschützt, veröffentlichte Pläne durch den *Copyright Act* von 1909, §§ 2, 5 (i) C. A. von 1909, stets unter der Bedingung, dass die übrigen formellen und materiellen Schutzvoraussetzungen gegeben waren.[3] Wichtigste formelle Voraussetzung für den Copyrightschutz durch das *Statutory Law* auf nationaler Ebene war die Anbringung eines Copyrightvermerks, §§ 10, 19 C. A. von 1909. Ein Copyrightvermerk musste prinzipiell aus dem Wort „*Copy-*

---

[1] Siehe unter B.III.3.-6. zur Gesetzgebungsgeschichte in den USA.

[2] Siehe dazu B.III.3.

[3] *Nimmer*, On Copyright, § 2.02, Seite 2-18, § 4.01 [B], Seiten 4-5 – 4-6.

right", dessen Abkürzung „*Copr.*" oder dem Symbol © bestehen. Auf das Wort „*Copyright*" musste der Name des Copyrightinhabers, eine Abkürzung oder ein Symbol des Namens und das Jahr der ersten Veröffentlichung folgen, § 19 C. A. von 1909. Für architektonische Pläne war das Jahr der ersten Veröffentlichung nicht zwingend als Teil des Copyrightvermerkes vorgeschrieben, dies galt nur für gedruckte Werke der Literatur und Musik, sowie für gedruckte dramatische Werke.[4] Der Copyrightvermerk musste auf jedem Werkstück, das vom Copyrightinhaber veröffentlicht oder in den USA zum Verkauf angeboten wurde, einmal angebracht sein, § 10 C. A. von 1909. Wurde nun ein durch das *common law copyright* geschützter architektonischer Plan veröffentlicht ohne mit einem solchen Vermerk versehen zu sein, so wurde dieses Werk gemeinfrei. Die Gemeinfreiheit eines Werkes konnte unter dem *Copyright Act* von 1909 nicht mehr rückgängig gemacht werden.[5]

Um diese einschneidende Rechtsfolge einer Veröffentlichung ohne Copyrightvermerk etwas abzumildern, wurden verschiedene Arten der Veröffentlichung von den Gerichten entwickelt, die nicht alle die Gemeinfreiheit des Werkes zur Folge hatten.[6] Dies war den Gerichten dadurch möglich, dass der Kongress absichtlich keine Legaldefinition des Begriffes „Veröffentlichung" in den Copyright Act von 1909 eingefügt hatte, um eine evolutive Entwicklung dieser Definition durch das *Case Law* zu ermöglichen.[7]

Die Unterscheidung zwischen einer Veröffentlichung, die zu einer Beendigung des *common law copyright* führt, eine sogenannte *divestive publication* (entkleidende Veröffentlichung) und einer Veröffentlichung, die notwendig ist, damit der Schutz durch das nationale *statutory copyright* beginnt, eine sogenannte *investive publication* (bekleidende Veröffentlichung), spielt dabei keine entscheidende Rolle.[8]

---

[4] *Nimmer*, On Copyright, § 7.08 [A][2], Seite 7-41 – 7-42.

[5] *Leaffer*, Understanding Copyright Law, § 4.4, Seiten 148/149.

[6] *Nimmer*, On Copyright, § 4.13 [A], Seite 4-73.

[7] *Leaffer*, Understanding Copyright Law, § 4.3, Seite 147.

[8] *Judge Frank* stellte in der Entscheidung *American Visuals Corp. v. Holland* , 239 F.2d 740, 744 (2nd Cir. 1956) fest, dass gemäß den Entscheidungen der Gerichte für das Vorliegen einer *divestive publication* eine ziemlich weite Verbreitung der Werkstücke notwendig sei, im Gegensatz zu einer *investive publication*, die schon bei einer relativ geringen Verbreitung bejaht werden könne. Diese Unterscheidung ist jedoch wenig praktikabel, weil offen bleibt, wann eine „ziemlich weite Verbreitung" bzw. eine „relativ geringe Verbreitung" vorliegt, siehe *Nimmer*, On Copyright, § 4.13 [C], Seite 4-77; *Leaffer*, Understanding Copyright Law, § 4.5, Seite 150.

Viel wichtiger ist die Unterscheidung zwischen einer *limited publication*, die nicht zu einer Beendigung des *common law copyright* führt und einer *general publication*, durch die das *common law copyright* wegfällt.[9] Die Gerichte gelangten überwiegend zu der Auffassung, dass eine Veröffentlichung dann vorliegt, wenn das Original oder körperliche Vervielfältigungsstücke mit dem Einverständnis des Copyrightinhabers verkauft, verleast, verliehen, weggegeben oder auf andere Weise der Allgemeinheit zur Verfügung gestellt werden oder wenn vom Copyrightinhaber das Angebot abgegeben wird, über das Werk in der vorgenannten Weise zu verfügen, auch wenn ein Verkauf oder eine andere vergleichbare Verfügung letztendlich nicht zustande kommt.[10] Dabei bleibt aber im Unklaren, an wie viele Personen Werkstücke verteilt werden mussten, damit ein Werk der Allgemeinheit zur Verfügung gestellt wurde. Wurden die Inhalte eines Werkes an eine eng umgrenzte Gruppe von Personen zu einem begrenzten Zweck weitergegeben ohne die Verbreitungs-, Vervielfältigungs-, Verteilungs- oder Verkaufsrechte zu übertragen, so war eine *limited publication* gegeben.[11] Obwohl die Absicht des Copyrightinhabers bei der Veröffentlichung grundsätzlich keine Rolle spielt, ist sie doch von einigen Gerichten dahingehend herangezogen worden, dass eine *limited publication* dann vorliege, wenn der Copyrightinhaber nicht die Absicht hatte, sein Werk der Allgemeinheit zu widmen, wobei es nicht auf die unausgesprochenen Intentionen des Schöpfers ankomme, sondern auf den objektiven Erklärungswert seiner Handlungen.[12] Diese Entscheidungen sind jedoch so auszulegen, dass eine *limited publication* dann vorlag, wenn die Handlungen des Copyrightinhabers, die zu einer Veröffentlichung führten, nicht freiwillig durchgeführt wurden.[13] Demgegenüber wur-

---

[9] *Nimmer*, On Copyright, § 4.13 [A], Seite 4-73; *Leaffer*, Understanding Copyright Law, § 4.5, Seite 151.

[10] *Nimmer*, On Copyright, § 4.04, Seite 4-21.

[11] Der Originaltext in der führenden Entscheidung *White v. Kimmell*, 193 F.2d 744, 746/747 (9th Cir. 1952), lautet: "*We adopt ... that a limited publication which communicates the contents of a manuscript to a definitely selected group and for a limited purpose, and without the right of diffusion, reproduction, distribution or sale, is considered a 'limited publication'.*"; siehe auch *Aerospace Services Intern.v. LPA Group, Inc.*, 57 F.3d 1002, 1003 (11th Cir. 1995).

[12] *Smith v. Paul*, 345 P.2d 546, 550 (Cal.App. 1959) = GRUR Int. 1961, 51; *Edgar H. Wood Associates, Inc. v. Skene*, 197 N.E.2d 886, 892 (Mass. 1964); *Read v. Turner*, 239 Cal.App.2d 504, 511 (Cal.App.4.Dist., 1966); *Ballard H. T. Kirk & Associates, Inc. v. Poston*, 293 N.E.2d 102, 104 (Ohio App. 1972); *Krahmer v. Luing*, 317 A.2d 96, 98 (N.J.Super Ch. 1974); *Seay v. Vialpando*, 567 P.2d 285, 288 (Wyo. 1977).

[13] *Nimmer*, On Copyright, § 4.13 [D], Seite 4-79.

de eine *general publication* angenommen, wenn die Verbreitung der Werkstücke nicht auf eine ausgewählte Gruppe begrenzt oder nicht zu einem beschränkten Zweck verwendet wurde.[14]

Mit der Entscheidung über die Voraussetzungen einer *limited* bzw. *general publication* von architektonischen Plänen während der Geltung des *Copyright Act* von 1909 haben sich sowohl einzelstaatliche Gerichte wie auch Bundesgerichte befasst, je nachdem, ob es um den Wegfall des *common law copyright* oder um den Beginn des Schutzes durch das nationale *statutory copyright* ging. Wegen des fast völligen Wegfalls des *common law copyright* gemäß § 301 (a) C. A. können die Entscheidungen der einzelstaatlichen Gerichte zur Veröffentlichung architektonischer Pläne heute zwar keine *binding authority* im Sinne des *Case Law* mehr, aber durchaus noch *persuasive authority* haben.[15]

(1) Die Eingabe von architektonischen Plänen bei den Baubehörden

Die Frage, welche Art der Veröffentlichung vorliegt, wenn architektonische Pläne bei den örtlichen Baubehörden zur Erlangung einer Baugenehmigung eingereicht werden, hat die Gerichte vielfach beschäftigt.

Diejenigen Gerichte, die dabei eine *general publication* und somit das Erlöschen des *common law copyright* annahmen, rechtfertigten ihre Ansicht damit, dass die Einreichung von Plänen als Voraussetzung für die Ausführung des geplanten Gebäudes ein erster Schritt dahin sei, eine Vergütung für das Werk zu erhalten.[16] Der Wegfall des *common law copyright* stelle auch keine ungewöhnliche Härte dar, weil jeder Architekt den vorgeschriebenen Copyrightvermerk vor der Einreichung bei den Behörden auf den Plänen anbringen und damit die Gemeinfreiheit verhindern könne, da dann der Schutz durch nationales *statutory copyright* eingreift. Für diese Ansicht spreche auch die Warnfunktion des Copyrightvermerks, der die Allgemeinheit darauf aufmerksam machen solle, dass die gekennzeichneten Pläne Copyrightschutz genießen

---

[14] *Nimmer*, On Copyright, § 4.13 [A][2], Seiten 4-74 – 4-74.2.

[15] *Altman*, Copyright on Architectural Works, 33 IDEA 1, 36; Zur Einteilung von Entscheidungen in *binding authority* und *persuasive authority* siehe *Farnsworth*, An Introduction to the Legal System of the United States, Seite 46.

[16] *Wright v. Eisle*, 83 N.Y.S. 887, 889 (N.Y.A.D. 2 Dept. 1903).

und wann sie zum ersten Mal veröffentlicht wurden, was wiederum für die Bestimmung der Schutzdauer ausschlaggebend war.[17]

Diejenigen Gerichte, die eine *limited publication* als gegeben ansahen, führten als Begründung an, dass ein Architekt, der seine Pläne einreichen muss, um eine Baugenehmigung zu erhalten, sicherlich nicht die Absicht habe, seine Rechte an den Plänen aufzugeben und sie der Allgemeinheit zur Verfügung zu stellen. Die vorgeschriebene Einreichung von Plänen habe nicht das Ziel, der Öffentlichkeit kostenfrei das Werk eines anderen zugänglich zu machen, sondern die Allgemeinheit vor Gefahren durch unsichere Konstruktionen zu schützen.[18] Der Architekt erhalte keinen finanziellen Vorteil durch die Eingabe der Pläne bei einer Behörde, was auch gegen eine Absicht spreche, die Pläne der Allgemeinheit zu widmen.[19] Das Einreichen der Pläne sei eine *limited publication*, weil damit ein bestimmter, begrenzter Zweck verfolgt wird, nämlich die Erlangung einer Baugenehmigung.[20]

In der überwiegenden Anzahl der Entscheidungen zu diesem Thema wurde somit eine *limited publication* bejaht. Auch in der Literatur werden die Argumente dieser Gerichte überwiegend geteilt und die Gegenargumente kritisiert. Insbesondere wird betont, dass es nicht die Absicht eines Architekten sei, seine Pläne durch die Einreichung bei der Baubehörde zu veröffentlichen.[21] Außerdem erlange kein Mitglied der Allgemeinheit ein Besitzrecht an den Vervielfältigungsstücken durch deren Einreichung bei öffentlichen Behörden. Schließlich spreche auch der gesetzlich auferlegte Zwang zur Einreichung von Plänen gegen ein freiwilliges Aufgeben von Rechten von Seiten des Copyrightinhabers und damit gegen eine *general publication.*[22]

---

[17] *DeSilva Const. Corp. v. Herrald*, 213 F.Supp. 184, 195 (D.C.Fla. 1962).

[18] *Smith v. Paul*, 345 P.2d 546, 550 (Cal.App. 1959) = GRUR Int. 1961, 51; *Kisling v. Rothschild*, 212 U.S.P.Q. 717, 720 (Fla.App. 5 Dist.).

[19] *Edgar H. Wood Associates, Inc. v. Skene*, 197 N.E.2d 886, 894 (Mass. 1964); *Ashworth v. Glover*, 433 P.2d 315, 319 (Utah 1967); *Krahmer v. Luing*, 317 A.2d 96, 98 (N.J.Super.Ch. 1974); *Masterson v. McCroskie*, 573 P.2d 547, 550 (Colo. 1978).

[20] *Shaw v. Williamsville Manor, Inc.*, 38 A.D.2d 442, 444 (N.Y.D.A. 1972).

[21] *Katz*, Copyright Protection of Architectural Plans, Drawings and Designs, 19 Law and Contemp. Probs. 224, 235.

[22] *Nimmer*, On Copyright, § 4.10, Seite 4-53.

(2) Die Ausführung der Pläne

Nach Ansicht einiger Gerichte stellte auch die Errichtung eines Gebäudes eine Veröffentlichung der zugrundeliegenden Pläne dar. Als Begründung wurde in einer Entscheidung angeführt, dass das errichtete Gebäude den Blicken der Allgemeinheit uneingeschränkt zugänglich war und auch das Innere des Gebäudes mit Zustimmung des Architekten einer unbegrenzten Anzahl von Personen zur Besichtigung über einen längeren Zeitraum offen stand.[23]

Die Mehrzahl der Gerichte sah in der Errichtung eines Gebäudes jedoch keine *general publication* der zugrundeliegenden Pläne. Durch die Errichtung des Gebäudes werde lediglich die äußere Gestaltung veröffentlicht, nicht jedoch die detaillierten Pläne, nach denen es ausgeführt wurde.[24] Die Errichtung könne auch deswegen keine *general publication* sein, weil das *copyright* an architektonischen Plänen - gemäß der Rechtslage vor Inkrafttreten des *AWCPA* 1990 - nicht durch die Errichtung des dargestellten Gebäudes verletzt werden kann. Das fertige Gebäude sei kein Vervielfältigungsstück und damit komme eine entkleidende Veröffentlichung der Pläne nicht mehr in Frage.[25] Das Vermessen und Abzeichnen eines dreidimensionalen Gebäudes könne einer exakten Kopie der Pläne nicht gleichgestellt werden.[26]

Die Entscheidungen, die sich vorliegend für eine *general publication* ausgesprochen haben, sind auch wegen der dürftigen Begründungen nicht überzeugend. Es leuchtet vielmehr ein, dass bei der damaligen Rechtslage das ausgeführte Gebäude keine Vervielfältiung des zugrundeliegenden Plans sein konnte, mit der Folge, dass damit auch keine *general publication*, die eine Verbreitung von Vervielfältigungsstücken an die Allgemeinheit voraussetzt, vorliegen konnte.

---

[23] *Gendell v. Orr*, 12 Phil. 191 (Ct. Common Pleas 1879), teilweise abgedruckt in: Report of the Register of Copyrights on Works of Architecture, Seite 24; *Kurfiss v. Cowherd*, 121 S.W.2d 282, 288 (Mo.App. 1938); *Shanahan v. Macco Const. Co.*, 224 Cal.App.2d 327, 339 (Cal.App.2.Dist., 1964).

[24] *Smith v. Paul*, 345 P.2d 546, 553 (Cal.App. 1959) = GRUR Int. 1961, 51; *Wallace v. Helm*, 161 U.S.P.Q. 121, 123 (Cal. Super. 1969); *Nucor Corp. v. Tennessee Forging Steel Service, Inc.*, 476 F.2d 386, 390/391 (8th Cir. 1973); *Krahmer v. Luing*, 317 A.2d 96, 98/99 (N.J.Super.Ch. 1974); *Seay v. Vialpando*, 567 P.2d 285, 288/289 (Wyo. 1977); *Masterson v. McCroskie*, 573 P.2d 547, 550 (Colo. 1978).

[25] *DeSilva Const. Corp. v. Herrald*, 213 F.Supp. 184, 196 (D.C.Fla. 1962).

[26] *Edgar H. Wood Associates, Inc. v. Skene*, 197 N.E.2d 886, 894-896 (Mass. 1964).

(3) Die Verbreitung der Pläne an Bauunternehmer und andere am Bau Beteiligte

Auch die Weitergabe von Kopien der Pläne an Bauunternehmer und andere am Bau tatsächlich oder potentiell Beteiligte ist als *general publication* angesehen worden. Bei zwei der in diesem Sinne getroffenen Entscheidungen war die Weitergabe an Bauunternehmer jedoch nur ein Grund von vielen, der für die Absicht der Copyrightinhaber sprach, die Pläne zu veröffentlichen.[27] Lediglich eine Entscheidung nahm eine *general publication* allein wegen der Weitergabe der Pläne an eine Baufirma zur Errichtung des geplanten Hauses an, weil die Weitergabe ohne ausdrückliche Einschränkungen geschah.[28]

Die Ablehnung einer *general publication* bei der Weitergabe der Pläne an potentielle Vertragspartner im Rahmen eines Ausschreibungsverfahrens wurde damit begründet, dass die Pläne nur zu dem eingeschränkten Zweck der Bewerbung von Firmen um einen Auftrag für die Errichtung des Gebäudes weitergegeben worden seien.[29] Die Pläne würden dabei auch nur an eine begrenzte Anzahl von Personen und nicht an die Allgemeinheit weitergegeben.[30] Ebenso wurde angeführt, dass die Errichtung eines Gebäudes nicht möglich ist, ohne dass zumindest die an der Ausführung beteiligten Firmen Kopien der Pläne erhalten. Es könne nicht sein, dass damit die Errichtung zwangsläufig eine *general publication* der Pläne zur Folge habe.[31]

Aufgrund der eingehenderen und einleuchtenderen Begründungen ist den Gerichten zuzustimmen, die im Fall der Weitergabe von Plänen an Baufirmen und Beteiligte im Ausschreibungsverfahren eine *limited publication* annahmen.

---

[27] *Shanahan v. Macco Const. Co.*, 224 Cal.App.2d 327, 330 ff. (Cal.App.2.Dist., 1964); *DeSilva Const. Corp. v. Herrald*, 213 F.Supp. 184, 196 (D.C.Fla. 1962).

[28] *Ballard H. T. Kirk & Associates, Inc. v. Poston*, 293 N.E.2d 102, 104 (Ohio App. 1972).

[29] *Read v. Turner*, 239 Cal.App.2d 504, 513 (Cal.App.4.Dist., 1966); *Nucor Corp. v. Tennessee Forging Steel Service, Inc.*, 476 F.2d 386, 390 (8th Cir. 1973); *Seay v. Vialpando*, 567 P.2d 285 (Wyo. 1977).

[30] *Masterson v. McCroskie*, 573 P.2d 547, 550 (Colo. 1978).

[31] *Ashworth v. Glover*, 433 P.2d 315, 318 (Utah 1967), wobei hier die Besonderheit vorlag, dass der Copyrightinhaber der Pläne die Hinterlegung von $ 25 von den an der Ausschreibung beteiligten Firmen verlangte. Nach Ansicht des Gerichts habe der Copyrightinhaber damit deutlich gemacht, dass er die Pläne nicht der Allgemeinheit widmen wollte.

(4) Die Verbreitung von architektonischen Zeichnungen zu Werbezwecken

Eine weiteres Problem, das die Gerichte in diesem Zusammenhang beschäftigt hat, war die Darstellung von Plänen und Zeichnungen in Werbebroschüren und Zeitschriften. Dadurch sollten potentielle Kunden über den genauen Grundriss der Häuser informiert werden. Nach Ansicht der damit befassten Gerichte deutete insbesondere eine große Anzahl von in Umlauf gebrachten Broschüren darauf hin, dass die Copyrightinhaber die Pläne willentlich der Allgemeinheit zur Verfügung stellen wollten und daher eine *general publication* gegeben wäre.[32] Allerdings haben die Gerichte in beiden Fällen betont, dass nicht ein einzelner Vorgang zur Annahme einer *general publication* geführt hat, sondern nur das Zusammenwirkung zahlreicher Faktoren, von denen die Verbreitung mittels Werbeanzeigen nur einer war.[33]

Die Annahme einer *general publication* erscheint hier noch am ehesten gerechtfertigt. Legt man die durch das einschlägige *Case Law* entwickelte Theorie zugrunde, dass es auf die Absicht des Copyrightinhabers, die sich aus dem objektiven Erklärungswert seiner Handlungen ergibt, ankommt, so kann man bei der Verbreitung von mehreren tausend Werbebroschüren oder Zeitungsanzeigen nur annehmen, dass der Copyrightinhaber seine Zeichnungen der Allgemeinheit zur Verfügung stellen wollte.

(5) Bedeutung der Veröffentlichungen unter dem *Copyright Act* von 1909 für die gegenwärtige Rechtslage

Die Folgen einer Veröffentlichung architektonischer Pläne vor Inkrafttreten des *Copyright Act* von 1976 sind auch heute noch von Bedeutung. Wurde ein Plan damals ohne den erforderlichen Copyrightvermerk veröffentlicht und damit gemeinfrei, so blieb er auch unter dem *Copyright Act* von 1976 gemeinfrei.[34] Ein durch ein *common law copyright* geschützter, unveröffentlichter Plan konnte jedoch übergangslos Schutz nach dem *Copyright Act* von 1976 erlangen, § 301 (a) C. A. Die Frage, ob eine Veröf-

---

[32] *DeSilva Const. Corp. v. Herrald*, 213 F.Supp. 184, 188, 196/197 (D.C.Fla. 1962), hier waren die Pläne in einer Werbeanzeige in einer regionalen Zeitung dargestellt; *Shanahan v. Macco Const. Co.*, 224 Cal.App.2d 327, 338 (Cal.App.2.Dist., 1964), hier wurden vom Copyrightinhaber 30.000 Werbebroschüren verteilt, die nach Schätzungen des Gerichts von ca. 60.000 Personen gelesen wurden.

[33] *DeSilva Const. Corp. v. Herrald*, 213 F.Supp. 184, 197 (D.C.Fla. 1962); *Shanahan v. Macco Const. Co.*, 224 Cal.App.2d 327, 330, 339 (Cal.App.2.Dist., 1964); etwas ungenau daher *Altman*, Copyright on Architectural Works, 33 IDEA 1, 38.

[34] *Leaffer*, Understanding Copyright Law, § 4.4, Seite 149.

fentlichung unter dem *Copyright Act* von 1909 stattgefunden hat, spielt damit weiterhin eine Rolle für die Frage, ob der Schutz auch gegenwärtig noch besteht.[35]

bb. Veröffentlichungen nach Inkrafttreten des *Copyright Act* von 1976

Mit Inkrafttreten des *Copyright Act* von 1976 am 1. Januar 1978 endete die Zweigleisigkeit des US-amerikanischen Copyrightsystems durch die fast vollständige Abschaffung des einzelstaatlichen *common law copyright*, § 301 (a) C. A. Die einschneidenden rechtlichen Folgen einer Veröffentlichung ohne Copyrightvermerk wurden dadurch jedoch noch nicht gemildert, sondern erst durch die gleichzeitige Lockerung der formellen Schutzvoraussetzungen. Gemäß § 405 (a) (2) C. A. konnte das Fehlen eines Copyrightvermerks bei der Veröffentlichung dadurch geheilt werden, dass das Werk innerhalb von fünf Jahren beim *Copyright Office* registriert wurde und vernünftige Anstrengungen unternommen wurden, um den Copyrightvermerk an den bereits in Umlauf befindlichen Werkstücken nachträglich anzubringen. Wurden diese Voraussetzungen einer Heilung nicht erfüllt, war die Folge wiederum die Gemeinfreiheit des veröffentlichten Werkes.[36] Damit war die Problematik der Veröffentlichung von architektonischen Plänen auch weiterhin von Bedeutung.

Der *Copyright Act* von 1976 enthält im Gegensatz zu seinem Vorgänger eine Definition von Veröffentlichung. Eine solche liegt gemäß § 101 C. A. bei einer „Verbreitung von Vervielfältigungsstücken oder Tonträgern eines Werkes an die Allgemeinheit vor, sei es durch Verkauf oder andere Eigentumsübertragung oder durch Vermieten, Leasing oder Verleihen. Das Angebot zur Verteilung von Vervielfältigungsstücken oder Tonträgern an eine Gruppe von Personen zum Zwecke der weiteren Verbreitung, öffentlichen Aufführung oder öffentlichen Ausstellung stellt eine Veröffentlichung dar."[37]

Wie sich aus dem Text dieser Definition ergibt, muss es sich um eine Verbreitung an die Allgemeinheit handeln. Das legt wiederum nahe, dass die Begriffsbestimmung

[35] *Nimmer*, On Copyright, § 4.01 [B], Seiten 4-6 – 4-7.

[36] *Nimmer*, On Copyright, § 7.14 [A][1], Seite 7-133.

[37] Die Definition in § 101 C. A. lautet: "*'Publication' is the distribution of copies or phonorecords of a work to the public by sale or other transfer of ownership, or by rental, lease, or lending. The offering to distribute copies of phonorecords to a group of persons for purposes of further distribution, public performance, or public display, constitutes publication.*"

eine *general publication* beschreibt.[38] Im *House Report* zum *Copyright Act* von 1976 wird klargestellt, dass erst dann von einer Verbreitung des Werkes an die Allgemeinheit gesprochen werden kann, wenn diese ohne ausdrückliche oder stillschweigende Beschränkungen in Bezug auf den Inhalt des Werkes vorgenommen wird.[39] Dies legt den Schluss nahe, dass die Unterscheidung zwischen *general* und *limited publication* auch weiterhin eine Rolle spielt.[40]

Die gerichtlichen Entscheidungen, die zur Veröffentlichung architektonischer Pläne unter dem *Copyright Act* von 1976 Stellung nehmen, unterscheiden sich in ihren Argumentationsmustern kaum von den Entscheidungen zur vorangegangenen Rechtslage, kommen aber zu übereinstimmenderen Ergebnissen.

So wurde eine *general publication* durch die Eingabe von Plänen bei den Baubehörden, durch die Errichtung des Gebäudes und Besichtigung durch die Allgemeinheit sowie durch die Weitergabe an Bauunternehmer im Rahmen des Ausschreibungsverfahrens bzw. zur Ausführung der Pläne einhellig verneint.[41]

Überdies wurde durch die Entscheidung *Donald Frederick Evans and Associates, Inc. v. Continental Homes, Inc.* zu Rechtsfragen Stellung genommen, die in diesem Zusammenhang aus den Regelungen des *Copyright Act* von 1976 zum Copyrightvermerk erwachsen. In dieser Entscheidung ging es darum, inwieweit die Abbildung von architektonischen Zeichnungen in Zeitungen und Zeitschriften eine Veröffentlichung darstellt. Zunächst stellte der *Circuit Court* klar, dass der Copyrightvermerk für die Zeitschrift nicht den fehlenden Vermerk für die in der Beilage abgedruckten Zeichnungen ersetzen kann, weil diese teilweise getrennt von der Zeitschrift verteilt wurde

---

[38] *Nimmer*, On Copyright, § 4.13 [B], Seite 4-74.5.

[39] H. R. Rep. No. 94-1476, 94th Congress, 2nd Session 1976, Seite 138.

[40] *Nimmer*, On Copyright, § 4.13 [B], Seite 4-74.6; *Altman*, Copyright on Architectural Works, 33 IDEA 1, 35. Das wird auch von den Gerichten so gesehen: *Kakizaki v. Riedel*, 811 F.Supp. 129, 131 (S.D.N.Y. 1992); *Kunycia v. Melville Realty Co.*, 755 F.Supp. 566, 574 (S.D.N.Y. 1990); *Williams v. Arndt*, 626 F.Supp. 571, 578 (D. Mass. 1985)); *Schuchart & Assocs. v. Solo Serve Corp.*, 220 U.S.P.Q. 170, 179/180 (W.D. Tex. 1983); *Hubco Data Prods., Corp. v. Management Assistance Inc.*, 219 U.S.P.Q. 450, 455 (D. Idaho 1983).

[41] *Aitken, Hazen, Hoffman, Miller, P. C. v. Empire Const. Co.*, 542 F.Supp. 252, 268 (D.Neb. 1982); *Schuchart & Associates v. Solo Serve Corp.*, 220 U.S.P.Q. 170, 179/180 (W.D.Tex. 1983); *Donald Frederick Evans and Associates, Inc. v. Continental Homes, Inc.*, 785 F.2d 897, 901 (11th Cir. 1986); *Intown Enterprises, Inc. v. Barnes*, 721 F.Supp. 1263, 1265/1266 (N.D.Ga., 1989); *East/West Venture v. Wurmfeld Associates, P.C.*, 722 F.Supp. 1064, 1066 (S.D.N.Y. 1989).

und Werbung darstellte.[42] Werbeanzeigen, die im Auftrag von anderen Personen als dem Inhaber des *copyright* an dem Sammelwerk beigelegt werden, bedürfen nach § 404 (a) C. A. eines eigenen Copyrightvermerks. Sind Bauzeichnungen allerdings als Teil eines Artikels in der regulären Zeitschrift abgebildet, so seien auch diese vom Copyrightvermerk an dem Sammelwerk Zeitschrift mitumfasst.[43]

cc. Veröffentlichungen nach Inkrafttreten des *BCIA*

Mit Inkrafttreten des *BCIA* (*Berne Convention Implementation Act*) am 1. März 1989 verringerte sich die Bedeutung des Copyrightvermerks drastisch. In Art. 5 Abs. 2, 1. HS RBÜ wird ausdrücklich festgelegt, dass der Genuss und die Ausübung der in Art. 5 Abs. 1 RBÜ genannten Rechte nicht an die Erfüllung irgendwelcher Förmlichkeiten gebunden ist. Diese Bestimmung hat den Beitritt der USA zur RBÜ lange Zeit verhindert. Die vom *US-Copyright Law* verlangten Formalitäten stellten den einzigen gravierenden Unterschied dar, der das US-amerikanische *Copyright Law* mit der RBÜ unvereinbar machte.[44] Durch den Austausch des Wortes „*shall*" (hier in der Bedeutung von „muss") durch das Wort „*may*" (hier in der Bedeutung von „kann") in § 401 (a) C. A. durch den *BCIA* wurde das Anbringen eines Copyrightvermerks auf veröffentlichten Werkstücken als zwingende Schutzvoraussetzung abgeschafft.[45] Damit konnte ein architektonischer Plan bei Veröffentlichung ohne Copyrightvermerk nicht mehr gemeinfrei werden. Der neue § 401 (a) C. A. hat aber keine Rückwirkung, d. h. Vervielfältigungsstücke von Werken, die zwischen dem 1. Januar 1978 und dem 1. März 1989 veröffentlicht wurden, müssen mit einem Copyrightvermerk versehen sein, wobei aber die bereits genannte Heilungsmöglichkeit besteht.[46]

Der Copyrightvermerk hat damit jedoch nicht jegliche Bedeutung verloren. Gemäß § 401 (d) C. A. kann ein Beklagter im Verletzungsprozess den Einwand des *innocent*

---

[42] *Donald Frederick Evans and Associates, Inc. v. Continental Homes, Inc.*, 785 F.2d 897, 906 (11th Cir. 1986).

[43] *Donald Frederick Evans and Associates, Inc. v. Continental Homes, Inc.*, 785 F.2d 897, 908 (11th Cir. 1986).

[44] So *Arpad Bogsch*, Generaldirektor der WIPO, zitiert in: *Nordemann/Vinck/Hertin/Meyer*, International Copyright, Art. 5 BC, Rdnr. 7, Seite 78.

[45] H. R. Rep. No. 100-609, 100th Congress, 2nd Session 1988, abgedruckt in: *Nimmer*, On Copyright, Bd. 9, App. 32, Seite 32-5.

[46] *Nimmer*, On Copyright, Bd. 2, § 7.02 [C], Seite 7-16.

infringement (schuldlose Verletzung) mit dem Ziel der Herabsetzung des Schadensersatzes nicht erheben, wenn auf dem Werkstück ein Copyrightvermerk angebracht war.[47] Es ist daher weiterhin für jeden Copyrightinhaber einer architektonischen Zeichnung empfehlenswert, den Copyrightvermerk auf jedem Werkstück anzubringen.

b. Materielle Schutzvoraussetzungen für architektonische Schöpfungen

Durch Inkrafttreten des *AWCPA* am 1. Dezember 1990 änderte sich die Rechtslage in Bezug auf architektonische Schöpfungen grundlegend. Um diese Veränderungen verstehen zu können, ist es notwendig, auf die vorhergehende Rechtslage einzugehen.

aa. Rechtslage vor 1990

(1) Dreidimensionale architektonische Konstruktionen und die *useful-article* Doktrin

Nach einhelliger Meinung waren die meisten ausgeführten, dreidimensionalen architektonischen Schöpfungen vor dem 1. Dezember 1990 nicht schutzfähig.[48] Das liegt an der in § 101 C. A. festgeschriebenen Definition von Werken der Malerei, Graphik und Bildhauerei im Sinne des § 102 (a) (5) C. A., die als Werkkategorie allein in Frage kamen. Nach der dort kodifizierten *useful article* Doktrin wird die Gestaltung eines Gebrauchsgegenstandes nur dann und in dem Ausmaß als Werk im Sinne des § 102 (a) (5) C. A. angesehen, als diese Gestaltung Elemente der Malerei, Graphik oder Bildhauerei aufweist, die von den gebrauchsbezogenen Elementen des Gegenstandes getrennt identifiziert werden können und davon unabhängig existieren können.[49] Was ein Gebrauchsgegenstand ist, wird ebenfalls in § 101 C. A. definiert: Ein Gebrauchsgegenstand ist ein Gegenstand, der eine wesentliche Nützlichkeitsfunktion hat, die nicht

---

[47] *Baumgarten/Meyer*, Die Bedeutung des Beitritts der USA zur Berner Übereinkunft, GRUR Int. 1989, 620, 623.

[48] *Nimmer*, On Copyright, Bd. 1, § 2.08 [D][2][b], Seite 2-125; *Brainard*, Innovation and Imitation, Artistic Advance and the Legal Protection of Architectural Works, 70 Cornell L. Rev. 81, 98 (1984); *Dremann*, Copyright Protection for Architectural Works, 23 AIPLA Quarterly Journal 325, 333 (1995); *Gerstenblith*, Architect as Artist: Artists' Rights and Historic Preservation, 12 Cardozo Arts and Ent. L.J. 431, 437 (1994); *Ginsburg*, Copyright in the 101st Congress: Commentary on the Visual Artists Rights Act and the Architectural Works Copyright Protection Act, 14 Colum.-VLA J.L. & Arts 477, 490 (1990); *Newsam*, Architecture and Copyright – Separating the Poetic from the Prosaic, 71 Tul. L. Rev. 1073, 1077 (1997); *Steinfeld*, The Berne Convention and the Protection of Architecture, 24 Indiana L. Rev. 459, 473/474 (1991).

[49] Zum Wortlaut dieser Definition siehe unter B.III.4.

nur darin besteht, das Aussehen des Gegenstandes abzubilden oder Informationen zu übermitteln.[50] Die meisten dreidimensionalen architektonischen Konstruktionen haben jedoch einen wichtigen Gebrauchszweck zu erfüllen, in dem sie Menschen, Tieren oder Sachen zum Wohnen, Arbeiten, Aufenthalt oder zur Lagerung dienen.

(a) Entwicklung der *useful article* Doktrin

Die *useful article* Doktrin geht auf die Entscheidung *Mazer v. Stein* des *Supreme Court* zurück.[51] In dieser Entscheidung ging es um die Schutzfähigkeit von Statuen, die als Sockel für Lampen dienten. Diese Statuen stellten weibliche und männliche Tänzer dar. Die Antragsteller, die diese Lampensockel vervielfältigt hatten, klagten gegen die Inhaber des *copyright* an den kleinen Statuen, die als Kunstwerke beim *Copyright Office* registriert waren. Die Lampen waren mit Elektrokabeln, Lampenschirmen etc. versehen und zum Gebrauch bestimmt.[52] Der *Supreme Court* kam zu dem Ergebnis, dass die Statuen copyrightfähig waren, obwohl sie Teil eines Gebrauchsgegenstandes waren.[53] Der Schutz durch das *Design Patent Law* stünde dem Copyrightschutz nicht entgegen, weil beide Formen des Schutzes geistigen Eigentums unterschiedliche Schutzrichtungen haben.[54] In *Mazer v. Stein* konnten die gebrauchsbezogenen Elemente wie Lampenschirm, Verkabelung etc. von den Elementen der bildenden Kunst, hier den Statuen, noch leicht unterschieden werden. Um auch bei Gebrauchsgegenständen, bei denen beide Teile eng miteinander verschmolzen sind, eine Unterscheidung treffen zu können, erließ das *Copyright Office* Verwaltungsvorschriften für die Registrierungsfähigkeit von Gebrauchsgegenständen, deren Wortlaut der Definition von Werken der bildenden Künste in § 101 C. A. schon sehr nahe kam.[55]

---

[50] Die Definition in § 101 C. A. lautet: "*A 'useful article' is an article having an intrinsic utilitarian function that is not merely to portray the appearance of the article or to convey information.*"

[51] *Mazer v. Stein*, 74 S. Ct. 460 (1954).

[52] *Mazer v. Stein*, 74 S. Ct. 460, 462 (1954).

[53] *Mazer v. Stein*, 74 S. Ct. 460, 469 (1954); siehe zu dieser Entscheidung auch *Perlmutter*, Conceptual Separability and Copyright in the Designs of Useful Articles, 37 J. Copr. Soc'y 339, 344 (1990).

[54] *Mazer v. Stein*, 74 S. Ct. 460, 470 (1954).

[55] 37 C.F.R. § 202.10 (c) (1959), abgedruckt in *Leaffer*, Understanding Copyright Law, § 3.11, Seite 118, Fn. 100, lautet übersetzt: „...Wenn jedoch die Gestalt eines Gebrauchsgegenstandes Merkmale

Nach der Auffassung des Kongresses geht es bei der Schutzfähigkeit von Gebrauchsgegenständen einerseits um physische und andererseits um konzeptionelle Trennbarkeit von gebrauchsbezogenen und künstlerischen Merkmalen.[56] Vor allem die Frage, wann konzeptionelle Trennbarkeit (*conceptual separability*) gegeben ist, hat die Gerichte intensiv beschäftigt und dazu veranlasst, zahlreiche unterschiedliche Tests zu entwickeln, mit deren Hilfe diese schwierige Frage beantwortet werden sollte.[57]

(b) Bedeutung der *useful article* Doktrin für dreidimensionale architektonische Konstruktionen

Der Inhalt der unterschiedlichen *Separability Tests* ist für dreidimensionale architektonische Konstruktionen nicht von Bedeutung, da diese vor dem 1. Dezember 1990 ohne Zweifel als Gebrauchsgegenstände angesehen wurden, deren funktionelle und künstlerische Elemente im allgemeinen nicht voneinander getrennt werden können. Geschützt werden konnten damit nur Elemente, die von der architektonischen Konstruktion selbst physisch oder konzeptionell getrennt werden konnten wie z. B. Statuen, Plastiken, Ornamente, Mosaike oder die vielzitierten Wasserspeier.[58] Ein Schutz der kompletten Gestaltung war jedoch bei ausgeführten dreidimensionalen architektonischen Konstruktionen, die einem bestimmten Zweck dienen, vor dem 1. Dezember 1990 nicht möglich.[59]

(c) Nichtfunktionale architektonische Konstruktionen

Architektonische Schöpfungen, die ihrem Wesen nach keinen Gebrauchszweck erfüllen, konnten schon nach § 5 (g) C. A. von 1909 als Kunstwerk Copyrightschutz

---

wie künstlerische Bildhauerei, Schnitzwerk oder bildliche Darstellungen enthält, die getrennt als Kunstwerk identifiziert werden können und als solches unabhängig existieren können, dann können diese Merkmale registriert werden."

[56] H.R. Rep. No. 94-1476, 94th Congress, 2nd Session 1976, Seite 55.

[57] Siehe dazu *Perlmutter*, Conceptual Separability in the Design of Useful Articles, 37 J.Copr. Soc'y USA 339 (1990).

[58] *Nimmer*, On Copyright, Bd. 1, § 2.08 [D][2][b], Seite 2-127; *Wargo*, Copyright Protection for Architecture and the Berne Convention, 65 N.Y.U. L. Rev. 403, 453 (1990).

[59] H.R. Report No. 94-1476, 94th Congress, 2nd Session 1976, Seite 55.

erlangen. Das traf beispielsweise für Denkmäler zu.[60] In *Jones Bros. Co. v. Underkoffler*, eine Entscheidung, die vor dem Aufkommen der *useful article* Doktrin erging, wurde jedoch nur kurz zu den Voraussetzungen der Originalität bei architektonischen Kunstwerken Stellung genommen. Das in Frage stehende Denkmal sei unzweifelhaft ein Kunstwerk, so der *District Court*.[61]

Auch nach § 102 (a) (5) C. A. war und ist Copyrightschutz für nichtfunktionale architektonische Strukturen als Werke der bildenden Kunst möglich. Dazu sind jedoch keine Entscheidungen ergangen, in einer Entscheidung wurde lediglich angenommen, dass die Freiheitsstatue oder der Eiffelturm sich als architektonische Kunstwerke im Sinne des § 102 (a) (5) C. A. qualifizieren würden.[62]

(d) Die *useful article* Doktrin im System des US-amerikanischen *Copyright Law*

Die *useful article* Doktrin gehört inzwischen zu den traditionellen Grundsätzen des US-amerikanischen *Copyright Law*. Sie soll dazu führen, dass Gebrauchsgegenstände grundsätzlich keinen Copyrightschutz erlangen können. Es stellt sich jedoch die Frage, warum sich das US-amerikanische *Copyright Law* so sehr gegen den Schutz von Gebrauchsgegenständen wendet. Dabei muss man in Betracht ziehen, dass nach US-amerikanischer Auffassung die Gemeinfreiheit geistiger Schöpfungen den natürlichen Zustand darstellt. Durch das *Copyright Law* wird ein gesetzliches Monopol (*legal monopoly*) geschaffen, also ein Monopol, das nicht auf faktischer Marktmacht, sondern auf Rechtsmacht beruht.[63] Da ein Monopol aber immer den freien Wettbewerb einschränkt, soll es nur dann gerechtfertigt sein, wenn die Vorteile für das Allgemeinwohl größer sind als die Nachteile, die aus der Behinderung des freien Wettbewerbs erwachsen.[64] Schon die Existenz eines *copyright* zeigt, dass der US-amerikanische Gesetzgeber der Auffassung ist, ein solches Monopol sei grundsätzlich von Vorteil für das Allgemeinwohl. Der Kongress ist jedoch sehr zurückhaltend bei der Ausweitung

---

[60] *Jones Bros. Co. v. Underkoffler*, 16 F.Supp. 729, 731 (D.C.Pa. 1936).

[61] *Jones Bros. Co. v. Underkoffler*, 16 F.Supp. 729, 731 (D.C.Pa. 1936).

[62] *Richmond Homes Mgt., Inc. v. Raintree, Inc.*, 862 F.Supp. 1517, 1524 (W.D.Va., 1994).

[63] *Wagner-Silva Tarouca*, Der Urheberschutz der ausübenden Künstler und Tonträgerproduzenten in den USA, Seite 10.

[64] *Wagner-Silva Tarouca*, Der Urheberschutz der ausübenden Künstler und Tonträgerproduzenten in den USA, Seite 27.

dieses Monopols, beispielsweise auf Gebrauchsgegenstände.[65] Die Auswirkungen einer Ausweitung des Copyrightschutzes auf Gebrauchsgegenstände wurde in der Entscheidung *Esquire v. Ringer*[66] von der *Register of Copyrights Barbara Ringer* dargelegt und vom Gericht als überzeugend angesehen[67]: Vor allem aus wirtschaftlichen Erwägungen könne Gebrauchsgegenständen kein Copyrightschutz allein aufgrund ihrer originalen Form gewährt werden. Erstens würden bei Gebrauchsgegenständen, deren Form von ihrer Funktion vorgegeben wird, wie z. B. Scheren oder Büroklammern, durch das *copyright* eines Herstellers alle anderen Hersteller an der Produktion solcher Artikel gehindert. Damit meinte die *Register of Copyrights* wohl eine Art Freihaltebedürfnis für Gebrauchsgegenstände, um den Wirtschaftsverkehr nicht zu behindern. Zweitens geböten bei manchen Gebrauchsgegenständen die Konsumentenwünsche eine bestimmte Gestaltung, wie z. B. bei Öfen. Auch hier würden bis auf den Copyrightinhaber alle anderen Produzenten von der Herstellung ausgeschlossen. Drittens existiere bei geometrischen Formen nur eine begrenzte Anzahl von Grundformen wie Kreisen, Quadraten, Rechtecken und Ellipsen, die aber alle gemeinfrei sind. Aus diesem Grund sei es unfair, ein Monopol für solche Formen zuzulassen, egal wie künstlerisch sie in einen Gebrauchsgegenstand eingefügt würden.[68] Das Berufungsgericht übernahm die Argumentation der *Register of Copyrights*.[69]

Diese Argumente sind jedoch wenig überzeugend. Gegen das erste Argument lässt sich einwenden, dass Gegenstände, deren Form völlig von ihrer Funktion vorgegeben wird, nie die für einen Copyrightschutz erforderliche Originalität aufweisen können.[70] Das gleiche gilt für die nach den übereinstimmenden Konsumentenwünschen standardisiert gestalteten Gebrauchsgegenstände. Gegen den letzten Punkt kann man vorbringen, dass eine gemeinfreie Form auch nie copyrightschutzfähig sein kann, wobei es

---

[65] H.R. Rep. No. 94-1476, 94th Congress, 2nd Session 1976, Seite 50.

[66] 591 F.2d 796 (C.A.D.C., 1978) = GRUR Int. 1980, 440 - *Esquire.*

[67] *Esquire v. Ringer*, 591 F.2d 796, 800 (C.A.D.C., 1978) = GRUR Int. 1980, 440 - *Esquire.*

[68] The Register's brief in: *Esquire v. Ringer*, 591 F.2d 796, 801, Fn. 15 (C.A.D.C., 1978) = GRUR Int. 1980, 440 - *Esquire.*

[69] *Esquire v. Ringer*, 591 F.2d 796, 800 (C.A.D.C., 1978) = GRUR Int. 1980, 440 – *Esquire.*

[70] *Nimmer*, On Copyright, Bd. 1, § 2.01 [B], Seiten 2-15 – 2-16; *CMM Cable Rep, Inc. v. Ocean Coast Properties, Inc.*, 97 F.3d 1504, 1519 (1st Cir. 1996), wo dieser Grundsatz sogar als Axiom des US-Copyright Law bezeichnet wird.

auf die Einarbeitung in einen Gebrauchsartikel nicht ankommt.[71] Ein Monopol auf solche einzelnen Formen aufgrund eines *copyright* kann daher gar nicht zur Entstehung gelangen. Die Kombination von gemeinfreien Formen kann dagegen durchaus original sein.

Die Argumentation der *Register of Copyrights* zeigt aber, dass nach ihrer Auffassung die von der Funktion diktierten Formelemente nicht bereits an der *originality* scheitern, sondern erst an der Unvereinbarkeit mit der *useful article* Doktrin. Aus der Sicht des Gesetzgebers ist es natürlich sicherer, den ungeliebten Copyrightschutz von Gebrauchsgegenständen durch die ausdrücklich kodifizierte *useful article* Doktrin stark einzuschränken als diese Frage den Gerichten im Rahmen der Auslegung des Begriffes *originality* zu überlassen.

Die *useful article* Doktrin kann somit insgesamt als Ausfluss der US-amerikanischen Befürchtungen gesehen werden, ein Monopolrecht auf Gebrauchsartikel zu verleihen und dadurch den freien Wettbewerb in erheblichem Umfang einzuschränken.[72]

(2) Architektonische Zeichnungen und Pläne

(a) Architektonische Pläne und die *useful article* Doktrin

Auf architektonische Pläne findet die *useful article* Doktrin keine Anwendung, weil diese keine Gebrauchsartikel im Sinne der Definition in § 101 C. A. sind. Danach ist ein Gegenstand dann kein Gebrauchsartikel, wenn seine wesensmäßige Gebrauchsfunktion lediglich in der Vermittlung von Informationen liegt. Die Funktion von architektonischen Plänen liegt aber gerade darin, die am Bau Beteiligten über die Art und Weise der Ausführung eines Bauvorhabens zu informieren. Daher spielt es keine Rolle, dass Pläne normalerweise keine Merkmale enthalten, die getrennt von den gebrauchsbezogenen Elementen identifiziert oder unabhängig davon existieren können.[73]

---

[71] *Nimmer*, On Copyright, Bd. 1, § 2.08 [B][3], Fn. 115.2, Seiten 2-105 – 2-106.

[72] *Hixon*, The AWCPA of 1990: At Odds with the Traditional Limitations of American Copyright Law, 37 Ariz. L. Rev., 629, 642 (1995); *Bucher*, Reinforcing the Foundation: The Case Against Copyright Protection for Works of Architecture, 39 Emory L.J. 1261, 1275 (1990).

[73] *Innovative Networks, Inc. v. Satellite Airlines Ticketing Centers, Inc.*, 871 F.Supp. 709, 719 (S.D.N.Y., 1995); *Demetriades v. Kaufmann*, 680 F.Supp. 658, 663 (S.D.N.Y., 1988); *Acorn Struc-*

(b) Körperliche Festlegung

Auch bei architektonischen Plänen ist, wie bei jedem anderen Werk, eine körperliche Festlegung Schutzvoraussetzung. Diese geschieht in den meisten Fällen in Form von Papier oder als Binärcode gespeichert auf einer Festplatte oder CD-ROM.

(c) Anforderungen an die *originality* von architektonischen Plänen

(aa) Bedeutung der *originality* bei architektonischen Plänen

Für architektonische Zeichnungen und Pläne galt vor dem *AWCPA* der gleiche *originality* Standard wie für alle anderen Werke. Um original zu sein, muss ein architektonischer Plan unabhängig geschaffen worden sein und ein Minimum an Kreativität aufweisen.[74] Diese geringen Anforderungen an die *originality* sind ein Grund dafür, dass darüber so gut wie nie Streit besteht und die Gerichte die *originality* meist nur kurz abhandeln.[75]

Hinzu kommt, dass architektonische Pläne, wie andere Werke auch, vor dem 1. März 1989 und auch danach noch, mit geringen Einschränkungen für nicht US-amerikanische Einwohner eines Mitgliedsstaates der Berner Union, beim *Copyright Office* registriert werden mussten, um eine Klage wegen Verletzung des *copyright* erheben zu können, § 411 (a) C. A.[76] Nach § 410 (c) C. A. stellt die Registrierungsbescheinigung einen Anscheinsbeweis für die Gültigkeit des *copyright* und die in der Bescheinigung aufgeführten Tatsachen dar.[77] Aus diesen rechtlichen Folgen einer Registrierung beim *Copyright Office* kann man schließen, dass alle architektonischen

---

tures, Inc. v. Swantz, 657 F. Supp. 70, 73 (W.D. Va. 1987); *Nimmer*, On Copyright, Bd. 1, § 2.08 [D][2][a], Seite 2-118.

[74] *Leaffer*, Understanding Copyright Law, §. 2.7 [C], Seite 57; *Nimmer*, On Copyright, § 2.01[B], Seite 2-13.

[75] Zumeist wird nur kurz festgestellt, dass die architektonischen Pläne original sind, siehe z. B. *Ketcham v. New Yorks's World Fair 1939*, 34 F.Supp. 657, 659 (D.C.N.Y. 1940).

[76] *Nimmer*, On Copyright, § 7.16 [B][1][a], Seiten 7-153/7-154. Nach §§ 405 (a) (2), 406 (a) (1) C. A. ist eine Registrierung sogar formelle Schutzvoraussetzung, wenn der Copyrightvermerk bei Veröffentlichung vor dem 1. März 1989 nicht auf einer genügenden Anzahl von Werken bzw. in falscher Art und Weise angebracht war, siehe dazu unter D.II.4.a.bb.

[77] Daneben hat die Registrierung noch andere Vorteile: Der Copyrightanspruch wird in einer öffentlichen Urkunde festgehalten und eine größere Auswahl an Ersatzansprüchen im Copyrightverletzungsprozess wie gesetzliche Schadensersatzansprüche und die Erstattung von Anwaltskosten stehen dem Kläger zur Verfügung, § 412 C. A.

Pläne, die Gegenstand eines Copyrightverletzungsprozesses sind, bereits registriert sein müssen.

Eine Registrierung und die Ausstellung der Bescheinigung findet aber nur dann statt, wenn der *Register of Copyrights* nach seinem Ermessen zu dem Ergebnis kommt, dass die hinterlegten Unterlagen copyrightfähig und die übrigen materiellen und formellen Voraussetzungen erfüllt worden sind, § 410 (a) C. A. Vom *Copyright Office* wird damit auch geprüft, ob die eingereichte Schöpfung die erforderliche *originality* aufweist. Damit erklärt sich auch, warum das Registrierungszertifikat nach § 410 (c) C. A. in einem Copyrightverletzungsprozess einen Anscheinsbeweis für die Gültigkeit des *copyright* und für die in der Bescheinigung aufgeführten Tatsachen darstellt: Der US-Gesetzgeber geht davon aus, dass bei der Vorlage eines Registrierungszertifikats auf die Gültigkeit des registrierten Copyrightanspruchs geschlossen werden kann, weil alle dafür erforderlichen formellen und materiellen Voraussetzungen vom *Copyright Office* bereits geprüft worden sind. Von den Gerichten wird folglich nur dann über die *originality* entschieden, wenn die Gegenpartei substantiiert behauptet, dass *originality* nicht vorliegt und dafür auch Beweise anbietet.[78] Durch Vorlage des Registrierungszertifikats kehrt sich die Beweislast um und nicht der Kläger muss die Gültigkeit seines *copyright*, sondern der Beklagte muss die Ungültigkeit des klägerischen *copyright* beweisen.[79] Dabei läuft die Behauptung der Ungültigkeit des klägerischen *copyright* fast immer auf den Beweis hinaus, dass der Kläger das in Frage stehende geistige Produkt nicht eigenständig geschaffen, sondern von einem anderen kopiert hat.[80]

Sobald Entscheidungen doch näher auf die *originality* eingehen, erschöpft sich deren Prüfung in allgemeinen Aussagen. Es wurde beispielsweise konstatiert, dass die Pläne ausreichend detailliert seien und kreative Lösungen zu den verschiedenen gestalterischen Aufgabenstellungen, die sich in dem Projekt stellten, zeigten und das Ergebnis eigenständiger Arbeit seien.[81] Ein anderes Gericht stellte z. B. lediglich fest, dass ein Plan keine neuen und einzigartigen Elemente aufweisen muss, sondern die

---

[78] Siehe z. B. *Donald Frederick Evans and Associates, Inc. v. Continental Homes, Inc.*, 785 F.2d 897, 904 (11th Cir. 1986).

[79] *Nimmer*, On Copyright, Bd. 3, § 12.11 [B][1], Seiten 12-164 – 12-166.

[80] *Nimmer*, On Copyright, Bd. 3, § 12.11 [B][1], Seiten 12-165 /12-166.

[81] *MacMillan Co. v. I. V. O. W. Corp.*, 495 F.Supp. 1134, 1144 (D.C.Vt., 1980).

eigentümliche Zusammenstellung von bekannten Elementen zu einem Gestaltungskonzept in Form eines Planes auch vom *copyright* geschützt werden kann.[82]

(bb) Schutzgegenstand bei architektonischen Plänen

Obwohl sich die überwiegende Mehrheit der gerichtlichen Entscheidungen nicht näher mit der *originality* von architektonischen Plänen befasst, gehen fast alle Entscheidungen davon aus, dass die in dem Plan dargestellte Gestaltung eines Gebäudes *originality* aufweisen muss.[83] Dafür spricht auch, dass vor Inkrafttreten der *AWCPA* immer wieder die Problematik diskutiert wurde, inwieweit das *copyright* an einem Plan auch vor der Ausführung des im Plan dargestellten Gebäudes schützt.[84] Diese Diskussion hätte aber jeglicher Grundlage entbehrt, wenn es beim Schutz architektonischer Pläne vor 1990 nicht auf die Gestaltung des dargestellten Gegenstandes angekommen wäre.

Nur eine Entscheidung hat sich damit befasst, ob auch die Art und Weise der Darstellung (*format*) als solche copyrightfähig ist. Unter Darstellung sei das Lay-out, die Zusammenstellung der Detailzeichnungen auf dem Papier, der Stil und die Perspektiven der Zeichnungen, die Anmerkungen und die Art der Präsentation der Anmerkungen zu verstehen.[85] Im Gegensatz dazu betreffe das Design die Komposition der physischen Elemente des dargestellten Gegenstandes.[86] Das Gericht kam zu dem Ergebnis, dass die Art der Darstellung nicht von der Gestaltung des dargestellten Gegenstandes

---

[82] *Ga-On Homes, Inc. v. Spitzer Homes, Inc.*, 178 U.S.P.Q. 183, 185 (M.D.Fla. 1973).

[83] *Herman Frankel Organization, Inc. v. Wolfe*, 184 U.S.P.Q. 819, 821 (E.D.Mich., 1974); *MacMillan Co. v. I. V. O. W. Corp.*, 495 F.Supp. 1134, 1144 (D.C.Vt., 1980); *Schuchart & Associates v. Solo Serve Corp.*, 220 U.S.P.Q. 170, 176 (W.D.Tex. 1983); *Aitken, Hazen, Hoffman, Miller, P. C. v. Empire Const. Co.*, 542 F.Supp. 252, 256 (D.Neb. 1986); *Intown Enterprises, Inc. v. Barnes*, 721 F.Supp. 1263, 1265 (N.D.Ga. 1989); *Yankee Candle Co., Inc. v. New England Candle Co., Inc.*, 14 F.Supp.2d 154, 160/161 (D.Mass., 1998).

[84] Siehe zum Diskussionsstand *Nimmer*, On Copyright, Bd. 1, § 2.08 [D][2][a], Seiten 2-123 – 2-124; *Leaffer*, Understanding Copyright Law, § 3.16, Seite 130; *Gorman/Ginsburg*, Copyright for the Nineties, Seite 217; *Steinfeld*, The Berne Convention and Protection of Works of Architecture, 24 Indiana L. Rev. 459, 468 (1991); *Larsen*, The Effect of the Berne Implementation Act of 1988 on Copyright Protection for Architectural Structures, 1990 U. Ill. L. Rev. 151, 161 (1990); *Wargo*, Copyright Protection for Architecture and the Berne Convention, 65 N.Y.U. L. Rev. 403, 449 (1990).

[85] *Kunycia v. Melville Realty Co., Inc.*, 755 F.Supp. 566, 570 (S.D.N.Y. 1990).

[86] *Kunycia v. Melville Realty Co., Inc.*, 755 F.Supp. 566, 570 (S.D.N.Y. 1990).

abhängig ist und somit ein und dasselbe Gebäude auf vielerlei Arten durch einen Plan dargestellt werden kann. Aus diesen Gründen könne auch die Darstellung als solche Copyrightschutz erlangen.[87] Die *originality* wurde hier bejaht, weil sich die Darstellung des Klägers und Copyrightinhabers von anderen Darstellungen in Bezug auf mehrere Aspekte unterschied und er die Darstellung daher unabhängig geschaffen habe. Dabei wurde von dem Gericht betont, dass die Schwelle der *originality* sehr niedrig sei. Insbesondere die größere Klarheit, Lesbarkeit und der logischere Aufbau der klägerischen Zeichnungen im Vergleich zu einer anderen Darstellung desselben Gebäudes führten zum Überschreiten dieser Schwelle.[88] Ein anderer *District Court* folgte der Auffassung, dass auch die Darstellung als solche copyrightfähig ist, bei der Entscheidung über eine einstweilige Verfügung im Rahmen der Prüfung der Erfolgsaussichten in der Hauptsache.[89] Dies sind jedoch die einzigen Entscheidungen, die sich mit der Schutzfähigkeit der Art der Darstellung befasst haben. Alle anderen Entscheidungen zur Schutzfähigkeit von architektonischen Plänen nehmen Bezug auf die *originality* der Gestaltung des dargestellten Gebäudes.

Bei der Frage der *originality* von architektonischen Plänen ergibt sich damit aber ein Widerspruch zwischen grundlegenden Prinzipien des *US-Copyright Law*. Ein grundlegendes Prinzip besagt, dass das Werk nicht mit dem Gegenstand, der es verkörpert, gleichgesetzt werden darf, § 202 C. A.[90]

Das Werk entsteht zwar nach US-amerikanischem *Copyright Law* erst mit der Festlegung in einem körperlichen Gegenstand, der Gegenstand ist aber nicht das Werk.[91] Ein Werk kann daher grundsätzlich in vielen unterschiedlichen Werkstücken, *copies* oder *phonorecords* (Tonträger), verkörpert sein, es existiert aber dann nach wie vor nur ein Werk. Das *US-Copyright Law* unterscheidet bei Werkstücken zwischen *copies* und *phonorecords*, wobei *copies* alle Werkstücke sind, die keine *phonorecords* sind, § 101 C. A. Ein Buch beispielsweise kann kein Werk sein, sondern nur das literarische Werk, das es verkörpert, stellt ein Werk dar. Trotz des irreführenden Wortlauts

---

[87] *Kunycia v. Melville Realty Co., Inc.*, 755 F.Supp. 566, 570/571 (S.D.N.Y. 1990).

[88] *Kunycia v. Melville Realty Co., Inc.*, 755 F.Supp. 566, 571/572 (S.D.N.Y. 1990).

[89] *Certified Engineering, Inc. v. First Fidelity Bank, N.A.*, 849 F.Supp. 318, 322/323 (D.N.J., 1994).

[90] H.R. Rep. No. 94-1476, 94th Congress, 2nd Session 1976, Seite 53.

[91] H.R. Rep. No. 94-1476, 94th Congress, 2nd Session 1976, Seite 53.

des *Copyright Act* von 1909, wo in § 5 (a) C. A. von 1909 davon die Rede ist, dass Bücher eine Werkkategorie von schutzfähigen Werken bilden, war auch schon unter dessen Geltung einhellig anerkannt, dass es sich bei einem Werk um ein immaterielles Gut handelt.[92]

Die vor dem *AWCPA* bestehende Rechtslage steht somit im Widerspruch zu diesem Prinzip. Einerseits soll es bei der *originality* auf die Gestaltung des in dem Plan dargestellten Gegenstandes ankommen, andererseits ist aber nur die zweidimensionale Zeichnung copyrightfähig. Würde man auch hier den Grundsatz anwenden, dass ein Werk immateriell ist, so käme man zu dem Ergebnis, dass die Gestaltung eines Gebäudes in allen denkbaren körperlichen Gegenständen und damit auch in fertiggestellten Gebäuden schutzfähig sein muss. Nach der Rechtslage vor 1990 waren aber nur architektonische Pläne schutzfähig, die originale Gestaltungen von Gebäuden enthielten. Um einen Konflikt mit dem o. g. Grundsatz zu vermeiden, hätte man zu dem Ergebnis kommen müssen, dass es bei der Prüfung der materiellen Schutzvoraussetzungen nicht auf die Gestaltung des dargestellten Gegenstandes ankommen kann, sondern nur auf die Art und Weise der Darstellung. Die Durchbrechung des Grundsatzes, dass ein Werk immateriell ist, rührt letztendlich von der Dominanz der *useful article* Doktrin her. Daraus kann man nur schließen, dass das Unbehagen über die mögliche Entstehung eines Monopols über Gebrauchgegenstände aufgrund des *copyright* so groß war, dass man die Durchbrechung des Grundsatzes, dass ein Werk immateriell ist, bei architektonischen Plänen in Kauf nahm.

bb. Rechtslage nach dem *AWCPA* von 1990

(1) Zeitlicher Anwendungsbereich des *AWCPA*

Die Vorschriften, die durch den *AWCPA* in den *Copyright Act* eingefügt wurden, finden auf architektonische Werke Anwendung, die am Tag des Inkrafttretens, dem 1. Dezember 1990, oder danach geschaffen wurden, § 706 (1) *Judicial Improvements Act*[93]. Darüber hinaus sind die Vorschriften des *AWCPA* auf architektonische Werke anwendbar, die bei Inkrafttreten noch nicht gebaut und in unveröffentlichten Plänen

---

92 *Weil*, Copyright Law, Seite 201; *DeWolf*, An Outline of Copyricht Law, Seite 86; *Ball*, Law of Copyright and Literary Property, Seite 45; *Latman*, Howell's Copyright Law, Seite 23.

93 Der *AWCPA* wurde als *Title VII* des *Judicial Improvements Act* verabschiedet, *Pub. L. No. 101-650, 1990 HR 5316.*

verkörpert waren, wobei der Copyrightschutz jedoch mit Ablauf des 31. Dezember 2002 endete, wenn das Werk bis dahin nicht gebaut worden war, § 706 (2) *Judicial Improvements Act*.

Es kommt also bei Werken, die vor dem 1. Dezember 1990 geschaffen wurden, darauf an, ob sie veröffentlicht oder baulich ausgeführt worden sind. Der Kongress wollte mit der Bedingung, dass es sich um unveröffentlichte Pläne handeln müsse, Architekten, die ihre Pläne und Zeichnungen unter Verschluss gehalten hatten, ermutigen, diese Pläne zu offenbaren ohne dabei Angst vor mangelndem Schutz gegen die ungenehmigte Ausführung der Pläne durch Dritte haben zu müssen.[94] Diese Begründung lässt jedoch außer Acht, dass der Vorteil, der sich aus § 706 (2) *Judicial Improvements Act* für die Architekten ergibt, vor allem auf die Einbeziehung von nicht gebauten Werken zurückzuführen ist. Eine Erweiterung auch auf veröffentlichte Pläne hätte den Anwendungsbereich des *AWCPA* lediglich erweitert[95] ohne mit dem Rückwirkungsverbot in Konflikt zu geraten, da auch hier (wie bei der Beschränkung auf unveröffentlichte Pläne) der Haftungstatbestand, nämlich die bauliche Ausführung des in den Plänen verkörperten Werkes, nur am Tag des Inkrafttretens des *AWCPA* oder danach verwirklicht werden kann. Anknüpfungspunkt für die Anwendung des *AWCPA* auf diese Werke ist daher ein tatsächliches Ereignis, die bauliche Ausführung des Plans oder der Zeichnung, das nicht vor dem Inkrafttreten des *AWCPA* liegt. Gegen eine Rückwirkung spricht auch, dass die Pläne und Zeichnungen, in denen das architektonische Werk verkörpert ist, bereits vor dem *AWCPA* geschützt waren.[96]

Die Frage, wann architektonische Pläne und Zeichnungen veröffentlicht werden, wurde von den Gerichten bereits umfassend erörtert und überwiegend einheitlich beantwortet.[97] Wann ein architektonisches Werk jedoch als baulich ausgeführt (*constructed*) angesehen werden kann, musste von der Rechtsprechung erst geklärt werden.

---

[94] H.R. Rep. No. 101-735, 101st Congress, 2nd Session 1990, 1990 WL 200440, Fn. 53. Vor Inkrafttreten des *AWCPA* stellte die ungenehmigte bauliche Ausführung architektonischer Pläne keine Verletzung des *copyright* an den Plänen dar, siehe *Nimmer*, On Copyright, § 2.08 [D][2][a], Seite 2-123.

[95] *Nimmer*, On Copyright, Bd. 1, § 2.20, Seite 2-216, Fn. 25.

[96] H.R. Rep. No. 101-735, 101st Congress, 2nd Session 1990, 1990 WL 200440, Seite 18.

[97] Siehe dazu unter D.II.4.a.

In *Bryce & Palazzola Architects and Associates, Inc. v. A.M.E. Group, Inc.*[98] hat sich ein *District Court* zum ersten Mal mit dieser Frage beschäftigt. Die wegen Copyrightverletzung Beklagten beriefen sich dabei auf mehrere behördliche Erlaubnisse - unter anderem die Baugenehmigung -, die vor dem 1. Dezember erlassen wurden. Außerdem seien die vorbereitenden Arbeiten am Bauplatz und die Errichtung bereits vor diesem Datum in Gang gekommen. Die Klägerseite wandte dagegen ein, dass der Rohbau im Februar/März 1991, das Dach im März/April 1991 und die Ziegelfassade erst im April/Mai 1991 fertiggestellt wurden.[99] Da das Gericht aber nur über die Zulassung eines *summary judgement* zu befinden hatte, musste es keine Entscheidung darüber treffen, ob die bauliche Ausführung des Wohnhauses in diesem Fall gegeben war oder nicht.

Eine Entscheidung in dieser Frage wurde erst von dem *Circuit Court* in *Richard J. Zitz, Inc. v. Dos Santos Pereira*[100] getroffen. Nach Ansicht des Klägers ist ein architektonisches Werk dann gebaut, wenn es soweit fertiggestellt ist, dass es bewohnt werden kann. Der Beklagte war hingegen der Auffassung, „gebaut" bedeute im wesentlichen fertiggestellt. Das Gericht schloss sich der Auffassung des Beklagten an. Wann ein Gebäude fertiggestellt ist ließe sich nicht genau sagen, daher sei „im wesentlichen fertiggestellt" als Abgrenzungskriterium praktikabler. Die in § 706 (2) *Judicial Improvements Act* gezogene Parallele zur Veröffentlichung lege nahe, dass ein Gebäude dann im wesentlichen fertiggestellt ist, wenn andere in die Lage versetzt werden, das Gebäude in seiner dreidimensionalen Gestalt wahrzunehmen und damit auch zu vervielfältigen. Folglich komme es auf die Bewohnbarkeit oder endgültige Fertigstellung nicht an.[101] Diese Entscheidung grenzt den Begriff „*constructed*" zwar ein, lässt aber trotzdem noch viele Fragen offen. Beispielsweise kann sich aus dem Rohbau schon eine copyrightschutzfähige Form ergeben, auf der anderen Seite kann auch eine Fassadengestaltung Copyrightschutz erlangen, zwischen beiden Bauphasen kann jedoch einige Zeit verstreichen. Grundsätzlich muss in einem Copyrightverletzungsprozess einzelfallbezogen entschieden werden, d. h. es kann nur darauf ankom-

---

[98] 865 F.Supp. 401 (E.D.Mich., 1994).

[99] *Bryce & Palazzola Architects and Associates, Inc. v. A.M.E. Group, Inc.*, 865 F.Supp. 401, 406 (E.D.Mich., 1994).

[100] 232 F.3d 290 (2nd Cir. 2000).

[101] *Richard J. Zitz, Inc. v. Dos Santos Pereira*, 232 F.3d 290, 292/293 (2nd Cir. 2000).

men, welche geschützten Elemente des Gebäudes vervielfältigt wurden und ob diese spezifischen Elemente im wesentlichen fertiggestellt, d. h. in ihrer dreidimensionalen Ausgestaltung wahrnehmbar waren.

(2) Besondere Schutzfristen nach dem *AWCPA*

(a) Am oder nach dem 1. Dezember 1990 geschaffene architektonische Werke

Am einfachsten stellt sich die Berechnung der Schutzfristen noch für architektonische Werke dar, die am 1. Dezember 1990 oder danach geschaffen worden sind, wobei ein Werk mit seiner ersten körperlichen Festlegung als geschaffen gilt, § 101 C. A.[102] Für diese Werke gelten die in § 302 C. A. geregelten Schutzfristen.[103] Die generelle Schutzfrist beträgt nach § 302 (a) C. A. 70 Jahre *post mortem auctoris*. Bei von Miturhebern geschaffenen Werken, die keine *works made for hire* sind, gilt die gleiche Schutzfrist, sie berechnet sich aber nach dem Tod des zuletzt verstorbenen Urhebers, § 302 (b) C. A. Bei *works made for hire*, anonymen oder unter einem Pseudonym geschaffenen Werken erstreckt sich das *copyright* auf 95 Jahre seit der ersten Veröffentlichung oder auf 120 Jahre seit der Schaffung des Werkes, je nachdem welche Frist zuerst abläuft, § 302 (c) C. A.

(b) Vor dem 1. Dezember 1990 geschaffene architektonische Werke

Bei architektonischen Werken, die vor dem Inkrafttreten des *AWCPA* geschaffen wurden, aber noch nicht baulich ausgeführt wurden und in unveröffentlichten architektonischen Plänen verkörpert sind, endete das *copyright* mit dem 31. Dezember 2002, falls das Werk bis dahin noch nicht errichtet worden war, § 706 (2) *Judicial Improvements Act*[104].

Wurde das architektonische Werk jedoch vor dem 31. Dezember 2002 baulich ausgeführt, dann gilt die normale Schutzfrist von 70 Jahren *post mortem auctoris* nach § 302 (a) C. A. Bei einem architektonischen Werk, das vor dem Inkrafttreten des *Copyright Act* von 1976 am 1. Januar 1978 geschaffen wurde und vor dem 31. Dezember

---

[102] Bei der sukzessiven Entstehung eines Werkes, stellt der jeweils körperlich festgelegte Teil des in der Entstehung befindlichen Werkes das Werk zu dem jeweiligen Zeitpunkt dar. Wurden verschiedene Versionen eines Werkes geschaffen, stellt jede Version ein eigenständiges Werk dar, § 101 C. A.

[103] H.R. Rep. No. 101-735, 101st Congress, 2nd Session 1990, 1990 WL 200440, Seite 18.

[104] Pub. L. No. 101-650, 1990 HR 5316.

2002 errichtet und veröffentlicht wurde, läuft die Schutzfrist gemäß § 303 (a) C. A. nicht vor dem 31. Dezember 2047 ab, auch wenn der Urheber dieses Werkes schon vor 1977 gestorben ist und die Schutzfrist damit mehr als 70 Jahre *post mortem auctoris* beträgt.[105]

Für *works made for hire*, anonyme oder unter einem Pseudonym geschaffene architektonische Werke, die am 1. Januar 1978 oder danach geschaffen wurden, am 1. Dezember 1990 noch nicht errichtet und in unveröffentlichten Plänen verkörpert waren, gilt die in § 302 (c) C. A. vorgesehene Schutzfrist, wenn sie vor dem 31. Dezember 2002 errichtet wurden. Dabei kann nur die Schutzfrist von 120 Jahren nach Entstehung des Werkes einschlägig sein. Die alternative Schutzfrist von 95 Jahren seit Veröffentlichung kann nicht zur Anwendung kommen, da die Regelungen des *AWCPA* gemäß § 706 (2) *Judicial Improvements Act* nur auf nicht errichtete, in unveröffentlichten Plänen verkörperte architektonische Werke Anwendung finden.[106]

Wurde ein solches Werk bereits vor dem 1. Januar 1978 geschaffen und zwischen dem 1. Dezember 1990 und dem 31. Dezember 2002 errichtet, so gilt nach § 303 (a) C. A. grundsätzlich auch die Schutzfrist des § 302 (c) C. A., wobei sich die Schutzfrist wiederum nach dem Zeitpunkt der Schaffung des Werkes bemisst. Gemäß § 303 (a) C. A. endet die Schutzfrist aber in keinem Fall vor dem 31. Dezember 2047, wenn das Werk vor dem 31. Dezember 2002 errichtet und veröffentlicht wurde.[107]

(3) Architektonische Werke

(a) Änderungen im *Copyright Act* durch den *AWCPA*

Durch den *AWCPA* wurde die neue Werkkategorie „architektonische Werke" in den Werkkatalog des *Copyright Act* eingefügt, § 102 (a) (8) C. A. Architektonische Werke sind damit als *writings* im Sinne des Art. I sec. 8 cl. 8 der US-Verfassung anerkannt. Gleichzeitig wurde den Definitionen in § 101 C. A. eine Begriffsbestimmung des architektonischen Werkes hinzugefügt. Danach ist ein architektonisches Werk die Gestaltung eines Gebäudes, so wie es in einem beliebigen Ausdrucksmittel, einschließlich eines Gebäudes, architektonischer Pläne oder Zeichnungen, verkörpert ist.

---

[105] H.R. Rep. No. 101-735, 101st Congress, 2nd Session 1990, 1990 WL 200440, Seite 18.

[106] H.R. Rep. No. 101-735, 101st Congress, 2nd Session 1990, 1990 WL 200440, Seite 18.

[107] H.R. Rep. No. 101-735, 101st Congress, 2nd Session 1990, 1990 WL 200440, Seite 19.

Das Werk umfasst sowohl die Gesamtform als auch die Anordnung und Zusammenstellung von Räumen und Gestaltungselementen, nicht jedoch einzelne Standardformen.[108] Trotz des eindeutigen Wortlauts dieser Definition hat ein *Circuit Court* in der Entscheidung *Eales v. Environmental Lifestyles, Inc.* ausgeführt, dass der *AWCPA* nicht anwendbar sei, wenn es um eine Copyrightverletzung architektonischer Pläne und nicht einer bereits errichteten Konstruktion gehe.[109] Diese Auffassung ließ aber den fundamentalen Grundsatz außer Betracht, dass das immaterielle Werk von dem Werkstück, in dem es nach § 102 (a) C. A. körperlich festgelegt sein muss, unterschieden werden muss. In der Entscheidung *Hunt v. Pasternack* gab derselbe *Circuit Court* seinen Fehler zu und stellte klar, dass ein architektonisches Werk nicht erst dann geschützt wird, wenn es in einer gebauten Konstruktion verkörpert ist, sondern dass bereits eine körperliche Festlegung in Form von Plänen genügt.[110]

Die Tatsache, dass sich sogar ein *Circuit Court* über die immaterielle Natur eines Werkes irrt, zeigt, wie wenig tief dieser in den USA eigentlich anerkannte Grundsatz im Denken der mit dem *Copyright Law* befassten Juristen verwurzelt ist. Daher kann es nicht mehr verwundern, dass die Natur des Copyrightschutzes von architektonischen Plänen und Zeichnungen im Hinblick auf die Immaterialität eines Werkes bis heute ungeklärt geblieben ist.[111]

(b) Die Bedeutung der Funktionalität nach dem *AWCPA* von 1990

(aa) Neuauflage des *Separability Test* durch den Zwei-Stufen-Test?

Anstatt architektonische Werke in die Werkkategorie Werke der Malerei, Grafik und Bildhauerei, § 102 (a) (5) C. A. aufzunehmen, entschied sich der Kongress für die

---

[108] Die Definition in § 101 C. A. lautet: "*An 'architectural work' is the design of a building as embodied in any tangible medium of expression, including a building, architectural plans, or drawings. The work includes the overall form as well as the arrangement and composition of spaces and elements in the design, but does not include individual standard features.*"

[109] *Eales v. Environmental Lifestyles, Inc.*, 958 F.2d 876, 880, Fn. 2 (9th Cir. 1992); der *AWCPA* war in dieser Entscheidung allerdings schon deswegen nicht anwendbar, weil das in den Plänen verkörperte Gebäude bereits vor dem Inkrafttreten des *AWCPA* errichtet wurde.

[110] *Hunt v. Pasternack*, 179 F.3d 683, 684/685 (9th Cir. 1999) = GRUR Int. 2000, 563 – *Schutz von Architekturwerken*; in dieser Entscheidung hob der *Circuit Court* die Entscheidung eines *District Court* auf, weil dieser in der gleichen Weise entschieden hatte wie derselbe *Circuit Court* in *Eales v. Environmental Lifestyles, Inc.* 958 F.2d 876 (9th Cir. 1992).

[111] Siehe dazu unter D.II.4.b.aa.(2)(c).

Einführung einer neuen Werkkategorie, § 102 (a) (8) C. A. Diese Lösung hat den entscheidenden Vorteil, dass architektonische Werke damit nicht dem *Separability Test*, der Ausfluss der *useful article* Doktrin ist und nur für Werke der Malerei, Bildhauerei und Graphik gilt, unterzogen werden müssen. Eine Verortung der architektonischen Werke in § 102 (a) (5) C. A. hätte die Anwendbarkeit des *Separability Test* zur Folge gehabt und die überwiegende Mehrzahl der architektonischen Schöpfungen wären weiterhin wegen deren inhärenten Gebrauchszwecks nicht schutzfähig gewesen. Der Kongress wollte jedoch gerade nicht, dass der umstrittene *Separability Test* auf architektonische Werke angewendet werden muss und schuf daher eine eigenständige Werkkategorie für architektonische Werke.[112]

Nach dem Willen des Kongresses sollte der Gebrauchszweck jedoch weiterhin bei der Frage eine Rolle spielen, ob eine architektonische Schöpfung copyrightfähig ist. Dem Kongress schwebte dabei eine zweistufige Prüfung vor: Zuerst solle ein architektonisches Werk auf originale Gestaltungselemente hin untersucht werden. Würden solche originalen Elemente festgestellt, sei als zweiter Schritt zu untersuchen, ob die originalen Gestaltungselemente von der Funktion des Werkes diktiert werden. Ist dies nicht der Fall, dann sei das Werk ohne Rücksicht auf physische oder konzeptionelle Trennbarkeit schutzfähig.[113]

Dieser vom Kongress vorgeschlagene Zwei-Stufen-Test ist im US-amerikanischen Schrifttum vielfach kritisiert und in Frage gestellt worden. Die zweite Stufe dieses Tests, also die Prüfung, ob die originalen Gestaltungselemente funktional bedingt sind, stelle lediglich eine Neuformulierung des *Separability Test* dar.[114] Die funktional erforderlichen Gestaltungselemente müssten von den Elementen, die keine Funktion erfüllen, getrennt werden. Erst dann könne die Copyrightfähigkeit an Hand der nichtfunktionalen Elemente des Werkes beurteilt werden.[115] Das Vorgehen beim *Separabi-*

---

[112] H.R. Rep. No. 101-735, 101st Congress, 2nd Session 1990, 1990 WL 200440, Seite 16.

[113] H.R. Rep. No. 101-735, 101st Congress, 2nd Session 1990, 1990 WL 200440, Seiten 16/17.

[114] *Scholl*, The AWCPA of 1990: A Solution or a Hindrance?, 22 Memphis State Univ. L. Rev., 807, 813 (1992); *Newsam*, Architecture and Copyright – Separating the Poetic from the Prosaic, 71 Tul. L. Rev. 1073, 1080 (1997); *Hancks*, Copyright Protection for Architectural Design: A Conceptual and Practical Criticism, 71 Wash. L. Rev. 177, 192/193 (1996); *Winick*, Copyright Protection after the AWCPA of 1990, 41 Duke L.J. 1598, 1617 (1992); *Hixon*, The AWCPA of 1990: At Odds with the Traditional Limitations for American Copyright Law, 37 Ariz. L. Rev. 629, 643 (1995).

[115] *Scholl*, The AWCPA of 1990: A Solution or a Hindrance?, 22 Memphis State Univ. L. Rev. 807, 814 (1992).

lity Test im Rahmen des § 102 (a) (5) C. A. sei identisch: auch hier gehe es entweder um die physische oder konzeptionelle Trennung von Elementen, die dem Gebrauch bzw. der Funktion des Gegenstandes dienen. Die Absichten des Kongresses seien unklar, da er einerseits die Anwendbarkeit des *Separability Test* auf architektonische Werke verhindert habe und andererseits einen gleichlautenden Test für diese Werke vorschlage.[116]

Desweiteren wurde kritisiert, dass die zweite Stufe dieses Tests der modernen Architektur nicht gerecht werden kann.[117] Moderne Architektur ist gerade dadurch geprägt, dass Form und Funktion miteinander verschmelzen. Auch wenn manche Konstruktionen funktional erscheinen, sind sie doch in Wirklichkeit nur Ausdrucksformen, die Funktionalität als architektonisches Ideal feiern sollen und über die eigentliche Funktionalität der spezifischen Konstruktion hinausweisen.[118] Ein Beispiel für die Bedeutung der Funktion in der modernen Architektur ist die von *Mies van der Rohe* geschaffene *Crown Hall*, die die Architekturfakultät des *Illinois Institute of Technology* beherbergt. Die augenfälligsten Merkmale dieses Gebäudes sind vier große Stahlträger, die sich an der Außenseite des Gebäudes befinden und über das Dach hinausragen. Sie bilden die einzigen tragenden Elemente der ganzen Konstruktion und führen dazu, dass im Inneren des Hauptgeschosses keine Säulen notwendig sind. Der oberflächliche Betrachter würde diese Stahlträger zwar als funktional ansehen, bei genauerem Hinsehen stellt sich aber heraus, dass deren Gestaltung nicht nur von deren Funktion abhängt. Zum einen ist die Anordnung der Stahlträger aus statischen Erwägungen heraus ineffizient, denn dadurch, dass sie außerhalb des Gebäudes angeordnet sind, sind sie Kälte und Wärme ausgesetzt, was zu erheblichen Ausdehnungen und Kontraktionen führt. Und weil die Träger sichtbar sind, muss ihre Oberfläche so bearbeitet und unterhalten werden, dass sie sich in die Erscheinung des gesamten Gebäudes ein-

---

[116] *Scholl*, The AWCPA of 1990: A Solution or a Hindrance?, 22 Memphis State Univ. L. Rev. 807, 814 (1992).

[117] *Newsam*, Architecture and Copyright – Separating the Poetic from the Prosaic, 71 Tul. L. Rev. 1073, 1080 (1997); *Hancks*, Copyright Protection for Architectural Design: A Conceptual and Practical Criticism, 71 Wash. L. Rev. 177, 193 (1996); *Scaglione*, Building upon the AWCPA of 1990, 61 Fordham L. Rev. 193, 207 (1992).

[118] *Hancks*, Copyright Protection for Architectural Design: A Conceptual and Practical Criticism, 71 Wash. L. Rev. 177, 194 (1996).

passen.[119] Ohne die Stahlträger wäre die *Crown Hall* zwar nicht funktionsfähig, sondern würde in sich zusammenbrechen, trotzdem gäbe es viele andere Gestaltungsmöglichkeiten für ein Gebäude an diesem Ort. Die Besonderheit der *Crown Hall* besteht jedoch gerade darin, dass Gestaltung und Funktion miteinander verschmelzen und damit nicht mehr voneinander getrennt werden können. Oftmals dienen architektonische Gestaltungen wie z. B. die Form eines Daches auch praktischen Zwecken wie der effizienten Funktion einer Solaranlage. Eine solche Dachform würde bei strikter Anwendung des Zwei-Stufen-Tests auch nicht copyrightfähig sein[120], was aber als Ergebnis nicht hinnehmbar wäre. Aufgrund der Schwächen des Zwei-Stufen-Tests sollte dieser daher nicht strikt, sondern großzügig angewendet werden.[121] Letztlich sollen aber auch nach dem Willen des Kongresses die Gerichte über den Umfang der Schutzfähigkeit von architektonischen Werken entscheiden[122] und bestimmen, ob die zweite Stufe des vorgeschlagenen Tests streng oder großzügig anzuwenden ist. Die Gerichte sollten bei ihren Entscheidungen über den Umfang des Copyrightschutzes je nach der Tatsachengrundlage frei entscheiden können, ohne Rücksicht auf das von der *useful article* Doktrin hervorgerufene „*Separability* Rätsel".[123]

(bb) Die Anwendung des Zwei-Stufen-Tests durch die Gerichte

Obwohl die *AWCPA* schon seit über 12 Jahren in Kraft ist, haben sich die Gerichte bis jetzt noch nicht ausdrücklich mit dem Zwei-Stufen-Test beschäftigt. In der Entscheidung *Richmond Homes Management, Inc. v. Raintree, Inc.*[124] wurde ausdrücklich festgestellt, dass architektonische Werke wegen des *AWCPA* nicht mehr länger einem nichtfunktionalen Zweck dienen müssen, sondern dass nunmehr auch die gewöhn-

---

[119] *Hancks*, Copyright Protection for Architectural Design: A Conceptual and Practical Criticism, 71 Wash. L. Rev. 177, 193/194 (1996).

[120] *Hancks*, Copyright Protection for Architectural Design: A Conceptual and Practical Criticism, 71 Wash. L. Rev. 177, 194 (1996).

[121] *Hixon*, The AWCPA of 1990: At Odds with Traditional Limitations of American Copyright Law, 37 Ariz. L. Rev. 629, 643 (1995); *Winick*, Copyright Protection for Architectural Works after the AWCPA of 1990, 41 Duke L.J. 1598, 1617 (1992).

[122] H.R. Rep. No. 101-735, 101st Congress, 2nd Session 1990, 1990 WL 200440, Seite 17.

[123] H.R. Rep. No. 101-735, 101st Congress, 2nd Session 1990, 1990 WL 200440, Seite 17.

[124] 862 F.Supp. 1517 (W.D.Va., 1994).

lichsten und funktionalsten Produkte der modernen, kommerziellen Architektur Schutz erlangen können, solange sie original sind. Auf ihren Gebrauszweck komme es nicht mehr an. Die Verabschiedung des *AWCPA* stelle eine Wende in der Behandlung von architektonischen Werken durch das *Copyright Law* dar.[125] Der Zwei-Stufen-Test wird in diesem Urteil mit keinem Wort erwähnt. Das Gericht kann auch deswegen nicht der Auffassung gewesen sein, dass der Zwei-Stufen-Test genauso anzuwenden sei wie der *Separability Test*, weil es von einer Wende in der Behandlung von architektonischen Werken gesprochen hat.[126] Lediglich ein *District Court* hat sich ausdrücklich mit der Frage befasst, inwieweit der *Separability Test* weiterhin auf architektonische Werke anwendbar ist und gelangte zu der Auffassung, dass dieser Test auf architektonische Werke keine Anwendung mehr findet.[127] Der zuständige *Circuit Court* bestätigte die Entscheidung und damit die Auffassung des *District Court*[128]. Das zustimmende Votum (*concurring opinion*) eines Richters[129] und das abweichende Votum (*dissenting opninion*) eines anderen Richters[130] beschäftigten sich auch mit dieser Frage und kamen dabei zu dem gleichen Ergebnis. In dem abweichenden Votum wurde zwar in einer Fußnote der Zwei-Stufen Test erwähnt, aber nichts dahingehend geäußert, dass dieser eine Neuauflage des *Separability Test* sei.[131] In Verbindung mit der oben genannten Ansicht, dass der *Separability Test* seit Inkrafttreten des *AWCPA* nicht mehr auf architektonische Werke anwendbar sei, lässt sich daraus schließen, dass die Rich-

---

[125] *Richmond Homes Management, Inc. v. Raintree, Inc.*, 862 F.Supp. 1517, 1525 (W.D.Va., 1994).

[126] Die Verweisung in *Richmond Homes Management, Inc. v. Raintree, Inc.*, 862 F.Supp. 1517, 1525 (W.D.Va., 1994) auf die Entscheidung *Value Group, Inc. v. Mendham Lake Estates, L.P.*, 800 F.Supp. 1228, 1232, Fn. 6 (D.N.J., 1992) erscheint jedoch zumindest zweifelhaft, da dort festgestellt wird, dass die Gestaltung eines Gebrausgegenstandes immer copyrightfähig ist, weil die Gestaltung (*design*) eben kein Gegenstand sei. Dabei wird jedoch übersehen, dass es nach der *useful article* Doktrin für die Schutzfähigkeit auf die physische oder konzeptionelle Trennbarkeit ankommt, die ja vor der *AWCPA* gerade den Schutz architektonischer Werke verhinderte.

[127] *Leicester v. Warner Brothers*, 47 U.S.P.Q.2d, 1501, 1508, (C.D.Cal., 1998); das Gericht war darüber hinaus der Auffassung, dass der *Separability Test* auch auf mit architektonischen Werken verbundene Werke der Malerei, Graphik und Bildhauerei nicht mehr anwendbar sei.

[128] *Leicester v. Warner Bros.*, 232 F.3d 1212, 1220 (9th Cir. 2000).

[129] *Leicester v. Warner Bros.*, 232 F.3d 1212, 1222/1223 (9th Cir. 2000).

[130] *Leicester v. Warner Bros.*, 232 F.3d 1212, 1228 (9th Cir., 2000).

[131] *Leicester v. Warner Bros.*, 232 F.3d 1212, 1229, Fn. 6 (9th Cir. 2000).

ter dieses *Circuit Court* den Zwei-Stufen-Test nicht als *Separability Test* in neuem Gewand ansehen und ihm daher auch keine besonders große Bedeutung beimessen.

Zahlreiche weitere Entscheidungen haben sich mit des *AWCPA* auseinandergesetzt und auch wenn sie zum Teil ausführlich auf die materiellen Schutzvoraussetzungen eingehen, wird der Zwei-Stufen-Test mit keinem Wort erwähnt.[132] Das liegt sicher auch an der bereits erwähnten Regelung, dass die Vorlage des Registrierungszertifikats des architektonischen Werkes im Prozess zu einem Anscheinsbeweis für die Gültigkeit des *copyright* führt, § 410 (c) C. A. Versucht die Gegenpartei nicht, diesen Anscheinsbeweis zu entkräften, so besteht keine Notwendigkeit für das Gericht, auf die bereits vom *Copyright Office* geprüften Schutzvoraussetzungen einzugehen.[133] Die Tatsache, dass die Gerichte den Zwei-Stufen Test nicht einmal der Erwähnung für würdig befunden haben, zeigt jedoch, dass er in der Rechtsprechung so gut wie keine Bedeutung hat. Die Rechtsprechung geht somit davon aus, dass der *Separability Test* als Haupthindernis für den gleichberechtigten Schutz architektonischer Werke aus dem Weg geschafft wurde. Die Befürchtungen, die im US-amerikanischen Schrifttum laut geworden sind, haben sich somit nicht bestätigt.

(cc) Die Anwendung des Zwei-Stufen-Tests durch das *Copyright Office*

Das 1897 gegründete *Copyright Office* ist als Unterabteilung der *Library of Congress* dem Kongress selbst unterstellt und vornehmlich für die Registrierung von copyrightgeschützten Werken zuständig.[134] Die Arbeit des *Copyright Office* wird durch Verwaltungsvorschriften geregelt (*Copyright Office Regulations*, die in Kapitel II des 37. Titels des *Code of Federal Regulations* (C.F.R.) veröffentlicht werden), die der *Register of Copyrights* als Direktor des *Copyright Office* erlässt, §§ 701 (a), 702 C. A. In 37 C.F.R. § 202.11, der die Registrierung von architektonischen Werken regelt, 37

---

[132] *Value Group, Inc. v. Mendham Lake Estates, L.P.*, 800 F.Supp. 1228, 1232 (D.N.J., 1992); *CSM Investors, Inc. v. Everest Development, Ltd.*, 840 F.Supp. 1304, 1310/1311 (D.Minn., 1994); *Nelson-Salabes Inc. v. Morningside Holdings*, 2001 WL 419002, Seiten 3/4 (D.Md., 2001); *Arthur Rutenberg Homes, Inc. v. Maloney*, 891 F.Supp. 1560, 1566 (M.D.Fla., 1995).

[133] *Tri-L Const., Inc. v. Jackson*, 1994 WL 507494, 1, 3 (W.D.Va., 1994); *Ronald Mayotte & Associates v. MGC Bldg. Co.*, 885 F.Supp. 148, 152 (E.D.Mich. 1994); *J.R. Lazaro Builders, Inc. v. R.E. Ripberger Builder, Inc.*, 883 F.Supp. 336, 339 (S.D.Ind., 1995); *John Alden Homes, Inc. v. Kangas*, 142 F.Supp.2d 1338, 1343 (M.D.Fla., 2001).

[134] *Goldmann*, Die kollektive Wahrnehmung musikalischer Rechte in den USA und Deutschland, Seite 98.

C.F.R. § 202.11 (a), wird der Zwei-Stufen-Test mit keinem Wort erwähnt. Als materielle Voraussetzung für die Registrierung wird nur *originality* genannt, 37 C.F.R. § 201.11 (c) (1). Der Zwei-Stufen-Test spielt somit auch bei dem Verfahren zur Registrierung beim *Copyright Office* keine Rolle, ein weiteres Indiz für die geringe Bedeutung dieses Tests. Nach den Vorstellungen des Kongresses, die für das *Copyright Office* als eine dem Kongress untergeordnete Behörde maßgeblich sind, sollte das *Copyright Office* bei Vorhandensein von funktional und nicht funktional bedingten Gestaltungselementen eine Registrierungsbescheinigung ausstellen und die Feststellung des genauen Schutzumfangs den Gerichten überlassen.[135] Diese Vorgabe ist sicher auch ein wichtiger Grund dafür, dass der Zwei-Stufen-Test bei der Arbeit des *Copyright Office* keine Berücksichtigung findet.

(dd) Bedeutung des Zwei-Stufen Tests für den Schutz architektonischer Werke

Im *House Report* zum *AWCPA* kommt der Wille des Kongresses, architektonische Werke nicht dem *Separability Test* zu unterziehen, unzweifelhaft zum Ausdruck.[136] Daraus kann man nur folgern, dass der Kongress mit dem Vorschlag eines zweistufigen Tests zur Bestimmung der Schutzfähigkeit architektonischer Werke keinen dem *Separability Test* ähnlichen Test einführen wollte. Schließlich sollte das *US-Copyright Law* durch den *AWCPA* unzweideutig in Einklang mit der RBÜ gebracht werden.[137] Von unzweideutigem Einklang mit der RBÜ könnte aber keine Rede sein, wenn der *Separability Test* in irgendeiner Form weiterhin auf architektonische Werke anwendbar wäre. Die Gerichte haben die hinter dem *AWCPA* stehende Politik des Kongresses richtig eingeschätzt und entgegen den Befürchtungen des Schrifttums auf die Anwendung eines wie auch immer gearteten *Separability Test* verzichtet.

Der US-Gesetzgeber könnte mit dem Zwei-Stufen-Test auch auf das Maß an *originality*, das er bei architektonischen Werken für nötig hält, angespielt haben. Eines der Grundprinzipien des *Copyright Law* in Bezug auf die *originality* besagt, dass Ausdrucksformen, die allein von funktionalen Aspekten diktiert werden, nicht original und

---

[135] H.R. Rep. No. 101-735, 101st Congress, 2nd Session 1990, 1990 WL 200440, Seite 17.

[136] H.R. Rep. No. 101-735, 101st Congress, 2nd Session 1990, 1990 WL 200440, Seiten 16/17.

[137] So der Vorsitzende des Unterausschusses für die Gerichte, Geistiges Eigentum und die Justizverwaltung *Kastenmeier* bei der Einbringung von H.R. 3990 in das Repräsentantenhaus, H.R. Rep. No. 101-735, 101st Congress, 2nd Session 1990, 1990 WL 200440, Seite 8.

damit auch nicht copyrightfähig sind.[138] Die Annahme liegt nahe, dass der Kongress dieses Grundprinzip durch den Vorschlag des Zwei-Stufen-Tests verdeutlichen wollte, weil Funktionalität gerade bei architektonischen Werken – Architektur wird auch oft als Synthese zwischen Funktion und Ästhetik bezeichnet – eine große Rolle spielt und das US-amerikanische *Copyright Law* gegenüber funktionalen Aspekten eine besondere Sensibilität an den Tag legt.

(c) Anforderungen an die *originality* bei architektonischen Werken

Im *House Report* zum *AWCPA* wird klargestellt, dass in puncto *originality* an architektonische Werke derselbe Maßstab anzulegen ist wie bei allen anderen copyrightfähigen Werken.[139] In *Value Group, Inc. v. Mendham Lake Estates, L.P.*[140] wurde dies noch einmal verdeutlicht, in dem auf die Entscheidung *Feist Publications, Inc. v. Rural Telephone Service Co.*[141] des *Supreme Court* Bezug genommen wurde. Ein Werk ist dann *original*, wenn der Urheber es unabhängig geschaffen hat und wenn das Werk einen minimalen Grad an Kreativität aufweist. Dabei sei das erforderliche Maß an Kreativität „extrem" niedrig, sogar ein kleiner Anteil reiche aus. Daher würden diese Voraussetzungen von der überwiegenden Anzahl von Werken erfüllt.[142] Das in der Entscheidung *Value Group, Inc. v. Mendham Lake Estates, L.P.* in Form von Plänen und Broschüren dargestellte, streitgegenständliche Einfamilienhaus erfülle diesen niedrigen Standard.[143] Detaillierter äußerte sich das Gericht allerdings nicht zur *originality*. Es wurde lediglich noch bemerkt, dass die Vorlage einer Registrierungsbescheinigung des *Copyright Office* auch zu einem Anscheinsbeweis der *originality* führe. Dadurch erübrigten sich eigentlich die Ausführungen des Gerichts zu den Voraussetzungen der *originality*, denn diese wurde von der Beklagten nicht bestritten.

---

[138] *Nimmer*, On Copyright, Bd. 1, § 2.01 [B], Seiten 2-15 – 2-16; *CMM Cable Rep, Inc. v. Ocean Coast Properties, Inc.*, 97 F.3d 1504, 1519 (1st Cir. 1996).

[139] H.R. Rep. No. 101-735, 101st Congress, 2nd Session 1990, 1990 WL 200440, Seite 17.

[140] 800 F.Supp. 1228 (D.N.J., 1992).

[141] 499 U.S. 340 (1991) = GRUR Int. 1991, 933 – *Weiße Seiten*.

[142] *Feist Publications, Inc. v. Rural Telephone Service Co.*, 499 U.S. 340, 345 (1991) = GRUR Int. 1991, 933 – *Weiße Seiten*.

[143] 800 F.Supp. 1228, 1232 (D.N.J., 1992).

In der Entscheidung *CSM Investors, Inc. v. Everest Development*[144] befasste sich das Gericht mit der Frage, inwieweit die *originality* verneint werden muss, weil die topographischen Gegebenheiten eines Grundstücks und öffentlich-rechtliche Bauvorschriften die Gestaltung eines Gebäudes diktieren. Aus der Urteilsbegründung geht hervor, dass gerade die Anpassung eines Gebäudes an topographische Eigenheiten eines Grundstücks Ausdruck der Schöpferkraft des Urhebers sein kann, solange das Grundstück nicht so einmalig beschaffen ist, dass nur eine einzige bauliche Lösung in Frage kommt.[145] Nach der Ansicht des Gerichts verhält es sich gleichermaßen mit den vertraglichen Vorgaben der Gestaltung des Gebäudes, die in der vorliegenden Entscheidung erst nach Einreichung der Pläne vereinbart wurden. Die notwendige *originality* könne gerade durch die kreative Anpassung der Gestaltung an die vertraglichen Vorgaben erreicht werden.[146]

In der Entscheidung *Richmond Homes Management, Inc. v. Raintree, Inc.*[147] wurde vom *District Court* unterstrichen, dass das erforderliche Maß an *originality* nicht hoch ist. Notwendig sei nur, dass der Urheber etwas mehr als einen nur unbedeutenden Beitrag geleistet hat, etwas, das erkennbar von ihm stammt. *Originality* verlange in diesem Zusammenhang nur wenig mehr als bloßes Vervielfältigen.[148] Die Gestaltung eines Wohnhauses, dessen Grundriss identisch mit einem vom gleichen Urheber stammenden Wohnhaus ist, wurde als *original* angesehen, weil die Fassade auf der Vorderseite des Hauses anders gestaltet war und auch mit anderen bereits existierenden Wohnhäusern keine Ähnlichkeit aufwies.[149]

In *Arthur Rutenberg Homes, Inc. v. Maloney*[150] beschränkte sich das zuständige Gericht wiederum nur auf die Aufzählung der Voraussetzungen von *originality* und bejahte diese für die streitgegenständlichen Einfamilienhäuser ohne bei der Prüfung in die Tiefe zu gehen. Das Gericht stellte lediglich fest, dass zwar die Standardelemente

---

[144] 840 F.Supp. 1304 (D.Minn., 1994).

[145] *CSM Investors, Inc. v. Everest Development, Ltd.*, 840 F.Supp. 1304, 1310 (D.Minn., 1994).

[146] *CSM Investors, Inc. v. Everest Development, Ltd.*, 840 F.Supp. 1304, 1310 (D.Minn., 1994).

[147] 862 F.Supp. 1517 (W.D.Va., 1994).

[148] *Richmond Homes Management, Inc. v. Raintree, Inc.*, 862 F.Supp. 1517, 1523 (W.D.Va., 1994).

[149] *Richmond Homes Management, Inc. v. Raintree, Inc.*, 862 F.Supp. 1517, 1524 (W.D.Va., 1994).

[150] 891 F.Supp. 1560 (M.D.Fla., 1995).

wie Türen, Fenster etc. einzeln nicht schutzfähig sind, die gesamte Zusammenstellung dieser Formelemente jedoch schon.[151]

Auch in der neuesten Entscheidung zu diesem Thema, *Nelson-Salabes Inc., v. Morningside Holdings*[152] geht die Prüfung der *originality* nicht mehr ins Detail. Den Versuch der Beklagten, den Anscheinsbeweis für ein gültiges *copyright* der Klägerin durch die Behauptung zu entkräften, dass einzelnen Elementen wie dem Y-förmigen Grundriss, der Ziegelsteinfassade oder dem achteckigen Eingang kein Copyrightschutz gewährt werden könne, vereitelte das Gericht durch seine Feststellung, dass der Kombination dieser Elemente durchaus Copyrightschutz zukommt.[153]

Neben der niedrigen Schwelle, die überschritten werden muss, um die *originality* eines Werkes annehmen zu können, spielt sicher wiederum der Anscheinsbeweis durch Vorlage des Registrierungszertifikats gem. § 410 (c) C. A. eine Rolle bei der Frage, warum sich die Gerichte nicht oder nur oberflächlich mit den Voraussetzungen der *originality* und der Subsumtion des jeweiligen Sachverhalts unter diese Voraussetzungen beschäftigen.

(d) Konzepte und Ideen bei architektonischen Schöpfungen

Der Kongress hat in § 102 (b) C. A. ausdrücklich festgelegt, dass der Copyrightschutz für originale Werke sich keinesfalls auch auf Ideen, Verfahren, Prozesse, Operationsmethoden, Konzepte, Prinzipien oder Entdeckungen erstreckt, ungeachtet der Form in der sie beschrieben, erklärt, illustriert oder in dem Werk verkörpert sind.[154]

Gerade bei architektonischen Schöpfungen kann die Unterscheidung zwischen Idee und Ausdruck zu erheblichen Schwierigkeiten führen. In der Entscheidung *CSM Investors, Inc. v. Everest Development, Ltd.*[155] ging es um ein einstöckiges Gebäude, das

---

[151] *Arthur Rutenberg Homes, Inc. v. Maloney*, 891 F.Supp. 1560, 1566 (M.D.Fla., 1995); zu den Voraussetzungen der *originality* siehe auch *Yankee Candle Co., Inc. v. New England Candle Co., Inc.*, 14 F.Supp.2d 154, 156 (D.Mass., 1998).

[152] 2001 WL 419002 (D.Md., 2001).

[153] *Nelson-Salabes Inc., v. Morningside Holdings*, 2001 WL 419002, Seite 4 (D.Md., 2001).

[154] Durch die Schaffung dieser Vorschrift im *Copyright Act* von 1976 wollte der Kongress lediglich kodifizieren, dass das *copyright* nicht die Idee, sondern den Ausdruck der Idee schützt (sog. *idea/expression dichotomy*, die sich im *Case Law* entwickelt hat), H.R. Rep. No. 94-1476, 94th Congress, 2nd Session 1976, Seite 57.

[155] 840 F.Supp. 1304 (D.Minn., 1994).

Ausstellungsräume für Büros enthielt. Dieses Konzept eines einstöckigen Gebäudes, in dem Büros besichtigt werden können ist als Idee nicht schutzfähig.[156] Die Idee eines solchen Gebäudes ist auch nicht untrennbar mit dem Ausdruck dieser Idee verbunden, denn es gibt viele Möglichkeiten, ein solches Ausstellungsgebäude zu gestalten. Daher kommt das Gericht zu dem Ergebnis, dass der Copyrightschutz nicht zu einem Monopol des Urhebers über die Idee eines Ausstellungsgebäudes für Büros führt.[157] Eine größere Rolle spielt die Schutzfähigkeit von Ideen und Konzepten aber bei der Frage, welche Elemente eines geschützten architektonischen Werkes übernommen werden können ohne dass dies zu einer Copyrightverletzung führt.[158]

(4) Pläne und Zeichnungen

Nach dem Willen des Kongresses sollte sich an dem bereits vor 1990 möglichen Schutz architektonischer Pläne und Zeichnungen nach § 102 (a) (5) C. A. durch Inkrafttreten des *AWCPA* nichts ändern. Beide Schutzmöglichkeiten sollten nebeneinander weiterbestehen. Der Urheber einer Zeichnung, in der ein Gebäude dargestellt ist, kann daher unter Einhaltung der materiellen Schutzvoraussetzungen sowohl ein *copyright* nur für die Zeichnung als solche nach § 102 (a) (5) C. A. erlangen als auch für das in dem Plan verkörperte architektonische Werk nach § 102 (a) (8) C. A. Beide *copyrights* könnten unabhängig voneinander verletzt werden mit der Folge von separaten Schadensersatzansprüchen. Sollte die gleichzeitige Verletzung beider *copyrights* zu je einem Schadensersatzanspruch führen, sollten die Gerichte oder die Geschworenen den Schadensersatz so verringern, dass eine doppelte Entschädigung vermieden wird.[159]

(5) Der Schutz architektonischer Werke und die Schutzrichtung des *US-Copyright Law*

Der Hauptgrund für die stiefmütterliche Behandlung von architektonischen Werken bis zum Inkrafttreten des *AWCPA* liegt sicherlich auch in der problematischen Beziehung dieser Art von geistigen Schöpfungen zur Schutzrichtung des *US-Copyright Law.*

---

[156] *CSM Investors, Inc. v. Everest Development, Ltd.*, 840 F.Supp. 1304, 1310 (D.Minn., 1994).

[157] *CSM Investors, Inc. v. Everest Development, Ltd.*, 840 F.Supp. 1304, 1311 (D.Minn., 1994).

[158] Siehe dazu unter E.I.2.

[159] H.R. Rep. No. 101-735, 101st Congress, 2nd Session 1990, 1990 WL 200440, Seite 16.

Das *US-Copyright Law* soll in Entsprechung der verfassungsrechtlichen Vorgaben des Art. I sec. 8 cl. 8 der US-Verfassung in erster Linie nicht den Urhebern Rechte verschaffen, sondern dem Fortschritt der nützlichen Künste und damit der Allgemeinheit dienen. Dies wird aber nach US-amerikanischer Auffassung am besten dadurch erreicht, dass den Urhebern als Anreiz zum schöpferischen Tätigwerden Rechte durch den *Copyright Act* verliehen werden, aufgrund derer sie eine wirtschaftliche Belohnung für ihre Arbeit erlangen können.[160] Es ist jedoch fraglich, ob dieser Anreiz bei architektonischen Werken überhaupt notwendig ist, wie z. B. bei Musik-, literarischen oder dramatischen Werken. Ein Schriftsteller könnte von seinem Beruf nicht leben, wenn er nicht am Gewinn aus dem Verkauf seiner literarischen Werke beteiligt würde. Diese Möglichkeit bieten ihm jedoch die aus dem *copyright* entspringenden ausschließlichen Rechte wie z. B. das Vervielfältigungs-, das Bearbeitungs-, das Verbreitungsrecht, § 106 (1) – (3) C. A. Ein Schriftsteller ist auf diese Rechte angewiesen, da er im allgemeinen keinen Vertragspartner hat, der ihm für sein Werk einen Betrag zahlt, der die schriftstellerische Arbeit aufwiegt. Für einen Schriftsteller stellt das *copyright* abgesehen von ideellen Antrieben den Hauptanreiz für die Schaffung literarischer Werke dar.

Bei einem Architekten ist die Situation dagegen völlig anders. Architekten gestalten Gebäude nicht primär aus ideellen Antrieben heraus, sondern nachdem sie mit einem Bauherrn einen entsprechenden Vertrag geschlossen haben, der zumeist auch die Errichtung des Gebäudes zum Gegenstand hat.[161] Diese Bauherrn bezahlen den Architekten dafür, dass er für sie das gewünschte Gebäude entwirft und ausführt. Damit ist es dem Architekten möglich, auch ohne *copyright* eine angemessene Vergütung für seine Arbeit zu erlangen. Solange es eine Nachfrage nach Architektur gibt, wird es auch eine Nachfrage nach Architekten und ihren schöpferischen Leistungen geben. Vielen Bauherrn ist sehr daran gelegen, dass das Bauwerk einzigartig ist. Schon aus diesen Erwartungen der Bauherrn heraus hat der Architekt einen Anreiz, schöpferisch tätig zu werden. Hinzu kommt das Ansehen, das ein Architekt aufgrund der von ihm gestalteten Gebäude erlangt. Architektur ist in den allermeisten Fällen öffentlich, die Außengestaltung von Gebäuden kann von jedermann wahrgenommen werden. Da nur besonders gestaltete Gebäude das Ansehen mehren, ergibt sich für den Architekten ein

---

[160] *Nimmer*, On Copyright, Bd. 1, § 1.03 [A], Seite 1-66.17 – 1-66.18.

[161] *Sterk*, Rhetoric and Reality in Copyright Law, 94 Mich. L. Rev. 1197, 1226 (1996).

Anreiz, sein Ansehen und seinen Bekanntheitsgrad durch die Schaffung eines kreativ gestalteten Gebäudes zu steigern.[162] Das *copyright* mag zwar ein zusätzlicher Anreiz für die Architekten sein, kann aber im Vergleich zu den bereits genannten Faktoren nur eine untergeordnete Rolle spielen.[163] Obwohl es bis 1990 keinen Copyrightschutz für architektonische Werke gab, haben US-amerikanische Architekten für die Architektur wegweisende Bauwerke hervorgebracht, man denke beispielsweise an die Werke von Frank Lloyd Wright wie das Guggenheim Museum in New York City.

Im Rahmen der Diskussion, ob architektonische Werke geschützt werden sollen, wurde die Sorge zum Ausdruck gebracht, dass ein Monopol in Form eines *copyright* über bestimmte Gestaltungsformen dem Fortschritt der Architektur eher hinderlich als förderlich sei.[164] In der Architektur ist es durchaus üblich, sich auf andere Architekten zu beziehen, indem man bestimmte Form- und Gestaltungselemente übernimmt. Dieses sogenannte Zitieren durchzieht die gesamte Architekturgeschichte, schon die Römer haben griechische Architekten zitiert, die römischen Architekten wurden wiederum von den Architekten der Renaissance zitiert und in der Postmoderne werden heute wieder Gestaltungselemente verwendet, die auf das antike Griechenland zurückweisen. Dieses Zitieren spielt sich aber auch in kürzeren, urheberrechtlich relevanten Zeiträumen ab.[165] Diese Tatsache spricht jedoch nicht generell gegen einen Schutz architektonischer Werke, da man sie bei der Prüfung der Schutzfähigkeit und der Verletzung des *copyright* angemessen berücksichtigen kann.

Da der Copyrightschutz für bestimmte Werke nur unzureichend mit der dominierenden Anreiz-Doktrin (*incentive doctrine*) begründet werden kann, werden vor allem zwei weitere Ansätze ins Feld geführt.[166] Zum einen verdiene ein Urheber Copyright-

---

162 *Bucher*, Reinforcing the Foundation, The Case Against Copyright Protection for Works of Architecture, 39 Emory L.J., 1261, 1269 (1990).

163 *Bucher*, Reinforcing the Foundation: The Case Against Copyright Protection for Works of Architecture, 39 Emory L.J. 1261, 1268/1269 (1990); *Sterk*, Rhetoric and Reality in Copyright Law, 94 Mich. L. Rev. 1197, 1226 (1996).

164 *Hancks*, Copyright Protection for Architectural Designs: A Conceptual and Practical Criticism, 71 Wash. L. Rev. 177, 191 (1996).

165 *Newsam*, Architecture and Copyright – Separating the Poetic from the Prosaic, 71 Tul. L. Rev. 1073, 1098/1099 (1997): Prominente Architekten wie *Robert Venturi* oder *Robert A. M. Stern* geben ganz offen zu, dass sie sich von Kollegen inspirieren lassen und deren Gestaltungselemente auch mitunter kopieren.

166 *Sterk*, Rhetoric and Reality in Copyright Law, 94 Mich. L. Rev. 1197, 1230 (1996).

schutz, weil nur er allein berechtigt sei, die Früchte seiner Arbeit zu ernten.[167] Die Urheber architektonischer Schöpfungen werden aber von den Bauherren, mit denen sie einen Vertrag geschlossen haben, für ihre Arbeit bezahlt, so dass dieser Ansatz auch keine Begründung für den Copyrightschutz architektonischer Werke liefern kann. Daneben wird auch vertreten, dass Rechte an geistigem Eigentum deshalb gewährt werden müssen, weil sich die Persönlichkeit des Urhebers in seinen Werken wiederspiegelt.[168] Da die Werke Teil der Identität des Urhebers sind, müssen sie auch zu seinen Gunsten geschützt werden. Spätestens mit dem *Visual Artists Rights Act* von 1990 (*VARA*), wodurch bildenden Künstlern sogenannte *moral rights* eingeräumt wurden, § 106A C. A., ist die Begründung des Copyrightschutzes um einen persönlichkeitsrechtlichen Aspekt erweitert worden, obgleich bestimmte *moral rights* im nationalen *Copyright Law* und im einzelstaatlichen *Common Law* teilweise schon vorher anerkannt waren.[169] Architektonische Werke sind jedoch keine *works of visual art*, nach der in § 101 C. A. festgelegten Definition. Damit bietet auch der persönlichkeitsrechtliche Begründungsansatz für den Copyrightschutz architektonischer Werke keine glaubwürdigen Argumente.

Der Kongress war bei der Verabschiedung des *AWCPA* der Auffassung, dass die entsprechenden Erweiterungen des *Copyright Act* geeignet sind, dem in Art. I sec. 8, cl. 8 der US-Verfassung genannten Ziel, den Fortschritt der nützlichen Künste zu fördern, zu dienen. Der Schutz architektonischer Werke solle exzellente Gestaltungen anregen und damit das öffentliche Umfeld bereichern. Allerdings ging der Kongress nicht genau darauf ein, wie wichtig der Schutz architektonischer Werke als Anreiz für die Architekten ist. Er beließ es vielmehr bei allgemeinen Aussagen, wie wichtig denn Architektur für das öffentliche und private Leben sei und dass man dies am besten am Kapitol in Washington ablesen könne, das auch aufgrund seiner Architektur ein starkes

---

[167] *Gordon*, An Inquiry into the Merits of Copyright: The Challenges of Consistency, Consent, and Encouragement Theory, 41 Stan. L. Rev. 1343, 1446 (1989), merkt an, dass dieser Ansatz bereits von *John Locke* vertreten wurde. Auch der *Supreme Court* hat sich in seiner Entscheidung *Harper & Row, Publishers v. Nation Enters.*, 471 U.S. 539, 546 (1985) = GRUR Int. 1986, 275 – *Ford - Memoiren* ähnlich geäußert.

[168] *Becker*, Deserving to Own Intellectual Property, 68 Chi.-Kent L. Rev. 609, 610 (1993); *Hughes*, The Philosophy of Intellectual Property, 77 Geo. L.J. 287, 350 – 355 (1988); *Damich*, The Right of Personality: A Common-Law Basis for the Protection of the Moral Rights of Authors, 23 Ga. L. Rev. 1, 41 (1988).

[169] *Nimmer*, On Copyright, Bd. 1, § 8D.02 [A], Seiten 8D-10 – 8D-11.

Symbol für das Bekenntnis der USA zur Demokratie sei.[170] Es wurde sogar eine Architekturkritikerin mit den Worten zitiert, dass Architekten „Werke der Dichtkunst mit sichtbaren Mitteln" schaffen, so wie ein Schriftsteller sprachliche Mittel verwendet; die Welt der Architektur sei eine „unendliche Quelle von Symbolen mit einmaligen Verästelungen in Raum und Zeit".[171]

Diese pathetischen Ausführungen unterstreichen zwar die Bedeutung der Architektur als Kunstform, geben aber keinen Hinweis auf die Notwendigkeit des Copyrightschutzes aus der Sicht des Art. I sec. 8 cl. 8 der US-Verfassung. Dies deutet darauf hin, dass auch die Abgeordneten des Kongresses keinen Einklang zwischen dem Schutz architektonischer Werke und den verfassungsrechtlich vorgegebenen Zielen des *Copyright Law* herstellen konnten. Der wahre Grund für die Verabschiedung des *AWCPA* ist vielmehr die Angleichung der Rechtslage in den USA an die RBÜ. Die Bedeutung dieser Angleichung wurde vom Kongress auch immer wieder betont, auch wenn die Verabschiedung des *AWCPA* seiner Ansicht nach nicht nur unter diesem Gesichtspunkt gesehen werden sollte.[172] Ganz konnte der Kongress die Verfassung natürlich nicht unterschlagen. Der Preis für die Angleichung an die RBÜ ist jedoch die Verwässerung der den *Copyright Act* seit seiner Entstehung bestimmenden Schutzrichtung.

---

[170] H.R. Rep. No. 101-735, 101st Congress, 2nd Session 1990, 1990 WL 200440, Seite 9.

[171] H.R. Rep. No. 101-735, 101st Congress, 2nd Session 1990, 1990 WL 200440, Seite 9.

[172] H.R. Rep. No. 101-735, 101st Congress, 2nd Session 1990, 1990 WL 200440, Seite 5, 8/9.

III. Vergleich der Schutzvoraussetzungen für architektonische Schöpfungen im deutschen Urheberrecht und im *US-Copyright Law*

1. Schutzvoraussetzungen für Werke der Baukunst und *architectural works*

Zunächst soll untersucht werden, inwiefern sich die Schutzvoraussetzungen für Werke der Baukunst gemäß § 2 Abs. 1 Nr. 4 UrhG und *architectural works* gemäß § 102 (a) (8) C. A. unterscheiden bzw. gleichen. Dabei ist dem deutschen Urheberrecht und dem *US-Copyright Law* gemeinsam, dass ein Werk ein immaterielles Gut ist, das in unterschiedlichen Werkstücken verkörpert sein kann. Im deutschen Urheberrecht ist dies anerkannt, seit sich die Theorie vom Immaterialgüterrecht durchgesetzt hat[1] und auch im *US-Copyright Law* gilt dieser Grundsatz bereits seit dem *Copyright Act* von 1909[2].

Der US-Gesetzgeber hat sich anders als der deutsche Gesetzgeber dafür entschieden, für architektonische Werke eine eigene Werkkategorie zu schaffen, § 102 (a) (8) C. A., und diese Werke nicht zusammen mit den Werken der bildenden Künste in § 102 (a) (5) C. A. zu regeln, damit der umstrittene *Separability Test* auf architektonische Werke nicht angewendet werden muss. Im Urheberrechtsgesetz sind Werke der Baukunst zusammen mit Werken der reinen bildenden Kunst und der angewandten Kunst als Werke der bildenden Kunst in § 2 Abs. 1 Nr. 4 UrhG geregelt. Auch wenn sich die Ausdrucksmittel bei diesen Werken ähneln, worauf es bei der Einteilung der Werkkategorien in § 2 Abs. 1 UrhG ankommt, wäre eine getrennte Regelung sinnvoller, weil sich die Sondervorschriften nie auf Werke der bildenden Kunst im weiteren Sinne beziehen.

a. In Betracht kommende Verkörperungen architektonischer Schöpfungen

Sowohl im deutschen Urheberrecht als auch im bundesstaatlichen *US-Copyright Law* ist die Einordnung von Schöpfungen in die jeweiligen Werkarten notwendig, da für die einzelnen Werkkategorien unterschiedliche Sondervorschriften existieren, z. B. §§ 23 S. 2, 59 Abs. 1 S. 2 UrhG oder § 120 C. A., um nur die wichtigsten zu nennen. Im Unterschied zum deutschen Urheberrecht, wo bei Werken der angewandten Kunst gemäß § 2 Abs. 1 Nr. 4 UrhG ein höheres Maß an Individualität als bei anderen Werk-

---

[1] Siehe dazu unter C.I.1.c.

[2] Siehe dazu unter C.II.2.d., D.II.4.b.aa.(2)(c)(bb).

kategorien erforderlich ist, sind die Anforderungen an das Maß der Originalität im *US-Copyright Law* bei allen Werkarten gleich.

Die Bandbreite der geistigen Schöpfungen, die als Werke der Baukunst nach § 2 Abs. 1 Nr. 4 UrhG in Frage kommen ist größer als bei *architectural works* nach § 102 (a) (8) C. A. Der Grund für diese unterschiedliche Bandbreite liegt darin, dass der Begriff „Werk der Baukunst" in keinem der deutschen Urheberrechtsgesetze eine Legaldefinition erfahren hat und sich auch bis heute weder in der Rechtsprechung noch im Schrifttum eine Begriffsbestimmung herausgebildet hat, mit deren Hilfe sich die in Betracht kommenden Schöpfungen eindeutig eingrenzen ließen. Dadurch wird aber auch gewährleistet, dass Schöpfungen, deren Einordnung als Werke der Baukunst geboten ist, weil die Sondervorschriften auf sie sinnvoll angewendet werden können, nicht von vornherein ausgeschlossen sind. In den USA, wo die Gesetze üblicherweise mit einer Aufzählung von Legaldefinitionen beginnen, hat der Gesetzgeber auch durch den *AWCPA* von 1990 eine Legaldefinition von *architectural work* in den Katalog der Definitionen in § 101 C. A. aufgenommen. Nach dieser Definition kann nur die Gestaltung eines Gebäudes ein architektonisches Werk sein. Der Begriff „Gebäude" wurde jedoch nicht legaldefiniert.[3] Nach der Auffassung des Kongresses und des *Copyright Office* muss es sich aber um Konstruktionen handeln, die von Menschen bewohnt werden können.[4] Aus Angst vor finanziellen Belastungen des Staates sollten Brücken und andere Bestandteile der Infrastruktur nicht als architektonische Werke geschützt werden können.[5] Nach deutschem Urheberrecht kommen Brücken und andere bauliche Elemente der Infrastruktur dagegen sehr wohl als Werke der Baukunst in Betracht.

Die Frage, ob ein Werk der Baukunst bzw. *architectural work* unbeweglich sein muss, lässt sich im *US-Copyright Law* leichter beantworten als im deutschen Urheberrecht. Nach den Verwaltungsvorschriften des *Copyright Office*, die die Definition des *architectural work* konkretisieren, kommen nur Konstruktionen, die von ihrer Bestimmung her dauerhaft und unbeweglich sind, in Frage. Zelte, Fahrzeuge, *mobile homes* und Boote werden in 37 C.F.R. § 202.11 (d) ausdrücklich ausgeschlossen. Die deutsche Rechtsprechung und das Schrifttum äußern sich hingegen nur vereinzelt zum Thema der Unbeweglichkeit von Werken der Baukunst. Aus den Sondervorschriften

---

[3] Siehe dazu unter D.I.2.b.aa.

[4] Siehe dazu unter D.I.2.b.aa.

[5] Siehe dazu unter D.I.2.b.aa.

zu Werken der Baukunst und der Möglichkeit des Schutzes von beweglichen Konstruktionen wie Zelten, Pavillons und Kiosken als Geschmackmuster und Werke der angewandten Kunst lässt sich jedoch schließen, dass Werke der Baukunst auch unbeweglich sein müssen.[6]

Am Beispiel von Werken der Gartenbaukunst lässt sich die unterschiedliche Herangehensweise der Eingrenzung von möglichen Werken der Baukunst bzw. *architectural works* gut ablesen. Auch wenn man bei Gartenanlagen nicht sofort an Werke der Baukunst denkt, da sie beispielsweise weder Menschen, Tieren oder Waren Schutz vor Witterungseinflüssen bieten können, ist es doch sinnvoll, sie als Werke der Baukunst zu schützen, weil die Sondervorschriften allesamt auch auf Gartenbauwerke anwendbar sind.[7] Durch die Festlegung in § 101 C. A., dass architektonische Werke nur Gebäude sein können, fallen Gartenbauwerke oder Golfanlagen aus der Gruppe der in Frage kommenden Schöpfungen heraus, ohne dass sie in eine andere Werkkategorie eingeordnet werden könnten. Am Beispiel von Brücken und Gartengestaltungen zeigt sich auch, dass das *US-Copyright Law* anders als das deutsche Urheberrecht keinen lückenlosen Schutz für alle Schöpfungen gewährt, die die materiellen Schutzvoraussetzungen erfüllen, egal ob sie in eine Werkkategorie eingeordnet werden können. Ob die Gerichte in den USA sich an die Vorstellungen von Kongress und *Copyright Office* halten, bleibt jedoch noch abzuwarten.

Innenraumschöpfungen sind grundsätzlich in beiden Ländern schutzfähige Objekte, wobei die Eingrenzung auf die Art der Innenraumschöpfung nach *US-Copyright Law* mangels einschlägiger Gerichtsentscheidungen noch nicht möglich ist. Da jedoch nur unbewegliche Konstruktionen als *architectural works* in Betracht kommen, gehören die beweglichen Bestandteile von Innenraumschöpfungen nicht zum Kreis architektonischer Werke im Sinne des § 102 (a) (8) C. A. Im deutschen Urheberrecht gibt es dazu keine einhellige Auffassung, es sollte aber danach entschieden werden, ob der Schwerpunkt der Schöpfung auf den beweglichen – dann besteht die Möglichkeit des Schutzes als Geschmacksmuster oder Werk der angewandten Kunst – oder auf den unbeweglichen Bestandteilen liegt. Dann kommt ein Schutz als Werk der Baukunst in Frage.[8]

---

[6] Siehe dazu unter D.I.1.a.

[7] *Schaefer*, Die urheberrechtliche Schutzfähigkeit von Werken der Gartengestaltung, Seiten 62 – 64.

[8] Siehe dazu unter D.I.1.c.aa.

b. Schutzvoraussetzungen

Der markanteste Unterschied zwischen den Schutzvoraussetzungen für ein deutsches Urheberrecht bzw. ein nationales *US-copyright* liegt in der Art und Weise, wie ein Werk verkörpert sein muss. Während für § 2 Abs. 2 UrhG eine mit welchen Sinnen auch immer wahrnehmbare Formgestaltung genügt, fordert § 102 (a) C. A. eine körperliche Festlegung, wobei es genügt, wenn das Werk mit Hilfe eines Gerätes oder einer Maschine wahrgenommen werden kann. Für architektonische Schöpfungen spielt dieser Unterschied, anders als bei z. B. bei musikalischen Improvisationen, keine Rolle, da sie naturgemäß zumindest zweidimensional auf Papier oder in Binärcodes fixiert werden müssen, um überhaupt existieren zu können.

Bei den beiden wichtigsten materiellen Schutzvoraussetzungen, der Individualität im deutschen Urheberrecht und der *originality* im *US-Copyright Law*, bestehen vor allem hinsichtlich des erforderlichen Maßes Unterschiede. Während Individualität verlangt, dass das Werk von dem persönlichen Geist des Urhebers geprägt ist[9], ist die *originality* bereits dann gegeben, wenn das Werk eigenständig geschaffen wurde und keine Kopie eines anderen Werkes darstellt[10]. Diese allgemeinen Umschreibungen deuten schon an, dass die Individualität ein höheres Maß an schöpferischer Leistung des Urhebers in dem Werk verlangt als die *originality*. Für das Vorliegen von originality genügt es bereits, wenn nur etwas mehr an persönlicher Schöpferleistung in dem Werk enthalten ist als beim Kopieren und das Werk nur ein Minimum bzw. einen Funken an Kreativität enthält.[11]

Die niedrige Schwelle zum Erreichen der *originality* ist sicherlich auch ein Grund dafür, dass man sich in der US-Rechtsprechung und im US-Schrifttum - abgesehen von Grenzfällen - mit der *originality* in Bezug auf bestimmte Werke nicht vertieft auseinandersetzt. Anders ist dies in der deutschen Rechsprechung und im Schrifttum verlaufen. Für Werke der bildenden Kunst hat sich schon früh eine Formel entwickelt, mit deren Hilfe das erforderliche Maß an eigenschöpferischer Prägung bei diesen Werken leichter festgestellt werden sollte. Danach muss es sich um eine Schöpfung handeln, die mit den Darlegungsmitteln der bildenden Kunst durch formgebende Tä-

---

[9] *Schricker-Loewenheim*, Urheberrecht, § 2, Rdnr. 23.

[10] *Feist Publications, Inc. v. Rural Telephone Service Company, Inc.*, 499 U.S. 340, 345 (1991) = GRUR Int. 1991, 933 – *Weiße Seiten*.

[11] Siehe dazu unter D.II.2.a.bb.

tigkeit hervorgebracht und vorzugsweise für die Anregung des ästhetischen Gefühls durch Anschauen bestimmt ist. Außerdem muss der ästhetische Gehalt des Werkes einen solchen Grad erreichen, dass nach der Auffassung der für Kunst empfänglichen und mit Kunstanschauungen einigermaßen vertrauten Verkehrskreise noch von Kunst gesprochen werden kann.[12] Diese Definition ist ein Musterbeispiel dafür, wie man sich bei dem Bemühen um eine differenzierte Betrachtung der Individualität verzetteln kann. Begriffe wie „Darlegungsmittel der bildenden Kunst", „ästhetischer Gehalt" oder die „für Kunst empfänglichen Kreise" sind nicht eingrenzbar und schwammig und führen schließlich dazu, dass der Richter sein persönliches Geschmacksurteil als objektiv ausgeben kann.[13] Nicht umsonst hat der BGH diese unglückliche Definition seit der Entscheidung *Wählamt*[14] aus dem Jahr 1973 bei der Prüfung architektonischer Werke nicht mehr erwähnt. Leider ist diese Definition aber bei den dem BGH nachgeordneten Gerichten bis heute gebräuchlich, was der Objektivität der Entscheidungen nicht zuträglich ist.[15] In den USA wurde bereits im Jahr 1903 in der Entscheidung *Bleistein v. Donaldson Lithographing Co.*[16] klargestellt, dass die künstlerische Qualität bei der Beurteilung der Copyrightfähigkeit einer Schöpfung keine Rolle spielen darf.[17] Aus Gründen der Rechtssicherheit wäre es wünschenswert, wenn die deutschen Gerichte sich das Prüfungsschema, das sich im deutschen Schrifttum entwickelt hat (Persönliche Schöpfung – Geistiger Gehalt – Wahrnehmbare Formgestaltung – Individualität) zu eigen machen würden.

Sowohl in den USA als auch in Deutschland kann sich die Individualität bzw. *originality* einer architektonischen Schöpfung aus einer Vielzahl von Faktoren ergeben

In Deutschland ist es vor allem der BGH, der sich in seinen Entscheidungen am intensivsten mit der Frage der Individualität von Werken der Baukunst befasst hat. Dabei prüft er die Individualität in zwei Schritten: Zuerst ermittelt der BGH den geistig-

---

[12] RGZ 76, 339, 344 – *Schulfraktur*; OLG Saarbrücken GRUR 1999, 421, 422 – *Verbindungsgang*.

[13] Siehe dazu unter D.II.2.a.aa.

[14] BGH GRUR 1973, 663 – *Wählamt*.

[15] Siehe dazu unter D.II.2.e.

[16] 188 U.S. 239 (1903).

[17] siehe auch *Nimmer*, On Copyright, Bd. 1, § 2.01 [B], Seite 2-13.

schöpferischen Gesamteindruck der Schöpfung durch einen Vergleich mit den bereits vorbekannten vergleichbaren Gestaltungen. Kann eine eigenschöpferische Leistung bejaht werden, so wird in einem zweiten Schritt geprüft, ob die erforderliche Gestaltungshöhe erreicht ist, indem die Schöpfung dem durchschnittlichen Schaffen der Architekten gegenübergestellt wird.[18] Für Werke der Baukunst hat der BGH die Formel geprägt, dass diese aus der Masse des alltäglichen Bauschaffens herausragen müssen.[19] Als beispielhaft seien die Entscheidungen *Wählamt* und *Vorentwurf II* genannt, in denen sich der BGH eingehend mit der Frage beschäftigte, woraus sich die notwendige Individualität ergibt. In der *Wählamt*-Entscheidung ergab sich die Individualität unter anderem daraus, dass die Anordnung der Fenster und Lüftungsöffnungen im Vergleich zu den Vorgaben der Bundespost so abgewandelt wurden, dass die Fassade einen aufgelockerteren und weniger monotonen Eindruck erzeugte.[20] In *Vorentwurf II* war es der kontrastierende Wechsel der Raumformen und der Lichtführung, sowie die abwechslungsreichen Innen- und Außenbeziehungen, die sich aus einer Grundrisszeichnung ergaben.[21] Bei den übrigen Gerichten verläuft die Prüfung der Individualität oft viel zu knapp, es wird zum Teil mit nicht objektivierbaren Begriffen gearbeitet und manchmal sogar die Gestaltungshöhe zu hoch angesetzt.[22]

Im Vergleich zu den deutschen Gerichten beschäftigten sich die US-Gerichte in den Entscheidungen seit 1990 kaum mit der *originality* von architektonischen Werken. Das liegt einmal an den geringen Anforderungen an die *originality*, zum anderen aber auch daran, dass das Registrierungszertifikat, das vom *Copyright Office* nach der erfolgreichen Registrierung eines Werkes ausgestellt wird, als Anscheinsbeweis auch für die *originality* eines Werkes gilt, § 410 (c) C. A. Obwohl fast alle formellen Voraussetzungen für die Entstehung eines bundesstaatlichen *copyright* durch den *Berne Convention Implementation Act* seit dem 1. März 1989 abgeschafft wurden, ist für Werke, die in den USA und nicht in einem anderen Mitgliedsland der Berner Union entstanden sind, nach wie vor die Registrierung eine formelle Voraussetzung für die Klageer-

---

[18] Siehe dazu unter C.II.1.d.

[19] Siehe z. B. BGH GRUR 1982, 107, 109 – *Kirchen-Innenraumgestaltung*.

[20] BGH GRUR 1973, 663, 664 – *Wählamt*.

[21] BGH GRUR 1988, 534, 535 – *Vorentwurf II*.

[22] Siehe dazu unter D.II.2.e.

hebung wegen Copyrightverletzung, § 411 (a) C. A. Entgegen den Befürchtungen im US-Schrifttum hat sich der vom Kongress vorgeschlagene Zwei-Stufen-Test jedoch nicht als Fortführung des *Separability Tests* bei architektonischen Schöpfungen erwiesen. Vor Inkrafttreten des *AWCPA* 1990 fielen die allermeisten Bauwerke unter die für Werke der bildenden Künste maßgebliche *useful article* Doktrin, da sie gewöhnlich einem Gebrauchszweck wie z. B. als Unterkunft, Arbeitsstätte, Versammlungsort für Menschen, dienen. Ein Gebrauchsgegenstand konnte nur dann als Werk der bildenden Künste gemäß § 102 (a) (5) C. A. geschützt werden, wenn die in dem Werk enthaltenen Elemente der bildenden Künste von den gebrauchsbezogenen Elementen getrennt werden konnten, § 101 C. A. Gerade die Frage, wie die konzeptionelle Trennbarkeit ermittelt werden kann, ist in den USA höchst umstritten und hat zu einer Vielzahl Versuchen geführt, einen allgemeingültigen *Separability Test* zu etablieren. Dies ist jedoch nicht gelungen. In Bezug auf architektonische Werke war man sich jedoch einig, dass weder eine physische noch eine konzeptionelle Trennbarkeit der gebrauchsspezifischen von den Merkmalen der bildenden Künste möglich ist.[23] Aus diesem Grund stieß der vom Kongress vorgeschlagene Zwei-Stufen-Test, bei dem in einem ersten Schritt geprüft werden sollte, ob originale Gestaltungselemente vorliegen und in einem zweiten, ob diese für den Gebrauchszweck des Werkes notwendig sind, auf große Skepsis. Aufgrund der Aussagen im *House Report* zur *AWCPA* war aber ohnehin nicht davon auszugehen, dass der Kongress eine Neuauflage des *Separability Test* wollte, denn dies hätte die Schutzfähigkeit von architektonischen Werken weiter blockiert. Es ist daher davon auszugehen, dass der Kongress nur deutlich machen wollte, dass Elemente die von der Funktion eines Werkes diktiert werden, nicht original sein können. Die seither ergangenen Entscheidungen sind auf den Zwei-Stufen-Test nicht eingegangen, sodass davon ausgegangen werden kann, dass er auch in Zukunft keine Bedeutung haben wird, da er überdies auch vom *Copyright Office* nicht angewendet wird.[24]

Am Beispiel des mangelnden Schutzes für architektonische Werke vor dem *AWCPA* zeigt sich, dass im *US-Copyright Law* eine starke Abneigung dagegen besteht, ein *Copyright* für Gegenstände zuzulassen, die einem Gebrauchszweck dienen. Man will verhindern, dass der freie Wettbewerb durch ein Monopol auf solche Waren einge-

---

[23] Siehe dazu unter D.II.4.b.aa.(1).

[24] Siehe dazu unter D.II.4.b.bb.(3)(b).

schränkt wird.[25] Im deutschen Urheberrecht stellt der Gebrauchszweck eines Werkes kein Hindernis für dessen Schutzfähigkeit dar. Das lässt sich auch daran ablesen, dass Werke der angewandten Kunst nach § 2 Abs. 1 Nr. 4 UrhG genauso schutzfähig sind wie alle anderen Werke, wenn die Schutzvoraussetzungen des § 2 Abs. 2 UrhG erfüllt sind, mit der Besonderheit, dass wegen der Möglichkeit des Geschmacksmusterschutzes ein höheres Maß an Individualität notwendig ist.[26] Bereits in der *Ledigenheim* – Entscheidung aus dem Jahre 1957 stellte der BGH klar, dass ein Werk der Baukunst durchaus in erster Linie Gebrauchszwecken dienen und urheberrechtlich geschützt sein kann, wenn eine eigenschöpferische Leistung gegeben ist.[27]

Gerade wenn man die niedrige Schwelle der *originality* und den Widerwillen des US-Gesetzgebers, für Gebrauchsgegenstände Copyrightschutz zu gewähren, miteinander in Beziehung setzt, offenbart sich ein Widerspruch innerhalb des *US-Copyright Law*, der so im deutschen Urheberrecht nicht auftritt. Einerseits ist für das *US-Copyright Law* der natürliche Zustand die Gemeinfreiheit von Werken, der durch die Verleihung eines Monopols in Form des *copyright* durchbrochen wird.[28] Folglich soll eine Ausweitung dieses Monopols, z. B. auf alle Gebrauchsgegenstände, möglichst vermieden oder in engen Grenzen gehalten werden. Auf der anderen Seite werden aber die Schutzvoraussetzungen, insbesondere die *originality,* so niedrig gehalten, dass eine nahezu unbegrenzte Vielzahl von Schöpfungen ein *copyright* erlangen kann. Der Ansatz des deutschen Urheberrechts erscheint in dieser Frage konsequenter. Auf der einen Seite nimmt man in Kauf, dass auch an Gebrauchsgütern ein Urheberrecht entsteht, auf der anderen Seite ist aber die Schwelle der Schutzvoraussetzung Individualität allgemein höher, mit der Folge, dass insgesamt wohl verhältnismäßig weniger Schöpfungen urheberrechtlich geschützt werden.

---

[25] Siehe dazu unter D.II.4.b.aa.(1)(d).

[26] *Schricker-Loewenheim*, Urheberrecht, § 2, Rdnr. 158.

[27] BGH GRUR 1957, 391, 392 – *Ledigenheim*; der Wortlaut des § 2 Abs. 1 KUG, wonach Bauwerke Schutz erlangen konnten, soweit sie künstlerische Zwecke verfolgten, wurde vom BGH in der oben genannten Weise ausgelegt.

[28] Siehe unter C.I.2.d.

2. Schutzvoraussetzungen für architektonische Pläne

Beim Vergleich des Schutzes von architektonischen Plänen geht es im Folgenden nur um den isolierten Schutz der Pläne als eigenständige Werke nach § 2 Abs. 1 Nr. 7 UrhG bzw. nach § 102 (a) (5) C. A. und nicht um den Schutz des Werkes der Baukunst bzw. *architectural work* in der Verkörperung eines Planes.

a. Formelle Schutzvoraussetzungen

Am Beispiel der formellen Voraussetzungen für den Schutz von architektonischen Plänen lässt sich ein fundamentaler Unterschied zwischen dem *US-Copyright Law* und dem deutschen Urheberrecht deutlich machen, der zumindest bis zum Inkrafttreten des *Berne Convention Implementation Act* von 1989 bestand. Bis zum Inkrafttreten des *Copyright Act* von 1976 konnten unveröffentlichte Werke nur durch ein einzelstaatliches *common law copyright* geschützt werden, veröffentlichte Werke konnten dagegen nur durch ein nationales *statutory copyright* Schutz erlangen. Als Voraussetzung für den Schutz auf bundesstaatlicher Ebene musste jedoch auf jedem Werkstück ein Copyrightvermerk angebracht sein. War dies nicht der Fall, dann wurde das Werk in dem Zeitpunkt gemeinfrei, in dem es veröffentlicht wurde und damit das *common law copyright* erlosch.[29] Gerade bei architektonischen Plänen, die im Rahmen der Durchführung eines Bauvorhabens üblicherweise an die daran Beteiligten weitergegeben werden, stellte sich die Frage, wann eine Veröffentlichung angenommen werden musste. Dabei wurde die Eingabe von architektonischen Plänen bei den Baubehörden, die bauliche Ausführung der Pläne und die Verteilung der Pläne an Bauunternehmer und andere am Bau Beteiligte überwiegend als *limited publication* angesehen, die nicht zu einer Beendigung des *common law copyright* führte.[30] Die Verbreitung architektonischer Zeichnungen zu Werbezwecken wurde dagegen als *general publication* mit der Folge des Erlöschens des *common law copyright* betrachtet, wenn der Copyrightvermerk fehlte.[31] Mit Inkrafttreten des *Copyright Act* von 1976 wurde den formellen Schutzvoraussetzungen dadurch die Schärfe genommen, dass das Fehlen des Copyrightvermerks bei Veröffentlichung durch eine Registrierung des Werkes innerhalb

---

[29] Siehe dazu unter D.II.4.a.aa.

[30] Siehe dazu unter D.II.4.a.aa.(1) – (3).

[31] Siehe dazu unter D.II.4.a.aa.(4).

von fünf Jahren und vernünftige Anstrengungen zur nachträglichen Anbringung des Copyrightvermerks geheilt werden konnte, § 405 (a) (2) C. A. Erst aufgrund des Beitritts der USA zur Berner Union am 1. März 1989 wurde das Anbringen des Copyrightvermerks auf den Werkstücken bei der Veröffentlichung des Werkes als zwingende Schutzvoraussetzung abgeschafft, § 401 (a) C. A., da dies nicht mit Art. 5 Abs. 2, 1. Hs. RBÜ vereinbar gewesen wäre.[32] Auch wenn die formellen Schutzvoraussetzungen heute in den USA kaum mehr eine Rolle spielen, so sagt die Tatsache, dass diese einmal sehr wichtig waren, viel über die Grundkonzeption des *US-Copyright Law* aus. Aus der Schutzrichtung des deutschen Urheberrechts heraus wäre es undenkbar, den Schutz eines Werkes an formelle Voraussetzungen zu knüpfen. Das ist darauf zurückzuführen, dass der Urheber im Mittelpunkt des Schutzes steht und dass die Urheberpersönlichkeitsrechte ein wesentlicher Teil des Urheberrechts sind.[33] Sobald das Werk geschaffen wurde, ist es untrennbar mit der Persönlichkeit seines Urhebers verbunden und daher schutzwürdig. Eine Beendigung des Schutzes wegen Nichteinhaltung von Formalitäten würde gegen das Urheberpersönlichkeitsrecht verstoßen. Das *US-Copyright Law* kannte vor dem *Visual Artists Rights Act* von 1990 keinen persönlichkeitsrechtlichen Schutz, außerdem steht dort nicht der Urheber, sondern das Interesse der Allgemeinheit an einer möglichst zahlreichen Herstellung und weiten Verbreitung von Werken im Zentrum. Der Copyrightvermerk auf den einzelnen Werkstücken diente unter anderem dazu, die jeweiligen Besitzer von Werkstücken darauf hinzuweisen, dass es sich um ein geschütztes Werk handelt und dadurch vor einer Copyrightverletzung durch Vervielfältigung, Bearbeitung etc. des Werkes zu warnen. Befanden sich keine Copyrightvermerke auf den Werkstücken, so waren deren Besitzer offensichtlich in ihrem Vertrauen auf die Gemeinfreiheit der verkörperten Werke schutzwürdiger als die Urheber der Werke. Offenbar sollte vermieden werden, dass Unsicherheiten über den Schutzstatus von Werken die Verkehrsfähigkeit beeinträchtigen. Auch hier zeigt sich wiederum die alleinige Ausrichtung des *US-Copyright Law* auf die wirtschaftliche Verwertung von Werken zum Wohl der Allgemeinheit.[34]

---

[32] Siehe dazu unter D.II.4.a.cc.

[33] Siehe dazu unter C.I.1.d.

[34] Im *House Report* zum *Copyright Act* von 1976 wurden vier Gründe als Rechtfertigung für einen Copyrightvermerk angeführt:

b. Materielle Schutzvoraussetzungen

Für Darstellungen wissenschaftlicher und technischer Art nach § 2 Abs. 1 Nr. 7 UrhG, worunter auch architektonische Pläne fallen, gelten die gleichen vier materiellen Schutzvoraussetzungen wie für die meisten anderen in § 2 Abs. 1 UrhG aufgezählten Werkarten. Auch die kleine Münze wird bei diesen Darstellungen geschützt.[35] Auch in den USA gelten die Schutzvoraussetzungen der körperlichen Festlegung, des *work of authorship* und der *originality* für architektonische Pläne im Sinne des § 102 (a) (5) C. A. gleichermaßen.

c. Schutzgegenstand

Bei der Frage, was bei architektonischen Plänen nach § 2 Abs. 1 Nr. 7 UrhG und § 102 (a) (5) C. A. geschützt wird, kommt man zu jeweils unterschiedlichen Antworten.

Nach deutschem Urheberrecht steht bei Darstellungen im Sinne des § 2 Abs. 1 Nr. 7 UrhG die Belehrung oder Unterrichtung über den dargestellten Gegenstand im Mittelpunkt. Ausdrucksmittel ist dabei die graphische oder räumliche Darstellung. Schutzfähig ist jedoch nur die Art und Weise der Darstellung, nicht aber der dargestellte Gegenstand selbst.[36] Bei einem architektonischen Plan muss sich die Individualität daher auf die Art und Weise beziehen, wie ein Gebäude zeichnerisch oder als Modell dargestellt worden ist, beispielsweise durch Verwendung von bestimmten Perspektiven, Farben oder anderen Mitteln der Darstellung.[37]

---

1. Ein wesentlicher Teil an veröffentlichtem Material, das niemand durch ein *copyright* schützen lassen will, wird dadurch gemeinfrei, dass darauf kein Copyrightvermerk angebracht wird.

2. Der Copyrightvermerk informiert die Öffentlichkeit darüber, ob ein bestimmtes Werk copyrightgeschützt ist.

3. Der Copyrightinhaber wird durch den Vermerk identifiziert.

4. Das Datum der Veröffentlichung wird angezeigt;

siehe H.R. Rep. No. 94-1476, 94th Congress, 2nd Session 1976, Seite 143. Die dort aufgezählten Gründe werden jedoch der wahren Bedeutung des Copyrightvermerks und der darin zum Ausdruck kommenden Interessengewichtung nicht gerecht.

[35] *Schricker-Loewenheim*, Urheberrecht, § 2, Rdnr. 197.

[36] Siehe dazu unter D.II.3.

[37] Siehe dazu unter D.II.3.b.

Im *US-Copyright Law* ist nicht ganz klar, was genau Schutzgegenstand bei architektonischen Plänen ist, die nach § 102 (a) (5) C. A. geschützt werden sollen. Vor Inkrafttreten des *AWCPA* von 1990 prüften die Gerichte bei der Frage der Copyrightfähigkeit von architektonischen Plänen im allgemeinen die *originality* des dargestellten Gebäudes. Noch vor der Schutzfähigkeit architektonischer Werke war es aber widersprüchlich, die Schutzfähigkeit eines architektonischen Werkes zu prüfen, das nicht Schutzgegenstand sein konnte.[38] Geschützte Pläne waren nur gegen Vervielfältigung oder Bearbeitung in zweidimensionaler Form geschützt. Trotzdem kam nur eine Entscheidung zu dem Ergebnis, dass auch die Art der Darstellung nach § 102 (a) (5) C. A. schutzfähig sei und prüfte konsequenterweise deren *originality*.[39] Die Chance, diesen Widerspruch durch gesetzgeberische Maßnahmen im Rahmen des *AWCPA* aufzuheben, hat der Kongress nicht wahrgenommen. Es wurde vielmehr ausdrücklich festgestellt, dass der Schutz architektonischer Pläne im Rahmen des § 102 (a) (5) C. A. als Werk der bildenden Künste vom *AWCPA* unberührt fortbestehen sollte. Die Folge davon sei, dass ein Urheber, der ein architektonisches Werk in Form von Plänen geschaffen hat, zwei verschiedene *copyrights* haben könne.[40] Damit existiert der oben genannte Widerspruch weiter, mit dem Unterschied, dass das in dem Plan verkörperte Gebäude nunmehr nach § 102 (a) (8) C. A. schutzfähig ist. Allerdings stellt sich dann noch die Frage, ob ein Plan überhaupt nach § 102 (a) (5) C. A. schutzfähig ist, wenn das darin verkörperte Werk die Schutzvoraussetzungen mangels *originality* nicht erfüllt und damit kein Schutz als architektonisches Werk nach § 102 (a) (8) C. A. in Frage kommt. Dann käme ein Schutz nach § 102 (a) (5) C. A. nur dann in Betracht, wenn die Art und Weise der konkreten Darstellung schutzfähig ist. Der Kongress wäre zum Zwecke der Rechtsklarheit und aus systematischen Gründen gut damit beraten, eine gesetzliche Regelung nach dem deutschen Modell zur Auflösung dieses Widerspruchs zu wählen. Die deutsche Lösung garantiert eine klare Abgrenzung zwischen dem Schutz des Werkes der Baukunst und der architektonischen Pläne. Ein weiterer Grund für die Notwendigkeit einer gesetzliche Klärung ist, dass die Unklarheiten bei der Bestimmung des Schutzgegenstandes auch auf den Schutzumfang bei Verletzungen des *copyright* ausstrahlen.

---

[38] Dieser Widerspruch ist allerdings noch nicht Gegenstand der Diskussion in den USA gewesen.

[39] *Kunyica v. Melville Realty Co.*, Inc. 755 F.Supp. 566, 570 (S.D.N.Y. 1990).

[40] H.R. Rep. No. 101-735, 101st Congress, 2nd Session 1990, 1990 WL 200440, Seite 16.

E. Die Verletzung des Urheberrechts bzw. *copyright* an einer architektonischen Schöpfung

I. Die Verletzung von ausschließlichen Rechten zur Verwertung architektonischer Schöpfungen

1. Die Verletzung von Verwertungsrechten im Sinne des § 15 UrhG

Nach § 97 Abs. 1 S. 1 UrhG hat der Verletzte bei einer widerrechtlichen Verletzung seines Urheberrechts oder eines anderen nach dem UrhG geschützten Rechts gegen den Verletzer einen Anspruch auf Beseitigung der Beeinträchtigung, bei Wiederholungsgefahr auf Unterlassung und, wenn dem Verletzer Vorsatz oder Fahrlässigkeit zur Last fällt, einen Anspruch auf Schadensersatz. An Stelle des Schadensersatzes kann der Verletzte Herausgabe des aufgrund der Verletzung erlangten Gewinns und Rechnungslegung über diesen Gewinn vom Verletzer verlangen, § 97 Abs. 1 S. 2 UrhG. Schließlich sieht § 97 Abs. 2 UrhG darüber hinaus bei vorsätzlichem oder fahrlässigem Handeln des Verletzers noch einen Anspruch auf Ersatz des immateriellen Schadens vor, soweit dies der Billigkeit entspricht.

Wie sich aus § 97 Abs. 1 UrhG ergibt, ist Schutzgegenstand das absolute Urheberrecht als einheitliches, umfassendes, territorial beschränktes Recht eigener Art. Dieses Urheberrecht setzt sich nach der herrschenden monistischen Theorie aus persönlichkeits- und immaterialgüterrechtlichen Elementen zusammen.[1] § 97 UrhG ist nur auf ausschließliche Rechte anwendbar, d. h. auf Rechte, die gegen jeden nichtberechtigten Dritten wirken.[2]

Die Verwertungsrechte sind solche ausschließlichen Rechte.[3] Sie bezeichnen die in der Hand des Urhebers liegende unübertragbare, vermögensrechtliche Komponente des Urheberrechts.[4] Gegenstand der Verwertungsrechte ist das Werk. Der Urheber soll durch die Verwertungsrechte gegen jede unbefugte Verwertung durch einen Dritten

---

[1] *Schricker-Wild*, Urheberrecht, § 97, Rdnr. 1.

[2] *Möhring/Nicolini-Lütje*, Urheberrechtsgesetz, § 97, Rdnr. 42; *Schricker-Wild*, Urheberrecht, § 97, Rdnr. 1.

[3] *Fromm/Nordemann-Nordemann*, Urheberrecht, § 15, Rdnr. 1.

[4] *Schricker-Schricker*, Urheberrecht, Vor §§ 28 ff., Rdnr. 20.

geschützt werden, bei der das Werk in seinen wesentlichen Zügen wiederkehrt.[5] Daher ist jede derartige Verwertung zustimmungspflichtig. Die Verwertungsrechte sind folglich auf der einen Seite positive Benutzungsrechte, da es allein dem Urheber zusteht, sein Werk zu nutzen, auf der anderen Seite negative Verbietungsrechte, da der Urheber allein berechtigt ist, andere von der Nutzung seines Werkes auszuschließen.[6] Der Urheber soll an den wirtschaftlichen Früchten, die aus seinem Werk gezogen werden, beteiligt werden.[7]

Die einzelnen Verwertungsrechte sind in §§ 15 – 24 UrhG geregelt. Nutzungsrechte sind im Gegensatz dazu die vom Urheber einem anderen eingeräumten Rechte, das Werk auf einzelne oder alle Nutzungsarten zu nutzen, § 31 Abs. 1 S. 1 UrhG. Dabei werden gewisse Verwertungsbefugnisse vom Urheberrecht abgelöst und als Nutzungsrecht auf einen anderen übertragen, wobei aber eine Verbindung mit dem Stammrecht erhalten bleibt.[8] Diese Tatsache lässt sich daraus ablesen, dass das Urheberrecht als Mutterrecht wieder zum Vollrecht erstarkt, wenn die abgeleiteten Nutzungsrechte als Tochterrechte erlöschen.[9] Das Urheberrecht als solches kann jedoch außer in den in § 29 Abs. 1 UrhG genannten Fällen nicht übertragen werden.

Vorliegend sollen in erster Linie Verletzungen der Verwertungsrechte untersucht werden, da die Verletzung der Nutzungsrechte von der Vereinbarung abhängt, die darüber zwischen dem Urheber und dem Nutzungsberechtigten getroffen wurde. Hier sind mannigfaltige vertragliche Gestaltungsmöglichkeiten denkbar, denn es können nach § 31 Abs. 1 S. 1 UrhG sowohl ausschließliche als auch einfache Nutzungsrechte eingeräumt werden, welche wiederum nach § 31 Abs. 1 S. 2 UrhG räumlich, zeitlich und inhaltlich beschränkt werden können.

---

[5] *Ulmer*, Urheber- und Verlagsrecht, § 43 III, Seite 225.

[6] *Schricker-v. Ungern-Sternberg*, Urheberrecht, § 15, Rdnr. 1.

[7] *Ulmer*, Urheber- und Verlagsrecht, § 43 III, Seite 226.

[8] *Schricker-Schricker*, Urheberrecht, Vor §§ 28 ff., Rdnr. 43.

[9] *Ulmer*, Urheber- und Verlagsrecht, § 83 II, Seite 359.

a. Die Verletzung von Verwertungsrechten bei Werken der Baukunst im Sinne des § 2 Abs. 1 Nr. 4 UrhG

aa. Die Verletzung des Vervielfältigungsrechts nach §§ 15 Abs. 1 Nr. 1, 16 UrhG

Das Vervielfältigungsrecht ist das Recht, Vervielfältigungsstücke des Werkes herzustellen, egal in welchem Verfahren und in welcher Zahl, § 16 Abs. 1 UrhG. Unter Vervielfältigung versteht man jede körperliche Festlegung des Werkes, die geeignet ist, das Werk den menschlichen Sinnen auf irgendeine Weise unmittelbar oder mittelbar wahrnehmbar zu machen.[10] Das Vervielfältigungsrecht verdankt seine Existenz der Ansicht des Gesetzgebers, dass dem Urheber ein Entgelt für diejenigen Nutzungshandlungen gesichert werden soll, bei denen der Werkgenuss einem anderen nicht durch das Original selbst, sondern durch Vervielfältigungen des Originals ermöglicht wird. Mittels der Vervielfältigungen wird der Werkgenuss im allgemeinen für eine viel größere Anzahl von Personen möglich als dies mittels des Werkoriginals der Fall wäre.[11]

Es ist nicht entscheidend, auf welche Art und Weise eine körperliche Festlegung erfolgt, genauso wenig wie es auf das angewendete Verfahren ankommt. Eine Festlegung kann somit manuell oder maschinell, nach einer Vorlage oder aus dem Gedächtnis erfolgen.[12] Es kommt auch nicht darauf an, in welcher Form das Werk fixiert wird, dies kann in einem anderen Material, anderer Größe oder unterschiedlichem Format geschehen. Ebenso stellt die reine Dimensionsvertauschung eine Vervielfältigung dar, wie z. B. die Darstellung eines bisher nur in zweidimensionaler Form dargestellten Werkes in dreidimensionaler Form.[13] Die Digitalisierung, d. h. die Umsetzung eines Werkes in einen Binärcode, stellt eine Vervielfältigung dar. Das gleiche gilt für die Speicherung von Werken auf einem Datenträger, wie einer Festplatte, Diskette oder einer CD-ROM.[14]

---

[10] Bundestags-Drucksache IV/270, Seite 47.

[11] *Schricker-Loewenheim*, Urheberrecht, § 16, Rdnr. 1.

[12] *Schricker-Loewenheim*, Urheberrecht, § 16, Rdnr. 9.

[13] *Möhring/Nicolini-Kroitzsch*, Urheberrechtsgesetz, § 16, Rdnr. 3, 10; *Schricker-Loewenheim*, § 16, Rdnr. 9.

[14] *Fromm/Nordemann-Nordemann*, Urheberrecht, § 16, Rdnr. 2; *Schricker-Loewenheim*, Urheberrecht, § 16, Rdnr. 17/18; *Möhring/Nicolini-Kroitzsch*, Urheberrechtsgesetz, § 16, Rdnr. 3; *Rehbinder*, Urheberrecht, Rdnr. 203.

Schließlich können auch Teile eines Werkes vervielfältigt werden, auch wenn sie sehr klein sind. Entscheidend ist jedoch, dass die vervielfältigten Teile selbst urheberrechtlich geschützt sind. Sonst besteht kein Verbotsrecht nach §§ 15 Abs. 1 Nr. 1, 16 UrhG.[15]

(1) Vervielfältigungen in unveränderter Form

(a) Eingriff in das Vervielfältigungsrecht

Bei Vervielfältigungen in unveränderter Form geht es darum, dass das Werk oder einzelne Teile des Werkes ohne Veränderungen körperlich festgelegt werden. Die Feststellung einer Vervielfältigung bereitet dabei keine großen Probleme, immer vorausgesetzt, dass ein nach § 2 Abs. 1 Nr. 4, Abs. 2 UrhG geschütztes Werk zugrunde liegt. Seit langem ist anerkannt, dass die erstmalige Ausführung von Plänen eines Werkes der Baukunst durch einen anderen unter Benutzung der Entwürfe des Urhebers eine Vervielfältigung im Sinne der §§ 15 Abs. 1 Nr. 1, 16 UrhG darstellt.[16] Das gilt auch bezüglich einzelner geschützter Teile eines Bauwerks, wie z. B. der Fassadengestaltung.[17] In der Praxis kommt die Vervielfältigung eines Werkes der Baukunst durch die Ausführung der entsprechenden Pläne am häufigsten vor, es sind jedoch auch andere Arten der Vervielfältigung denkbar. In der frühesten Entscheidung zu dieser Problematik aus dem Jahr 1930 wurde festgestellt, dass auch ein mit dem angrenzenden Gebäude identischer Anbau ein Nachbau und damit eine Vervielfältigung des Werkes der Baukunst gem. § 15 Abs. 1 Nr. 2 KUG darstellt.[18] Fälschlicherweise ging das Gericht jedoch davon aus, dass das Aufstocken eines Gebäudes um ein Geschoss kein Nachbauen in diesem Sinne ist.[19]

---

[15] *Schricker-Loewenheim*, Urheberrecht, § 16, Rdnr. 14; *Möhring/Nicolini-Kroitzsch*, Urheberrechtsgesetz, § 16, Rdnr. 11.

[16] BGH GRUR 1957, 391, 394 – *Ledigenheim*; BGH GRUR 1999, 230, 231 – *Treppenhausgestaltung*; OLG München GRUR 1987, 290, 291 – *Wohnanlage*; *Schricker-Loewenheim*, Urheberrecht, § 16, Rdnr. 7; *Fromm/Nordemann-Nordemann*, Urheberrecht, § 16, Rdnr. 1.

[17] BGH GRUR 1973, 663, 664 – *Wählamt*.

[18] LG Berlin vom 30.10.1930 - *Eden-Hotel*, in: *Schulze*, Rechtsprechung zum Urheberrecht, LGZ 64, Seiten 6-8.

[19] LG Berlin vom 30.10.1930 - *Eden-Hotel*, in: *Schulze*, Rechtsprechung zum Urheberrecht, LGZ 64, Seite 8.

Dabei hat das Gericht jedoch übersehen, dass auch Teile eines Werkes nachgebaut und damit vervielfältigt werden können.[20]

Neben den bereits gerichtlich entschiedenen Sachverhalten sind Vervielfältigungen im Sinne der §§ 15 Abs. 1 Nr. 1, 16 UrhG auch durch folgende Handlungen denkbar: Das Fotokopieren von Plänen, die Ausführung der Pläne in Form von dreidimensionalen Modellen, die Anfertigung von Plänen eines bereits errichteten oder in einem Modell verkörperten Werkes der Baukunst.[21] In Betracht kommt auch das Kopieren von Daten eines elektronischen Datenträgers, auf dem ein in Binärcodes umgewandeltes Werk der Baukunst verkörpert ist. Diese Sachverhalte können nicht anders beurteilt werden, wenn sie sich nur auf Teile eines solchen Werkes beziehen.

(b) Vervielfältigungen zum privaten Gebrauch nach § 53 UrhG

§ 53 UrhG stellt eine Schranke des Urheberrechts in Bezug auf das Vervielfältigungsrecht dar. Die Schranken des Urheberrechts sind Ausfluss der Sozialbindung auch des geistigen Eigentums.[22]

Nach § 53 Abs. 1 S. 1 UrhG ist die Herstellung einzelner Vervielfältigungsstücke für den privaten Gebrauch zulässig. Unter privatem Gebrauch ist dabei der Gebrauch in der Privatsphäre zur Befriedigung persönlicher Bedürfnisse durch die eigene Person oder die mit ihr durch ein persönliches Band verbundenen Personen zu verstehen.[23] Bei Werken der Baukunst spielt diese Schranke kaum eine Rolle, da Vervielfältigungen von Plänen und Entwürfen von Architekten meist zu beruflichen Zwecken vorgenommen werden. Ein denkbarer Anwendungsfall des § 53 Abs. 1 S. 1 UrhG ist die Vervielfältigung von Plänen eines Wohnhauses durch Privatpersonen, die sich für den Bau eines eigenen Wohnhauses inspirieren lassen wollen.

---

[20] *Gerstenberg*, Anmerkung zum Urteil des LG Berlin vom 30.10.1930 – *Eden Hotel*, in: *Schulze*, Rechtsprechung zum Urheberrecht, LGZ 64, Seite 14.

[21] *Von Gamm*, Der Architekt und sein Werk, BauR 1982, Seite 104, wobei ein Nachbau nach dem Gedächtnis so gut wie ausgeschlossen ist, da die Errichtung eines Gebäudes wohl nie ohne einen Plan vollzogen werden kann. Daher muss die Abbildung des Werkes in einem Plan immer zeitlich vor der Errichtung des Gebäudes stattfinden.

[22] *Schricker-Melichar*, Urheberrecht, Vor §§ 45 ff., Rdnr. 1.

[23] *Schricker-Melichar*, Urheberrecht, § 53, Rdnr. 12; *Möhring/Nicolini-Decker*, Urheberrechtsgesetz, § 53, Rdnr. 13; *Fromm/Nordemann-Nordemann*, § 53, Rdnr. 2.

§ 53 Abs. 1 UrhG wird durch § 53 VII UrhG ausgeschlossen, indem u. a. der Nachbau eines Werkes der Baukunst, d. h. die bauliche Ausführung eines solchen Werkes zum privaten Gebrauch nur mit der Einwilligung des Urhebers zulässig ist. Der Grund für diese Regelung mag darin liegen, dass das Werk durch die Übertragung in eine andere Erscheinungsform auf eine andere Weise wahrnehmbar gemacht wird und dadurch die Urheberinteressen beeinträchtigt.[24] Bedenkt man, dass sich ohne diese Regelung wahrscheinlich viele Privatleute ihre privaten Eigenheime nach Plänen geschützter Werke der Baukunst anfertigen lassen würden, so erscheint diese Regelung durchaus sinnvoll. Hinzu kommt sicherlich auch, dass sich die Errichtung eines Werkes der Baukunst zumeist für viele Menschen wahrnehmbar und damit öffentlich abspielt im Gegensatz zu dem privaten Gebrauch bei anderen Werkarten.

(c) Werke der Baukunst an öffentlichen Plätzen, § 59 UrhG

Eine weitere Schranke des Urheberrechts regelt § 59 UrhG. Danach können Werke, die sich bleibend an öffentlichen Wegen, Straßen oder Plätzen befinden, mit Mitteln der Malerei oder Graphik, durch Lichtbild oder durch Film vervielfältigt, verbreitet und öffentlich wiedergegeben werden, § 59 Abs. 1 S. 1 UrhG. Bei Bauwerken erstrecken sich diese Befugnisse allerdings nur auf die äußere Ansicht, § 59 Abs. 1 S. 2 UrhG.[25]

Hinter dieser Vorschrift steht die allgemeine Ansicht, dass öffentliche Wege, Straßen und Plätze der Allgemeinheit gewidmet sind und dass die dort gelegenen Werke in gewissem Sinne Allgemeingut sind. Jedermann kann diese Werke betrachten und soll sie daher auch in zweidimensionaler Form vervielfältigen und verbreiten können.[26] Ebenso wie für alle anderen Schrankenbestimmungen gilt auch für § 59 UrhG, dass diese Vorschrift eng auszulegen ist.[27]

---

[24] *Möhring/Nicolini-Decker*, Urheberrechtsgesetz, § 54, Rdnr. 58; *Schricker-Loewenheim*, Urheberrecht, § 53, Rdnr. 54.

[25] Die in § 59 UrhG festgeschriebene Regelung existiert im Kern schon seit 125 Jahren im deutschen Rechtsraum, siehe *von Gierke*, Die Freiheit des Straßenbildes (§ 59 UrhG), in: Festschrift Erdmann, 103.

[26] *Ernst*, Zur Panoramafreiheit des Urheberrechts, ZUM 1998, 475; *Schricker-Vogel*, Urheberrecht, § 59, Rdnr. 1; *Möhring/Nicolini-Gass*, Urheberrechtsgesetz, § 59, Rdnr. 2.

[27] *Von Gierke*, Die Freiheit des Straßenbildes (§ 59 UrhG), in: Festschrift Erdmann, 103, 107.

Bei Werken der Baukunst beziehen sich die Nutzungsbefugnisse auf alle geschützten Elemente, die vom öffentlichen Straßenraum aus ohne besondere Hilfsmittel sichtbar sind. Daraus kann man auch folgern, dass Werke nur aus dem Blickwinkel abgebildet werden dürfen, der sich der Allgemeinheit bietet.[28] Abbildungen, die aus der Luft aufgenommen werden, sind nicht zulässig. Das gleiche gilt für Abbildungen von Innenräumen.[29] Im Rahmen des § 59 UrhG kommt es nicht auf den öffentlich-rechtlichen Öffentlichkeitsbegriff, sondern auf den tatsächlichen öffentlichen Zugang an. Damit sind auch Privatwege und private Parks, die der Öffentlichkeit zugänglich sind, öffentlich im Sinne des § 59 UrhG, wegen der gebotenen engen Auslegung des § 59 UrhG nicht jedoch Privatgelände mit Einlasskontrolle, U-Bahnhöfe und Bahnhofshallen.[30]

Solange das Werk der Baukunst von einer öffentlichen Straße aus z. B. fotografiert wird, kann der Eigentümer des Werkes die Vervielfältigung und Verbreitung zu gewerblichen Zwecken auch nicht aufgrund seines Eigentumsrechts nach § 903 BGB verbieten, denn dadurch wird weder die rechtliche noch die tatsächliche Sachherrschaft berührt.[31] Man muss jedoch zu einem anderen Ergebnis kommen, wenn Abbildungen, die von dem nur nach Passieren einer Einlasskontrolle zugänglichen Grundstück des Eigentümers aus angefertigt wurden, gewerblich verwertet werden. In diesem Fall bleibt es allein dem Eigentümer des Werkes vorbehalten, den Nutzen, der aus seinem nur gegen seine Erlaubnis zugänglichen Eigentum gezogen werden kann, für sich zu beanspruchen.[32]

Das Erfordernis, dass sich das Werk bleibend im Sinne der materialbedingten Lebensdauer an der öffentlichen Straße befinden muss, bereitet bei Werken der Baukunst

---

[28] *Von Gierke*, Die Freiheit des Straßenbildes (§ 59 UrhG), in: Festschrift Erdmann, 103, 110.

[29] *Schricker-Vogel*, Urheberrecht, § 59, Rdnr. 9; *Möhring/Nicolini-Gass*, Urheberrechtsgesetz, § 59, Rdnr. 14/15.

[30] *Schricker-Vogel*, Urheberrecht, § 59, Rdnr. 9.

[31] BGH GRUR 1990, 390, 391 – *Friesenhaus*.

[32] BGH GRUR 1975, 500, 502 – *Schloss Tegel*; zustimmend *Gerstenberg*, Anmerkung zu BGH GRUR 1975, 500 – *Schloss Tegel*, GRUR 1975, 502.

keine Schwierigkeiten, zumal auch Werke mit inhärent kurzer Lebensdauer wie Schneeplastiken oder Pflastermalereien frei wiedergegeben werden können.[33]

Die nach § 59 Abs. 1 S. 1 UrhG genannten Nutzungsarten umfassen nur Vervielfältigungen und Verbreitungen in zweidimensionaler, nicht aber in dreidimensionaler Form.[34] Bedeutung haben diese Nutzungen vor allem für Ansichtspostkarten, Bildbände, illustrierte Reisebücher und Städteführer mit Lichtbildern und Lichtbildwerken. Hinzu kommen Filmwerke und Laufbilder.[35] Vom Recht der öffentlichen Wiedergabe werden alle Formen der unkörperlichen Werkverwertung nach § 15 Abs. 2 UrhG erfasst, wobei auch die Wiedergabe als Fernsehsendung, egal ob als Fernsehfilm oder als Live-Sendung, nach § 59 Abs. 1 S. 1 erlaubt ist.[36]

Die Bedeutung des § 59 Abs. 2 UrhG bezieht sich ihrem Sinngehalt nach nicht auf Werke der Baukunst, sondern vornehmlich auf Werke der bildenden Künste, die sich bleibend an öffentlichen Straßen und Plätzen befinden. Vervielfältigungen dieser anderen Werke dürfen nach § 59 Abs. 2 UrhG an der Außenseite eines Gebäudes weder in zwei- noch in dreidimensionaler Form angebracht werden. § 59 Abs. 2 UrhG will verhindern, dass die nach § 59 Abs. 1 S. 1 UrhG zulässigen Vervielfältigungen der ursprünglichen Funktion des Werkes entsprechend vervielfältigt werden ohne dass der Urheber eine Vergütung beanspruchen kann.[37] Daher muss es sich bei dem Gebäude, an dem die Abbildungen dieser anderen Werke angebracht werden sollen, auch nicht um ein Werk der Baukunst nach § 2 Abs. 1 Nr. 4, Abs. 2 UrhG handeln. Ein denkbarer Fall wäre die Anbringung eines Gemäldes an einem Bauwerk, das eine Statue zeigt, die als geschütztes Werk der bildenden Kunst an einer öffentlichen Straße gelegen ist.

---

[33] *Ernst*, Zur Panoramafreiheit des Urheberrechts, ZUM 1998, 475, 476/477; *Möhring/Nicolini-Gass*, Urheberrechtsgesetz, § 59, Rdnr. 9.

[34] *Von Gierke*, Die Freiheit des Straßenbildes (§59 UrhG), in: Festschrift Erdmann, 103, 112.

[35] *Schricker-Vogel*, Urheberrecht, § 59, Rdnr. 15; *Möhring/Nicolini-Gass*, Urheberrechtsgesetz, § 59, Rdnr. 20.

[36] *Schricker-Vogel*, Urheberrecht, § 59, Rdnr. 17.

[37] *Schricker-Vogel*, Urheberrecht, § 59, Rdnr. 21; a. A. *Möhring/Nicolini-Gass*, Urheberrechtsgesetz, § 59, Rdnr. 23, der dieses Verbot auch auf Innenräume ausdehnen will.

(d) Die stillschweigende Einräumung von Nutzungsrechten bei Architektenverträgen

Ein Eingriff in das Vervielfältigungsrecht ist ausgeschlossen, wenn der Urheber demjenigen, der die Vervielfältigung vornimmt, zuvor ein entsprechendes Nutzungsrecht eingeräumt hat.[38] Dabei führt die ausdrückliche Einräumung des Vervielfältigungsrechts grundsätzlich nicht zu rechtlichen Unklarheiten. Fraglich ist jedoch, inwieweit dem Bauherrn im Architektenvertrag ein Nachbaurecht eingeräumt wird, wenn dazu keine ausdrückliche Vereinbarung getroffen worden ist. Der Architektenvertrag ist in der Regel ein Werkvertrag nach § 631 BGB. Der Architekt schuldet daher die Herstellung eines mangelfreien Gebäudes.[39]

Inwieweit Nutzungsrechte in einem solchen Architektenvertrag stillschweigend mitübertragen werden, ist eine Frage der Auslegung nach §§ 133, 157 BGB. Eine solche Auslegung soll durch die sogenannte Zweckübertragungslehre, die in der Auslegungsregel des § 31 Abs. 5 UrhG ihren Niederschlag gefunden hat, erleichtert werden. Danach kommt es bei der Bestimmung, in welchem Umfang ein Nutzungsrecht besteht, auf den von beiden Parteien zugrunde gelegten Vertragszweck an. Die Auslegungsregel wird jedoch auch dann herangezogen, wenn es darum geht, ob überhaupt ein Nutzungsrecht eingeräumt worden ist, § 31 Abs. 5 S. 2 UrhG.[40] Im Zweifel überträgt der Urheber nur Rechte in dem Umfang, der für die Erreichung des Vertragszwecks erforderlich ist. Die Zweckübertragungstheorie dient letztendlich dem Interesse des Urhebers an einer möglichst weitgehenden Beteiligung an den wirtschaftlichen Früchten der Verwertung seines Werkes.[41] Bei dem Vervielfältigungsrecht in Form des Nachbaurechts, d. h. des Rechtes, das im Plan verkörperte Werk baulich auszuführen, geht es in den allermeisten Fällen nur um einen einmaligen Nachbau. Ein Recht zur Herstellung mehrerer Nachbauten ist nur bei einer ausdrücklichen Vereinbarung oder nach § 31 Abs. 5 UrhG bei einem diesbezüglich eindeutigen Vertragszweck anzunehmen. Der Architekt muss aber grundsätzlich die Nutzungsrechte übertragen, die zur Erreichung des Zwecks eines Architektenvertrages erforderlich sind. Fehlt eine ausdrückliche Übertragung im Architektenvertrag, so ist fraglich, in welchen Fällen

---

[38] *Schricker-Wild*, Urheberrecht, § 97, Rdnr. 17.

[39] *Palandt-Sprau*, BGB, Einf v § 631, Rdnr. 7 a.

[40] *Schricker-Schricker*, Urheberrecht, § 31/32, Rdnr. 37; siehe auch BGH GRUR 1981, 196, 197 – *Honorarvereinbarung*; BGH GRUR 1984, 656, 657/658 – *Vorentwurf*.

[41] *Schricker-Schricker*, Urheberrecht, § 31/32, Rdnr. 32.

und in welchem Ausmaß von einer stillschweigenden Übertragung ausgegangen werden kann. Will ein Architekt diese Rechte nicht übertragen, so muss er sicherheitshalber einen expliziten Vorbehalt in dem Vertrag vereinbaren.[42] Da der nach der Zweckübertragungstheorie entscheidende Vertragszweck vom jeweiligen Inhalt des Architektenvertrages abhängt, ist nach den verschiedenen Vertragskonstellationen zu differenzieren.

(aa) Vorplanung als Vertragsgegenstand

Der Vertragsgegenstand bei Architektenverträgen richtet sich im allgemeinen an den Leistungsphasen des § 15 HOAI aus, wenn es um die Planung und Errichtung von Gebäuden geht. Die Leistungspflichten können sich zwar nur aus dem Werkvertrag ergeben, die Leistungsphasen dienen dabei jedoch als Bestimmungshilfe.[43] Bei der Leistungsphase 2 (Vorplanung) ist das Bauvorhaben noch nicht weit gediehen. Lediglich versuchsweise zeichnerische Darstellungen und Strichskizzen sind Inhalt dieser Phase, § 15 Abs. 2 Nr. 2 HOAI. Zusammen mit der Leistungsphase 1 (Grundlagenermittlung) macht die Leistungsphase 2 auch nur 10 % des Gesamthonorars des Architekten aus, das er verlangen könnte, wenn er die Leistungen aller 9 Leistungsphasen erbracht hätte, § 15 Abs. 1 HOAI.

In der *Ledigenheim* – Entscheidung des BGH ging es um die Frage, ob durch einen Architektenvertrag, der nur einen Vorentwurf als Leistungspflicht des Architekten zum Inhalt hatte, stillschweigend eine Nachbaubefugnis und damit das Vervielfältigungsrecht auf den Vertragspartner übertragen wurde.[44] Die damalige Bezeichnung Vorentwurf entspricht in etwa der erst später durch die HOAI festgelegten Leistungsphase 2 (Vorplanung) nach § 15 Abs. 2 Nr. 2 HOAI. Das Gericht führte aus, dass die Übertragung der Nachbaubefugnis nur dann angenommen werden kann, wenn ein dahingehender Wille des Entwurfsverfassers unzweideutig zum Ausdruck kommt. Vertragszweck sei nur die Anfertigung eines Vorentwurfs. Für den Entwurfsverfasser sei auch nicht offenkundig gewesen, dass der Vertragspartner den Willen zum Erwerb des Nachbaurechts hatte, etwa weil der Vorentwurf für ihn ansonsten nutzlos gewesen

---

[42] *Von Gamm*, Der Architekt und sein Werk, BauR 1982, 97, 110.

[43] *Palandt-Sprau*, BGB, Einf v § 631, Rdnr. 7 a. Über den Inhalt der Leistungsphasen siehe unter D.II.1.c.bb.

[44] BGH GRUR 1957, 391, 394 – *Ledigenheim*.

wäre. Der BGH begründete seine Ansicht damit, dass der Vorentwurf nur zur Klärung der Bauabsichten, der Rentabilitätsberechnung etc. dient.[45] Diese Auffassung wurde vom BGH in der Entscheidung *Vorentwurf* bestätigt. Dort kam noch hinzu, dass bei der Anfertigung des Vorentwurfs die Gesamtbeauftragung des Architekten mit allen Architektenleistungen noch ungeklärt war und die Parteien darüber verhandelten. Erwartet der Architekt aber noch eine Gesamtbeauftragung, bei der er üblicherweise selbst von seinem Nachbaurecht Gebrauch machen würde, dann könne nicht von einer stillschweigenden Übertragung des Nachbaurechts ausgegangen werden.[46]

Auf der anderen Seite stellt auch die Vorplanung einen notwendigen Schritt auf dem Weg zur vom Bauherrn angestrebten Errichtung des Gebäudes dar. Kommt der Bauherr nach Anfertigung des Vorentwurfs zu dem Ergebnis, dass er das Projekt weiterverfolgen möchte, dann ist ihm dies grundsätzlich nur mit Einwilligung des Architekten möglich. Willigt der Architekt nicht ein, waren die Investitionen des Bauherrn völlig umsonst. Dies kann aber dann nicht gelten, wenn der Architekt die weitere Planung und Realisierung selbst nicht übernehmen will oder es dem Bauherrn nicht möglich oder nicht zumutbar ist, den Architekten damit zu beauftragen. In solchen Fällen muss man von einer bedingten Nachbaubefugnis ausgehen, weil der Bauherr sonst keine Möglichkeit hätte, das Vorhaben zu realisieren.[47] Liegen solche besonderen Umstände nicht vor, ist der Rechtsprechung zuzustimmen. Die Vorplanung ist von der endgültigen Realisierung noch so weit entfernt und der finanzielle Einsatz des Auftraggebers ist noch so gering, dass man nicht von einem überwiegenden Interesse des Bauherrn an der weiteren Verwendung der Vorplanung ausgehen kann.[48] Außerdem spielt sich die schöpferische Arbeit des Architekten während der Leistungsphasen 2 (Vorplanung) und 3 (Entwurfsplanung) ab, zumindest ab der Leistungsphase 5 (Aus-

---

[45] BGH GRUR 1957, 391, 395 – *Ledigenheim*; OLG Hamm, BauR 1999, 1198, 1200, mit Bezugnahme auf die *Ledigenheim* - Entscheidung des BGH; OLG Jena, BauR 1999, 672, 673, entscheidet zwar im Ergebnis gleich, äußert aber Bedenken: Zweck des Urheberrechts könne nicht sein, einen Bauherrn dazu zu zwingen, den Architekten, der im Wege einer Teilleistung ein urheberrechtsschutzfähiges Werk erstellt hat, auch mit Folgeleistungen zu beauftragen oder sonst Kosten für die Einräumung von Nutzungsrechten aufzuwenden; a. A. OLG München, NJW-RR 1995, 474, 475, das die *Ledigenheim* - Entscheidung als Einzelfallrechtsprechung bezeichnet.

[46] BGH GRUR 1984, 656, 685 – *Vorentwurf*.

[47] *Gerlach*, Das Urheberrecht des Architekten und die Einräumung von Nutzungsrechten nach dem Architektenvertrag, GRUR 1976, 613, 624.

[48] Etwas abgeschwächter *Gerlach*, Das Urheberrecht des Architekten und die Einräumung von Nutzungsrechten nach dem Architektenvertrag, GRUR 1976, 613, 626.

führungsplanung) hat die Arbeit des Architekten keine urheberrechtliche Relevanz mehr.[49] Angesichts dieser Tatsache wäre es nicht befriedigend, wenn der Bauherr die schöpferische Arbeit des Architektenurhebers gegen ein im Vergleich zum Gesamthonorar der 9 Leistungsphasen geringes Entgelt (10 %, s. o.) durch ein stillschweigend erworbenes Vervielfältigungsrecht nutzen könnte.[50]

(bb) Gesamtleistung als Vertragsgegenstand

War Vertragsgegenstand des Architektenvertrages die Planung und Errichtung des Bauvorhabens entsprechend den Leistungsphasen 1 – 8 oder 9 des § 15 Abs. 2 HOAI, so stellt sich die Interessenlage anders dar. Zwar entsteht das Werk schon mit seiner Festlegung in einem Plan, aber die Errichtung in dreidimensionaler Form ist bei architektonischen Werken das eigentliche Ziel des Architekten und auch des Bauherrn. Erst mit der mangelfreien Errichtung ist dann der Vertragszweck erreicht.[51] Eine stillschweigende Übertragung des Vervielfältigungsrechts als Nachbaurecht ist damit nicht mehr notwendig, um den Vertragszweck zu erfüllen. Ist der Architekt auch zur Errichtung des Bauvorhabens verpflichtet, so übt er das Nachbaurecht selbst aus und wird auch für diese eigene Ausübung des Nutzungsrechts vom Auftraggeber nach der HOAI mitvergütet.[52] Die HOAI enthält zwar keinen eigenen Rechnungsposten für die Ausübung des Nachbaurechts durch den Architekten, diese wird aber von den in der HOAI festgelegten Beträgen mitumfasst.[53]

Fraglich ist, ob anders entschieden werden muss, wenn der Architekt die gesamte Entwurfsplanung, aber nur die Errichtung bestimmter Gebäude dieses Entwurfes übernommen hat. In der BGH-Entscheidung *Honorarvereinbarung* lag ein solcher Sachverhalt zugrunde.[54] Der Architekt hatte eine Industrieanlage, bestehend aus einem

---

[49] Siehe zum Schöpfungsprozess des Architekten unter D.II.1c.

[50] *Vinck*, Anmerkung zum Urteil des BGH GRUR 1984, 656 – *Vorentwurf*, GRUR 1984, 658; OLG Jena BauR 1999, 672, 674.

[51] *Gerlach*, Das Urheberrecht des Architekten und die Einräumung von Nutzungsrechten nach dem Architektenvertrag, GRUR 1976, 619.

[52] *Heath*, Verwertungsverträge im Bereich der Baukunst, in: Urhebervertragsrecht, 459, 465.

[53] BGH GRUR 1973, 663, 665 – *Wählamt*; *von Gamm*, Der Architekt und sein Werk, BauR 1982, 97, 111.

[54] BGH GRUR 1981, 196 – *Honorarvereinbarung*.

Kernbereich und Erweiterungsbauten entworfen, es wurde allerdings nur der Kernbereich unter seiner Aufsicht errichtet. Die Erweiterungsbauten wurden später ohne Hinzuziehung des Architekten, aber nach seinen Plänen errichtet. Mangels ausdrücklicher Vereinbarungen kam es bei der Frage der stillschweigenden Übertragung des Vervielfältigungsrechts wiederum auf den Vertragszweck an. Diesen sah der BGH in der Planung der gesamten Industrieanlage und der Errichtung des Kernbereichs durch den Architekten. Von der Interessenlage der Beteiligten bestand daher keine Veranlassung zur Einräumung eines Vervielfältigungsrechts bezüglich der geplanten Erweiterungsbauten nach der Zweckübertragungslehre. Ein ausdrücklicher Vorbehalt des Architektenurhebers bezüglich seiner Verwertungsrechte wurde vom BGH nicht für notwendig erachtet.[55]

(cc) Zwischen (aa) und (bb) liegende Fallgestaltungen

Als Ergebnis der letzten beiden Gliederungspunke lässt sich festhalten, dass Architektenverträge, die entweder nur die Vorplanung oder aber alle Leistungsphasen zum Vertragsgegenstand haben, jeweils nicht zu einer stillschweigenden Übertragung des Vervielfältigungsrechts führen. Fallgestaltungen, die zwischen diesen beiden Konstellationen anzusiedeln sind, müssen aber unter Umständen anders beurteilt werden.

Dabei ist insbesondere fraglich, ob der vorzeitig aus dem Architektenvertrag ausscheidende Architekt die Errichtung des Nachbaues durch den Bauherrn wegen der stillschweigenden Übertragung des Nachbaurechts oder nach Treu und Glauben dulden muss.[56] Diese Fallkonstellation ist jedoch nur dann relevant, wenn der Architekt bereits ein nach § 2 Abs. 1 Nr. 4, Abs. 2 UrhG schutzfähiges Werk geschaffen hat.

In der BGH - Entscheidung *Wählamt* plante der Architekt aufgrund eines Architektenvertrages das Bauvorhaben, errichtete es aber nur zum Teil, da die Auftraggeberin in finanzielle Schwierigkeiten geriet. Der spätere Eigentümer des Grundstücks führte die Bauarbeiten ohne Einschaltung des Architekten fort.[57] Entscheidend war für den BGH, dass das Bauvorhaben bei Beendigung des Vertrages mit der ursprünglichen Auftraggeberin bzw. bei Wiederaufnahme der Bauarbeiten durch den neuen Eigentü-

---

[55] BGH GRUR 1981, 196, 197 – *Honorarvereinbarung*; zustimmend auch *Nordemann*, Anmerkung zu BGH GRUR 1981, 196 – *Honorarvereinbarung*, GRUR 1981, 198.

[56] *Von Gamm*, Der Architekt und sein Werk, BauR 1982, 97, 112.

[57] BGH GRUR 1973, 663 – *Wählamt*.

mer des Grundstücks noch nicht so weit fortgeschritten war, dass die auf den Entwürfen des Architekten beruhende Gestaltung baulich in die äußere Erscheinungswelt getreten und erkennbar verwirklicht worden wäre. Daraus sei zu schließen, dass der Architekt keinen Anlass dafür hatte, dem neuen Eigentümer die Nachbaubefugnis für die weitere Errichtung des Bauvorhabens zu übertragen.[58] Nach der Auffassung des BGH kann also in vergleichbaren Fällen dann nie eine stillschweigende Übertragung des Vervielfältigungsrechts angenommen werden, wenn das architektonische Werk noch nicht in der Weise errichtet worden ist, dass die Gestaltungselemente, die es zu einem Werk im Sinne des § 2 Abs. 2 UrhG machen, erkennbar sind. Eine stillschweigende Einräumung des Vervielfältigungsrechts kommt damit eigentlich in den Fällen überhaupt nicht in Frage, in denen das Bauvorhaben als Ganzes ein geschütztes architektonisches Werk darstellt, da es sich bei den Arbeiten, die erforderlich sind, nachdem das Werk „in seiner vertraglich vereinbarten Form in Erscheinung getreten ist" zwangsläufig nur noch um unbedeutende, kleine Ausbesserungsarbeiten handeln kann, die nichts mehr mit den geschützten Gestaltungselementen zu tun haben können und daher ohne Ausübung eines Vervielfältigungsrechts ausgeführt werden dürfen. Sind nur Teile des Werkes schutzfähig, beispielsweise die Raumaufteilung oder der Grundriss und sind diese Teile bereits baulich ausgeführt, dann ist bezüglich der nicht schutzfähigen Elemente auch keine Übertragung mehr möglich, da an diesen Teilen gar kein Urheberrecht besteht.[59] Denkt man die Ansicht des BGH zu Ende, dann kann es somit in den Fällen der teilweisen Errichtung nie zu einer stillschweigenden Übertragung des Vervielfältigungsrechts kommen. Die vom BGH gefundene Lösung erscheint vor allem auch unter dem Gesichtspunkt interessengerecht, dass ein Architekt, der ursprünglich zur Planung und Errichtung des Gebäudes verpflichtet war, dies aber wegen der vom Besteller verursachten Vertragsbeendigung nicht mehr verwirklichen kann, schon allein aus finanziellen Gründen trotzdem selbst sein Nachbaurecht ausüben will.[60]

---

[58] BGH GRUR 1973, 663, 666 – *Wählamt*.

[59] Dies hat *von Gamm*, Der Architekt und sein Werk, BauR 1982, 97, 113, offenbar nicht bedacht, da er davon ausgeht, dass der Architekt bei einem entsprechend weit fortgeschrittenen Bau seine Einwilligung nach Treu und Glauben nicht versagen könne.

[60] Dem BGH aus anderen Gründen auch zustimmend *Bielenberg*, Anmerkung zu BGH GRUR 1973, 663 – *Wählamt*, GRUR 1973, 666; *Gerstenberg*, Anmerkung zu BGH GRUR 1973, 663 – *Wählamt*, in: *Schulze*, Rechtsprechung zum Urheberrecht, BGHZ 206, Seite 14.

Umstritten ist die Entscheidung *Wohnhausneubau* des VII. Senats des BGH.[61] Dabei nahm der BGH an, dass ein Architekt, der nur zur Anfertigung des Vorentwurfs, des Entwurfs und der Bauvorlagen verpflichtet war, was heute den Leistungsphasen 1 - 5 des § 15 Abs. 2 HOAI entspricht, zumindest stillschweigend die Nachbaubefugnis auf den Bauherrn überträgt, wenn der Bauherr diese zur Errichtung des Bauvorhabens benötigt. Dem Urteil lag jedoch ein Sachverhalt zugrunde, nach dem ursprünglich zwischen dem Architekten und dem Bauherrn ein Vertrag über alle Architektenleistungen vorgesehen war, dieser aber nicht zustande kam. Die Planung des Architekten fand offensichtlich zu einer Zeit statt, als noch nicht feststand, ob es zu einem Vertrag über alle Leistungen kommen werde.[62] Ein Architekt wird aber sein Vervielfältigungsrecht nicht übertragen, wenn er die Aussicht auf eine eigene Durchführung der Errichtung seines Werkes hat.[63] Auch eine Verpflichtung des Architekten nach Treu und Glauben gemäß § 242 BGB, die Nachbaubefugnis zu übertragen, ist aus dem gleichen Grund nicht ersichtlich. Diese Ansicht wird auch durch die Begründung des BGH in der Entscheidung *Wählamt* gestützt. Kommt es für eine Verpflichtung zur Nutzungsrechtsübertragung nach Treu und Glauben darauf an, dass die individuellen Merkmale des Werkes bereits ausgeführt und in die äußere Erscheinungswelt eingetreten sind, dann kann eine solche Verpflichtung erst recht nicht bestehen, wenn die Ausführung des Bauvorhabens noch gar nicht bzw. ohne Beteiligung des Architekten begonnen worden ist.[64] Der VII. Senat berief sich zu Unrecht auf die *Ledigenheim* - Entscheidung des I. Senats, denn dieser verlangte, dass der Wille des Architekten, ein Nutzungsrecht zu übertragen, unzweifelhaft zum Ausdruck kommen müsse.[65] In der *Wohnhausneubau* - Entscheidung ergeben die Umstände bei genauer Analyse des Sachverhalts aber, dass der Architekt gerade an der eigenen Ausübung seines Nachbaurechts interessiert war.[66] Im Gegensatz zu den Ausführungen des I. Senats im *Ledi-*

---

[61] BGH GRUR 1975, 445 – *Wohnhausneubau.*

[62] BGH GRUR 1975, 445 – *Wohnhausneubau.*

[63] OLG München GRUR 1987, 290, 291 – *Wohnanlage.*

[64] *Von Gamm*, Der Architekt und sein Recht, BauR 1982, 97, 115.

[65] BGH GRUR 1957, 391, 394 – *Ledigenheim.*

[66] *Gerstenberg*, Anmerkung zu BGH GRUR 1975, 445 - *Wohnhausneubau*, in: *Schulze*, Rechtsprechung zum Urheberrecht, BGHZ 224, Seiten 6/7; *Nordemann*, Anmerkung zu BGH GRUR 1975, 445

genheim - Urteil stellt der VII. Senat weiterhin fest, dass es einem Bauherrn, der den Architekten nur mit der Planung beauftragt hat, nach Sinn und Zweck des Vertrages selbstverständlich erlaubt sei, diese Pläne bei der Errichtung des Bauvorhabens zu verwenden. Auch die Unterscheidung des VII. Senats zwischen einem Vorentwurf wie in der *Ledigenheim* - Entscheidung und einem Entwurf ohne Heranziehung von weiteren Umständen ist dabei nicht überzeugend.[67] Beides sind vergleichbare architektonische Pläne, die sich nur hinsichtlich ihrer Detailliertheit unterschieden.

Die *Wohnhausneubau* - Entscheidung hat auch die Frage aufgeworfen, welche Auswirkungen die Tatsache hat, dass bei einem Architektenvertrag eindeutig die werkvertraglichen Komponenten gegenüber den urhebervertragsrechtlichen Aspekten, sofern sie überhaupt Erwähnung gefunden haben, überwiegen. Nach § 649 S. 1 BGB kann der Besteller den Werkvertrag jederzeit kündigen. Als Ausgleich dafür kann der Unternehmer jedoch nach § 649 S. 2, 1. Hs. BGB die vereinbarte Vergütung verlangen, abzüglich der ersparten Aufwendungen, § 649 S. 2, 2. Hs. BGB. Kündigt nun der Bauherr einen Architektenvertrag, der zumindest die Leistungsphasen 1 – 8 als Vertragsgegenstand hatte, erhält der Architekt die volle Vergütung, als ob er alle Leistungen erbracht hätte, abzüglich der ersparten Aufwendungen. Diese volle Vergütung müsste auch den Betrag enthalten, der dem Architekten für die Übertragung der Nachbaubefugnis zusteht. Es wird vertreten, dass bei Anwendung des § 649 BGB und bei anderen Fallgestaltungen, die zu einem Schadensersatzanspruch des Architekten auf das Erfüllungsinteresse und damit zur vollen Vergütung führen, die Einräumung von Nutzungsrechten nicht im Belieben des Architekten liegen könne. Dies würde eine notwendige gesamtvertragliche Betrachtung gebieten.[68] Dieser Ansatz wird jedoch der nach dem Urheberrechtsgesetz vorgesehenen Stellung des Urhebers nicht gerecht. Er widerspricht dem in § 31 Abs. 5 UrhG niedergelegten Grundsatz, dass der Urheber Rechte nur in dem Umfang überträgt, der für die Erreichung des Vertragszwecks erforderlich ist. Das Urheberrecht hat die Tendenz, soweit wie möglich beim Urheber zu verbleiben.[69] Eine gesamtvertragliche Betrachtung ist daher bei Architektenverträgen

---

– *Wohnhausneubau*, GRUR 1975, 446, der diese Entscheidung des VII. Senats zum Urheberrecht auf die allgemeine Abneigung der BGH-Senate zurückführt, den Großen Senat anzurufen.

[67] *Ulmer*, Urheber- und Vertragsrecht, § 117 III 2, Seite 506.

[68] *Gerlach*, Das Urheberrecht des Architekten und die Einräumung von Nutzungsrechten nach dem Architektenvertrag, GRUR 1976, 613, 629.

[69] *Ulmer*, Urheber- und Vertragsrecht, § 84 III, IV, Seiten 364/365.

nicht der richtige Weg, um den unterschiedlich gelagerten Interessen gerecht zu werden. Vielmehr sollte der Vergütungs- bzw. Schadensersatzanspruch des Architektenurhebers um den Anteil gekürzt werden, den die Einräumung des Nachbaurechts wert ist, falls sich aus den Umständen nicht ergibt, dass der Urheber diese Rechte übertragen wollte.

Das OLG München setzte sich in einer Entscheidung mit der Problematik der stillschweigenden Nutzungsrechtseinräumung bei Architektenverträgen aufgrund eines Sachverhalts auseinander, nach dem zwischen Architekt und Bauherrin ein Vertrag über alle Leistungsphasen des § 15 Abs. 2 HOAI abgeschlossen wurde. Aufgrund der Kündigung des Vertrages durch die Auftraggeberin wurden vom Architekten aber nur die Leistungen der Phasen 1 – 4 erbracht. Der Bau wurde dann von der Auftraggeberin mit einem anderen Architekten errichtet.[70] Das OLG München bejahte die stillschweigende Einräumung eines Vervielfältigungsrechts an die Auftraggeberin. Die Tatsache, dass ein urheberrechtsschutzfähiges Werk entstanden sei, was aufgrund des Werkvertrages grundsätzlich nicht geschuldet ist, solle die Verwertung für den Bauherrn nicht erschweren. Das Gericht stellte sich auf den Standpunkt, dass der Architekt durch die Vergütung nach der HOAI, deren Höhe unabhängig von der urheberrechtlichen Schutzfähigkeit ist, vollständig entlohnt sei und daher keine zusätzliche Vergütung oder Schadensersatz für die Verletzung seines Urheberrechts verlangen könne. Es könnten keine Zweifel daran bestehen, dass dem Bauherrn nach der Zweckübertragungstheorie die zur Errichtung notwendigen Nutzungsrechte eingeräumt würden.[71] Bezeichnenderweise stellt sich das Gericht gegen alle Gerichtsentscheidungen, die sich mit diesem Thema befasst haben, mit Ausnahme des verfehlten *Wohnhausneubau* - Urteils des VII. Senats des BGH, das der Bedeutung des Urheberrechts nicht gerecht wird. Zwar könnte die Tatsache, dass die Leistungen der Leistungsphasen 1 – 4 durch den Architekten erbracht wurden, eine Übertragung des Nachbaurechts nahelegen, dagegen spricht aber, dass ein Architekt, der ursprünglich mit allen Leistungsphasen beauftragt wurde, zum Zeitpunkt des Vertragsschlusses kein Nachbaurecht einräumen will, da er davon ausgeht, es selbst auszuüben. Die Entscheidung des OLG München

---

[70] OLG München, NJW-RR 1995, 474.

[71] OLG München NJW-RR 1995, 474; so auch OLG Nürnberg NJW-RR 1989, 407, 409, wobei aber nicht einmal die urheberrechtliche Schutzfähigkeit des in Frage stehenden Fabrikgebäudes vom Kläger behauptet wurde und der Vortrag des Klägers schon allein deswegen unschlüssig war. Das OLG Nürnberg hat sich in seiner Begründung auch auf die umstrittene Entscheidung BGH GRUR 1975, 445 – *Wohnhausneubau* berufen.

ist insofern bedenklich, als sie eine Nutzungsrechtseinräumung nach der Zweckübertragungstheorie annimmt, ohne dass sich aus den Umständen Hinweise für eine solche stillschweigende Übertragung ergeben, denen ein entsprechender Erklärungswert beigemessen werden kann.[72] Die urheberrechtlichen Grundsätze über die Einräumung von Nutzungsrechten durch den Urheber werden dabei zu wenig berücksichtigt.

Das OLG München wandte sich außerdem gegen die Auffassung, der Architekt übe sein Nachbaurecht selbst aus, wenn er auch mit der Bauausführung beauftragt wurde.[73] Der Bauherr beauftrage einen Bauunternehmer mit der Errichtung und werde ohne Zustimmung des Architekten Eigentümer des Werkes. Außerdem sei der Bauunternehmer nicht Erfüllungsgehilfe des Architekten.[74] Dabei übersieht das Gericht offenbar die grundlegende Vorschrift des § 44 Abs. 1 UrhG, wonach bei der Veräußerung des Originals eines Werkes im Zweifel keine Nutzungsrechte mitübertragen werden. Der BGH hat in der Entscheidung *Wählamt* ausdrücklich nicht auf die Eigentumslage an dem Werkstück Gebäude abgestellt, sondern darauf, dass der Architekt die künstlerische, technische und geschäftliche Oberleitung vertraglich übernimmt.[75] Der Architekt übt daher im Rahmen dieser Oberleitung sein Vervielfältigungsrecht nach §§ 15 Abs. 1 Nr. 1, 16 Abs. 1 UrhG aus.

Abschließend ist festzuhalten, dass eine stillschweigende Einräumung des Nachbaurechts auch dann nicht anzunehmen ist, wenn der Architekt mehr als die Leistungsphasen 1 und 2, aber weniger als die Leistungsphasen 1 – 8 zu erbringen hat, wenn sich aus den Umständen nichts anderes ergibt. Die einzige Fallgestaltung, bei der eine stillschweigende Übertragung zur Erreichung des Vertragszwecks nach der Zweckübertragungstheorie notwendig ist, liegt dann vor, wenn der Architekt von vornherein nur mit den Leistungsphasen 1 – 4 (Grundlagenermittlung, Vorplanung, Entwurfsplanung, Genehmigungsplanung), und eventuell zusätzlich den Phasen 5 (Ausführungsplanung), 6 (Vorbereitung der Vergabe) oder 7 (Mitwirkung bei der Vergabe) beauftragt worden ist und auch nie die Aussicht auf die Durchführung der Errichtung hatte. In diesen Stadien zeichnet sich die bauliche Ausführung der Planung schon so deutlich ab, dass eine Auslegung des Architektenvertrages mit Hilfe der Zweckübertragungs-

---

[72] OLG München ZUM 1995, 882, 883/884.

[73] So aber BGH GRUR 1973, 663, 665 – *Wählamt.*

[74] OLG München NJW-RR 1995, 474.

[75] BGH GRUR 1973, 663, 665 – *Wählamt.*

theorie dazu führen muss, dass der Vertragszweck darin liegt, die Errichtung zu ermöglichen. Zu diesem Zweck muss aber das Vervielfältigungsrecht des Architekten in Form des Nachbaurechts auf den Bauherrn übertragen werden.[76]

(2) Vervielfältigungen in veränderter Form

Eine Vervielfältigung ist nicht nur bei der identischen Festlegung eines Werkes gegeben, sondern auch bei einer Festlegung in veränderter Form. Bearbeitungen und andere Umgestaltungen nach § 23 UrhG sind Vervielfältigungen, wenn sie zu einer körperlichen Festlegung führen.[77] Eine Vervielfältigung kann aber dann nicht vorliegen, wenn es sich um eine freie Benutzung nach § 24 Abs. 1 UrhG handelt. Um die Frage beantworten zu können, ob ein Werk der Baukunst vervielfältigt worden ist, muss geklärt werden, wo die Grenze zwischen freier und abhängiger Benutzung verläuft.

(a) Umgestaltungen

(aa) Einordnung und Bedeutung des § 23 UrhG

Nach § 23 S. 1 BGB dürfen Bearbeitungen und andere Umgestaltungen nur mit Einwilligung des Urhebers des bearbeiteten oder anders umgestalteten Werkes veröffentlicht oder verwertet werden. Handelt es sich dabei um den Nachbau eines Werkes der Baukunst, dann bedarf bereits das Herstellen der Bearbeitung oder anderen Umgestaltung der Einwilligung des Urhebers, § 23 S. 2 UrhG. Die Regelung des § 23 UrhG soll insgesamt dazu dienen, dass der Urheber die verwertungsrechtliche Bestimmungsmacht über sein Werk, das in den Umgestaltungen mehr oder weniger mitenthalten ist, dadurch behält, dass die Verwertung von Umgestaltungen seines Werkes nur mit seiner Einwilligung geschehen kann. Ansonsten wäre eine Kontrolle des Urhe-

[76] Dieser Auffassung scheint auch *von Gamm*, Der Architekt und sein Werk, BauR 1982, 97, 115 zuzuneigen.

[77] *Schricker-Loewenheim*, Urheberrecht, § 16, Rdnr. 8; *Ulmer*, Urheber- und Verlagsrecht, § 56 IV 1, Seite 270; *Fromm/Nordemann-Nordemann*, Urheberrecht, § 16, Rdnr. 1; a. A. *Möhring/Nicolini-Kroitsch*, Urheberrechtsgesetz, § 16, Rdnr. 10.

bers über Abwandlungen seines Werkes, die geschützte Elemente aufweisen, nicht möglich.[78]

§ 23 UrhG schafft kein eigenständiges Verwertungsrecht neben den §§ 15 ff. UrhG, sondern regelt lediglich den Schutzumfang der Verwertungsrechte.[79] Als Ausfluss seiner Verwertungsrechte nach §§ 15 ff. UrhG hat der Urheber damit auch das Recht nach § 23 UrhG, die Verwertung oder Veröffentlichung des umgestalteten Werkes zu bewilligen oder zu untersagen.[80] § 23 UrhG erweitert den durch §§ 15 ff. UrhG um das Werk gezogenen Kreis, innerhalb dessen der Urheber die Kontrolle in Form seiner Verwertungsrechte ausüben kann.

Nach § 23 S. 1 UrhG ist nicht bereits die Herstellung der Bearbeitung oder Umgestaltung und damit auch deren körperliche Festlegung, sondern erst die Veröffentlichung oder Verwertung von der Einwilligung des Urhebers abhängig. Der Wortlaut des § 23 S. 1 UrhG darf aber nicht darüber hinwegtäuschen, dass die Herstellung einwilligungsbedürftig ist, wenn diese zugleich eine Veröffentlichung oder Verwertung darstellt.[81] Der Gesetzgeber ist bei der Schaffung des § 23 UrhG davon ausgegangen, dass sich die Bearbeitungen und Umgestaltungen der nicht in § 23 S. 2 UrhG genannten Werke zumeist in der privaten Sphäre abspielen. Gedacht wurde dabei an Manuskripte, Pläne und Entwürfe, die in der privaten Sphäre als Vorbereitung für die Herstellung der zur Verwertung bestimmten Exemplare dienen sollen.[82] Die in § 23 S. 2 UrhG aufgezählten Bearbeitungen und Umgestaltungen bestimmter Werke spielen sich jedoch im öffentlichen Bereich ab und werden in der Regel mit der Absicht der gewerblichen Nutzung vorgenommen. Hinzu kommen die in den meisten Fällen hohen Herstellungskosten.[83] § 23 S. 2, 3. Alt. UrhG betrifft nur die Bearbeitungen und anderen Umgestaltungen in Form eines Nachbaus, d. h. einer baulichen Ausführung eines

---

[78] *Plassmann*, Bearbeitungen und andere Umgestaltungen in § 23 UrhG, Seite 49; *Schack*, Urheber- und Urhebervertragsrecht, Rdnr. 423.

[79] *Schricker-Loewenheim*, Urheberrecht, § 23, Rdnr. 1; *Plassmann*, Bearbeitungen und andere Umgestaltungen in § 23 UrhG, Seite 62.

[80] *Ulmer*, Urheber- und Verlagsrecht, § 56 II 2, Seite 268.

[81] *Schricker-Loewenheim*, Urheberrecht, § 23, Rdnr. 15; *Ulmer*, Urheber- und Verlagsrecht, § 56 IV 2, Seite 271.

[82] *Ulmer*, Urheber- und Verlagsrecht, § 56 IV 2, Seite 271.

[83] Bundestags-Drucksache IV/270, Seite 51.

Werkes der Baukunst und nicht in Form von Plänen. Die Begründung des Gesetzgebers passt auf den Nachbau insofern, als dieser in der überwiegenden Zahl der Fälle mit der Absicht der gewerblichen Verwertung im Auftrag des Bauherrn vom Architekten errichtet wird. Die Errichtung eines Bauvorhabens spielt sich auch nicht im privaten Bereich ab, man denke nur an die Vielzahl der Ausführung Beteiligten, wie Architekt, Bauingenieure, Statiker, Handwerker etc. Darüber hinaus sind die Kosten der Errichtung eines Nachbaus im Vergleich z. B. zu Umgestaltungen von literarischen Werken sehr hoch.

(bb) Begriffsbestimmung der Umgestaltung

Wie sich schon aus dem Wortlaut des § 23 S. 1 UrhG ergibt, ist die Umgestaltung der Oberbegriff für alle abhängigen Nachschöpfungen. Eine Nachschöpfung ist eine Gestaltung, bei der wesentliche Züge des Originalwerkes übernommen werden.[84] Bei Umgestaltungen muss zwischen Bearbeitungen einerseits und anderen Umgestaltungen andererseits unterschieden werden. Dabei ist die Abgrenzung umstritten. Teilweise wird die Auffassung vertreten, dass eine Bearbeitung sich durch die Erfüllung der Schutzvoraussetzungen des § 2 Abs. 2 UrhG von einer anderen Umgestaltung unterscheidet. Der Bearbeiter müsse selbst eine persönliche geistige Schöpfung hervorbringen. Begründet wird diese Auffassung mit § 3 S. 1 UrhG, der die Schutzfähigkeit von Bearbeitungen von der Erfüllung der Voraussetzungen des § 2 Abs. 2 UrhG abhängig macht.[85] Überzeugender ist jedoch der Ansatz, dass eine Bearbeitung im Gegensatz zu einer anderen Umgestaltung dadurch gekennzeichnet ist, dass sie dem Werk dient.[86] Eine Bearbeitung dient dem Werk dann, wenn sie dessen Identität unberührt lässt und es nur bestimmten Verhältnissen anpasst, wie dies bei der Übertragung in eine andere Kunstform, z. B. durch die Dramatisierung eines Romans, der Fall ist. Damit kann der Inhalt des Romans auch auf einer Bühne aufgeführt werden. Zu denken ist dabei aber auch an die Übersetzung eines Schriftwerkes in eine andere Sprache. Dadurch wird der

---

[84] *Ulmer*, Urheber- und Verlagsrecht, § 56 I 1, Seite 265; *Schricker-Loewenheim*, Urheberrecht, § 23, Rdnr. 2.

[85] *Fromm/Nordemann-Nordemann/Vinck*, Urheberrecht, § 23, Rdnr. 1, § 3, Rdnr. 2; *Möhring/Nicolini-Ahlberg*, Urheberrechtsgesetz, § 23, Rdnr. 12; *Rehbinder*, Urheberrecht, Rdnr. 151/152.

[86] *Ulmer*, Urheber- und Verlagsrecht, § 56 I 1, Seite 265; *Schricker-Loewenheim*, Urheberrecht, § 23, Rdnr. 4; *Plassmann*, Bearbeitungen und andere Umgestaltungen in § 23 UrhG, Seite 171; *Chakraborty*, Das Rechtsinstitut der freien Benutzung im Urheberrecht, Seite 34.

Kreis der Leser erweitert. Die Gegenauffassung verkennt, dass es bei Umgestaltungen im Rahmen des § 23 UrhG um den Schutzumfang des Originalwerkes geht. Das Vorliegen einer persönlichen geistigen Schöpfung ist dagegen nur bei der Frage entscheidend, ob die Bearbeitung selbst urheberrechtlich geschützt wird, § 3 S. 1 UrhG.[87] Es entsteht auch keine Gesetzeslücke für Umgestaltungen eines Werkes[88], die keine persönlichen geistigen Schöpfungen sind[89]. Solche Umgestaltungen können sowohl dem Werk dienende als auch nicht dienende Umgestaltungen sein.[90]

Für beide Arten der Umgestaltung gilt aber, dass sie eine Veränderung des Originalwerkes in nicht nur unerheblichem Umfang enthalten müssen.[91]

(cc) Einordnung der Umgestaltungen von Werken der Baukunst in § 23 UrhG

Aufgrund der unterschiedlichen Regelungen in § 23 S. 1 und S. 2 UrhG ist bei den Umgestaltungen von Werken der Baukunst zwischen Nachbauten und anderen Formen der Umgestaltung zu unterscheiden.

(α) Andere Umgestaltungen als Nachbauten

Bei architektonischen Entwürfen und Plänen, die ein abgeändertes Werk der Baukunst verkörpern, handelt es sich um andere Umgestaltungen. Anders als bei der Übersetzung eines Sprachwerkes in eine andere Sprache oder der Darstellung einer Skulptur in Form eines Gemäldes wird hier das Originalwerk nicht einem anderen Zweck angepasst oder dessen Verwertungsmöglichkeiten erweitert. Wird beispielsweise der Plan für ein Verwaltungsgebäude umgestaltet, so bleibt der Zweck, die Unterbringung von Büros für die Verwaltung, derselbe. Auch an der Verwertungsmöglichkeit des Werkes ändert sich durch eine solche Umgestaltung nichts, was vor allem an der Natur von Werken der Baukunst liegt, deren Verwertungsmöglichkeiten begrenzter sind als dies z. B. bei Schriftwerken der Fall ist. Da auf der anderen Seite auch die Identität des

---

[87] *Schricker-Loewenheim*, Urheberrecht, § 23, Rdnr. 4; *Ulmer*, Urheber- und Verlagsrecht, § 56 I 1, Seite 266.

[88] so aber *Fromm/Nordemann-Vinck*, Urheberrecht, § 23, Rdnr. 1.

[89] *Chakraborty*, Das Rechtsinstitut der freien Benutzung im Urheberrecht, Seite 33.

[90] *Schricker-Loewenheim*, Urheberrecht, § 23, Rdnr. 4.

[91] *Schricker-Loewenheim*, Urheberrecht, § 23, Rdnr.6.

Originalwerkes durch ein in einem Plan festgehaltenes, verändertes Werk der Baukunst nicht unberührt gelassen wird, stellen solche Pläne keine Bearbeitungen, sondern andere Umgestaltungen dar.[92]

Bei der Frage, ob der Umgestalter die Einwilligung des Urhebers des Originalwerkes zur Veröffentlichung der Umgestaltung nach § 23 S. 1 UrhG benötigt, ist danach zu differenzieren, ob das Originalwerk selbst bereits veröffentlicht wurde oder nicht.

Zu einer Veröffentlichung der Umgestaltung braucht der Umgestalter nach § 23 S. 1 UrhG die Einwilligung des Urhebers des Originalwerkes nur dann, wenn dieses selbst noch nicht veröffentlicht worden ist, da sich das Veröffentlichungsrecht des Urhebers nach § 12 UrhG nur auf die Erstveröffentlichung erstreckt. Wurde das Originalwerk bereits veröffentlicht, so ist das Recht der Erstveröffentlichung verbraucht und lebt durch § 23 S. 1 UrhG nicht wieder auf.[93] Eine solche Erstveröffentlichung des Originalwerkes ist nach § 6 Abs. 1 UrhG dann anzunehmen, wenn das Werk mit Zustimmung des Berechtigten der Öffentlichkeit zugänglich gemacht wird.[94] Bei architektonischen Plänen ist dies jedoch noch nicht der Fall, wenn sie dem Bauherrn oder der Baubehörde zur Verfügung gestellt werden.[95] Anders ist jedoch zu entscheiden, wenn die Pläne in einer der Öffentlichkeit zugänglichen Ausstellung gezeigt werden, beispielsweise die Entwürfe der Teilnehmer eines Architektenwettbewerbs.[96] Die Ausführung eines Werkes der Baukunst ist dann eine Veröffentlichung, wenn das errichtete Werk fertiggestellt ist und von öffentlichen Straßen und Plätzen aus eingesehen werden kann. Bei den Innenräumen kann man eine Veröffentlichung erst annehmen, wenn diese der Öffentlichkeit zugänglich gemacht werden.[97] Auch bei der Abbildung des Werkes in Zeitungen oder Zeitschriften muss von seiner Veröffentlichung i. S. d. § 6

---

[92] Bundestags-Drucksache IV/270, Seite 51; *Schricker-Loewenheim*, Urheberrecht, § 23, Rdnr. 11.

[93] *Schricker-Loewenheim*, Urheberrecht, § 23, Rdnr. 14; *Ulmer*, Urheber- und Verlagsrecht, § 39 I 2, Seite 211; *Plassmann*, Bearbeitungen und andere Umgestaltungen in § 23 UrhG, Seite 263.

[94] Im Rahmen des § 12 ist dabei nicht die Definition des § 15 Abs. 3 UrhG entscheidend, *Schricker-Dietz*, Urheberrecht, § 12, Rdnr. 8; *Ulmer*, Urheber- und Verlagsrecht, § 32 I, Seiten 179/180; *Haberstumpf*, Handbuch des Urheberrechts, Rdnr. 207.

[95] *Beigel*, Das Urheberrecht des Architekten, Rdnr. 134; *Gerstenberg*, Die Urheberrecht an Werken der Kunst, der Architektur und der Photographie, Seite 66.

[96] *Beigel*, Das Urheberrecht des Architekten, Rdnr. 137; *Ulmer*, Urheber- und Verlagsrecht, § 32 I, Seite 179 bzgl. der Ausstellung von Werken der bildenden Künste.

[97] *Beigel*, Das Urheberrecht des Architekten, Rdnr. 134.

Abs. 1 UrhG mit der Folge der Erschöpfung des Erstveröffentlichungsrechts nach § 12 Abs. 1 UrhG ausgegangen werden. In den meisten Fällen wird das Erstveröffentlichungsrecht des Urhebers des Originalwerkes bereits erschöpft sein, denn der Umgestalter muss zuerst in der Lage gewesen sein, das Werk wahrzunehmen, bevor er es umgestalten kann.[98]

Wurde das Originalwerk aber noch nicht veröffentlicht, so ist weiter zu untersuchen, unter welchen Voraussetzungen eine Veröffentlichung der Umgestaltung anzunehmen ist.

An die Veröffentlichung der Umgestaltung durch den Umgestalter sind strengere Maßstäbe anzulegen, da die Herstellung von Umgestaltungen nach dem Willen des Gesetzgebers auf den privaten Bereich beschränkt bleiben soll. Daher ist hier der engere Veröffentlichungsbegriff des § 15 Abs. 3 UrhG maßgeblich.[99] Eine Veröffentlichung ist danach anzunehmen, wenn die Umgestaltung bestimmungsgemäß einer Mehrzahl von Personen zugänglich sein soll, es sei denn, dass der Kreis dieser Personen bestimmt abgegrenzt ist und sie durch gegenseitige Beziehungen oder durch Beziehungen zu demjenigen, der die Umgestaltung wahrnehmbar macht, persönlich untereinander verbunden sind. Bei einer Veröffentlichung nach § 15 Abs. 3 UrhG genügen schon wenige Personen, bei § 6 Abs. 1 UrhG muss eine größere Anzahl von Menschen beteiligt sein.[100] Bei in architektonischen Plänen verkörperten Umgestaltungen wird sich jedoch meist kein anderes Ergebnis als bei § 6 Abs. 1 UrhG ergeben, da die Personen, die die Pläne zu Gesicht bekommen, im allgemeinen durch vertragliche oder sonstige Beziehungen zum Umgestalter verbunden sein werden, wie z. B. Architekt und Bauherr, Bauunternehmer, Statiker, Handwerker, etc. Die oben bei der Frage der Veröffentlichung des Originalwerkes genannten Sachverhaltsvarianten müssten daher nach § 15 Abs. 3 UrhG in gleicher Weise entschieden werden.

Auch eine Verwertung der Umgestaltung durch den Umgestalter kann nur mit Einwilligung des Urhebers des Originalwerkes stattfinden, § 23 S. 1 UrhG. In Betracht kommt bei Werken der Baukunst vor allem die Vervielfältigung nach §§ 15 Abs. 1 Nr. 1, 16 UrhG.

---

[98] *Möhring/Nicolini-Ahlberg*, Urheberrechtsgesetz, § 23, Rdnr. 17.

[99] *Schricker-Loewenheim*, Urheberrecht, § 23, Rdnr. 14; *Hörnig*, Das Bearbeitungsrecht und die Bearbeitung im Urheberrecht, UFITA 99 (1985) 13, 68, der die Wahl des Veröffentlichungsbegriffs von den Interessen des Urhebers abhängig macht.

[100] *Schricker-v. Ungern-Sternberg*, Urheberrecht, § 15, Rdnr. 58.

(β) Umgestaltungen in Form von Nachbauten

Nach § 23 S. 2 UrhG bedarf bereits die Herstellung eines Nachbaus eines Werkes der Baukunst der Einwilligung des Urhebers des Originalwerkes. Der Wortlaut dieser Vorschrift ist aber in mehrfacher Hinsicht missverständlich. Zum einen stellt der Nachbau von Plänen, d. h. die bauliche Ausführung des im Plan verkörperten Werkes, nur eine Vervielfältigung im Sinne der §§ 15 Abs. 1 Nr. 1, 16 UrhG in unveränderter Form dar. In § 23 UrhG geht es aber nicht um Vervielfältigungen, sondern um Umgestaltungen, daher kann mit einem Nachbau im Sinne des § 23 S. 2 UrhG nur ein umgestalteter Nachbau gemeint sein.[101] Zum anderen können von § 23 S. 2 UrhG nur umgestaltete Nachbauten erfasst werden, die nicht aufgrund eines Plans desselben umgestalteten Werkes der Baukunst ausgeführt werden. Entwürfe und Pläne eines umgestalteten Werkes des Baukunst fallen in den Anwendungsbereich des § 23 S. 1 UrhG. Wird ein Nachbau von diesen Plänen errichtet, dann handelt es sich dabei um eine Vervielfältigung im Sinne der §§ 15 Abs. 1 Nr. 1, 16 UrhG und folglich um eine Verwertung, zu der der Originalurheber seine Einwilligung nach § 23 S. 1 UrhG geben muss. Da die Errichtung eines Werkes der Baukunst aber so gut wie nie ohne die Verwendung von Plänen durchgeführt werden kann, läuft § 23 S. 2 UrhG in Bezug auf umgestaltete Nachbauten leer.[102]

(b) Freie Benutzungen

Ein selbständiges Werk, das in freier Benutzung des Werkes eines anderen geschaffen worden ist, darf ohne Zustimmung des Urhebers des benutzten Werkes veröffentlicht und verwertet werden, § 24 Abs. 1 UrhG. Diese Vorschrift gilt für Werke, die zwar keine Umgestaltungen im Sinne des § 23 UrhG sind, die aber auch durch die Benutzung des geschützten Werkes eines anderen entstanden sind. Bei der freien Benutzung hat das fremde Werk im Unterschied zur Umgestaltung aber nur als Anregung für die eigene schöpferische Tätigkeit gedient.[103]

---

[101] *Ulmer*, Urheber- und Verlagsrecht, § 45 I 1, Seiten 230/231; *Schricker-Loewenheim*, Urheberrecht, § 16, Rdnr. 7; *Fromm/Nordemann-Vinck*, Urheberrecht, § 16, Rdnr. 1; *Plassmann*, Bearbeitungen und andere Umgestaltungen in § 23 UrhG, Seite 311.

[102] *Plassmann*, Bearbeitungen und andere Umgestaltungen in § 23 UrhG, Seite 316; *Möhring/Nicolini-Ahlberg*, Urheberrechtsgesetz, § 23, Rdnr. 21, 23; *von Gamm*, Urheberrechtsgesetz, § 23, Rdnr. 12.

[103] *Schricker-Loewenheim*, Urheberrecht, § 24, Rdnr. 1.

Das Institut der freien Benutzung ist für das urheberrechtliche Schaffen von großer Bedeutung. Schöpferische Tätigkeit spielt sich nicht in einem Vakuum ab, sondern wird ständig, bewusst oder unbewusst, beeinflusst und inspiriert von bereits bestehenden schöpferischen geistigen Leistungen.[104] Betrachtet man beispielsweise die Entwicklung der klassischen Musik, so ist deutlich erkennbar, dass die einzelnen Komponisten die Werke ihrer früheren Kollegen genau studiert und auf ihnen aufgebaut haben. Gleiches gilt auch für die Architektur. Das sogenannte Zitieren der Formensprache anderer Architekten ist seit dem Beginn der Architekturgeschichte ein Mittel der Architekten, ihr Werk in Beziehung zu anderen bereits existierenden Werken zu setzen.[105] Ohne das Rechtsinstitut der freien Benutzung nach § 24 Abs. 1 UrhG wäre die Entwicklung auf dem Gebiet der persönlich-geistigen Schöpfungen stark gehemmt. Gerade in einer Regelung wie § 24 Abs. 1 UrhG zeigt sich, dass der Urheberrechtsschutz auch ein wesentliches Instrument der kulturellen und kulturwirtschaftlichen Förderung ist.[106]

§ 24 Abs. 1 UrhG ist erst dann anwendbar, wenn aufgrund der Benutzung des fremden Werkes ein neues Werk, d. h. eine persönliche geistige Schöpfung nach § 2 Abs. 2 UrhG, geschaffen worden ist. Erst wenn das kulturelle Gesamtgut um ein eigenschöpferisches Werk bereichert wird, ist die Inanspruchnahme der schöpferischen Kraft eines anderen gerechtfertigt.[107] Eine weitere Voraussetzung ist, dass das fremde Werk nur als Anregung für die eigene schöpferische Tätigkeit gedient hat. Von einer Anregung kann man allerdings nur sprechen, wenn angesichts der Individualität des neuen Werkes die Züge des benutzten Werkes verblassen.[108] Durch das Merkmal des Verblassens unterscheidet sich die freie Benutzung auch von der nach § 3 UrhG ge-

---

[104] *Chakraborty*, Das Rechtsinstitut der freien Benutzung im Urheberrecht, Seiten 13, 55; *Ulmer*, Urheber- und Verlagsrecht, § 58 II, Seite 276; *Möhring/Nicolini-Ahlberg*, Urheberrechtsgesetz, § 24, Rdnr.1.

[105] *Newsam*, Architecture and Copyright – Separating the Poetic from the Prosaic, 71 Tul. L. Rev. 1073, 1097 – 1099.

[106] *Schricker*, Urheberrecht zwischen Industrie- und Kulturpolitik, GRUR 1992, 242, 246, der sich für die teilweise Übernahme des überindividuellen Schutzzwecks aus dem angelsächsischen Rechtsdenken ausspricht.

[107] *Schricker-Loewenheim*, Urheberrecht, § 24, Rdnr. 9.

[108] Diese Formulierung wurde geprägt von *Ulmer*, Urheber- und Verlagsrecht, § 58 II, Seite 276; *Möhring/Nicolini-Ahlberg*, Urheberrechtsgesetz, § 24, Rdnr. 7.

schützten Bearbeitung, die „nur" eine persönliche geistige Schöpfung nach § 2 Abs. 2 UrhG enthalten muss.

(c) Gemeingut

Der Begriff Gemeingut ist ein Sammelbegriff für alles, was ohne Einschränkungen von jedermann bei geistigem Schaffen benutzt werden kann. Gemeingut lässt sich nicht genau definieren, sondern nur umschreiben, da der Inhalt des Gemeingutes einem ständigen Wandel unterliegt.[109]

Zum Gemeingut werden einmal alle tatsächlichen Gegebenheiten und Ereignisse gezählt. Alles was durch Natur und Geschichte vorgegeben ist, kann von jedermann verwendet werden.[110] Hinzu kommen die geistigen Schöpfungen, die entweder die Voraussetzungen des § 2 Abs. 2 UrhG nicht erfüllen oder deren Schutzfrist von 70 Jahren *post mortem auctoris* nach § 64 UrhG abgelaufen ist.[111] Weiter zählt der Inhalt von Gedanken und Lehren zum Gemeingut. Die Freiheit des Geisteslebens gebietet es, dass eine Auseinandersetzung über den gedanklichen Inhalt von Gedanken und Lehren möglich ist und nicht urheberrechtlich untersagt werden kann. Nur die Form, in der Gedanken und Lehren dargestellt werden, kann Urheberrechtsschutz erhalten.[112]

Auch die Methode des Schaffens, der Stil, die Manier und die Technik der Darstellung sind Gemeingut.[113] Dies ist für das architektonische Schaffen von großer Bedeutung. Stilrichtungen wie der Bauhausstil, die Postmoderne oder der Dekonstruktivismus sind gemeinfrei, jeder Architekt darf Werke in diesen Stilen schaffen. Das gleiche gilt für die Formensprachen bestimmter Stilrichtungen, nicht jedoch für den persönlichen Stil eines Architekten, der die Individualität seiner Werke ausmacht.

---

[109] *Reinhart*, Das Institut der freien Benutzung im Urheberrecht, UFITA 103 (1986), 65, 74.

[110] *Schricker-Loewenheim*, Urheberrecht, § 24, Rdnr. 3.

[111] *Möhring/Nicolini-Gass*, Urheberrechtsgesetz, § 64, Rdnr. 54.

[112] *Fromm/Nordemann-Vinck*, Urheberrecht, § 24, Rdnr. 1.

[113] *Schricker-Loewenheim*, Urheberrecht, § 24, Rdnr. 6; *Chakraborty*, Das Rechtsinstitut der freien Benutzung im Urheberrecht, Seite 63.

(d) Die Abgrenzung zwischen Umgestaltung und freier Benutzung

(aa) Vorgehensweise bei der Prüfung

Die Frage, ob eine architektonische Schöpfung, die unter Benutzung eines Werkes der Baukunst nach § 2 Abs. 1 Nr. 4 UrhG entstanden ist, eine Umgestaltung nach § 23 UrhG oder eine freie Benutzung nach § 24 Abs. 1 UrhG darstellt, kann nur durch Gegenüberstellung beider geistiger Produkte, des Originalwerkes und der Nachschöpfung, entschieden werden.

Zuvor ist jedoch zu klären, welche Bestandteile überhaupt miteinander verglichen werden sollen. Auf die gemeinfreien Elemente des Originalwerkes kann es dabei nicht ankommen, denn diese können aufgrund ihrer Gemeinfreiheit von jedermann benutzt werden. Daher kommt es allein auf die Bestandteile des Originalwerkes an, die seine Individualität ausmachen und das geistige Produkt zu einem Werk im Sinne des § 2 Abs. 2 UrhG machen.[114] Entscheidend ist demzufolge, inwieweit diese geschützten Elemente des Originalwerkes für das nachfolgende Werk benutzt wurden.

Bei der Gegenüberstellung sind die Übereinstimmungen und nicht die Unterschiede ausschlaggebend.[115] Diese Auffassung hat sich aus der Kritik an der Rechtsprechung des RG heraus entwickelt. Das RG stellte anfangs auf die Unterschiede ab und ließ es für die Annahme einer freien Benutzung genügen, wenn zu den übernommenen Teilen eigenschöpferische hinzutraten.[116] Die Erfüllung dieser Voraussetzung führt jedoch nur zu der Entstehung eines abhängigen Bearbeiterurheberrechtes nach § 3 UrhG. Bei einer freien Benutzung sind aber strengere Voraussetzungen zu fordern, die nur darin bestehen können, dass die Übereinstimmungen nicht zu groß sind.[117]

---

[114] *Möhring/Nicolini-Ahlberg*, Urheberechtsgesetz, § 24, Rdnr. 10; *Fromm/Nordemann-Vinck*, Urheberrecht, § 24, Rdnr. 3; *Plassmann*, Bearbeitungen und andere Umgestaltungen in § 23 UrhG, Seite 76.

[115] *Schricker-Loewenheim*, Urheberrecht, § 24, Rdnr. 13; *Möhring/Nicolini-Ahlberg*, Urheberrechtsgesetz, § 24, Rdnr. 10; *Fromm/Nordemann-Vinck*, Urheberrecht, § 24, Rdnr. 4; *Chakraborty*, Das Rechtsinstitut der freien Benutzung im Urheberrecht, Seite 70.

[116] RGZ 63, 158, 160 – *Durchlaucht Radieschen*; RGZ 82, 16, 17 – *Die lustige Witwe*.

[117] *Chakraborty*, Das Rechtsinstitut der freien Benutzung im Urheberrecht, Seite 69.

Entscheidend ist dabei, dass die Züge des geschützten Werkes angesichts der Individualität des neuen Werkes verblassen.[118] Anders als bei der abhängigen Bearbeitung darf das Originalwerk bei der freien Benutzung in dem neuen Werk in seinem Wesenskern nicht mehr vorhanden sein. Das neue Werk muss sich von seiner Vorlage lösen und einen neuen, eigenen Wesenskern aufweisen.[119] Eine freie Benutzung kann daher nur dann gegeben sein, wenn das neue Werk zumindest auch die Voraussetzungen des § 2 Abs. 2 UrhG erfüllt.[120]

Bei manchen Schöpfungen, bei denen andere Werke benutzt wurden, kommt es auf den Abstand zwischen der neuen Schöpfung und dem benutzten Werk an. Bei Parodien ist es z. B. unerlässlich, dass die Züge des Originalwerkes deutlich erkennbar bleiben. Eine freie Benutzung kann dann angenommen werden, wenn ein genügend großer innerer Abstand durch die Auseinandersetzung mit dem älteren Werk hergestellt wird.[121] Da Werke der Baukunst jedoch nicht zu dieser Art von geistigen Schöpfungen zählen, ist das Verblassenskriterium entscheidend.

Bei der Beurteilung an Hand der genannten Kriterien ist auf die Gesamtwirkung beider Werke durch eine umfassende Beurteilung aller die Werke prägenden Gestaltungsmerkmale abzustellen.[122] Dies gilt vor allem bei Werken der Baukunst, da sich deren Individualität meist nicht auf einzelne, sondern auf das Zusammenspiel vieler Gestaltungselemente gründet.[123] Dabei darf aber keine summarische Prüfung vorge-

---

[118] *Ulmer*, Urheber- und Verlagsrecht, § 58 II, Seite 276; *Schricker-Loewenheim*, Urheberrecht, § 24, Rdnr. 10; *Fromm/Nordemann-Vinck*, § 24, Rdnr. 2; *Möhring/Nicolini-Ahlberg*, Urheberrechtsgesetz, § 24, Rdnr. 7.

[119] *Fromm/Nordemann-Vinck*, Urheberrecht, § 24, Rdnr. 2.

[120] *Möhring/Nicolini-Ahlberg*, Urheberrechtsgesetz, § 24, Rdnr. 9; *Fromm/Nordemann-Vinck*, Urheberrecht, § 24, Rdnr. 2; *Schricker-Loewenheim*, Urheberrecht, § 24, Rdnr. 9; *Ulmer*, Urheber- und Verlagsrecht, § 58 II, Seite 276; *von Gamm*, Urheberrechtsgesetz, § 24, Rdnr. 9; *Chakraborty*, Das Rechtsinstitut der freien Benutzung im Urheberrecht, Seite 75.

[121] *Schricker-Loewenheim*, Urheberrecht, § 24, Rdnr. 11; *Chakraborty*, Das Rechtsinstitut der freien Benutzung im Urheberrecht, Seiten 73/74.

[122] *Möhring/Nicolini-Ahlberg*, Urheberrechtsgesetz, § 24, Rdnr. 10; *von Gamm*, Urheberrechtsgesetz, § 24, Rdnr. 11; *Fromm/Nordemann-Vinck*, Urheberrecht, § 24, Rdnr. 3; *Schricker-Loewenheim*, Urheberrecht, § 24, Rdnr. 12.

[123] *Reinhart*, Die Abgrenzung von freier und unfreier Benutzung im schweizerischen Urheberrecht, Seiten 182/183.

nommen werden, es soll nur eine zergliedernde Gegenüberstellung von Werkteilen ausgeschlossen werden.

Die Frage, ob das neue Werk selbständig gegenüber dem benutzten Werk ist, spielt trotz des Wortlauts des § 24 Abs. 1 UrhG neben dem Kriterium der Freiheit der Benutzung keine Rolle. Diente das alte Werk nur als Anregung für das neue, sind also die Wesensmerkmale des alten Werkes in dem neuen verblasst, so ist das neue Werk dem benutzten Werk gegenüber auch selbständig.[124]

Die Gestaltungshöhe eines Werkes ist bei der Prüfung des Verblassenskriteriums ein ausschlaggebender Faktor. Je ausgeprägter die individuelle Prägung eines Werkes ist, desto weniger leicht wird es in einem neuen Werk verblassen. Auf der anderen Seite führt eine starke individuelle Prägung des neuen Werkes eher dazu, dass die eigenschöpferischen Züge des benutzten Werkes verblassen.[125]

Die Frage, ob das Gericht selbst genügend Fachwissen und Einfühlungsvermögen besitzt, um zu beurteilen, ob es sich um eine abhängige Nachschöpfung oder eine freie Benutzung handelt, muss je nach Werkart unterschiedlich beantwortet werden. Fehlt dem Gericht die notwendige Sachkunde, dann muss es auch ohne Antrag Sachverständigenbeweis anordnen oder einen Hinweis nach § 139 ZPO geben, sonst begeht es einen Verfahrensverstoß. Die Richter können sich die notwendige Sachkunde aber auch selbst durch privates Studium der einschlägigen Fachliteratur aneignen, soweit nicht für die Auswertung der Fachliteratur wiederum Fachkenntnisse erforderlich sind.[126]

Weiterhin ist die Perspektive zu klären, die für die Abgrenzung maßgeblich sein soll. Die mangelnde Geeignetheit der Formel „es kommt nicht auf die ästhetischen Feinheiten an, zu deren Feststellung ein auf dem Gebiet arbeitender Fachmann erforderlich ist, sondern auf den ästhetischen Eindruck, den das Werk nach dem Urteil der für Kunst empfänglichen und mit Kunst einigermaßen vertrauten Menschen vermittelt" wurde bereits an anderer Stelle behandelt.[127] Geeigneter ist es, einen Betrachter

---

[124] *Chakraborty*, Das Rechtsinstitut der freien Benutzung im Urheberrecht, Seite 75.

[125] *Schricker-Loewenheim*, Urheberrecht, § 24, Rdnr. 10; *von Gamm*, Urheberrechtsgesetz, § 24, Rdnr. 12; *Chakraborty*, Das Rechtsinstitut der freien Benutzung im Urheberrecht, Seiten 75 – 78.

[126] *Thomas/Putzo-Thomas*, Zivilprozessordnung, Vorbem § 402, Rdnr. 3.

[127] Siehe dazu auch unter D.II.2.f.

mit durchschnittlichem Fachwissen in dem jeweiligen Gebiet vorauszusetzen.[128] Bei einem „kunstverständigen" Laien ist die Gefahr zu groß, dass er sein Urteil an leicht erkennbaren Äußerlichkeiten festmacht und dadurch der schwierigen Abgrenzung von Umgestaltung und freier Benutzung nicht gerecht wird.

Insgesamt wird immer wieder betont, dass bei der Annahme einer freien Benutung ein strenger Maßstab anzulegen ist[129], weil einerseits eine Fülle an frei benutzbarem Material existiert[130] und andererseits sich derjenige, der die Werke anderer benutzt, nicht ein eigenes persönlich-geistiges Schaffen ersparen können soll.[131]

(bb) Rechtsprechung zur Abgrenzung von § 23 und § 24 UrhG bei Werken der Baukunst

In einer Entscheidung des OLG Hamm aus dem Jahr 1966 ging es um zwei Einfamilienhäuser, denen der Grundriss und die Raumaufteilung gemeinsam waren.[132] Bei diesen beiden Gestaltungselementen handelte es sich allerdings um gemeinfreie Standardmerkmale. In der individuellen Ausführung dieser Grundkonzeptionen unterschieden sich die beiden Einfamilienhäuser in wesentlichen Punkten, wie beispielsweise bei der Anordnung der Fenster oder der Gestaltung des Daches.[133] Obwohl diese Unterschiede nicht sehr groß seien, nahm das Gericht an, dass der später geschaffene Plan eine freie Benutzung darstellt. Angesichts des geringen Anteils an individuellen Gestaltungsmerkmalen bei dem früheren Werk würden schon geringe Änderungen eine freie Benutzung rechtfertigen.[134] Das Gericht hätte jedoch nicht auf die Änderungen, sondern auf das Verblassen der individuellen Gestaltungsmerkmale des früher ge-

[128] *Chakraborty*, Das Rechtsinstitut der freien Benutzung im Urheberrecht, Seite 79; *Reinhart*, Die Abgrenzung von freier und unfreier Benutzung im schweizerischen Urheberrecht, Seite 107; *ders.*, Das Insitut der freien Benutzung im Urheberrecht, UFITA 103 (1986), 65, 77/78.

[129] *Von Gamm*, Urheberrechtsgesetz, § 24, Rdnr. 4; *Ulmer*, Urheber- und Verlagsrecht, § 58 II 1, Seite 276; *Plassmann*, Bearbeitungen und andere Umgestaltungen in § 23 UrhG, Seite 130.

[130] *Fromm/Nordemann-Vinck*, Urheberrecht, § 24, Rdnr. 4.

[131] *Möhring/Nicolini-Ahlberg*, Urheberrechtsgesetz, § 24, Rdnr. 10.

[132] OLG Hamm GRUR 1967, 608 – *Baupläne*.

[133] OLG Hamm GRUR 1967, 608, 610 – *Baupläne*; leider nennt das Gericht die weiteren Unterschiede nicht, sondern verweist diesbezüglich auf ein Gutachten.

[134] OLG Hamm GRUR 1967, 608, 611 – *Baupläne*.

schaffenen Werkes in der später entstandenen Schöpfung abstellen sollen. Ob die später angefertigten Pläne überhaupt urheberrechtlich schutzfähig waren, wurde von dem Gericht nicht erörtert. Insgesamt ging das Gericht bei seiner Prüfung zu unsystematisch und ungenau vor, sodass die Entscheidung allein an Hand der Urteilsgründe nur schwer nachvollzogen werden kann.

Das OLG München hat sich im Jahr 1969 mit der Abgrenzung von abhängiger und freier Benutzung befasst.[135] Es hat dabei jedoch nicht einen detaillierten Vergleich der individuellen Merkmale des älteren Werkes mit den Merkmalen der späteren Schöpfung vorgenommen, sondern aus anderen Umständen auf eine abhängige Nachschöpfung geschlossen. Zum einen seien die Architekten von ihrem Auftraggeber angewiesen worden, eine unfreie Nachschöpfung herzustellen und zum anderen hätten sie nur einen oder zwei Tage Zeit gehabt, um ihren Entwurf anzufertigen. Nach Ansicht des Gerichts müsse aber nach der Lebenserfahrung davon ausgegangen werden, dass in so kurzer Zeit keine freie Benutzung zustande kommen kann.[136] Dieser Ansatz ist insofern problematisch, als grundsätzlich auch innerhalb von zwei Tagen individuelle Gestaltungsmerkmale geschaffen werden können. Die zeitintensive Arbeit bei der Erstellung von Plänen ist die detailgenaue, maßstabsgerechte Darstellung des Bauvorhabens. Individuelle Merkmale können sich auch schon während der Vorplanungsphase ergeben, bei der die zeichnerische Darstellung viel weniger Zeit beansprucht. Daher sollte die Abgrenzung zwischen freier und unfreier Benutzung nicht an Hand von indirekten Faktoren, sondern direkt durch den Vergleich beider Schöpfungen erfolgen.

In der Entscheidung *Architektenwechsel* befasste sich der BGH mit der streitgegenständlichen Frage, ob die Pläne für ein Einfamilienhaus mit Arztpraxis durch den Architekten frei benutzt wurden, nach dessen Bauvorlagen das Bauvorhaben letztendlich realisiert wurde.[137] Dabei nahm der BGH auf die Ausführungen des Berufungsgerichtes Bezug, mit denen er sich in vollem Umfang einverstanden erklärte. Als erstes arbeitete das Berufungsgericht die individuellen Merkmale heraus, die das geschützte erste Werk ausmachten. Das äußere Erscheinungsbild dieses Werkes werde geprägt durch zahlreiche unterschiedlich geneigte und zueinander angeordnete Dachflächen

---

[135] OLG München, Urteil vom 08.05.1969 – *Einfamilienhaus*, in: *Schulze*, Rechtsprechung zum Urheberrecht, OLGZ 96.

[136] OLG München, Urteil vom 08.05.1969 – *Einfamilienhaus*, in: *Schulze*, Rechtsprechung zum Urheberrecht, OLGZ 96, Seite 12.

[137] BGH GRUR 1980, 853 – *Architektenwechsel*.

von verschiedener Größe, die in einem ideellen Spannungsverhältnis zu den einwärts und auswärts geneigten Seitenwänden stünden. Darüber hinaus sei das verwendete Baumaterial charakteristisch für das Werk: Für den Kern des Gebäudes und einen Teil der vertikalen Außenmauern war Naturstein vorgesehen, für die schrägen und die anderen vertikalen Wandflächen Holz und Glas, durch hervorstehende Holzbalken sichtbar gegliedert.[138] Den Gesamteindruck des früheren Werkes beschrieb das Gericht folgendermaßen: Durch die Vielzahl der senkrechten, waagrechten und in unterschiedlichsten Winkeln geneigten Flächen und vielfach ineinander verschachtelten Raumkörper ergäbe sich für den Beschauer eher ein Eindruck dynamischer Unrast als häuslicher Geborgenheit. Der Wohntrakt werde durch den turmartigen Natursteintrakt, der Praxisteil durch den aus Holz und Glas bestehenden Treppenturm hervorgehoben.[139] Das tatsächlich ausgeführte Gebäude bestünde dagegen aus einem zweistöckigen Wohntrakt und einem teilweise einstöckigen Praxistrakt mit geraden, senkrechten Wandflächen mit Fenstern in Standardgröße. Die Wandflächen seien teils aus Naturstein und teils aus verputztem Bims-Hohlblocksteinen errichtet. Bis auf eine Fläche seien die Dachflächen horizontal und mit einer hölzernen Attika[140] versehen. Zwischen diesen Dachflächen rage ein riesiger Schornstein aus Naturstein empor, der von dem Gebäudekern des älteren Werkes übriggeblieben sei, aber nach Wegfall seines Gegenstücks, des Treppenturms im Praxistrakt, sowohl in ästhetischer Hinsicht als auch in technischer Hinsicht keine Funktion mehr habe. Dieser Treppenturm sollte den schrägen Dachflächen nämlich als Auflager[141] dienen. Auch dessen von der einen Schmalseite zur anderen aufsteigenden Breitseiten hätten bei dem ausgeführten Gebäude keine Entsprechung, da die im gleichen Winkel geneigten Dachflächen nicht mehr vorhanden seien.[142] Zusammenfassend ließe sich sagen, dass aus dem kühnen Wurf des Klägers ein schlichtes, ländliches Wohnhaus geworden ist. Der ursprüngliche Plan

---

[138] BGH GRUR 1980, 853, 854 – *Architektenwechsel.*

[139] BGH GRUR 1980, 853, 854 – *Architektenwechsel.*

[140] Fensterloser Aufbau über dem Hauptgesims eines Gebäudes zur Verdeckung des Daches und zur Aufnahme von Inschriften oder Reliefs, *Brockhaus*, Die Enzyklopädie, Bd. 2, Seite 307.

[141] Konstruktionselemente aus Stahl, Beton, Stahlbeton oder Stein, auf denen Träger, Platten, Schalen u. ä. Bauteile ruhen und die ihrerseits die Bauwerksbelastung über Pfeiler, Widerlager, Mauern in den Unterbau übertragen, *Brockhaus*, Die Enzyklopädie, Bd. 2, Seite 327.

[142] BGH GRUR 1980, 853, 854 – *Architektenwechsel.*

sei von der äußeren Gestaltung her nicht wiederzuerkennen. Das gleiche gelte für den Grundriss und die innere Gestaltung. Die neue Gestaltung des Erdgeschosses wirke zweckmäßiger, übersichtlicher und weniger eigenwillig. Es sei an Maximum an Änderungen vorgenommen worden und der Charakter des Gebäudes sei wesentlich verändert worden.[143] In dem Urteil werden jedoch keine Ausführungen dazu gemacht, inwiefern das neue Werk die Voraussetzungen des § 2 Abs. 2 UrhG erfüllt, der BGH stellt lediglich fest, dass diese Voraussetzungen erfüllt werden müssen. Insgesamt findet in dem Urteil eine ausführliche, detaillierte Gegenüberstellung beider Werke statt, die sowohl auf die prägenden individuellen Merkmale als auch auf den Gesamteindruck eingeht. Lediglich der Prüfungsmaßstab des mit Kunst einigermaßen vertrauten Menschen wird der schwierigen Abgrenzung zwischen § 23 UrhG und § 24 UrhG nicht gerecht. Angesichts der genauen Auseinandersetzung mit den einzelnen Merkmalen der beiden Werke und der Verwendung von Fachbegriffen wie Attika und Auflager drängt sich der Eindruck auf, dass das Gericht nicht aus der Perspektive eines für Kunst empfänglichen und mit Kunstdingen einigermaßen vertrauten Menschen geurteilt hat, sondern in die Rolle eines mit durchschnittlichem Fachwissen auf dem Gebiet der Architektur ausgestatteten Beobachters geschlüpft ist.[144] Eine dementsprechende Verschiebung des Beurteilungsmaßstabs wäre durchaus zu begrüßen.

In der Entscheidung *Vorentwurf II*[145] musste der BGH selbst eine Abgrenzung zwischen Umgestaltung und freier Benutzung vornehmen, da das Berufungsgericht bereits die Schutzfähigkeit des in Frage stehenden Erdgeschossgrundrisses des Einfamilienhauses verneint hatte. Um die Frage nach dem übereinstimmenden Gesamteindruck beantworten zu können, arbeitete der BGH zuerst heraus, durch welche objektiven Merkmale die Individualität des Originalwerkes bestimmt ist. Diese prägenden Elemente der architektonischen Schöpfung bestehend aus vier Hausflügeln, die um eine Wendeltreppe herum gruppiert sind und einen quadratischen Innenhof bilden, sah der BGH vor allem in der besonderen Raumgliederung, der Lichtführung, der Führung der Blickrichtungen und den abwechslungsreichen Innen- und Außenbeziehungen ver-

---

[143] BGH GRUR 1980, 853, 854 – *Architektenwechsel*.

[144] *Gerstenberg*, Anmerkung zu BGH GRUR 1980, 853 – *Architektenwechsel*, in: *Schulze*, Rechtsprechung zum Urheberrecht, BGHZ 268, Seite 7, tendiert in dieselbe Richtung, wenn er fordert, dass sich der Tatrichter durch das geschulte Auge des Fachmanns unterstützen lassen sollte.

[145] BGH GRUR 1988, 533 – *Vorentwurf II*.

wirklicht.[146] Bei der späteren Schöpfung fänden sich diesbezüglich weitgehende Übereinstimmungen. Die sich aus dem Erdgeschossgrundriss ergebende ungewöhnliche Baukörperform sei nahezu identisch übernommen worden. Das gleiche gelte für die Raumgliederung mit dem kontrastierenden Wechsel der Raumfolgen und der Beziehungen zwischen Innen- und Außenräumen. Die einzige wesentliche Veränderung liege in der Einbeziehung des Gartens als Gestaltungselement und der damit verbundenen Blickrichtung bei dem Wohn- und dem Essraum. Bei diesen Räumen wurde die Anordnung der Außenwände und Fenster verändert. Der großzügige Raumeindruck würde dadurch verstärkt. Die neu entstandene Raumform ließe aber insgesamt keine Individualität erkennen, sondern hielte sich angesichts der im schöpferischen Bereich liegenden Übereinstimmungen noch im Schutzbereich des Originalwerkes. Aufgrund des trotz geringfügiger Abweichungen übereinstimmenden Gesamteindrucks liege aufgrund der Umgestaltung ein Eingriff in das Vervielfältigungsrecht des Urhebers des ursprünglichen Werkes vor.[147] Der BGH hat in diesem Urteil wiederum alle Voraussetzungen einer Umgestaltung im Gegensatz zu einer freien Benutzung systematisch und bis ins Detail geprüft und ist so zu einem nachvollziehbaren Ergebnis gelangt.[148] Diese genaue Untersuchung und die Heranziehung eines Sachverständigengutachtens bei der Entscheidung deutet aber wiederum darauf hin, dass trotz gegenteiliger Äußerungen nicht aus der Sicht eines kunstverständigen Laien, sondern eines Beobachters mit durchschnittlichem Fachwissen entschieden worden ist.

Wie schon bei der Frage der Individualität von Werken der Baukunst so zeigt sich bei der Abgrenzung von Umgestaltung zu freier Benutung deutlich, dass der 1. Senat des BGH seine Entscheidungen viel genauer, sorgfältiger und sachgerechter als die nachgeordneten Gerichte begründet.[149] Es bleibt nur zu hoffen, dass die anderen Instanzen sich in Zukunft mehr am BGH orientieren.

---

[146] BGH GRUR 1988, 533, 535 – *Vorentwurf II.*

[147] BGH GRUR 1988, 533, 535 – *Vorentwurf II.*

[148] *Seydel*, Anmerkung zu BGH GRUR 1988, 533 – *Vorentwurf II*, in: *Schulze*, Rechtsprechung zum Urheberrecht, BGHZ 378, Seite 11.

[149] Seydel, Anmerkung zu BGH GRUR 1988, 533 – *Vorentwurf II*, in: *Schulze*, Rechtsprechung zum Urheberrecht, BGHZ 378, Seite 11.

bb. Die Verletzung sonstiger Verwertungsrechte, insbesondere des Verbreitungsrechts

Andere Verwertungsrechte als das Vervielfältigungsrecht spielen bei Werken der Baukunst nur eine untergeordnete Rolle. Eine Verletzung des Verbreitungsrechts nach §§ 15 Abs. 1 Nr. 2, 17 UrhG scheint zumindest denkbar.

(1) Inhalt des Verbreitungsrechts nach § 17 Abs. 1 UrhG

Unter dem Verbreitungsrecht ist das Recht des Urhebers zu verstehen, das Original oder Vervielfältigungsstücke der Öffentlichkeit anzubieten oder in Verkehr zu bringen, § 17 Abs. 1 UrhG. Ein Angebot an die Öffentlichkeit liegt dann vor, wenn jemand einer nicht bestimmt abgegrenzten oder einer durch keine persönlichen Beziehungen miteinander verbundenen Mehrheit von Personen seinen Willen kundtut, das Original oder ein Vervielfältigungsstück entgeltlich oder unentgeltlich zu veräußern, zu vermieten, zu verleihen oder sonst zu überlassen. Der Begriff Angebot an die Öffentlichkeit ist wirtschaftlich und nicht im Sinne des § 145 BGB zu verstehen.[150] Ein Werk wird in Verkehr gebracht, wenn es aus der internen Betriebssphäre der Öffentlichkeit zugeführt wird.[151]

Das Original ist bei Werken der Baukunst so gut wie immer der Plan, da die Errichtung des Werkes ohne einen Plan schon allein technisch nicht möglich ist und das Werk somit vor der Errichtung in Form eines Planes festgelegt sein muss. Hat jemand die geschützten Pläne eines Architekten in Verkehr gebracht oder angeboten - sind diese beispielsweise in Broschüren dargestellt, um potentielle Bauherren anzulocken - so liegt eine Verletzung des Verbreitungsrechts des Urhebers der Pläne vor. Gleiches gilt für die ungenehmigte Abbildung der Pläne in Zeitungen oder Zeitschriften. Es ist weit verbreitet, dass Bauträgergesellschaften zumindest Außenansichten von Gebäuden im Internet zu Werbezwecken präsentieren. Dabei wird sich die Gesellschaft von den Urhebern geschützter Werke das Verbreitungsrecht eingeräumt haben lassen. Bietet nun ein Dritter die gleichen Werke im Internet oder in Broschüren an, so liegt auch eine Verletzung des Verbreitungsrechts nach §§ 15 Abs. 1 Nr. 2, 17 UrhG vor.

---

[150] *Schricker-Loewenheim*, Urheberrecht, § 17, Rdnr. 7, 10; *Ulmer*, Urheber- und Verlagsrecht, § 46 II 1, Seiten 233/234.

[151] *Von Gamm*, Urheberrechtsgesetz, § 17, Rdnr.7; *Schricker-Loewenheim*, Urheberrecht, § 17, Rdnr. 12.

Bei Vervielfältigungsstücken in Form von ausgeführten Werken der Baukunst ist eine erstmalige Verbreitung durch einen anderen als den Urheber nicht vorstellbar. Durch die Errichtung und die gleichzeitig fortschreitende Erlangung des Eigentums an dem Werkstück durch allmähliche Verbindung mit dem Grundstück nach §§ 946, 94 I BGB wird der Grundstückseigentümer schrittweise Eigentümer des Werkstücks. Die Verbreitung in Form des Inverkehrbringens eines Vervielfältigungsstücks erfolgt mit Abschluss der Errichtung des Werkes der Baukunst. Ein solches Inverkehrbringen kann auch bei der Überlassung an eine Einzelperson vorliegen, mit der keine persönliche Verbindung besteht.[152]

Die Weiterveräußerung des in dem errichteten Gebäude verkörperten Werkes durch dessen Eigentümer stellt auch eine Verbreitung im Sinne des § 17 Abs. 1 UrhG und verletzt grundsätzlich das Verbreitungsrecht des Urhebers, falls dessen Verbreitungsrecht nicht bereits nach § 17 Abs. 2 UrhG erschöpft ist.

(2) Die Erschöpfung des Verbreitungsrechts nach § 17 Abs. 2 UrhG

Geschieht das Inverkehrbringen eines Plans oder eines errichteten Gebäudes mit Zustimmung des Berechtigten durch Veräußerung, so wird das Verbreitungsrecht erschöpft, § 17 Abs. 2 UrhG, d. h., ab diesem Zeitpunkt ist die Weiterverbreitung durch jedermann zulässig. Das Erschöpfungsprinzip wird zum einen damit begründet, dass dem Interesse des Urhebers an der Verwertung dadurch genügt werde, dass er bei der ersten Verbreitungshandlung die Möglichkeit gehabt hat, ein Entgelt für seine Zustimmung zu erhalten. Zum anderen sei das Interesse der Allgemeinheit an klaren und übersichtlichen Verhältnissen im Rechtsverkehr zu beachten. Die Weiterverbreitung von rechtmäßig erworbenen Werkstücken soll nicht unzumutbar erschwert und damit die Freiheit des Warenverkehrs bzw. die Umlauffähigkeit von Werkstücken erhalten werden.[153] Gerade bei Vervielfältigungsstücken in Form von errichteten Werken der Baukunst stellt sich aber die Frage, ob und wenn ja, wann ein Inverkehrbringen durch Veräußerung vorliegt. Jede Übereignung oder Entäußerung des Eigentums ohne Rücksicht auf das zugrundeliegende Kausalgeschäft ist eine Veräußerung im

---

[152] *Schricker-Loewenheim*, Urheberrecht, § 17, Rdnr. 11.

[153] BGH GRUR 1995, 673, 676 – *Mauer-Bilder*; zu den Theorien, auf die der Erschöpfungsgrundsatz gestützt wird, siehe auch *Omsels*, Erschöpfung ohne Veräußerung – Zum Schicksal des Verbreitungsrechts beim Eigentumserwerb kraft Gesetzes, GRUR 1994, 162, 165.

Sinne des § 17 Abs. 2 UrhG. Der Berechtigte muss sich der Verfügungsmöglichkeit über die Werkstücke endgültig begeben.[154] Bei einem gesetzlichen Eigentumsübergang nach §§ 946 ff. BGB soll aber grundsätzlich keine Veräußerung im Sinne des § 17 Abs. 2 UrhG gegeben sein.[155] Bei der Errichtung eines Werkes der Baukunst geht das Eigentum auf gesetzlichem Wege nach §§ 946, 94 I BGB auf den Grundstückseigentümer, der in den meisten Fällen zugleich Bauherr ist, über. Dabei verliert aber nicht der Architektenurheber sein Eigentum, sondern die verschiedenen Bauunternehmer und Handwerker verlieren das Eigentum an dem von ihnen gelieferten Baumaterial. Der Architekt erwirbt selbst nie Eigentum an dem Werkstück. Insofern ähnelt dieser Sachverhalt der *Mauer-Bilder* – Entscheidung des BGH. Dort verneinte der BGH eine Erschöpfung des Verbreitungsrechts an Graffiti-Bildern auf Teilen der Berliner Mauer, die ohne Zustimmung der Urheber veräußert wurden.[156] Beiden Sachverhalten ist gemeinsam, dass die Urheber, also die Graffiti-Künstler und der Architekt, kein Eigentum an dem Werkstück erlangen. In dem der BGH - Entscheidung zugrundeliegenden Sachverhalt waren die bemalten Teile der Berliner Mauer vor deren Fall im Jahr 1989 aber noch keine verkehrsfähigen Wirtschaftsgüter, eine Freigabe des Werkes durch die Urheber konnte daher nicht angenommen werden.[157] Bei fertiggestellten Werken der Baukunst handelt es sich aber ohne Zweifel um verkehrsfähige Wirtschaftsgüter und diese Tatsache ist jedem Architekten bewusst. Ein Architekt hat auch die Möglichkeit im Rahmen des mit dem Bauherrn bestehenden Vertrages ein Entgelt für die weitere Benutzung des Werkstücks zu erhalten, solange sich sein Honorar innerhalb der Höchstsätze der HOAI bewegt.[158] Damit sind seine verwertungsrechtlichen Interessen grundsätzlich gewahrt. Für die Annahme einer Erschöpfung spricht

---

[154] *Ulmer*, Urheber- und Verlagsrecht, § 47 I 2, Seite 236; *Schricker-Loewenheim*, Urheberrecht, § 17, Rdnr. 39; *Fromm/Nordemann-Nordemann*, Urheberrecht, § 17, Rdnr. 9.

[155] *Schricker-Loewenheim*, Urheberrecht, § 17, Rdnr. 42; *Omsels*, Erschöpfung ohne Veräußerung, GRUR 1994, 162, 165; BGH GRUR 1995, 673, 676 – *Mauer-Bilder*.

[156] BGH GRUR 1995, 673 – *Mauer-Bilder*.

[157] BGH GRUR 1995, 673, 676 – *Mauer-Bilder*.

[158] Amtliche Begründung zu § 4 HOAI, abgedruckt in *Depenbrock/Vogler*, HOAI, Seiten 84, 85: Soweit die Übertragung urheberrechtlicher Nutzungsbefugnisse üblicherweise Bestandteil der Leistung des Architekten ist, muss sich eine entsprechende Vereinbarung der Vertragsparteien grundsätzlich innerhalb des Rahmens der Mindest- und Höchstsätze halten. Eine Überschreitung der Höchstsätze ist nur unter den Voraussetzungen des § 4 Abs. 3 S. 1 HOAI möglich, wenn es sich also um außergewöhnliche Leistungen handelt.

auch, dass eine zwingende Beteiligung des Architekten an dem Erlös der Weiterveräußerung seines Werkes der Baukunst die Verkehrsfähigkeit von Gebäuden schwer beeinträchtigen würde. Aus diesen Gründen ist bei ausgeführten Werken der Baukunst ausnahmsweise eine analoge Anwendung des § 17 Abs. 2 UrhG auf die Sachverhalte anzunehmen, bei denen ein Architekt unter seiner Oberleitung für einen Bauherrn ein Werk der Baukunst errichten lässt.[159]

Für die Vermietung von Werken der Baukunst wurde in § 17 Abs. 3 S. 2 Nr. 1 UrhG eine Sonderregelung geschaffen. Das Vermietrecht unterliegt als ausschließliches Recht grundsätzlich nicht der Erschöpfung durch Veräußerung der Werkstücke nach § 17 Abs. 2 UrhG. Tonträger- und Filmhersteller können somit den Erwerbern von CDs bzw. Filmen die Vermietung versagen oder nur unter zeitlichen oder sonstigen Einschränkungen erlauben.[160] Die Ausnahmeregelung für Originale und Vervielfältigungsstücke von Bauwerken in § 17 Abs. 3 S. 2 Nr. 1 UrhG wird damit gerechtfertigt, dass bei der Vermietung ausgeführter Bauwerke – nur solche sind gemeint – der Gebrauchswert des Sachobjekts im Vordergrund stehe.[161] Mit anderen Worten ausgedrückt: Bei der Vermietung von errichteten Gebäuden ist unwichtig, ob es sich dabei um Werke der Baukunst nach § 2 Abs. 1 Nr. 4, Abs. 2 UrhG handelt, da es dabei nicht um einen Werkgenuss, sondern um die Nutzung des Wohnraums geht. Daher soll auch das Vermietrecht zusammen mit dem Verbreitungsrecht nach der ersten Veräußerung erlöschen.

b. Die Verletzung von Verwertungsrechten an architektonischen Plänen

aa. Die Verletzung des Vervielfältigungsrechts durch Nachbau?

Im Unterschied zu einem Werk der Baukunst nach § 2 Abs. 1 Nr. 4 UrhG ist Schutzgegenstand einer Darstellung wissenschaftlicher und technischer Art gemäß § 2 Abs. 1 Nr. 7 UrhG nicht das dargestellte Werk selbst, sondern nur die Darstellung als solche.[162] Ist ein Werk der Baukunst nach § 2 Abs. 1 Nr. 4 UrhG nur in einem archi-

---

[159] So auch *Omsels*, Erschöpfung ohne Veräußerung, GRUR 1994, 162, 167, der eine analoge Anwendung des § 17 Abs. 2 UrhG auf einen vergleichbaren Fall ausnahmsweise bejaht.

[160] *Schricker-Loewenheim*, Urheberrecht, § 17, Rdnr. 27.

[161] Bundestags-Drucksache XIII/115, Seite 12.

[162] *Schricker-Loewenheim*, Urheberrecht, § 2, Rdnr. 194.

tektonischen Plan verkörpert und noch nicht in einem ausgeführten Gebäude, so besteht ein Schutz gegen Nachbau, d. h. die bauliche Ausführung des Werkes in dreidimensionaler Form in seinem bestimmungsgemäßen Maßstab, da eine solche Ausführung eines architektonischen Plans eine Vervielfältigung gemäß §§ 15 Abs. 1 Nr. 1, 16 UrhG darstellt.[163] Ist eine architektonische Zeichnung jedoch nur als Darstellung technischer Art nach § 2 Abs. 1 Nr. 7 UrhG geschützt, weil z. B. die Raumform aus der Zeichnung nicht hervorgeht und damit § 2 Abs. 1 Nr. 4 UrhG nicht einschlägig ist, so stellt sich die Frage, ob ein Nachbau dieses Werkes das Vervielfältigungsrecht des Urhebers des Planes verletzt. Dies wird von der Rechtsprechung[164] und herrschenden Meinung im Schrifttum verneint.[165] Da bei der Werkart des § 2 Abs. 1 Nr. 7 UrhG nur die Art der Darstellung geschützt wird, nicht aber der dargestellte Gegenstand, kann keine Verletzung des Vervielfältigungsrechtes vorliegen, wenn nur der dargestellte Gegenstand nachgebaut wird.

Dies ist auch historisch begründet, da § 2 Abs. 1 Nr. 7 UrhG weitgehend dem § 1 Abs. 1 Nr. 3 LUG nachempfunden wurde.[166] War eine architektonische Zeichnung allein nach § 1 Abs. 1 Nr. 3 LUG schutzfähig und nicht gleichzeitig nach § 2 Abs. 2 i. V. m. Abs. 1 S. 2 KUG, so konnte jedermann den in der Zeichnung dargestellten Gegenstand nachbauen. Das in der Zeichnung verkörperte Bauwerk als solches konnte nur durch § 2 Abs. 2 i. V. m. Abs. 1 S. 2 UrhG gegen Nachbau geschützt werden.[167]

Damit ergibt sich jedoch eine Schutzlücke für solche Gebäude, deren zeichnerische Ausführung zwar die Schutzvoraussetzungen der §§ 2 Abs. 1 Nr. 7, 2 Abs. 2 UrhG erfüllen, deren Gestaltung aber den Anforderungen der §§ 2 Abs. 1 Nr. 4, 2 Abs. 2 UrhG nicht genügt. Der Nachbau solcher Gebäude stellt keine Urheberrechtsverlet-

---

[163] *Schricker-Loewenheim*, Urheberrecht, § 16, Rdnr. 7; *Fromm/Nordemann-Nordemann*, Urheberrecht, § 16, Rdnr. 1.

[164] BGH GRUR 1979, 464, 465 – *Flughafenpläne*; BGH GRUR 1985, 129, 131 – *Elektrodenfabrik*; BGH GRUR 1989, 416, 417 – *Bauaußenkante*.

[165] *Ulmer*, Urheber- und Verlagsrecht, § 22 II 4, Seiten 139/140; *von Gamm*, Der Architekt und sein Werk, BauR 1982, 97, 100; *Schricker-Loewenheim*, Urheberrecht, § 2, Rdnr. 194; *Fromm/Nordemann-Nordemann-Vinck*, Urheberrecht, § 2, Rdnr. 80; *Reimer*, Zum Urheberrecht von Darstellungen wissenschaftlicher oder technischer Art, GRUR 1980, 572, 580.

[166] Entwurf des UrhG vom 23. März 1962, Bundestags-Drucksache IV/270, zu § 2, abgedruckt in: *Schulze*, Materialien zum Urheberrecht, Bd. 1, Seiten 418/419.

[167] *Hereth*, Urheberrechtlicher Schutz bei technischen Zeichnungen von Bauwerken oder Bauwerksteilen, NJW 1963, 2256.

zung dar. Man kann jedoch davon ausgehen, dass diese Schutzlücke vom Gesetzgeber beabsichtigt war, denn es ist kein Grund dafür ersichtlich, den Gegenstand einer architektonischen Zeichnung zu schützen, obwohl dessen Gestaltung nicht die für den Schutz erforderlichen Voraussetzungen aufweist.[168]

bb. Die Verletzung des Vervielfältigungsrechts durch Dimensionsvertauschung?

Damit lässt sich aber noch nicht abschließend sagen, dass der urheberrechtliche Schutz der zweidimensionalen Zeichnung nur gegen eine Verwertung in zweidimensionaler Form und nicht in dreidimensionaler Form besteht.[169]

Zieht man nämlich in Betracht, dass § 2 Abs. 1 Nr. 7 UrhG auch dreidimensionale Darstellungen wie z. B. architektonische Modelle schützt, so ist sehr fraglich, ob es dabei auf die Zwei- oder Dreidimensionalität ankommen kann. Immer vorausgesetzt, dass kein Werk der Baukunst im Sinne des § 2 Abs. 1 Nr. 4 UrhG vorliegt, ist es dann zulässig, ein dreidimensionales architektonisches Modell nach einem zweidimensionalen Plan anzufertigen? In der Praxis könnte dies bedeutsam sein, wenn beispielsweise ein Architekt an Hand der Pläne seines Konkurrenten ein Modell baut, um dem Bauherrn die Nachteile des Konkurrentenentwurfs zu verdeutlichen oder umgekehrt an Hand eines Modells die Pläne nachzeichnet. Liegt hier eine Urheberrechtsverletzung vor, obwohl eine Dimensionsvertauschung stattfindet?

Reimer ist der Ansicht, bei nur nach § 2 Abs. 1 Nr. 7 UrhG geschützten Darstellungen führe eine Dimensionsvertauschung innerhalb dieser Werkart zu einer Urheberrechtsverletzung. Die Anfertigung eines Modells an Hand einer geschützten Zeichnung sowie umgekehrt die zweidimensionale Darstellung eines von § 2 Abs. 1 Nr. 7 UrhG erfassten dreidimensionalen Modells stelle eine Urheberrechtsverletzung dar, wenn das vervielfältigte Exemplar, sei es nun als Modell oder als Zeichnung, wie das Original auch der Belehrung und Unterrichtung dient und damit demselben urheberrechtsrelevanten Bereich entstammt.[170] Diese Auffassung lässt sich jedoch nicht aufrechterhalten, wenn man sich noch einmal vergegenwärtigt, was durch § 2 Abs. 1 Nr. 7 UrhG

---

[168] *Dreier*, Anmerkung zu BGH GRUR 1989, 416 – *Bauaußenkante*, in: *Schulze*, Rechtsprechung zum Urheberrecht, BGHZ 393, Seite 10.

[169] so aber *Dreier*, Anmerkung zu BGH GRUR 1989, 416 – *Bauaußenkante*, in: *Schulze*, Rechtsprechung zum Urheberrecht, BGHZ 393, Seite 10.

[170] *Reimer*, Zum Urheberrechtsschutz von Darstellungen wissenschaftlicher oder technischer Art, GRUR 1980, 572, 581.

geschützt werden soll. Bei § 2 Abs. 1 Nr. 7 UrhG kommt es darauf an, dass bestimmte Informationen durch eine individuelle Darstellung vermittelt werden.[171] Bei zweidimensionalen Zeichnungen kann dies durch die Verwendung von verschiedenen Farben, Grafiken, Diagrammen oder sonstigen Anordnungen der zu vermittelnden Informationen geschehen. Bei Modellen sind die Variationsmöglichkeiten der Darstellungsmittel noch viel größer. Gerade bei architektonischen Modellen kann neben verschiedenen Farben eine Vielzahl von Materialien verwendet werden, um die Darstellung des geplanten Gebäudes anschaulich zu machen. Die Installation von Licht im Inneren der Modelle oder deren Beleuchtung von außen kann auch zum besseren Verständnis der zukünftigen Wirkung eines Gebäudes beitragen. Schon allein aus den unterschiedlichen Darstellungsmitteln, die bei Zeichnungen und Modellen verwendet werden können, ist zu schließen, dass ein Modell keine Vervielfältigung im Sinne der §§ 15 Abs. 1 Nr. 1, 16 UrhG des architektonischen Plans sein kann. Dies muss natürlich auch umgekehrt gelten. Bei einem Modell kann man nicht mit Grafiken und Diagrammen arbeiten, bei einer Zeichnung nicht mit verschiedenen Materialien oder Beleuchtung. Daher ist es wegen der Natur des jeweiligen Mediums unmöglich, eine zweidimensionale Darstellung in eine identische dreidimensionale Darstellung desselben Objekts zu übertragen. Insoweit kann somit festgestellt werden, dass eine Dimensionsvertauschung innerhalb der Werkart des § 2 Abs. 1 Nr. 7 UrhG nie zu einer Vervielfältigung nach §§ 15 Abs. 1 Nr. 1, 16 UrhG und damit Urheberrechtsverletzung nach § 97 Abs. 1 UrhG führen kann.

Reimer vertritt weiterhin die Auffassung, dass bei einer Vervielfältigung einer Darstellung in derselben Dimension eine Urheberrechtsverletzung dann entfallen könne, wenn die Vervielfältigung nicht mehr der Belehrung und Unterrichtung dient.[172] Dabei führt er das Beispiel eines Handwerkers an, der unter Zugrundelegung einer geschützten Zeichnung eine Konstruktionszeichnung anfertigt, die er dann ausschließlich zur Konstruktion des dargestellten Gegenstandes verwendet. Die Konstruktionszeichnung diene in diesem Fall nicht mehr der Belehrung und Unterrichtung, sondern allein der Ausführung des dargestellten Gegenstandes.[173] Der Ansicht Reimers kann nicht beige-

---

[171] *Schricker-Loewenheim*, Urheberrecht, § 2, Rdnr. 192.

[172] *Reimer*, Zum Urheberrechtsschutz von Darstellungen wissenschaftlicher und technischer Art, GRUR 1980, 572, 581.

[173] *Reimer*, Zum Urheberrechtsschutz von Darstellungen wissenschaftlicher und technischer Art, GRUR 1980, 572, 581/582.

pflichtet werden. Auch eine Konstruktionszeichnung ist dazu geeignet, Informationen zu vermitteln, in dem sie beispielsweise den Handwerker darüber belehrt, wie er den dargestellten Gegenstand zu bauen hat. Ein architektonischer Plan soll die Bauhandwerker darüber belehren und unterrichten, wie das dargestellte Gebäude ausgeführt werden kann. Der Zweck der Belehrung oder Unterrichtung einer Darstellung im Sinne des § 2 Abs. 1 Nr. 7 UrhG kann nicht schon deshalb wegfallen, weil sie sich an eine bestimmte Person richtet, die den dargestellten Gegenstand ausführen will, aber bestehen bleiben, wenn andere Personen über den Gegenstand unterrichtet werden sollen. Das Kriterium des Zwecks, zu dem eine Vervielfältigung von jemandem hergestellt und verwendet wird, ist aufgrund seiner subjektiven Ausrichtung nicht geeignet, den Schutzumfang solcher Darstellungen abzugrenzen. Aus Gründen der Rechtssicherheit muss vielmehr entscheidend sein, ob eine Darstellung objektiv dazu geeignet ist, Informationen im Sinne einer Belehrung oder Unterrichtung zu vermitteln.[174]

[174] Siehe auch *Schricker-Loewenheim*, Urheberrecht, § 2, Rdnr. 192; dort geht es aber darum, dass es nicht auf die Sicht des Urhebers der Darstellung ankommt und nicht darum, ob die Verwendungsabsichten desjenigen, der eine Vervielfältigung des Originals herstellt, ausschlaggebend sind.

2. Die Verletzung von ausschließlichen Rechten im Sinne des § 106 C. A.

Eine Copyrightverletzung liegt dann vor, wenn die in § 106 C. A. genannten ausschließlichen Rechte eines Copyrightinhabers durch einen anderen verletzt werden, § 501 (a) C. A. Für das Vorliegen einer Copyrightverletzung müssen zwei Tatsachen vorliegen: Die Inhaberschaft an einem gültigen *copyright* und ein Kopieren (*copying*) von originalen Bestandteilen des Werkes.[1]

a. Voraussetzungen einer Copyrightverletzung

aa. Inhaberschaft an einem gültigen *copyright*

Jemand ist erst dann Inhaber eines gültigen *copyright*, wenn er die folgenden Voraussetzungen erfüllt: Zugehörigkeit der geistigen Schöpfung zu einer copyrightfähigen Werkart[2], Originalität[3] der Schöpfung, ein staatsbürgerrechtlicher Status des Urhebers, der einen Copyrightanspruch zulässt, Erfüllung der gesetzlich vorgeschriebenen Formalitäten[4] und, falls der Anspruchssteller nicht der Urheber ist, eine Übertragung des *copyright* auf den Anspruchssteller.[5]

Für das Vorhandensein der ersten vier Voraussetzungen stellt das Registrierungszertifikat des Werkes beim *Copyright Office* einen Anscheinsbeweis dar, § 410 (c) C. A.

(1) Übertragbarkeit des *copyright* unter dem *Copyright Act* von 1909

Während der Geltung des *Copyright Act* von 1909 war das *statutory copyright* nur in seiner Gesamtheit übertragbar und damit unteilbar. Einzelne ausschließliche Rechte konnten nicht übertragen werden. Für die Ausübung einzelner Rechte konnten nur Lizenzen erteilt werden. Ein Lizenznehmer war kein Inhaber des *copyright* und hatte

---

[1] *Feist Publications, Inc. v. Rural Telephone Services Co.*, 499 U.S. 340, 361 (1991) = GRUR Int. 1991, 933 – *Weiße Seiten*.

[2] Zu der Frage, welche architektonischen Schöpfungen überhaupt als Werke der bildenden Künste nach § 102 (a) (5) C. A. oder als architektonische Werke nach § 102 (a) (8) C. A. in Betracht kommen, siehe unter D.I.2.

[3] Siehe zu den Voraussetzungen der Originalität unter C.II.2.a.

[4] Die formellen Voraussetzungen eines gültigen *copyright* haben seit dem Beitritt der USA zur RBÜ weitgehend an Bedeutung verloren, siehe zu diesem Thema unter D.II.4.a.cc.

[5] *Nimmer*, On Copyright, Bd. 4, § 13.01 [A], Seite 13-6.

keine Klagebefugnis (*standing to sue*) in einem Copyrightverletzungsprozess. Dadurch sollten mögliche Copyrightverletzer vor aufeinanderfolgenden Prozessen geschützt werden. Die schwerwiegendste Auswirkung der Unteilbarkeit des *copyright* war allerdings die Gemeinfreiheit des Werkes, wenn es von dem Lizenznehmer veröffentlicht wurde, dieser das Werk aber nur mit seinem und nicht mit dem Copyrightvermerk des Copyrightinhabers versehen hatte.[6] Diese frühere Rechtslage bleibt für Werke, die vor Inkrafttreten des *Copyright Act* von 1976 entstanden sind, relevant.

(2) Übertragbarkeit des *copyright* unter dem *Copyright Act* von 1976

Mit Inkrafttreten des *Copyright Act* von 1976 wurde die Teilbarkeit des *copyright* gesetzlich festgelegt. Unter der Übertragung der Inhaberschaft (*transfer of ownership*) eines *copyright* können nach § 101 C. A. unterschiedliche Rechtsgeschäfte verstanden werden: Die Einräumung einer ausschließlichen Lizenz, die Abtretung, Verpfändung oder sonstige Übertragung bzw. Veräußerung eines *copyright* oder eines ausschließlichen Rechts, das Teil des *copyright* ist. Dabei spielt es keine Rolle, ob dieses ausschließliche Recht zeitlich oder räumlich begrenzt ist. Lediglich nicht ausschließliche Rechte werden nicht erfasst. Aus dieser Definition ergibt sich bereits, dass das *copyright* sowohl in seiner Gesamtheit als auch in einzelnen Teilen übertragbar ist. Lediglich beim Ausschluss der nicht ausschließlichen Rechte scheint die frühere Unteilbarkeit des *copyright* noch durch. Noch deutlicher als in der oben genannten Definition in § 101 C. A. tritt die Teilbarkeit des *copyright* in § 201 (d) C. A. hervor. In § 201 (d) (1) C. A. wird zunächst ausdrücklich geregelt, dass die Inhaberschaft an einem *copyright* im ganzen oder in Teilen übertragen werden kann. Das Gleiche gilt gemäß § 201 (d) (2) C. A. für die ausschließlichen Rechte, die das *copyright* beinhaltet. Diese Rechte können auch teilweise übertragen und besessen werden, wobei der Inhaber eines solchen Teilrechtes den gleichen Schutz genießt und die gleichen Rechtsmittel einlegen kann wie der Inhaber des *copyright*, § 201 (d) (2) C. A.

Eine Übertragung des *copyright*, die nicht kraft Gesetzes eintritt, ist nur dann wirksam, wenn sie schriftlich erfolgt und vom Copyrightinhaber oder einer von ihm authorisierten Person unterzeichnet wird, § 204 (a) C. A. Dies gilt jedoch nicht für die Einräumung einer nicht ausschließlichen Lizenz, da dieses Rechtsgeschäft keine Übertra-

---

[6] *Nimmer*, On Copyright, Bd. 3, § 10.01 [A], Seiten 10-5 – 10-6, 10-11 – 10-12; *Bodewig*, Urhebervertragsrecht in den USA, in: Urhebervertragsrecht, 833, 849/850.

gung des *copyright* im Sinne der Definition in § 101 C. A. darstellt. Räumt der Copyrightinhaber somit einem anderen ein Recht mit dem Vorbehalt ein, dasselbe Recht auch einem Dritten zu übertragen, so kann diese Vereinbarung mündlich wirksam abgeschlossen werden.[7]

(3) *Works made for hire*

Ein Ausfluss der vollständigen Übertragbarkeit des *copyright* ist die rechtliche Behandlung von *works made for hire*. Bei einem *work made for hire* wird der Arbeitgeber oder eine andere Person, in deren Auftrag das Werk angefertigt wurde, als Urheber des Werkes und damit ursprünglicher Inhaber des *copyright* angesehen und nicht derjenige, der das Werk tatsächlich geschaffen hat, § 201 (b) C. A. Etwas anderes gilt nur dann, wenn die Parteien sich ausdrücklich in einem von ihnen unterschriebenen Dokument gegenteilig geäußert haben, § 201 (b) C. A. Nach der Definition in § 101 C. A. liegt ein *work made for hire* zum einen vor, wenn ein Arbeitnehmer ein Werk im Rahmen seines Arbeitsverhältnisses hergestellt hat. Ein *work made for hire* liegt aber auch dann vor, wenn ein Werk auf Bestellung hergestellt wurde und einer der vorgegebenen Kategorien zugewiesen werden kann. Dabei kann es sich beispielsweise um einen Beitrag zu einem Sammelwerk, um einen Teil eines Films oder anderen audiovisuellen Werkes oder um eine Übersetzung handeln, § 101 C. A. Architektonische Werke oder Pläne werden in Abs. 2 der Definition nicht erwähnt, sodass lediglich die erste Alternative eines *work made for hire* in Frage kommt.[8]

Seit dem Urteil des *Supreme Court* in *Community for Creative Non-Violence v. Reid*[9] steht fest, dass sich die Auslegung der nicht legaldefinierten Begriffe „Arbeitnehmer“ (*employee*) und „im Rahmen des Arbeitsverhältnisses“ (*within the scope of his or her employment*) nach dem einzelstaatlichen *Common Law of Agency* richtet.[10] Entscheidend für die Arbeitnehmereigenschaft ist nach Ansicht des *Supreme Court*, ob

---

[7] *Leaffer*, Understanding Copyright Law, § 5.13 [A], Seite 219.

[8] Abs. 1 der Definition eines *work made for hire* in § 101 C. A. lautet: "*A 'work made for hire' is (1) a work prepared by an employee within the scope of his or her employment; or (2) a work specially ordered or commissioned for use as a contribution to a collective work ....*"

[9] 490 U.S. 730 (1989) = GRUR Int. 1990, 876 – *Third World America II*.

[10] *Community for Creative Non-Violence v. Reid*, 490 U.S. 730, 741 (1989) = GRUR Int. 1990, 876 – *Third World America II*.

der Auftraggeber das Recht hat, die Art und Weise sowie die Mittel der Herstellung des Werkes zu kontrollieren.[11] Daneben kommt es unter anderem darauf an, welche Fähigkeiten der Beauftragte aufweisen muss, von wem die Geräte und anderen zur Herstellung erforderlichen Hilfsmittel stammen, ob das Werk in den Räumen des Auftraggebers hergestellt wird, wie lange das Beschäftigungsverhältnis besteht, ob der Auftraggeber dem Beauftragten noch weitere derartige Aufträge erteilen kann, inwieweit sich der Beauftragte die Arbeitszeit selbst einteilen kann, wie die Art der Vergütung aussieht, welche Rolle der Beauftragte bei der Einbeziehung weiterer Mitarbeiter spielt, ob das Werk zum regulären Geschäft des Auftraggebers gehört, inwieweit Arbeitnehmervergünstigungen gewährt werden und wie der Beauftragte steuerrechtlich behandelt wird.[12] Keiner der genannten Faktoren soll aber allein entscheidend sein, vielmehr kommt es auf eine Abwägung der Faktoren an.[13]

Das Werk wird im Rahmen des Arbeitsverhältnisses geschaffen, wenn es zu der Art von Arbeit gehört, die der Arbeitnehmer laut Arbeitsvertrag verrichten muss, wenn es am Arbeitsplatz und während der Arbeitszeiten hergestellt wird und wenn es zumindest teilweise dazu bestimmt ist, dem Arbeitgeber zu gute zu kommen.[14]

Zur Anwendung der *works made for hire* Doktrin auf architektonische Pläne und Werke sind zahlreiche Entscheidungen ergangen.[15] Beispielsweise wurde die Anwendung dieser Doktrin auf das Verhältnis zwischen einem selbständigen Architekten und

---

[11] *Community for Creative Non-Violence v. Reid*, 490 U.S. 730, 751 (1989) = GRUR Int. 1990, 876 – *Third World America II.*

[12] *Community for Creative Non-Violence v. Reid*, 490 U.S. 730, 751/752 (1989) = GRUR Int. 1990, 708 – *Third World America II*; siehe auch *Bodewig*, Urhebervertragsrecht in den USA, in: Urhebervertragsrecht, 833, 845/846.

[13] *Community for Creative Non-Violence v. Reid*, 490 U.S. 730, 752 (1989) = GRUR Int. 1990, 876 – *Third World America II.*

[14] *Nimmer*, On Copyright, Bd. 1, § 5.03 [B][1][b], Seite 5-33.

[15] *Kunyica v. Melville Realty Co., Inc.*, 755 F.Supp. 566, 573 (S.D.N.Y., 1990); *Arthur Rutenberg Homes, Inc. v. Drew Homes, Inc.*, 829 F.Supp. 1314, 1318 (M.D.Fla., 1993); *Guillot-Vogt Associates, Inc. v. Holly & Smith*, 848 F.Supp. 682, 688 (E.D.La., 1994); *Bryce & Palazzola Architects and Associates, Inc. v. A.M.E. Group, Inc.*, 865 F.Supp. 401, 403 (E.D.Mich., 1994); *Fred Riley Home Bldg. Corp. v. Cosgrove*, 883 F.Supp. 1478, 1485 (D.Kan., 1995); *J.R. Lazaro Builders, Inc., v. R.E. Ripberger Builders, Inc.*, 883 F.Supp. 336, 340 (S.D.Ind., 1995); *Richard J. Zitz, Inc. v. Pereira*, 225 F.3d 646 (Table), Seite 4 (2nd Cir. 2000); *Bieg v. Hovnanian Enterprises, Inc.*, 157 F.Supp.2d 475, 479 (E.D.Pa., 2001). Diese Entscheidungen befassen sich jedoch nicht vertieft mit der *works made for hire* Doktrin und bringen daher auch keine neuen Erkenntnisse für die Anwendung auf architektonische Werke.

einem Bauunternehmer verneint, da der Unternehmer keine Kontrolle über die Details und Mittel der Herstellung des Plans hatte.[16] In *Innovative Networks, Inc. v. Satellite Airlines Ticketing Centers, Inc.*[17] bejahte das Gericht die Arbeitnehmereigenschaft eines Mitarbeiters, der architektonische Pläne angefertigt hatte. Dabei wurde als Begründung angeführt, dass der Mitarbeiter kein lizensierter Architekt war und seine Arbeit damit keine Fähigkeiten erforderte, die über diejenigen eines Laien hinausgehen. Hinzu kam, dass sämtliche Materialien zur Herstellung der Pläne wie z. B. Papier, Bleistifte, Zeichentische etc. im Eigentum des Arbeitgebers standen. Außerdem arbeitete der Mitarbeiter während der regulären Arbeitszeiten im Büro des Arbeitgebers an den Plänen. Dabei wurde ihm gesagt, „was er und wie er es zu tun hatte“[18], wobei der Mitarbeiter selbst keine weiteren Mitarbeiter anstellte oder bezahlte. Überdies gehörte die Anfertigung des Plans zur allgemeinen Geschäftstätigkeit des Arbeitgebers. Schließlich wurden die gestalterischen Entscheidungen auch alle von dem Arbeitgeber und nicht dem Mitarbeiter getroffen. Unter Berücksichtigung aller genannten Faktoren kam das Gericht zu dem Ergebnis, dass der Plan von einem Arbeitnehmer im Rahmen des Arbeitsverhältnisses angefertigt wurde und damit ein *work made for hire* darstellte. Dem stehe auch nicht entgegen, dass der Mitarbeiter vom Arbeitgeber als freier Mitarbeiter geführt wurde.[19] In *Qualey v. Caring Center of Slidell*[20] genügte die Behauptung des Klägers, er habe das architektonische Werk in seinem eigenen Büro während selbstbestimmter Arbeitszeiten mit eigenen Arbeitsmitteln angefertigt, um den Anspruch der Beklagten auf ein *summary judgement* zum Thema des Vorliegens eines *work made for hire* zunichte zu machen.[21]

Insgesamt kann man feststellen, dass sich bei architektonischen Werken keine Unterschiede zu sonstigen Werkarten bezüglich der Anwendung der *works made for hire* Doktrin ergeben.

---

[16] *Joseph J. Legat, Architects, P.C. v. U.S. Development Corp.*, 625 F.Supp. 293, 298 (N.D.Ill., 1985).

[17] 871 F. Supp. 709 (S.D.N.Y., 1995).

[18] *Innovative Networks, Inc. v. Satellite Airlines Ticketing Centers, Inc.*, 871 F. Supp. 709, 718 (S.D.N.Y., 1995).

[19] *Innovative Networks, Inc. v. Satellite Airlines Ticketing Centers, Inc.*, 871 F. Supp. 709, 718 (S.D.N.Y., 1995).

[20] 1996 WL 3915 (E.D.La., 1996).

[21] *Qualey v. Caring Center of Slidell*, 1996 WL 3915, Seite 2 (E.D.La., 1996).

bb. Kopieren

Die zweite Voraussetzung für eine Copyrightverletzung, das Kopieren (*copying*), darf nicht wörtlich verstanden werden. Ein Kopieren kann nämlich nicht nur bei der Vervielfältigung, Bearbeitung oder Aufführung eines Werkes auftreten, sondern auch bei einer ungenehmigten Verbreitung und Ausstellung.[22] Ein direkter Beweis für ein Kopieren kann aber nur selten erbracht werden. Derjenige, der kopiert hat, wird dies nicht ohne weiteres zugeben. Außerdem spielt sich das Kopieren oft im Geheimen ab oder wird allein aus der Erinnerung an das ursprüngliche Werk heraus vorgenommen. Daher besteht die Möglichkeit, das Kopieren auch indirekt zu beweisen: Hatte der Nachschöpfer Zugang zu dem ersten Werk und besteht zwischen diesem und der Nachschöpfung eine auf das Kopieren hindeutende Ähnlichkeit (*probative similarity*), so ist das Kopieren insoweit bewiesen, dass zumindest Elemente des Ursprungswerkes verwendet wurden. Erst danach ist in einem weiteren Prüfungsschritt zu klären, ob dieses Kopieren wegen erheblicher Ähnlichkeit (*substantial similarity*) zu einer unzulässigen Aneignung des ursprünglichen Werkes durch den Benutzer geführt hat.[23]

(1) Zugang

Ähnlich wie die Übernahme von Elementen des vorbestehenden Werkes nur selten direkt bewiesen werden kann, so ist auch der tatsächliche Zugang (*access*) des vermeintlichen Copyrightverletzers zu dem Werk als erste Voraussetzung des indirekten Beweises des Kopierens kaum nachweisbar. Die Wahrnehmung der Kopiervorlage geschieht meist in der Privatsphäre ohne die Anwesenheit von möglichen Zeugen. Daher genügt es, wenn der Benutzer die nachvollziehbare Möglichkeit hatte, das Werk wahrzunehmen oder zu kopieren.[24] Ob ein Rückschluss darauf gezogen werden kann, dass der Benutzer Zugang zu dem Werk hatte, ist im Grunde genommen eine Frage der Wahrscheinlichkeit. Besteht eine überwiegende Wahrscheinlichkeit, dass der Be-

---

[22] *Leaffer*, Understanding Copyright Law, § 9.2, Seite 382.

[23] *Nimmer*, On Copyright, Bd. 4, § 13.01 [B], Seiten 13-8 – 13-14.

[24] *Leaffer*, Understanding Copyright Law, § 9.4, Seite 384; *Goldstein*, Copyright, Bd. 2, § 7.2.1.1, Seite 7:12.

nutzer Zugang zu dem Werk hatte, so verlagert sich die Beweislast in Bezug auf die unabhängige Schöpfung des Werkes auf den vermeintlichen Verletzer.[25]

So ist beispielsweise der Zugang zu einem Werk angenommen worden, das im Besitz des Geschäftspartners sowohl des Verletzers als auch des Verletzten war.[26] Das trifft auch für den Angestellten einer Firma zu, dessen Kollege im Besitz des Werkes ist. Hier macht es die räumliche Nähe überwiegend wahrscheinlich, dass der Verletzer Zugang zu dem Werk hatte.[27] Kein Zugang kann jedoch angenommen werden, wenn sich das Werk nur in derselben Stadt befindet, in der der vermeintliche Verletzer seinen Wohnsitz hat.[28] Ein entscheidendes Indiz für die Wahrnehmbarkeit eines Werkes und damit den Zugang ist die Verbreitung desselben in der Öffentlichkeit. Der Zugang zu einem Lied, das als Hit über einen bestimmten Zeitraum mehrmals täglich im Gebiet der USA im Radio gespielt wird, kann daher in Bezug auf den Verletzer, der sich während dieser Zeit in den USA aufgehalten hat, bejaht werden.[29]

(2) *Probative similarity*

Seit der wegweisenden Entscheidung *Arnstein v. Porter* aus dem Jahr 1946 prüfen die Gerichte das Vorliegen einer Copyrightverletzung an Hand von zwei Prüfungspunkten: Kopieren (*copying*) und erhebliche Ähnlichkeit (*substantial similarity*). Dabei wird der Begriff der *substantial similarity* oft auch beim indirekten Beweis für den Zugang zu dem Werk und damit das Kopieren verwendet. Bei einer solchen Vorgehensweise wird jedoch übersehen, dass die Ähnlichkeiten, die auf den Vorgang des Kopierens schließen lassen, nicht unbedingt erheblich im Sinne des zweiten Prüfungsschrittes, der *substantial similarity*, sein müssen. Für Ähnlichkeiten, die als Beweis für die Übernahme von Elementen des benutzten Werkes und damit für das Kopieren

---

[25] *Nimmer*, On Copyright, Bd. 4, § 13.02 [A], Fn. 5, Seite 13-15.

[26] *Kamar Int'l., Inc. v. Russ Berrie & Co.*, 657 F.2d, 1059, 1062 (9th Cir. 1981); *Arthur Rutenberg Corp. v. Parrino*, 664 F. Supp. 479, 481 (M.D. Fla. 1987).

[27] *Moore v. Columbia Pictures Indus., Inc.*, 972 F. 2d 939, 942 (8th Cir. 1992); *Robinson v. New Line Cinema Corp.*, 42 F.Supp. 2d 578, 589 (D. Md. 1999), 211 F.3d 1265, 1267.

[28] *Ferguson v. National Broadcasting Co.*, 584 F. 2d 111, 113 (5th Cir. 1978); *Roginski v. Time Warner Interactive, Inc.*, 967 F. Supp. 821, 826 (M.D. Pa. 1997).

[29] *Abkco Music, Inc. v. Harrisongs Music, Ltd.*, 722 F.2d 988, 998 (2nd Cir. 1983).

dienen, eignet sich der Begriff *probative similarity* daher besser.[30] Der Unterschied zwischen *probative* und *substantial similarity* zeigt sich deutlich, wenn in der Nachschöpfung die Unterschrift oder der Copyrightvermerk des Klägers oder nicht originale und damit ungeschützte Elemente des ersten Werkes auftauchen. Diese Ähnlichkeiten eignen sich zwar dafür, zu beweisen, dass der Benutzer Zugang zu dem ersten Werk hatte, da sie nicht auf einem Zufall beruhen können. Eine unabhängige Schöpfung muss daher in einem solchen Fall ausscheiden. Auf der anderen Seite sagen sie aber nichts darüber aus, ob eine derart erhebliche Menge an geschütztem Material aus dem ersten Werk in der Nachschöpfung übernommen wurde, dass eine Copyrightverletzung vorliegt.[31] Dies ist die zu klärende Frage bei der Prüfung der *substantial similarity*.[32]

(3) *Striking similarity*

Von einem Kopieren ist, ohne die Notwendigkeit, den Zugang zu dem Werk indirekt zu beweisen, dann auszugehen, wenn die Ähnlichkeiten zwischen dem ersten Werk und der Nachschöpfung so markant sind, dass eine unabhängige Schöpfung vernünftigerweise ausscheiden muss (*striking similarity*). Dabei kommt es vor allem auf die Beschaffenheit des benutzten Werkes an. *Striking similarity* kann beispielsweise dann angenommen werden, wenn zwei komplexe Werke nahezu identisch sind oder wenn zwei Werke die gleichen Fehler aufweisen.[33] Sind die beteiligten Schöpfungen jedoch banal und mehr oder weniger alltäglich, so kann das Kopieren nicht allein mit Hilfe der *striking similarity* angenommen werden, vielmehr muss auch der Zugang nachgewiesen werden.[34]

---

[30] *Latman*, Probative Similarity as Proof of Copying, 90 Colum. L. Rev. 1187, 1204 (1990), auf den die Analyse dieses Problems und der Begriff *probative similarity* zurückgehen.

[31] *Latman*, Probative Similarity as Proof of Copying, 90 Colum. L. Rev. 1187, 1204 (1990).

[32] Der Ansicht von *Latman* folgen auch *Nimmer*, On Copyright, Bd. 4, § 13.01 [B], Seiten 13-12 – 13-13 und *Leaffer*, Understanding Copyright Law, § 9.3, Seiten 382/383.

[33] *Nimmer*, On Copyright, Bd. 4, § 13.02 [B], Seiten 13-23 – 13-25; *Leaffer*, Understanding Copyright Law, § 9.4, Seite 385.

[34] *Selle v. Gibbs*, 741 F.2d 896, 905 (7th Cir. 1984).

cc. *Substantial similarity*

Zu einer Copyrightverletzung kann es erst dann kommen, wenn der Benutzer des früher geschaffenen Werkes einen so bedeutenden Anteil aus diesem Werk in seine Schöpfung übernommen hat, dass dies zu einer erheblichen Ähnlichkeit (*substantial similarity*) zwischen den beiden Schöpfungen führt. Wo die Grenze zwischen unerheblichen und erheblichen Ähnlichkeiten zu ziehen ist, lässt sich nicht pauschal festlegen, sondern muss unter Berücksichtigung der Umstände des jeweiligen Einzelfalls ermittelt werde. Der vielzitierte Ausspruch des Richters *Learned Hand* spiegelt dieses Dilemma wider: "*The test for infringement of a copyright is of necessity vague.*" (Die Prüfung einer Copyrightverletzung ist notwendigerweise ungenau).[35]

Um überhaupt brauchbare Richtlinien für das Vorgehen der Gerichte bei der Ermittlung der *substantial similarity* finden zu können, sollte zwischen zwei Arten der *similarity* unterschieden werden: *comprehensive non literal similarity* (umfassende nicht wortgetreue Ähnlichkeit) und *fragmented literal similarity* (bruchstückhafte wortgetreue Ähnlichkeit).[36]

(1) *Comprehensive non literal similarity*

Bei dieser Art von Ähnlichkeit geht es um die Übernahme wesentlicher Elemente oder Strukturen eines Werkes. Bei einer identischen Übernahme wäre zweifelsohne eine für die Copyrightverletzung erhebliche Ähnlichkeit gegeben. Schwierig ist die Entscheidung über eine erhebliche Ähnlichkeit jedoch bei der Verwendung nicht identischer Strukturen. Hierbei ist zu berücksichtigen, dass die Übernahme von abstrakten Ideen keine erhebliche Ähnlichkeit begründen kann, da abstrakte Ideen gar keinen Copyrightschutz erlangen können.[37] Um die Grenzen zwischen erheblicher und unerheblicher Ähnlichkeit in solchen Fällen ermitteln zu können, wurden von den Gerichten verschiedene Tests entwickelt.

---

[35] *Peter Pan Fabrics, Inc. v. Martin Weiner Corp.*, 274 F.2d 487, 489 (2nd Cir. 1960).

[36] Diese Terminologie wurde von *Nimmer* eingeführt und von den Gerichten mittlerweile übernommen, *Nimmer*, On Copyright, Bd. 4, § 13.03 [A], Seite 13-29, Fn. 9; *Leaffer*, Understanding Copyright Law, § 9.5 [B], Fn. 26.

[37] *Nimmer*, On Copyright, Bd. 4, § 13.03 [A][1], Seiten 13-29 – 13-31.

(a) Der *Abstractions Test*

Dieser älteste und berühmteste Test stammt von Richter *Learned Hand* aus dem Jahre 1930. In dieser Entscheidung ging es um die Frage, ob das *copyright* an einem Theaterstück durch einen Film verletzt wurde, weil der Film eine erhebliche Ähnlichkeit zu dem Theaterstück aufwies.[38] Der *Abstractions Test* geht von der Prämisse aus, dass sich in jedem Schauspiel, wie auch in jedem anderen Werk, eine mehr oder weniger große Anzahl unterschiedlich abstrakter Strukturen findet, je nachdem wie viel von der Handlung außer Acht gelassen wird. Als allgemeinste Struktur wäre beispielsweise eine allgemeine Aussage darüber, worum es in dem Stück geht oder auch nur der Titel des Stücks denkbar. Stellt man nun die verschiedenen Abstrahierungen des Werkes nach dem Grad der Verallgemeinerung in eine Reihe, so existiert an einer bestimmten Stelle eine Grenze, hinter der die jeweilige Struktur nicht mehr schutzfähig ist, weil ansonsten der Urheber des Theaterstücks die Verwendung von Ideen im Unterschied zu deren Ausdruck verhindern könnte, obwohl diese Ideen nicht in den Schutzbereich seines *copyright* fallen. Richter *Learned Hand* war sich aber im Klaren drüber, dass diese Grenze nie exakt gezogen werden kann.[39] Eine erhebliche Ähnlichkeit und damit auch eine Copyrightverletzung wurden vom Gericht abgelehnt, weil die einzige Gemeinsamkeit zwischen dem Theaterstück und dem Film eine Auseinandersetzung zwischen einem jüdischen und einem irischen Vater, die Heirat ihrer Kinder, die Geburt der Enkelkinder und eine Versöhnung war.[40]

(b) Erweiterung des *Abstractions Test* durch den *Pattern Test*

Wo auf der Skala zwischen der Übernahme der nicht geschützten Idee und der Übernahme des Ausdrucks der Idee *substantial similarity* auftritt, versuchte *Zechariah Chafee* durch seinen *Pattern Test* zu ergründen. Eine Copyrightverletzung sollte dann vorliegen, wenn die Struktur des Werkes übernommen wurde. Dies müsse noch nicht der Fall sein, wenn bestimmte Charaktere und Situationen eines Theaterstücks verwendet werden. Erst wenn die Struktur des Stücks, also die Abfolge der Ereignisse und die Entwicklung und das Zusammenspiel der handelnden Personen Szene für

---

[38] *Nichols v. Universal Pictures Corporation*, 45 F.2d 119 (2nd Cir. 1930).

[39] *Nichols v. Universal Pictures Corporation*, 45 F.2d 119, 121 (2nd Cir. 1930).

[40] *Nichols v. Universal Pictures Corporation*, 45 F.2d 119, 122 (2nd Cir. 1930).

Szene in der neuen Schöpfung wieder auftauchten, müsse von einer Verletzung des *copyright* an dem ersten Theaterstück ausgegangen werden.[41] Der *Pattern Test* bezieht sich jedoch in erster Linie auf literarische Werke und passt deshalb für architektonische Werke nur eingeschränkt.

(c) Die *Computer Software Tests*

(aa) Entwicklung der *Computer Software Tests*

Aufgrund der Entwicklung und stark wachsenden Bedeutung von Computer Software wurden in den 80er Jahren des letzten Jahrhunderts von den Gerichten neue Tests entwickelt, um die *substantial similarity* zwischen Computerprogrammen zu ermitteln. Diese Tests sind auch interessant für architektonische Werke, weil sich der Gestaltungsprozess bei Computerprogrammen und architektonischen Werken sehr ähnelt.[42] Bei Computerprogrammen ist vor allem die Frage schwer zu entscheiden, wann abgesehen von der identischen Übernahme des Quell- oder Objektcodes *substantial similarity* angenommen werden kann. In der Entscheidung *Whelan Associates, Inc. v. Jaslow Dental Laboratory, Inc.*[43] befasste sich zum ersten Mal ein Berufungsgericht mit dieser Thematik. In dieser Entscheidung ging es um zwei Computerprogramme für die Buchführung in Zahntechniklaboren, die in verschiedenen Computersprachen geschrieben worden waren.[44] Bei der Prüfung der *substantial similarity* setzte sich das Gericht mit der Abgrenzung der zugrundeliegenden Idee und deren Ausdruck bei Computerprogrammen auseinander. Dadurch sollte der Schutzumfang des ersten Programms und damit die Frage geklärt werden, ob das spätere Programm durch die Übernahme geschützter Elemente erhebliche Ähnlichkeit zu dem ursprünglichen Programm aufwies. Das Gericht kam zu der Erkenntnis, dass die Funktion bzw. der Verwendungszweck eines Gebrauchsgegenstands zugleich dessen Idee ist. Alle Elemente, die nicht zur Erreichung dieses Zwecks notwendig sind, gehörten zum Ausdruck der

[41] *Chafee*, Reflections on the Law of Copyright: I, 45 Colum. L. Rev. 503, 513/514 (1945).

[42] *Newsam*, Architecture and Copyright – Separating the Poetic from the Prosaic, 71 Tul. L. Rev. 1073, 1109 (1997).

[43] 797 F.2d 1222 (3rd Cir. 1986) = GRUR Int. 1987, 797 - *Zahnlaborprogramm*.

[44] *Whelan Associates, Inc. v. Jaslow Dental Laboratory, Inc.*, 797 F.2d 1222, 1226 (3rd Cir. 1986) = GRUR Int. 1987, 797 - *Zahnlaborprogramm*.

Idee und seien daher geschützt.[45] In Anlehnung an die Entscheidung *Baker v. Selden*[46] kam das Gericht zu dem Ergebnis, dass die Struktur eines Computerprogramms nicht unabdingbar für dessen Verwendungszweck ist, weil der gleiche Zweck durch verschieden strukturierte Programme erreicht werden kann und daher als nicht geschütztes Element von jedermann in einem anderen Programm verwendet werden kann.[47] Speziell das zu enge Verständnis des Begriffes „Idee“ im Zusammenhang mit der Copyrightschutzfähigkeit wird aber dem Wesen von Computerprogrammen nicht gerecht. „Idee“ ist im *Copyright Law* nichts anderes als eine Metapher für alle Elemente, die nicht geschützt werden können.[48] In der *Whelan* - Entscheidung wurde § 102 (b) C. A. nicht beachtet, wonach neben einer Idee ausdrücklich auch Konzepte, Prozesse, Systeme, Prinzipien etc. nicht schutzfähig sind.[49] Außerdem fehlt in dem Urteil eine tiefgreifende Auseinandersetzung mit der Natur eines Computerprogramms.[50]

Erst der in der Entscheidung *Computer Associates International, Inc. v. Altai, Inc.*[51] entwickelte *Abstraction-Filtration-Comparison Test* (Abstrahierung-Filtrierung-Vergleich Test) setzte sich auf dem Gebiet der Computerprogramme durch.[52] Streitgegenständlich war auch hier, ob die nicht identische Übernahme von Programmbausteinen zu einer erheblichen Ähnlichkeit und damit zu einer Copyrightverletzung geführt hat. Der *Altai Test* setzt sich aus drei Stufen zusammen. In der ersten Stufe wird der

---

[45] *Whelan Associates, Inc. v. Jaslow Dental Laboratory, Inc.*, 797 F.2d 1222, 1236 (3rd Cir. 1986) = GRUR Int. 1987, 797 - *Zahnlaborprogramm*.

[46] In dieser Entscheidung stellte der *Supreme Court* unter anderem auch fest, dass der Ausdruck einer Idee auch dann nicht copyrightschutzfähig ist, wenn die Idee nur auf eine bestimmt Art und Weise dargestellt werden kann, 101 U.S. 99, 101, 103 (1879).

[47] *Whelan Associates, Inc. v. Jaslow Dental Laboratory, Inc.*, 797 F.2d 1222, 1238/1239 (3rd Cir. 1986) = GRUR Int. 1987, 797 - *Zahnlaborprogramm*.

[48] *Samuelson*, Computer Program, User Interfaces, and Section 102 (b) of the Copyright Act of 1976, 55 Law & Contemp. Probs. 311, 322 (1992).

[49] *Leaffer*, Understanding Copyright Law, § 9.5, Seite 391.

[50] *Newsam*, Architecture and Copyright - Separating the Poetic from the Prosaic, 71 Tul. L. Rev. 1073, 1110 (1997).

[51] 982 F.2d 693 (2nd Cir. 1992) = GRUR Int. 1994, 74 – *Adapter II*.

[52] *Nimmer*, On Copyright, Bd. 4, § 13.03 [F], Seite 13-107; *Leaffer*, Understanding Copyright Law, § 9.5, Seiten 392/393.

Abstractions Test von Richter *Learned Hand* auf Computerprogramme angewendet, indem die verschiedenen Abstraktionsebenen des ursprünglichen Programms herausgelöst werden. Bei diesem Prozess soll in umgekehrter Reihenfolge wie bei der Gestaltung des Programms vorgegangen werden, also mit dem Code begonnen und mit der Zweckbestimmung aufgehört werden. Durch die Anwendung des *Abstractions Test* wird im Gegensatz zu dem Ansatz in der *Whelan* - Entscheidung anerkannt, dass ein Programm aus einer Mischung von zahlreichen Ideen und deren Ausdruck bestehen kann.[53]

In der zweiten Stufe, *filtration*, sollen die geschützten Elemente des ursprünglichen Programms schrittweise herausgefiltert werden. Dabei geht es auf jeder Abstraktionsebene darum, ob die jeweiligen Bausteine nur eine Idee darstellen oder gezwungenermaßen mit der Idee verknüpft sind (*Baker v. Selden*), von außerhalb des Programms liegenden Faktoren bestimmt sind oder aus der *public domain* stammen. Im Endeffekt soll durch das Herausfiltern der Schutzumfang des benutzten Werkes bestimmt werden.[54] Nach dieser Stufe sollen nur noch die geschützten Elemente übrig bleiben.

In der dritten Stufe des Tests soll durch einen Vergleich des ersten Werkes mit dem späteren Werk ermittelt werden, ob die von dem Gericht in der *Altai* - Entscheidung auch als *golden nugget* bezeichneten Elemente kopiert worden sind. In diesem Zusammenhang soll auch herausgefunden werden, wie wichtig die kopierten Elemente im Vergleich zu dem gesamten Werk, aus dem sie entnommen wurden, sind.[55] Es kommt aber grundsätzlich nur auf die Übereinstimmungen und nicht auf die Unterschiede an.[56]

Auch wenn bei Anwendung dieses Tests nicht alle Zweifelsfragen gelöst werden können, stellt er doch einen hilfreichen Rahmen für die Prüfung der *substantial similarity* dar, weil er grundsätzlich neutral, also weder copyrightinhaberfreundlich noch

---

[53] *Computer Associates International, Inc. v. Altai, Inc.*, 982 F.2d 693, 707 (2nd Cir. 1992) = GRUR Int. 1994, 74 – *Adapter II.*

[54] *Computer Associates International, Inc. v. Altai, Inc.*, 982 F.2d 693, 707 (2nd Cir. 1992) = GRUR Int. 1994, 74 – *Adapter II.*

[55] *Computer Associates International, Inc. v. Altai, Inc.*, 982 F.2d 693, 710 (2nd Cir. 1992) = GRUR Int. 1994, 74 – *Adapter II.*

[56] *Nimmer*, On Copyright, Bd. 4, § 13.03 [B][1][a], Seite 13-53.

verletzerfreundlich ist, und eine vertiefte Beschäftigung mit den beteiligten Schöpfungen erfordert.[57]

(bb) Anwendung des *Altai Test* bei architektonischen Werken

Der ursprünglich für Computerprogramme entwickelte *Altai Test* eignet sich auch für andere Werke[58], insbesondere seine Anwendung auf architektonische Werke bietet sich an. Computerprogramme und architektonische Werke dienen beide einem bestimmten Zweck und haben, anders als beispielsweise Werke der Malerei oder Bildhauerei, eine bestimmte Funktion zu erfüllen. Hinzu kommt, dass die Schöpfung architektonischer Werke auch verschiedene identifizierbare Stadien durchläuft, angefangen von der Festlegung des Bauprogramms bis hin zur schlüsselfertigen Übergabe.[59] Ein architektonisches Werk lässt sich daher ebenso wie ein Computerprogramm in verschiedene abstrakte Ebenen aufteilen, die letztendlich eine Grenzziehung zwischen den dem Werk innewohnenden Ideen und deren Ausdruck ermöglichen.[60]

Auch bei architektonischen Werken müssten auf der ersten Stufe des Tests die unterschiedlichen Abstraktionsebenen ermittelt werden, in dem die Leistungen des Architekten während der *schematic-design* und der *design-development* Phase[61] untersucht werden.[62] Dabei kann man die einzelnen Abstraktionsschritte den chronologischen Arbeitsschritten des Architekten zuordnen. Das bedeutet, dass am Anfang der Abstraktionsskala das grobe Konzept des Gebäudes steht, z. B. die Anzahl der Räume und Stockwerke, die Nutzung der Räume, welche Rolle das natürliche Licht spielen soll, welche Verkehrsadern innerhalb des Gebäudes verlaufen sollen. Als weitere Abstraktionsebene wäre die Verwendung bestimmter Gestaltungsformen denkbar, wie

---

[57] *Nimmer*, On Copyright, Bd. 4, § 13.03 [F], Seite 13-108; *Leaffer*, Understanding Copyright Law, § 9.5, Seiten 392, 393.

[58] *Apple Computer, Inc. v. Microsoft Corp.*, 35 F.3d 1435, 1445 (9th Cir. 1994); *R. Ready Prods., Inc. v. Cantrell*, 85 F.Supp. 2d 672, 683 Fn. 10 (S.D. Tex. 2000); *Nimmer*, On Copyright, Bd. 4, § 13.03 [F][1], Seite 13-119.

[59] Zum Schöpfungsprozess bei architektonischen Werken siehe unter D.II.1.c.

[60] *Newsam*, Architecture and Copyright - Separating the Poetic from the Prosaic, 71 Tul. L. Rev. 1073, 1114/1115 (1997).

[61] Siehe dazu unter D.II.1.c.bb.(1) und (2).

[62] Newsam, Architecture and Copyright - Separating the Poetic from the Prosaic, 71 Tul. L. Rev. 1073, 1116/1117 (1997).

beispielsweise eine Kuppel, ein Atrium im Eingangsbereich, eine Glas- oder Steinfassade. Am Ende der Abstraktionsskala steht die am Schluss des Schaffensprozesses des Architekten entstandene genaue Ausgestaltung des zuvor festgelegten Programms wie z. B. die Gliederung der Fassade, der genaue Grundriss oder die Lichtführung.

Auf der nächsten, der Filtrierungsstufe, muss ermittelt werden, an welcher Stelle auf der Abstraktionsskala der Copyrightschutz beginnen soll. Dabei muss man sich immer die Frage stellen, in welchem Ausmaß der Architekt andere von der Benutzung der von ihm geschaffenen gestalterischen Elemente ausschließen können soll. Hier sollte die wichtige Rolle des Zitierens von Gestaltungselementen anderer Architekten genau beachtet werden.[63] Hier muss auch die Frage nach der *originality* der Gestaltung beantwortet werden. In diesem Zusammenhang können einzelne Gestaltungselemente wie die Gestaltung der Fenster, Türen, Decken nicht geschützt werden. Außerdem müssen Elemente, die von äußeren Faktoren wie Bauvorschriften oder der Beschaffenheit des Grundstücks diktiert werden, aus dem Schutz herausfallen. Schließlich fallen auch die rein aus funktionalen Erwägungen heraus geschaffenen Gestaltungen weg.

Auf der dritten Stufe findet dann wie im Fall der Computersoftware ein Vergleich der herausgefilterten geschützten Elemente mit der vermeintlich copyrightverletzenden Schöpfung statt. Dabei sollte immer das Ziel des *US-Copyright Law*, einen Anreiz für die Schaffung möglichst vieler Werke zu schaffen, berücksichtigt werden. Bei architektonischen Werken besteht jedoch die Besonderheit, dass diese keine Massenprodukte sind und auch nicht wie solche konsumiert werden können.[64]

(2) *Fragmented literal similarity*

Grundsätzlich kann bei der identischen oder nahezu identischen Übernahme von Elementen des benutzten Werkes ohne aufwendige Tests von einer erheblichen Ähnlichkeit ausgegangen werden. Problematisch wird diese Annahme jedoch dann, wenn nicht die grundlegenden Ausdrucksformen in der späteren Schöpfung wieder auftauchen, sondern nur vereinzelte Merkmale. In solchen Fällen spricht man von einer

---

[63] Newsam, Architecture and Copyright - Separating the Poetic from the Prosaic, 71 Tul. L. Rev. 1073, 1118/1119 (1997).

[64] Newsam, Architecture and Copyright - Separating the Poetic from the Prosaic, 71 Tul. L. Rev. 1073, 1123/1124 (1997).

bruchstückhaften Ähnlichkeit.[65] Dabei gilt es zu klären, wann die bruchstückhafte zugleich eine erhebliche Ähnlichkeit darstellt.

Es kommt nicht darauf an, dass die ähnlichen Anteile einen erheblichen Teil der Nachschöpfung ausmachen, sondern dass die Ähnlichkeit zwischen den Werken sich auf einen erheblichen Teil des ursprünglichen Werkes bezieht. Dabei spielt zwar auch eine Rolle, wie groß der quantitative Anteil der ähnlichen Teile am ursprünglichen Werk ist, wichtiger ist jedoch der qualitative Aspekt. Handelt es sich um Elemente, die wesentliche Bedeutung für das benutzte Werk haben, so reicht schon die Übernahme eines mengenmäßig kleinen Teils für die Annahme der *substantial similarity* aus.[66] Wann übernommene Teile wesentlich für das benutzte Werk sind, richtet sich zwar nach der jeweiligen Werkkategorie, wie viele Takte eines Musikwerkes oder wie viele Sätze eines literarischen Werkes für die *substantial similarity* übernommen werden müssen, kann aber ohne Bezug zu einem konkreten Fall nicht mit letzter Genauigkeit gesagt werden.[67]

dd. Beurteilungsmaßstab

(1) Bei der Prüfung des Kopierens

Bei der Frage, ob genügend Ähnlichkeiten zwischen dem benutzten Werk und der Nachschöpfung vorhanden sind, damit ein Kopieren, d. h. die Übernahme von Teilen des ersten Werkes, bewiesen werden kann, können die Gerichte auch Sachverständige zu Hilfe nehmen.[68]

(2) Bei der *substantial similarity* Prüfung

Um den Beurteilungsmaßstab für das Vorliegen einer erheblichen Ähnlichkeit zwischen zwei Schöpfungen festzulegen, wird von den Gerichten der *Ordinary Observer*

---

[65] *Nimmer*, On Copyright, Bd. 4, § 13.03 [A][2], Seite 13-45.

[66] *Nimmer*, On Copyright, Bd. 4, § 13.03 [A][2], Seiten 13-46 – 13-49; *Leaffer*, Understanding Copyright Law, § 9.5, Seite 387.

[67] *Nimmer*, On Copyright, Bd. 4, § 13.03 [A][2], Seiten 13-49 – 13-50.

[68] *Arnstein v. Porter*, 154 F.2d 464, 468 (2nd Cir. 1946); *Latman*, "Probative Similarity" as Proof of Copying, 90 Colum. L. Rev. 1187, 1192, 1210 (1990).

(Durchschnittsbetrachter) oder *Audience* (Zuhörer) *Test*[69] angewendet. Bei diesem Test geht es um die Wirkung, die das vermeintlich copyrightverletzende geistige Produkt auf die Allgemeinheit hat. Maßstab soll dabei der Eindruck auf einen vernünftigen Durchschnittsbetrachter sein. Eine Copyrightverletzung kann nach dem *Ordinary Observer Test* erst dann angenommen werden, wenn ein Durchschnittsbetrachter, der beispielsweise erst vor kurzem das entsprechende literarische Werk gelesen hat, ohne fremde Hilfe erkennen kann, dass dieses Werk durch eine Verfilmung verletzt worden ist. Es soll dabei auf eine spontane und unmittelbare Reaktion ankommen.[70]

Der *Ordinary Observer Test*, der von manchen Gerichten sogar als einzige Prüfungsmethode der *substantial similarity* angewendet wird[71], bietet jedoch mehr Nachteile als Vorteile. Er eignet sich am ehesten noch für die Prüfung der *substantial similarity* bei einfacher Unterhaltungsmusik, nicht jedoch bei komplexeren Schöpfungen wie Computerprogrammen[72] oder auch architektonischen Schöpfungen. Der *Ordinary Observer Test* trägt nämlich nichts zur Lösung des Problems bei, wie viel Ähnlichkeit vorhanden sein muss, damit *substantial similarity* angenommen werden kann.[73] Bei diesem Test werden die betroffenen Schöpfungen nicht eingehend untersucht und analysiert, da es nur auf den spontanen und unmittelbaren und damit oft nur oberflächlichen Eindruck des Durchschnittsbetrachters ankommt. Dabei wird jedoch übersehen, dass die Zuschauer oder Betrachter einerseits den Eindruck einer Copyrightverletzung haben können ohne dass eine solche wirklich stattgefunden hat. Auf der anderen Seite besteht gerade bei der Benutzung eines Werkes in einer anderen Werkkategorie die große Gefahr, dass die erhebliche Ähnlichkeit einem durchschnittlichen Betrachter verborgen bleibt.[74] Eine weitere Schwäche des *Ordinary Observer*

---

[69] Von den meisten Gerichten werden die Bezeichnungen *Ordinary Observer Test* und *Audience Test* synonym verwendet. Manche Gerichte verwenden die Bezeichnung *Audience Test* jedoch, wenn sie als Beurteilungsmaßstab nur die potentiellen Adressaten des Werkes nehmen, *Leaffer*, Understanding Copyright Law, § 9.6, Seiten 395/396.

[70] *Nimmer*, On Copyright, Bd. 4, § 13.03 [E][1], Seite 13-79.

[71] *Ideal Toy Corp. v. Fab-Lu Ltd.*, 360 F.2d 1021, 1023, Fn. 2 (2nd Cir. 1966).

[72] *Whelan Associates, Inc. v. Jaslow Dental Laboratory, Inc.*, 797 F.2d 1222, 1232 (3rd Cir. 1986) = GRUR Int. 1987, 797 - *Zahnlaborprogramm*.

[73] *Cohen*, Masking Copyright Decisionmaking: The Meaninglessness of Substantial Similarity, 20 U.C. Davis L. Rev. 719, 741 (1987).

[74] *Nimmer*, On Copyright, Bd. 4, § 13.03 [E][2], Seiten 13-88 – 13-89.

Test ist die mangelnde Differenzierung zwischen dem Kopieren von Ideen und dem Kopieren deren Ausdrucksformen. Die Übernahme von Ideen kann nur insofern für eine Copyrightverletzung relevant sein, als sie ein Indiz für den Zugang und damit für die Benutung des Werkes in welcher Form auch immer sein kann. Keinesfalls kann die Übernahme von nicht schutzfähigen Ideen aber zu einer *substantial similarity* führen. Bei Anwendung des *Ordinary Observer Test* wird diese wichtige Unterscheidung jedoch verwischt.[75] Der in *Arnstein v. Porter* verwendete zweigeteilte Test[76] mit seiner Unterscheidung zwischen Kopieren und unzulässiger Aneignung wirkt zwar speziell dieser Unklarheit entgegen. Die Anwendung des *Ordinary Observer Test* im Rahmen der Prüfung der *substantial similarity* im Sinne einer unzulässigen Aneignung birgt aber weiterhin die genannten Nachteile in sich. Insbesondere das Verbot eines Sachverständigenbeweises im Rahmen dieses Tests steht einer sinnvollen Prüfung der Verletzung komplexerer Werke entgegen.

Auch der in *Sid & Marty Krofft Television Productions, Inc. v. McDonald's Corp.*[77] vorgeschlagene zweiteilige Test stößt auf ähnliche Bedenken. Aufbauend auf dem *Arnstein Test* verläuft auch dieser Test in zwei Stufen: Auf der ersten Stufe, dem sogenannten *extrinsic test* (äußerlicher Test) soll nur die Ähnlichkeit der Ideen mit Hilfe einer genauen Analyse und eines Sachverständigenbeweises untersucht werden. Auf der zweiten Stufe folgt dann im Rahmen des sogenannten *intrinsic test* (eigentlicher Test) mit Hilfe des *Ordinary Obeserver Test* die Prüfung, ob in Bezug auf den Ausdruck der Ideen *substantial similarity* vorliegt.[78] Diese Abwandlung des *Arnstein Test* ist daher mit den gleichen Unzulänglichkeiten behaftet wie jeder Test, der den *Ordinary Observer Test* beinhaltet.[79]

---

[75] *Cohen*, Masking Copyright Decisionmaking: The Meaninglessness of Substantial Similarity, 20 U.C. Davis L. Rev. 719, 739/740 (1987).

[76] *Arnstein v. Porter*, 154 F.2d 464, 468 (2nd Cir. 1946).

[77] 562 F.2d 1157 (9th Cir. 1977).

[78] *Sid & Marty Krofft Television Productions, Inc. v. McDonald's Corp.*, 562 F.2d 1157, 1164 (9th Cir. 1977)

[79] *Cohen*, Masking Copyright Decisionmaking: The Meaninglessness of Substantial Similarity, 20 U.C. Davis Law Review 719, 755 ff (1987).

ee. Ergebnis zu cc. und dd.

Die Frage, auf welche Weise am besten ermittelt werden kann, ob zwei Werke eine für eine Copyrightverletzung erhebliche Ähnlichkeit (*substantial similarity*) aufweisen, wird von der US-amerikanischen Literatur und Rechtsprechung nicht einheitlich beantwortet. Man gewinnt vielmehr den Eindruck, dass beinahe jedes Gericht, das sich mit diesem Thema befasst, einen eigenen Test entwickelt oder einen bereits bestehenden Test abgewandelt hat. Nach der Beleuchtung der am weitesten verbreiteten Tests kann man nur zu dem Ergebnis kommen, dass der *Altai Test* in Verbindung mit der Möglichkeit des Sachverständigenbeweises am ehesten die Gewähr dafür bietet, dass eine ausführliche und vertiefte Auseinadersetzung mit den beteiligten architektonischen Schöpfungen stattfindet.[80]

b. Die Verletzung des Vervielfältigungsrechts

Das Recht zur Vervielfältigung (*reproduction right*) des Werkes steht ausschließlich dem Inhaber des *copyright* zu, § 106 (1) C. A. Unter Vervielfältigung wird dabei die erneute Herstellung des Werkes in Form von Kopien oder Tonträgern verstanden, d. h. körperlichen Gegenständen, in denen das Werk festgelegt wird. Dabei muss die körperliche Festlegung dauerhaft genug sein, um das Werk für mehr als nur eine vorübergehende Dauer wahrnehmen, wiederherstellen oder sonst mitteilen zu können, § 101 C. A.

aa. Die Verletzung des Vervielfältigungsrechts vor Inkrafttreten des *AWCPA*

(1) Die Vervielfältigung von architektonischen Plänen in Form von Plänen

Vor 1990 stellte die nicht autorisierte Vervielfältigung architektonischer Pläne durch Anfertigung identischer Pläne eine Verletzung des Vervielfältigungsrechts dar.[81] Lediglich in *Scholz Homes, Inc. v. Maddox*[82] vertrat das Gericht eine andere Ansicht

---

[80] *Nimmer*, On Copyright, Bd. 4, § 13.03 [E][1][b], Seite 13-83 – 13-84, nach dessen Anregung der *Altai Test* von dem *Circuit Court* in *Computer Associates International, Inc. v. Altai, Inc.*, 982, F.2d 693, 707 (2nd Cir. 1992) = GRUR Int. 1994, 74 – *Adapter II* gestaltet wurde.

[81] *Jones v. Spindel*, 177 S.E.2d 187, 189/190 (Ga.App. 1970); *Imperial Homes Corp. v. Lamont*, 458 F.2d 895, 899 (5th Cir. 1972); *Hermann Frankel Organization v. Tegman*, 367 F.Supp. 1051, 1053 (D.C. Mich., 1973); *Demetriades v. Kaufmann*, 680 F.Supp. 658, 664 (S.D.N.Y. 1988).

[82] 379 F.2d 84 (6th Cir. 1967).

und stützte sich dabei auf die Entscheidung *Baker v. Selden* des *Supreme Court*[83]. In *Baker v. Selden* ging es um eine neue Methode der Buchhaltung, die der Kläger erfunden und in einem Buch mit Hilfe von Diagrammen dargestellt hatte. Diese neue Buchhaltungsmethode wurde auch von dem Beklagten unter Verwendung sehr ähnlicher Diagramme in einem Buch erläutert. Der *Supreme Court* nahm keine Copyrightverletzung durch den Beklagten an, weil das Buchhaltungssystem nur mit Hilfe der bestimmten Diagramme verwendet werden konnte und ansonsten ein Monopol des Klägers an dieser Methode entstehen würde. Ein solches Monopol an einer Idee dürfe aber nur entstehen, wenn die strengen Voraussetzungen der Patentierbarkeit erfüllt seien. Könne das Wissen bezüglich einer neuen Buchhaltungsmethode nur mit Hilfe der Verwendung von bestimmten Diagrammen vermittelt werden, so stelle dies keine Copyrightverletzung dar.[84] Daraus schloss das Gericht in *Scholz Homes, Inc. v. Maddox* in einem *dictum*, dass für die Vermittlung von Wissen durch einen architektonischen Plan über die Art und Weise, wie ein Gebäude errichtet werden muss, das gleiche gelten müsse. Dieses Wissen kann in Bezug auf ein bestimmtes Gebäude nur durch den einen Plan vermittelt werden. Um kein Monopol auf dieses Wissen, wie man das Gebäude errichten muss, durch ein *copyright* entstehen zu lassen, müsse man die Vervielfältigung der Pläne für zulässig erachten.[85] Weiter wurde von dem Gericht ausgeführt, dass der streitgegenständliche architektonische Plan, der in einer Werbebroschüre abgebildet war, die große Verbreitung fand, nur durch *copyright* geschützt war, um seinen Wert als Werbeobjekt zu erhalten und nicht um dem Kläger ein ausschließliches Recht zum Kopieren des Plans zu verschaffen.[86] Diese Auslegung von *Baker v. Selden* wurde zu Recht scharf kritisiert. Eine solche Interpretation würde das *copyright* an einem architektonischen Plan wirkungslos machen und damit dem ausdrücklichen Willen des Kongresses, auch architektonischen Plänen Copyrightschutz zu verleihen, zuwider laufen.[87] Darüber hinaus ist die Einschränkung des Schutzumfanges eines *copyright* an Plänen in Werbebroschüren abzulehnen, weil dies mit der Schutz-

---

[83] 101 U.S. 99 (1879).

[84] *Baker v. Selden*, 101 U.S. 102/103 (1879).

[85] *Scholz Homes, Inc. v. Maddox*, 379 F.2d 84, 86 (6th Cir. 1967).

[86] *Scholz Homes, Inc. v. Maddox*, 379 F.2d 84, 87 (6th Cir. 1967).

[87] *Demetriades v. Kaufmann*, 680 F.Supp. 658, 665/666 (S.D.N.Y. 1988).

richtung des *US-Copyright Law* nicht vereinbar ist. Es besteht kein Anreiz für einen Architekten, einen originalen Plan zu zeichnen, wenn dieser von jedem vervielfältigt werden darf.[88] Die in *Scholz Homes, Inc. v. Maddox* geäußerten Auffassungen konnten sich daher nicht durchsetzen.

(2) Die Vervielfältigung von architektonischen Plänen in Form von Gebäuden

Bevor die Frage beantwortet werden kann, ob die Errichtung eines Gebäudes basierend auf einem geschützten architektonischen Plan, der auf andere Weise als durch ein copyrightverletzendes Vervielfältigen erlangt worden ist, vor Inkrafttreten des *AWCPA* eine Copyrightverletzung darstellte, muss zunächst untersucht werden, ob ein solcher Vorgang überhaupt als Vervielfältigung im Sinne des § 106 (1) C. A. eingeordnet werden kann.

Nach den Aussagen des Kongresses beinhaltet das Vervielfältigungsrecht das Recht, einen körperlichen Gegenstand herzustellen, in dem das Werk in einer dauerhaften Form dupliziert, abgeschrieben, nachgeahmt oder nachgebildet wird. Ein copyrightgeschütztes Werk würde nicht nur bei einer exakten Duplizierung vervielfältigt, sondern auch bei einer Nachahmung oder Nachbildung, die kein identisches Werkstück darstellt. Darüber hinaus räumt der Kongress ein, dass sich das Vervielfältigungsrecht und das Bearbeitungsrecht (*adaptation right*) nach § 106 (2) C. A. überschneiden.[89] Diese Ausführungen legen den Schluss nahe, dass bei der Errichtung eines Gebäudes nach einem geschützten Plan auch eine Vervielfältigung vorliegt.

Demgegenüber deutet der Wortlaut des Gesetzes in § 106 (2) C. A. auf ein anderes Verständnis hin. Dort ist die Rede von dem alleinigen Recht des Copyrightinhabers, Bearbeitungen (*derivative works*[90]) des Werkes herzustellen. Bearbeitungen sind nach der Definition in § 101 C. A. jedoch nur solche von einem anderen Werk abgeleitete Schöpfungen, die als Ganzes ein originales Werk darstellen. Die Umwandlung eines Werkes in eine andere Ausdrucksform ohne jegliche inhaltliche Veränderung, wie z. B. die exakte Errichtung eines Gebäudes nach dem zugrundeliegenden Plan kann

---

[88] *Imperial Homes Corp. v. Lamont*, 458 F.2d 895, 899 (5th Cir. 1972).

[89] H.R. Rep. No. 94-1476, 94th Congress, 2nd Session 1976, Seiten 61/62.

[90] Wörtlich übersetzt: „abgeleitete Werke“.

jedoch nie Originalität aufweisen und somit auch keine Bearbeitung im Sinne der §§ 101, 106 (2) C. A., sondern nur eine Vervielfältigung sein.

Die Gerichte sind sich bei diesem Thema alles andere als einig. Zum Teil wird die Meinung vertreten, dass das Bearbeitungsrecht schon dann verletzt ist, wenn das ursprüngliche Werk in der neuen Schöpfung benutzt wurde, aber nicht körperlich festgelegt oder original ist.[91] Dem wird entgegengehalten, dass durch das Ignorieren der *originality* als Voraussetzung für eine schutzfähige Bearbeitung bereits jede triviale Veränderung eines Werkes zu einer Copyrightverletzung führen würde.[92] Zum Teil wird angeregt, zwischen der Schutzfähigkeit einer Bearbeitung als eigenständigem Werk und dem Schutzumfang eines Werkes im Hinblick auf Benutzungen zu unterscheiden.[93]

Trotz dieser unterschiedlichen Ansichten sehen *Nimmer*[94] und *Goldstein*[95] das Bearbeitungsrecht verletzt, wenn ein Gebäude unauthorisiert nach einem Plan errichtet wird. Da das in dem Plan dargestellte Gebäude außerdem in den meisten Fällen nicht identisch in dreidimensionaler Form, sondern mehr oder weniger verändert errichtet wird, soll die Frage einer dabei auftretenden Copyrightverletzung erst im Rahmen möglicher Verletzungen des Bearbeitungsrechts geklärt werden.

bb. Verletzungen des Vervielfältigungsrechts nach Inkrafttreten des *AWCPA* von 1990

Die soeben unter (1) gemachten Ausführungen gelten gleichermaßen für die identischen Sachverhalte nach Inkrafttreten des *AWCPA*. Allerdings kann allein das Vervielfältigungsrechts nach § 106 (1) C. A. lediglich bei dem unproblematischen Fall der

---

[91] *Mirage Editions, Inc. v. Albuquerque A.R.T.*, 856 F.2d 1341, 1343/1344 (9th Cir. 1988); *Co.Lewis Galoob Toys, Inc. v. Nintendo of America Inc.*, 964 F.2d 965, 968 (9th Cir. 1992); so auch *Goldstein*, Derivative Works and Derivative Rights in Copyright, 30 J. Copr. Soc'y U.S.A. 209, 231, Fn. 75 (1983).

[92] *Precious Moments, Inc. v. La Infantil, Inc.*, 971 F.Supp. 66 (District of Puerto Rico, 1997), abgedruckt in *Joyce/Patry/Leaffer/Jaszi*, Copyright Law, Seite 464; *Lee v. A.R.T. Co.*, 125 F.3d 580, 582 (7th Cir. 1997).

[93] *Joyce/Patry/Leaffer/Jaszi*, Copyright Law, § 7.03, Seite 465, Frage 4; *Goldstein*, Derivative Works and Derivative Rights in Copyright, 30 J. Copr. Soc'y U.S.A. 209, 231, Fn. 75 (1982/83).

[94] *Nimmer*, On Copyright, Bd. 1, § 2.08 [D][2][a], Seite 2-121, Fn. 171.5.

[95] *Goldstein*, Derivative Rights and Derivative Works in Copyright, 30 J. Copr. Soc'y U.S.A., 209, 230 (1982/83).

Herstellung identischer Werkstücke in derselben Ausdrucksform verletzt sein ohne dass auch das Bearbeitungsrecht nach § 106 (2) C. A. betroffen ist.

c. Die Verletzung des Bearbeitungsrechts

Das Bearbeitungsrecht (*adaptation right*) ist nach § 106 (2) C. A. das ausschließliche Recht des Copyrightinhabers, Bearbeitungen (*derivative works*) herzustellen. Nach der Definition in § 101 C. A. ist eine Bearbeitung ein Werk, das auf einem oder mehreren bereits existierenden Werken basiert, wie z. B. eine Übersetzung, ein musikalisches Arrangement, eine Dramatisierung etc. Dabei kommt es darauf an, dass das ursprüngliche Werk umgestaltet, umgeformt oder umgearbeitet wird. In S. 2 der Definition heißt es zusätzlich, dass ein Werk dann eine Bearbeitung ist, wenn es aus redaktionellen Überarbeitungen, Anmerkungen, Ausschmückungen oder anderen Änderungen besteht, die im Ganzen ein originales Werk darstellen, § 101 C. A.

Zum Teil wird das Bearbeitungsrecht als überflüssig angesehen, weil bei einer unzulässigen Bearbeitung in den meisten Fällen auch das Vervielfältigungsrecht verletzt werde, indem Teile des ursprünglichen Werkes als Bestandteil der neuen Schöpfung körperlich festgelegt und damit vervielfältigt werden.[96] Dabei wird jedoch übersehen, dass das Bearbeitungsrecht anders als das Vervielfältigungsrecht auch durch nicht körperlich festgelegte Schöpfungen wie z. B. eine Aufführung verletzt werden kann.[97] Ohne das Bearbeitungsrecht könnte sich der Copyrightinhaber überdies nur gegen identische Nachschöpfungen wehren.[98] Das Bearbeitungsrecht hat im Gegensatz zum Vervielfältigungsrecht vor allem auch den Zweck, dem Copyrightinhaber andere Märkte zu erschließen als den, für den das ursprüngliche Werk geschaffen wurde. Beispielsweise soll der Inhaber eines *copyright* an einem literarischen Werk seine Investitionen in dieses Werk auch durch die Verwertung als Film oder Übersetzung zurückerhalten können.[99] Bei architektonischen Werken passt diese Abgrenzung jedoch nicht. Sowohl ein architektonischer Plan wie auch ein danach errichtetes Gebäude sind für denselben Markt bestimmt, nämlich für potentielle Bauherren. Gleiches

---

[96] *Nimmer*, On Copyright, § 8.09 [A], Seite 8-137.

[97] *Lewis Galoob Toys, Inc. v. Nintendo of America, Inc.*, 964 F.2d 965, 968 (9th Cir. 1992).

[98] *Leaffer*, Understanding Copyright Law, § 8.5, Seite 291.

[99] *Goldstein*, Derivative Rights and Derivative Works in Copyright, 30 J. Copr. Soc'y of the U.S.A. 209, 216 (1982/83).

lässt sich auch bei der Bearbeitung eines literarischen Werkes sagen, das dieselbe Ausdrucksform beibehält. Der Markt ändert sich bei Bearbeitungen in demselben Ausdrucksmedium nicht. Daher ist die Abgrenzung an Hand des Marktes für den das Werk bzw. dessen Bearbeitung bestimmt sind, nur bedingt geeignet, um Vervielfältigungs- und Bearbeitungsrecht voneinander abzugrenzen. Am einleuchtendsten erscheint der Ansatz, dass alle Schöpfungen, die auf vorbekannten Werken basieren und deren Ausdrucksformen zu einem mehr oder weniger großen Teil enthalten, das Bearbeitungsrecht an diesen vorbekannten Werken gem. § 106 (2) C. A. verletzen, ohne dass sie selbst originale Werke sein müssen.[100]

Diese Unklarheiten bei der Abgrenzung des Vervielfältigungs- und Bearbeitungsrechts im *US-Copyright Law* lassen sich auch damit erklären, dass bei der Prüfung einer Copyrightverletzung allein der jeweilige vom Gericht favorisierte *infringement test* entscheidet, ob eine solche Verletzung vorliegt. Auf die genaue Einordnung der verletzten Rechte kommt es dabei oft nicht an.[101]

aa. Vor Inkrafttreten des *AWCPA* von 1990

(1) Die Anfertigung von Plänen an Hand von bereits bestehenden Plänen

Aufgrund des Schutzes architektonischer Pläne als Werke der Malerei, Graphik und Bildhauerei gem. § 102 (a) (5) C. A. auch schon vor 1990 war eine Verletzung des Bearbeitungsrechts gemäß § 106 (2) C. A. durch das Anfertigen erheblich ähnlicher Pläne möglich. In *Howard v. Sterchi*[102], einer Entscheidung, die kurz vor Inkrafttreten des *AWCPA* erging, ging es unter anderem um die *substantial similarity* zwischen zwei architektonischen Plänen, in denen ländliche Holzhäuser dargestellt waren. Der *District Court* hatte zuvor die Ähnlichkeiten und Unterschiede zwischen beiden dargestellten Häusern detailliert untersucht. Dabei ging er auf die Raumeinteilungen, Fensteranordnungen, Größe der Räume etc. ein. Das Gericht stellte bei seiner Ablehnung der *substantial similarity* jedoch vor allem auf die Unterschiede zwischen beiden Plänen ab. Es begründete seine Entscheidung damit, dass die Variationsmöglichkeiten bei einem zweistöckigen Holzhaus, das immer aus rechtwinkligen Wänden bestehen müs-

---

[100] *Goldstein*, Derivative Rights and Derivative Works in Copyright, 30 J. Copr. Soc'y of the U.S.A. 209, 231, Fn. 75 (1982/83).

[101] Siehe unter E.I.2.a.cc.(1).

[102] 974 F.2d 1272 (11th Cir. 1992).

se, so eingeschränkt seien, dass, anders als bei anderen Werken, schon maßvolle Unterschiede ausschlaggebend sein können. An dieser Argumentation hatte das Berufungsgericht nichts auszusetzen.[103] Das Abstellen des Gerichts auf die Unterschiede und nicht auf die Ähnlichkeiten erscheint bedenklich, da es bei der Feststellung der *substantial similarity* grundsätzlich auf die Ähnlichkeiten und nicht auf eventuelle Unterschiede ankommt. Etwas anderes kann nur dann gelten, wenn wesentliche Unterschiede bestehen und die Ähnlichkeiten nur minimale Bedeutung haben.[104] Das war jedoch in *Howard v. Sterchi* nicht der Fall.

In der Entscheidung *Yankee Candle Co., Inc. v. New England Candle Co., Inc.*[105] war das Gericht der Auffassung, ein innerhalb eines Einkaufszentums (*mall*) gelegenes Geschäft sei kein Gebäude und damit auch kein architektonisches Werk nach § 102 (a) (8) C. A. Folgerichtig ging das Gericht auf die Prüfung einer Copyrightverletzung an dem zugrundeliegenden architektonischen Plan über, den es nach § 102 (a) (5) C. A. als geschützt ansah. Obwohl es dabei auf den *ordinary observer* (Durchschnittsbetrachter) abstellte, nahm es eine Analyse der beiden streitgegenständlichen Pläne vor. Die wesentlichen gestalterischen Merkmale wie die Fenster und deren Umrahmungen auf der Vorderseite des Ladens, die Schaufenster und die ganze äußere Gestaltung des Geschäfts einschließlich der französischen Türen und dem zurückgesetzten Eingang wiesen erhebliche Ähnlichkeit auf. Damit sah das Gericht *eine substantial similarity* als gegeben an.[106] Das Gericht ging damit auf die Merkmale des in dem Plan dargestellten Gegenstandes ein, nicht hingegen auf die Art der Darstellung.

(2) Die Errichtung von Gebäuden an Hand von architektonischen Plänen

Der im *US-Copyright Law* anerkannte Grundsatz, dass ein *copyright* an einem Werk auch gegen das Kopieren in jeder anderen Ausdrucksform als der des Originals schützt, legt nahe, dass ein *copyright* an einem architektonischen Plan auch gegen die Ausführung des in diesem Plan dargestellten Gebäudes schützt.

---

[103] *Howard v. Sterchi*, 974 F.2d 1272, 1276 (11th Cir. 1992); siehe auch *John Alden Homes, Inc. v. Kangas*, 142 F.Supp.2d 1338, 1345 (M.D.Fle., 2001).

[104] *Nimmer*, On Copyright, Bd. 4, § 13.03 [B][1][a], Seiten 13-53 – 13-55.

[105] 14 F.Supp.2d 154 (D.Mass., 1998).

[106] *Yankee Candle Co., Inc. v. New England Candle Co., Inc.*, 14 F.Supp.2d 154, 161 (D.Mass., 1998).

In Entscheidungen aus der Zeit vor Inkrafttreten des *Copyright Act* von 1976, die sich mit der Frage des Wegfalls des *common law copyright* durch eine Veröffentlichung beschäftigen, wird vereinzelt angedeutet, dass die Ausführung an Hand von Plänen eine Copyrightverletzung darstellt.[107]

Vor Inkrafttreten des *AWCPA* sprach sich die überwiegende Anzahl der Gerichte gegen eine Copyrightverletzung nach nationalem *statutory copyright* durch die Ausführung geschützter architektonischer Pläne aus.[108]

Diese Entscheidungen beruhen vor allem auf der seit *Baker v. Selden* geltenden Regel, dass ein *copyright* an einem Gebrauchsgegenstand nur vor einem Kopieren eines solchen Werkes zum Zwecke der Erläuterung, nicht aber vor einem Kopieren schützt, das der Benutzung des Werkes dient.[109] Die Funktion, die architektonische Pläne zu Gebrausgegenständen macht, besteht darin, dass sie den Bau des dargestellten Gebäudes technisch und gestalterisch ermöglichen sollen.[110] Um die Entstehung eines Monopols über die Art und Weise, wie ein bestimmtes Gebäude errichtet werden kann, zu verhindern, muss die Benutzung des Plans durch andere als den Copyrightinhaber möglich bleiben. Ein solches Monopol über eine Methode des Bauens kann nur durch die Patentierung dieser Methode erreicht werden, aber nicht durch ein *copyright* an dem Gebrauchsgegenstand.[111] Geht es nicht um die Benutzung des Plans, sondern um die Erläuterung der Art und Weise, wie ein bestimmtes Gebäude ausgeführt werden kann, z. B. in einem Lehrbuch über Architektur, dann darf der Plan beispielsweise nicht kopiert werde. Dabei besteht nämlich die Gefahr einer Monopolbildung in Bezug

---

[107] *Edgar H. Wood Associates, Inc. v. Skene*, 197 N.E.2d 886, 895 (Mass. 1964); *Nimmer*, On Copyright, Bd. 1, § 2.08 [D][2][a], Seite 2-123, die dort in Fn. 176 zitierten Entscheidungen beschäftigen sich jedoch bis auf die hier genannte, entgegen den Ausführungen von *Nimmer*, nur mit der Frage der Veröffentlichung architektonischer Pläne durch die Ausführung der dargestellten Gebäude, nicht aber damit, ob diese Ausführung eine Copyrightverletzung darstellt.

[108] *Katz*, Copyright Protection of Architectural Plans, Drawings and Designs, 19 Law and Contemp. Probs. 224, 245/246 (1954); *De Silva Const. Corp. v. Herrald*, 213 F.Supp. 184, 195/196 (D.C.Fla. 1962); *Scholz Homes, Inc. v. Maddox*, 379 F.2d 84, 87 (6th Cir. 1967); *Imperial Homes Corp. v. Lamont*, 458 F.2d 895, 899 (5th Cir. 1972); *Herman Frankel Organization v. Tegman*, 367 F.Supp. 1051, 1053 (D.C.Mich., 1973); *Acorn Structures, Inc. v. Swantz*, 657 F.Supp. 70, 75 (W.D.Va., 1987); *Robert R. Jones Associates, Inc. v. Nino Homes*, 858 F.2d 274, 280 (6th Cir. 1988).

[109] *Baker v. Selden*, 101 U.S. 99, 104 (1879).

[110] *Robert R. Jones Associates, Inc. v. Nino Homes*, 858 F.2d 274, 278 (6th Cir. 1988).

[111] *Baker v. Selden*, 101 U.S. 99, 102 (1879); *Herman Frankel Oganization v. Tegman*, 367 F.Supp. 1051, 1053 (D.C.Mich., 1973).

auf den Gebrauchszweck des Planes nicht, da er nicht zur Ausführung des Gebäudes gebraucht wird, sondern nur zur Erläuterung der Art und Weise, wie es errichtet werden kann.

Die Tatsache, dass Copyrightinhaber architektonischer Pläne, also zumeist Architekten, bis 1990 keinen Schutz gegen die unbefugte Ausführung ihrer Pläne erlangen konnten, zeigt, welche hegemoniale Stellung die Entscheidung *Baker v. Selden* aus dem Jahr 1879 bis dahin hatte.[112] Von manchen Gerichten wurde kritisiert, dass bei einer engen Anwendung von *Baker v. Selden* den Architekten nicht der Schutz zuteil wird, der notwendig ist, um ihnen einen Anreiz dafür zu geben, neuartige architektonische Gestaltungen zu erschaffen.[113] Gerade darin liegt aber letztendlich der Zweck des *US-Copyright Law*. Diesen Verstoß gegen die Zielsetzung des gesamten *US-Copyright Law* waren die Gerichte aber anscheinend eher bereit hinzunehmen als die Entstehung von Monopolrechten ohne dass dafür die Voraussetzungen des Patentrechts erfüllt werden.

(3) Weitere mögliche Bearbeitungen

Auch das Anfertigen einer architektonischen Zeichnung an Hand eines bereits errichteten Gebäudes stellte vor 1990 keine Verletzung des Bearbeitungsrechts nach § 106 (2) C. A. dar. Schon allein aus der mangelnden Schutzfähigkeit architektonischer Werke ergibt sich, dass das Abzeichnen und Wiedererrichten an Hand des abgezeichneten Plans nicht zu einer Copyrightverletzung führen kann.

Fraglich ist, ob bei architektonischen Modellen, die als Werke der Malerei, Graphik und Bildhauerei auch schon vor 1990 geschützt waren, etwas anderes gelten kann als bei architektonischen Plänen. Dabei lässt sich schon nicht eindeutig klären, ob die Errichtung eines Gebäudes an Hand eines Modells überhaupt eine Bearbeitung im Sinne des § 106 (2) C. A. darstellt. Diese Frage sollte man am besten danach beurteilen, wie detailliert das jeweilige Modell ist. Ein kleines Modell kann nicht so viele gestalterische Details aufweisen wie ein danach ausgeführtes Gebäude. Insofern wird in den meisten Fällen aufgrund der Änderungen im Vergleich zum ursprünglichen Modell eine Bearbeitung vorliegen, die zugleich auch eine Vervielfältigung ist.

---

[112] *Wargo*, Copyright Protection for Architecture and the Berne Convention, 65 N.Y.U. L. Rev. 403, 451 (1990).

[113] *Robert R. Jones Associates, Inc. v. Nino Homes*, 858 F.2d 274, 279 (6th Cir. 1988).

Die entscheidende Frage ist aber, ob architektonische Modelle in gleichem Maße Gebrauchsgegenstände sind wie architektonische Pläne. Die Ausführung eines Gebäudes lediglich an Hand eines dreidimensionalen Modells ohne die zusätzliche Verwendung von Plänen ist nur schwer möglich. Architektonische Modelle dienen grundsätzlich nur der Veranschaulichung des geplanten Gebäudes in seiner dreidimensionalen Form. Der Bauherr soll sich ungefähr vorstellen können, wie das geplante Bauwerk aussehen wird. Ein Modell kann somit nicht „gebraucht" werden wie ein Plan. Dies rechtfertigt meiner Ansicht nach den Schutz von architektonischen Modellen gegen deren Ausführung in einem anderen Maßstab und gegen die Anfertigung eines Plans, der das Modell zweidimensional abbildet. Entscheidungen sind hierzu weder bis 1990 noch danach ergangen.

bb. Nach Inkrafttreten des *AWCPA* von 1990

(1) Probleme bei der Anwendung der Vorschriften des *AWCPA* durch die Gerichte

Die Schwierigkeiten, die einige Gerichte mit der Anwendung der neuen Vorschriften des *AWCPA* hatten, spiegeln sich beispielsweise in der Entscheidung *Hunt v. Pasternack*[114] wider. Dort ging es um die Frage, ob die Ausführung von Plänen durch einen anderen als den Copyrightinhaber eine Copyrightverletzung darstellt. Das Bezirksgericht war der Auffassung, dass keine Copyrightverletzung vorläge, weil die Pläne noch nicht ausgeführt worden seien. Ein Schutz als architektonisches Werk nach § 102 (a) (8) C. A. sei erst dann möglich, wenn ein errichtetes Gebäude existiert.[115] Dem trat das Berufungsgericht entgegen. Schon aus der Definition des architektonischen Werkes in § 101 C. A. ergibt sich eindeutig, dass es für den Schutz eines solchen Werkes nicht auf die Ausdrucksform ankommt, in der es verkörpert ist. Ein architektonisches Werk, das in Plänen dargestellt ist, genießt daher auch Copyrightschutz, wenn alle übrigen Schutzvoraussetzungen gegeben sind.[116] Dasselbe Berufungsgericht hatte jedoch in seiner Entscheidung *Eales v. Environmental Lifestyles,*

---

[114] 179 F.3d 683 (9th Cir. 1999).

[115] *Hunt v. Pasternack*, 179 F.3d 683, 684 (9th Cir. 1999) = GRUR Int. 2000, 563 – *Schutz von Architekturwerken.*

[116] *Hunt v. Pasternack*, 179 F.3d 683, 685 (9th Cir. 1999) = GRUR Int. 2000, 563 – *Schutz von Architekturwerken.*

Inc.[117] aus dem Jahr 1992 die Auffassung vertreten, dass die *AWCPA* nicht anwendbar sei, weil es um die Copyrightverletzung architektonischer Pläne ging.[118] Dieses falsche Verständnis des architektonischen Werkes nach § 102 (a) (8) C. A. wurde von dem Berufungsgericht in *Hunt v. Pasternack* eingestanden und ausgeräumt.[119]

(2) Keine Verletzung bei der Übernahme von Ideen und Konzepten

Mit der schwierigen Frage, inwieweit es sich bei den übernommenen Elementen eines Werkes um geschützte Elemente handelt, befasste sich das Berufungsgericht in *Attia v. Society of New York Hosp.*[120] Die Pläne des Klägers zu einer Erweiterung eines Krankenhauses waren im Gegensatz zu den über Jahre hinweg detailliert ausgearbeiteten Plänen des Beklagten nur skizzenhaft und vorläufiger Natur. Folgende Elemente des Entwurfs des Klägers wurden von den Beklagten übernommen: die Platzierung des Krankenhausanbaus an derselben Stelle über einer Straße, die Verwendung eines dreistöckigen Gitterträgers, um das Gewicht des Gebäudes auf die beiden Seiten der Straße zu verteilen, die Abstimmung der Stockwerkshöhen und Gänge an die des alten Gebäudes, die Einfügung einer Straßenverbindung durch den Krankenhauskomplex und die Platzierung von Notfalleinrichtungen entlang dieser neuen Straße, die Verteilung der Diagnose- und Behandlungsräume auf den unteren und der Pflegeeinrichtungen auf den oberen Stockwerken, die Platzierung eines Fußgängerbereichs und des technischen Versorgungsbereichs an derselben Stelle in dem neuen Gebäude, die Anordnung der Räume in den Pflegebereichen durch Verwendung langer rechtwinkliger Korridore, die durch die Pflegestationen in drei Teile aufgeteilt werden und an deren Außenseiten sich die Patientenzimmer befinden.[121] Nach Ansicht des Gerichts handelt es sich bei diesen Elementen ausnahmslos um Ideen und Konzepte für die Erweiterung des Krankenhauses, die gerade einmal ein erster Schritt auf dem Weg zur Anfertigung eines architektonischen Plans sind. Die Pläne seien nur vorläufiger Natur und nicht

---

[117] 958 F.2d 876 (9th Cir. 1992).

[118] *Eales v. Environmental Lifestyles, Inc.*, 958 F.2d 876, 880, Fn. 2 (9th Cir. 1992).

[119] *Hunt v. Pasternack*, 179 F.3d 683, 685 (9th Cir. 1999) = GRUR Int. 2000, 563 – *Schutz von Architekturwerken.*

[120] 201 F.3d 50 (2nd Cir., 1999).

[121] *Attia v. Society of the New York Hosp.*, 201 F.3d 50, 55/56 (2nd Cir. 1999).

geeignet, um als Grundlage zur Errichtung des Krankenhausanbaus verwendet zu werden.[122] Das Gericht betont zwar, dass auch vorläufige Skizzen grundsätzlich Copyrightschutz erlangen können, nicht aber, wenn sie nur Ideen und Konzepte wie in vorliegendem Fall enthalten.[123]

(3) *Striking similarity* bei architektonischen Werken

In *Craig v. Dabrowski*[124] setzte sich das Gericht mit der *striking similarity* zweier Einfamilienhäuser auseinander. Ist eine solche Art von Ähnlichkeit zwischen zwei Schöpfungen gegeben, dann erübrigt sich der Nachweis des Zugangs des vermeintlichen Verletzers zu dem ursprünglichen Werk, weil eine unabhängige Schöpfung ausgeschlossen werden kann.[125] Ausschlaggebend für die Annahme einer *striking similarity* waren zum einen ungewöhnliche, in beiden Schöpfungen auftauchende Fehler und zum anderen verdächtige Unterschiede (*suspicious dissimilarities*), die auf ein Kopieren schließen lassen. Sowohl bei dem Plan der Vorderseite des ursprünglichen Werkes als auch bei der Darstellung der Nachschöpfung in einer Werbebroschüre fehlte der Kamin. Zusätzlich fehlte bei beiden Darstellungen die Angabe der Größe des Wohnzimmers, obwohl diese Angaben bei allen anderen Räumen vorhanden waren.[126] Unterschiede zwischen Schöpfungen rechtfertigen dann die Annahme von *striking similarity*, wenn sie so plump sind, dass sie offensichtlich nur zu dem Zweck in das nachgeschaffene Werk eingefügt wurden, im die Ähnlichkeiten zu vertuschen.[127] Beispielsweise befand sich die Tür zu einem Schlafzimmer in der späteren Schöpfung an einer anderen Stelle, der Rahmen dieser Tür war aber an der gleichen Stelle wie bei dem geschützten Werk eingezeichnet. Außerdem waren Gegenstände wie ein Kühlschrank, ein Tisch etc., die in dem geschützten ersten Werk nicht auftauchten, in der Nachschöpfung mit einer anderen Handschrift bezeichnet als die übrigen Gegenstände in

---

[122] *Attia v. Society of the New York Hosp.*, 201 F.3d 50, 56 (2nd Cir. 1999).

[123] *Attia v. Society of the New York Hosp.*, 201 F.3d 50, 57 (2nd Cir. 1999).

[124] 1999 WL 412581 (N.D.Ill., 1999).

[125] Siehe dazu unter E.I.2.a.bb.(3).

[126] *Craig v. Dabrowski*, 1999 WL 412581, 1, 5, (N.D.Ill., 1999).

[127] *Craig v. Dabrowski*, 1999 WL 412581, 1, 4, (N.D.Ill., 1999).

der Broschüre.[128] Derartige Fehler und gewollte Unterschiede lassen keinen anderen Schluss zu, als dass das geschützte Werk kopiert wurde.

(4) *Substantial similarity* bei architektonischen Werken

Value Group, Inc. v. Mendham Lake Estates[129] war die erste Entscheidung nach Inkrafttreten des *AWCPA*, die sich mit einer möglichen Verletzung des Bearbeitungsrechts gemäß § 106 (2) C. A. befasste. Bei der Prüfung der *substantial similarity* zweier Einfamilienhäuser stellte das Gericht auf die Perspektive eines Laien ab, der beide Häuser nebeneinander betrachtet. Dabei kam es zu dem Ergebnis, dass die für eine Copyrightverletzung erforderliche Ähnlichkeit unzweifelhaft vorliegt. Die Anordnung, Gestaltung und Größe vieler Fenster seien identisch.[130] Leider ging das Gericht auf die übrigen Elemente, die erhebliche Ähnlichkeit aufweisen, nicht ein. Die Entscheidung ist daher nicht nachvollziehbar und zeugt nicht von einer intensiven Beschäftigung des Gerichts mit der Gestaltung beider Gebäude. Außerdem ist der *Ordinary Observer Test* gerade bei architektonischen Werken nicht geeignet, nachvollziehbare und transparente Ergebnisse bei der Prüfung der *substantial similarity* hervorzubringen.

Auch in *CSM Investors, Inc. v. Everest Development, Ltd.*[131] stellte das Gericht auf die Perspektive des *lay observer* ab, beschäftigte sich jedoch trotzdem ausführlich mit den einzelnen Merkmalen der beiden architektonischen Schöpfungen. Neben großen Ähnlichkeiten auch bei ungewöhnlichen gestalterischen Merkmalen wie beispielsweise Türen in Form von Sägezähnen, war vor allem die Übereinstimmung der späteren Schöpfung mit den örtlichen Bauvorschriften, die die Schöpfer dieser Pläne gar nicht kannten, ein starkes Argument für eine Verletzung des Bearbeitungsrechts nach § 106 (2) C. A.[132]

In *Richmond Homes Management, Inc. v. Raintree, Inc.*[133] galt der Zugang zu dem ursprünglichen architektonischen Werk dadurch als bewiesen, dass der Plan dieses

---

[128] *Craig v. Dabrowski*, 1999 WL 412581, 1, 4, (N.D.Ill., 1999).

[129] 800 F.Supp. 1228 (D.N.J., 1992).

[130] *Value Group, Inc. v. Mendham Lake Estates*, 800 F.Supp. 1228, 1233 (D.N.J., 1992).

[131] 840 F.Supp. 1304 (D.Minn., 1994).

[132] *CSM Investors, Inc. v. Everest Development, Ltd.*, 840 F.Supp. 1304, 1311/1312 (D.Minn., 1994).

[133] 862 F.Supp. 1517 (W.D.Va., 1994).

Werkes auf der Festplatte des Computers des Beklagten gespeichert war. Die Prüfung der *substantial similarity* fiel jedoch sehr knapp und kaum nachvollziehbar aus. Das Gericht stütze sich dabei auf Sachverständige ohne aber deren Ausführungen im Urteil detailliert zu erläutern. Trotzdem stellte es auch auf den *lay observer* ab[134], obwohl sich diese Perspektive und die eines Sachverständigen ausschließen.

Viele Urteile, die sich seit Inkrafttreten des *AWCPA* mit der *substantial similarity* befassten, nahmen den *lay observer* als Maßstab und führten die einzelnen Elemente, auf denen die *substantial similarity* beruhen soll, nicht detailliert genug auf.[135]

In *Nelson-Salabes Inc. v. Morningside Holdings*[136] prüfte das Gericht die *substantial similarity* eines Gebäudes für betreutes Wohnen in einer zweistufigen Prüfung. Zuerst ging es auf die wesentliche Ähnlichkeit der copyrightgeschützten Gestaltungsmerkmale des ursprünglichen architektonischen Werkes ein. Diese äußerliche Ähnlichkeit (*extrinsic similarity*) wurde bejaht, weil auch die spätere Schöpfung beispielsweise einen achteckigen Eingang, Erkerfenster, ausgekragte Giebel und Sonnenveranden aufwies, die alle dieselben Ausmaße hatten. Genauer ging das Gericht jedoch nicht auf die einzelnen Gestaltungselemente ein. Als zweiten Schritt prüfte das Gericht, ob die beabsichtigten Adressaten beider Schöpfungen auf eine wesentliche Ähnlichkeit schließen würden, weil beide Gebäude dasselbe Konzept haben und dasselbe Gefühl hervorrufen.[137] Diese Voraussetzung des *total concept and feel* ist jedoch kein geeignetes Kriterium, um eine Copyrightverletzung feststellen zu können. Zum einen sind gerade Konzepte nicht schutzfähig, § 102 (b) C. A. und zum anderen ist das Gefühl, das eine architektonische Schöpfung hervorruft ein viel zu ungenauer und nicht objektivierbarer Begriff, um ein sachgerechtes Ergebnis erzielen zu können.[138]

---

[134] *Richmond Homes Management, Inc. v. Raintree, Inc.*, 862 F.Supp. 1517, 1526/1527 (W.D.Va., 1994).

[135] *Tri-L Const., Inc. v. Jackson*, 1994 WL 507494, 1, 3 (W.D.Va., 1994); *Ronald Mayotte & Associates v. MGC Bldg. Co.*, 885 F.Supp. 148, 153 (E.D.Mich. 1994); *Arthur Rutenberg Homes, Inc. v. Maloney*, 891 F.Supp. 1560, 1567/1568 (M.D.Fla., 1995).

[136] 2001 WL 419002 (D.Md., 2001).

[137] *Nelson-Salabes Inc. v. Morningside Holdings*, 2001 WL 419002, 1, 4 (D.Md., 2001).

[138] *Nimmer*, On Copyright, Bd. 3, § 13.03 [A][1][c], Seiten 13-39 – 13-40.

Die nach wie vor große Bedeutung des *Ordinary Observer Test* in der Rechtsprechung zeigt sich auch in der Entscheidung *John Alden Homes, Inc. v. Kangas*[139]. Dort wurde der *average lay observer* als Person definiert, die ohne ein bestimmtes Interesse an dem Streitgegenstand zu haben, ausreichend informiert und aufmerksam ist, um die Unterschiede der im Vergleich stehenden Gestaltungen erkennen zu können, aber auch unabhängig genug ist, um die Ähnlichkeiten gerecht beurteilen zu können.[140] An dieser Definition lässt sich ablesen, dass ein *ordinary* oder *lay observer* als Maßstab für die Beurteilung der *substantial similarity* zum Teil beträchtliche Fähigkeiten aufweisen muss. Um einen durchschnittlichen Betrachter kann es sich dabei nicht mehr handeln, da ein solcher sicher kein derart differenziertes Urteilsvermögen besitzt. Das Gericht konzentrierte sich bei der Ablehnung der *substantial similarity* vor allem auf die Unterschiede zwischen dem geschützten Werk und der Nachschöpfung und bezog sich dabei auf die Entscheidung *Howard v. Sterchi*[141]. Trotz der großen Ähnlichkeit der Grundrisse fielen die Unterschiede besonders ins Gewicht, weil es nur eine begrenzte Anzahl von Variationsmöglichkeiten bei der Gestaltung von Einfamilienhäusern gebe. Insbesondere war bei der Entscheidung der Zuschnitt des Grundstücks ausschlaggebend, auf dem die Nachschöpfung errichtet werden sollte. Dieses Grundstück sei so ungewöhnlich geschnitten, dass die deshalb erforderlichen Änderungen eine *substantial similarity* ausschlössen.[142] Ebenso wie in *Howard v. Sterchi* ist das Abstellen auf die Unterschiede sehr bedenklich, da es nur auf die Ähnlichkeiten ankommt. Besteht in bestimmter Hinsicht eine *substantial similarity*, so können auch noch so große Unterschiede nicht zu einem anderen Ergebnis führen.[143]

In der Entscheidung *Kootenia Homes, Inc. v. Reliable Homes, Inc.*[144] prüfte das Gericht die *substantial similarity* in zwei Schritten, zuerst nahm es eine äußerliche Analyse (*extrinsic test*) der ähnlichen Ideen beider Schöpfungen vor und anschließend untersuchte es die Ähnlichkeit des Ausdrucks der Ideen (*intrinsic test*). Auf der ersten

---

[139] 142 F.Supp.2d 1338 (M.D.Fla., 2001).

[140] *John Alden Homes, Inc. v. Kangas*, 142 F.Supp.2d 1338, 1344 (M.D.Fla., 2001).

[141] 974 F.2d 1272, 1276 (11th Cir. 1992).

[142] *John Alden Homes, Inc. v. Kangas*, 142 F.Supp.2d 1338, 1345 (M.D.Fla., 2001).

[143] *Nimmer*, On Copyright, Bd. 4, § 13.03 [B][1][a], Seiten 13-53 – 13-54.

[144] 2002 WL 15594 (D.Minn., 2002).

Stufe konnte das Gericht mit Hilfe von Sachverständigengutachten nur Ähnlichkeiten in Bezug auf nicht schutzfähige Ideen wie die Anordnung der Funktionsbereiche des Hauses feststellen. Was den grundsätzlich schutzfähigen Ausdruck der Ideen anbelangt, so untersuchte das Gericht die diesbezüglichen Unterschiede zwischen beiden Schöpfungen: Die Wohnfläche, die Dachlinien, die Anordnung der Treppen, die Anzahl und Anordnung der Fenster, die Nebeneinanderstellung der Badezimmer und begehbaren Schränke, die Anordnung des Waschraums sowie die Zusammenstellung der Räume im zweiten Stock seien unterschiedlich. Hinzu komme, dass die Garagen anders angeordnet seien. Der Eindruck der Verschiedenheit und damit unabhängigen Schöpfung ergäbe sich auch für einen *lay observer*. Dabei wurde der *lay observer* aber nicht definiert, sondern davon ausgegangen, dass es sich um einen unerfahrenen Durchschnittsbetrachter ohne besondere Fähigkeiten handelt. Gerade die sich unterscheidenden Garagen würden dem *lay observer* einen unterschiedlichen Eindruck beider Häuser geben. Außerdem würde eine Begehung beider Objekte einen verschiedenartigen Eindruck hervorrufen.[145]

Die neueste Entscheidung, die sich mit der Verletzung des Bearbeitungsrechts an einem architektonischen Werk nach § 106 (2) C. A. befasst, ist *Sturdza v. United Arab Emirates*[146]. Seit Inkrafttreten des *AWCPA* wurde die *substantial similarity* zweier architektonischer Schöpfungen noch nie so detailliert und ausführlich erörtert.[147]

In *Sturdza v. United Arab Emirates* ging es um zwei Pläne für die Errichtung eines neuen Botschaftsgebäudes der Vereinigten Arabischen Emirate in Washington, D. C. Bei dem ursprünglichen Plan handelt es sich um den Siegerentwurf des von den Vereinigten Arabischen Emiraten ausgeschriebenen Architektenwettbewerbs. Zwischen der Urheberin (und Klägerin) dieses Entwurfs und den Vereinigten Arabischen Emiraten kam jedoch im weiteren Verlauf kein Architektenvertrag zustande. Die Botschaft sollte vielmehr nach den Plänen des Beklagten, der auch an dem Architektenwettbewerb teilgenommen hatte, errichtet werden. Dessen neue Pläne wichen dabei von seinen für den Wettbewerb eingereichten Plänen ab.[148] Bei der Prüfung der *substantial*

---

[145] *Kootenia Homes, Inc. v. Reliable Homes, Inc.*, 2002 WL 15594, 1, 6 (D.Minn, 2002).

[146] 281 F.3d 1287 (C.A.D.C., 2002).

[147] *Wick*, Protection of Architecture Rights in the USA after *Sturdza v. United Arab Emirates*, Copr. World, Seite 14 (Mai 2002).

[148] *Sturdza v. United Arab Emirates*, 281 F.3d 1287, 1292 (C.A.D.C., 2002).

similarity untersuchte das Gericht eingehend die Gestaltungselemente der beiden Pläne. Die Kuppel des Beklagten ist zwar im Gegensatz zur Kuppel der Klägerin lichtundurchlässig und befindet sich an einer anderen Stelle des Gebäudes, von der Vorderseite des Gebäudes betrachtet scheinen beide Kuppeln aber an derselben Stelle platziert zu sein. Beide Kuppeln haben ungefähr dieselbe Höhe, korrespondieren mit dem Mittelteil des Gebäudes und laufen nach oben spitz zu. Die beiden Kuppeln sind zwar mit unterschiedlichen Mustern überzogen, beide Muster (einmal Bögen, einmal diamantförmige Flächen) werden nach oben hin kleiner und erzeugen dadurch den Eindruck einer Aufwärtsbewegung.[149]

In ähnlicher Weise befasste sich das Gericht mit den Türmen der beiden Gebäude. Die Türme der Klägerin sind dreidimensional, gehen aus dem Dach des Gebäudes hervor und sind mit einem Diamantmuster verziert. Die Türme des Beklagten sind im wesentlichen zweidimensionale Erweiterungen der Vorderseite und sind mit waagrechten Bändern dekoriert. Von der Vorderseite betrachtet, erscheinen die Türme der beiden Gebäude nach Meinung des Gerichts jedoch in Bezug auf deren Größe und Lage ziemlich ähnlich. Sie sind beide gleich hoch, erheben sich jeweils zu beiden Seiten der Kuppel und bilden dadurch eine sehr ähnliche Gebäudekontur. Außerdem würden die Verzierungen beider Turmpaare eine ähnliche Wirkung erzielen.[150]

Die Brüstungen, die an der Oberkante der Gebäude entlang verlaufen, unterscheiden sich zwar in ihren dekorativen Elementen (diamantförmige Aussparungen im Gegensatz zu vertikalen Scharten), andererseits seien jedoch auch hier große Ähnlichkeiten zu erkennen. Bei beiden Gebäuden unterteilen schmale Säulen, die bis zum Boden reichen, die Brüstungen und versehen sie mit regelmäßig angeordneten Vorsprüngen, die zugleich den Abschluss der Säulen bilden. Auf der Vorderseite sind die Abschnitte der Brüstungen, die sich vor der Kuppel befinden, jeweils höher gelegen. Diese gemeinsamen Merkmale würden nach Ansicht des Gerichts zu einem ähnlichen *look and feel* der Brüstungen führen.[151]

Die von der Klägerin verwendeten Bögen sind hoch und schmal, treten im Erdgeschoss und im dritten Stock auf und sind auf der Innenseite mit einem Gitterwerk aus Diamantmustern ausgestattet. Die Bögen des Beklagten sind dagegen weit und niedrig,

---

[149] *Sturdza v. United Arab Emirates*, 281 F.3d 1287, 1298 (C.A.D.C., 2002).

[150] *Sturdza v. United Arab Emirates*, 281 F.3d 1287, 1298 (C.A.D.C., 2002).

[151] *Sturdza v. United Arab Emirates*, 281 F.3d 1287, 1298 (C.A.D.C., 2002).

treten nur im Erdgeschoss auf und sind auf der Innenseite mit Formen dekoriert, die eine Mischung aus Kreisen und Diamanten darstellen. Trotz dieser Unterschiede würden die Bögen bei beiden Gebäuden ähnliche Wirkungen erzielen. Im Eingangsbericht beider Botschaften sind mehrere Bögen pyramidenförmig angeordnet. Außerdem rufe das als Verzierung dienende Gitterwerk beim Betrachter ein ähnliches Gefühl hervor. Das verwendete Gitterwerk besteht jeweils aus einem Netz von kleineren Formen, die größere, offenere Formen in der Mitte der Bögen umgeben. Die Klägerin erziele diese Wirkung durch die Anordnung von einigen offenen Diamanten in der Mitte ihrer Bögen, die von Diamanten umgeben sind, die wiederum durch waagrechte und senkrechte Linien zweigeteilt werden. Der Beklagte erreiche die gleiche Wirkung durch Verwendung von großen, offenen kreisförmigen Formen in der Mitte jedes Bogens, welche durch kleinere, kreisförmige Bögen umgeben werden.[152]

Die Ähnlichkeiten bei den von beiden Architekten verwendeten Mustern auf den Fassaden der Gebäude sah das Gericht, trotz der Unterschiede im Detail, vor allem darin, dass die Fassaden mit einem Netz von Diamantmustern überzogen wurden, das die Aufteilung der Fassaden in senkrechte und waagrechte Flächen betone.

Neben den Ähnlichkeiten bei einzelnen Merkmalen sah das Gericht vor allem aufgrund eines erheblich ähnlichen *look and feel* beider Schöpfungen eine *substantial similarity* als gegeben an. Wie bereits angesprochen, kann das Kriterium des *look and feel* genauso wenig wie das Kriterium des *total concept and feel* aufgrund seiner mangelnden Objektivierbarkeit dazu geeignet sein, *die substantial similarity* zu begründen.[153] Ein solch ungenaues Kriterium öffnet subjektiven Geschmacks- und Gefühlsentscheidungen von Richtern oder Geschworenen Tür und Tor und verhindert eine objektive, genaue Analyse der in Frage stehenden Schöpfungen. Ähnliches gilt auch für die Perspektive des *lay observer*, auf den es dem Gericht in *Sturdza v. United Arab Emirates* ankommt.[154] Das Gericht spricht zwar die Problematik an, ob nicht bei der Prüfung der *substantial similarity* der Sachverständigenbeweis zugelassen werden kann, wie dies beispielsweise bei Computerprogrammen der Fall ist.[155] Weil es dazu

---

[152] *Sturdza v. United Arab Emirates*, 281 F.3d 1287, 1299 (C.A.D.C., 2002).

[153] *Nimmer*, On Copyright, § 13.03 [A][1][c], Seiten 13-39 – 13-40.

[154] *Sturdza v. United Arab Emirates*, 281 F.3d 1287, 1296 (C.A.D.C., 2002).

[155] *Computer Associates International, Inc. v. Altai, Inc.*, 982 F.2d 693, 713/714 (2nd Cir. 1992) = GRUR Int. 1994, 74 – *Adapter II*.

aber bisher keine Entscheidungen mit Bezug auf architektonische Werke gebe und weil die Klägerin sich zu diesem Vorbringen im Vorfeld der mündlichen Verhandlung nicht eingehend genug geäußert habe, ließ das Gericht keinen Sachverständigenbeweis zu.[156]

Lediglich die detaillierte Auseinandersetzung mit den einzelnen Merkmalen und dem Gesamteindruck der beiden architektonischen Schöpfungen heben diese Entscheidung gegenüber den zur Problematik der *substantial similarity* bei architektonischen Werken bereits ergangenen Entscheidungen hervor. Aufgrund des Festhaltens an dem *lay observer* und dem *look and feel* kann jedoch nicht von einem richtungsweisenden Urteil gesprochen werden.

(5) Entwicklung der Rechtsprechung

Betrachtet man die Entwicklung der Rechtsprechung zu Copyrightverletzungen architektonischer Werke seit Inkrafttreten des *AWCPA*, so fällt vor allem auf, dass die Prüfungsmethoden sehr unterschiedlich sind. Die meisten Gerichte nehmen nach wie vor den *ordinary observer* als Beurteilungsmaßstab bei der *substantial similarity* Prüfung. Werden die in Frage stehenden Schöpfungen daneben nicht wie z. B. bei *Sturdza v. United Arab Emirates* detailliert auf Ähnlichkeiten untersucht, so erscheinen die Entscheidungen willkürlich und damit nicht nachvollziehbar. Manche Gerichte prüfen die *substantial similarity* an Hand eines *extrinsic* und *intrinsic test*, wieder andere sehen die kaum fassbaren Kriterien *total concept and feel* bzw. *look and feel* als maßgeblich an. Dies hat seinen Grund jedoch weniger in der mangelnden Erfahrung der Gerichte im Umgang mit architektonischen Werken, sondern mehr darin, dass in jedem *circuit* eine andere Ausprägung eines *substantial similarity* Tests verbindlich ist, je nach dem, welcher Test von dem jeweiligen *circuit court* favorisiert wird. Hinzu kommt, dass zur Copyrightverletzung bei architektonischen Werken noch keine Entscheidung des *Supreme Court* ergangen ist. Es bleibt zu hoffen, dass eine solche Entscheidung klare Richtlinien für die Prüfung der *substantial similarity* bei architektonischen Schöpfungen vorgibt und damit Rechtsklarheit und Rechtssicherheit schafft.

---

[156] *Sturdza v. United Arab Emirates*, 281 F.3d 1287, 1300 (C.A.D.C., 2002). Im US-amerikanischen Zivilprozess ist es üblich, dem Gericht vor der mündlichen Verhandlung eine Zusammenfassung der Tatsachen, die bewiesen werden sollen, eine Erläuterung des Zusammenhangs dieser Tatsachen und Äußerungen zu den aufgeworfenen Rechtsfragen und eine Subsumtion unter die anwendbaren Rechtsnormen zukommen zu lassen (*pretrial brief*), *Lange/Black*, Der Zivilprozeß in den Vereinigten Staaten, Rdnr. 95.

Sehr begrüßenswert wäre es, wenn dabei der in *Computer Associates International, Inc. v. Altai, Inc.*[157] für Computerprogramme vorgeschlagene Test auch für architektonische Werke Anwendung finden würde.[158]

d. Die Einräumung von Lizenzen für ausschließliche Rechte an architektonischen Werken

Im *Copyright Act* von 1976 finden sich zwar einzelne Vorschriften, die sich mit der vertraglichen Einräumung von Rechten aus dem *copyright* befassen, diese stellen aber keine umfassende Kodifikation eines speziellen Vertragsrechts dar. Vielmehr richten sich auch Verträge in diesem Bereich nach dem einzelstaatlichen Vertragsrecht, wobei die Vorschriften des *Copyright Act* aber Einfluss auf die Auslegung solcher Verträge haben können.[159]

aa. Ausschließliche Lizenzen

Räumt der Copyrightinhaber einem anderen eine ausschließliche Lizenz zur Vervielfältigung oder Bearbeitung seines architektonischen Werkes ein, so ist eine Copyrightverletzung durch diese Nutzungsarten ausgeschlossen, solange die Einräumung gemäß § 204 (a) C. A. in schriftlicher Form erfolgt, vom bisherigen Rechtsinhaber unterzeichnet ist und der Lizenznehmer sich im Rahmen der Lizenz bewegt. Seit 1990 beschäftigten sich mehrere Urteile mit der Einräumung von ausschließlichen Lizenzen bei architektonischen Werken. Dabei ging es vor allem um die Frage, ob eine lediglich mündliche Einräumung ausschließlicher Rechte durch eine nachträgliche schriftliche Fixierung wirksam werden konnte. In *Great Southern Homes, Inc. v. Johnson & Thompson Realtors*[160] stellten die Beklagten die Copyrightinhaberschaft der Klägerin in Frage, weil die zwischen der Klägerin und dem Urheber vereinbarte Einräumung ausschließlicher Rechte nur mündlich und damit entgegen § 204 (a) C. A. erfolgt

---

[157] 982 F.2d 693 (2nd Cir. 1992).

[158] So auch *Newsam*, Architecture and Copyright – Separating the Poetic from the Prosaic, 71 Tul. L. Rev. 1073, 1114/1115 (1997).

[159] *Bodewig*, Urhebervertragsrecht in den USA, in: Urhebervertragsrecht, 833, 856.

[160] 797 F.Supp. 609 (M.D.Tenn. 1992)

sei.[161] Das Gericht sah es jedoch als ausreichend an, dass die Einräumung der ausschließlichen Rechte nachträglich, in diesem Fall sogar erst nach Einreichung der Klageschrift, schriftlich fixiert wurde. Dies ergäbe sich schon aus § 204 (a) C. A. selbst, wonach das Schriftformerfordernis auch durch einen Vermerk oder eine nachträgliche Aufzeichnung (*memorandum*) der Übertragung von ausschließlichen Rechten erfüllt werden könne. Dadurch sei die Einräumung von Anfang an (*ab initio*) wirksam.[162] Außerdem sei das Schriftformerfordernis in § 204 (a) C. A. dazu aufgestellt worden, um Streitigkeiten zwischen Übertragendem und Übertragungsempfänger zu vermeiden und nicht, um einem außenstehenden Copyrightverletzer einen Vorteil zu verschaffen, noch dazu, wenn zwischen den Parteien der Übertragung der ausschließlichen Rechte keine Uneinigkeit besteht.[163] Dieser Argumentation haben sich in der Folgezeit zahlreiche Gerichte angeschlossen.[164]

bb. Nicht ausschließliche Lizenzen

In der Definition der Übertragung der Copyrightinhaberschaft (*transfer of copyright ownership*) in § 101 C. A. wird festgelegt, dass die Einräumung einer nicht ausschließlichen Lizenz nicht zu einer Übertragung der Inhaberschaft an dem *copyright* führen kann. Desweiteren ergibt sich aus der Definition in § 101 C. A., dass für die Einräumung nicht ausschließlicher Lizenzen § 204 (a) C. A. nicht gilt und damit auch eine mündliche oder sogar konkludente Einräumung möglich ist.[165] Auch wenn der Inhaber einer nicht ausschließlichen Lizenz kein Copyrightinhaber sein kann, so kann

---

[161] *Great Southern Homes, Inc. v. Johnson & Thompson Realtors*, 797 F.Supp. 609, 610/611 (M.D.Tenn. 1992).

[162] *Great Southern Homes, Inc. v. Johnson & Thompson Realtors*, 797 F.Supp. 612 (M.D.Tenn. 1992); siehe auch *Nimmer*, On Copyright, Bd. 3, § 10.03 [A][3], Seite 10-36; *Bodewig*, Urhebervertragsrecht in den USA, in: Urhebervertragsrecht, 833, 853.

[163] *Great Southern Homes, Inc. v. Johnson & Thompson Realtors*, 797 F.Supp. 611 (M.D.Tenn. 1992).

[164] *Imperial Residential Design, Inc. v. Palms Development Group, Inc.*, 70 F.3d 96, 99 (11th Cir. 1995); *Arthur Rutenberg Homes, Inc. v. Drew Homes, Inc.*, 29 F.3d 1529, 1532/1533 (11th Cir. 1994); *Balsamo/Olson Group, Inc. v. Bradley Place Ltd. Partnership*, 966 F.Supp. 757, 762/763 (C.D.Ill., 1996).

[165] *Nimmer*, On Copyright, Bd. 3, § 13.03 [A][7], Seite 10-42; *Bodewig*, Urhebervertragsrecht in den USA, in: Urhebervertragsrecht, 833, 855.

er diese Lizenz trotzdem im Prozess als Einrede gegen einen Anspruch wegen Copyrightverletzung geltend machen.[166]

Eine nicht ausschließliche Lizenz wird beispielsweise dann konkludent vereinbart (sog. *implied nonexclusive license*), wenn der Lizenznehmer die Schaffung eines Werkes verlangt, der Urheber und Lizenzgeber das Werk schafft und dem Lizenznehmer übergibt und der Lizenzgeber damit beabsichtigt, dass der Lizenznehmer das Werk vervielfältigt und verbreitet.[167]

In *I.A.E., Inc. v. Shaver*[168] hatte der Architekt für ein Bauunternehmen einen Entwurf für ein Flughafengebäude angefertigt. Dabei sollten sich die Leistungen des Architekten auf die *schematic design phase* und damit das Anfertigen von vorläufigen, skizzenhaften Entwürfen beschränken, was ungefähr 15 – 19 % der gesamten gestalterischen Arbeit ausmachte. Für die darüber hinausgehenden Leistungen auf dem Gebiet der architektonischen Gestaltung wurde dann aber ein anderer Architekt beauftragt, der nach Ansicht des ersten Architekten wegen der unbefugten Benutzung der Entwürfe eine Copyrightverletzung beging.[169] In dem Registrierungszertifikat des *Copyright Office* war aber bereits die Rede davon, dass das registrierte Werk für den Flughafen verwendet werden soll. In dem Vertrag, in dem sich der Architekt als selbständiger Unternehmer zur Erbringung der oben genannten Leistungen verpflichtete, fand sich außerdem eine Passage, in der festgeschrieben war, dass die nach den vereinbarten Eckdaten angefertigte Gestaltung es erlauben soll, dass das Projekt „normal weiterentwickelt" werden kann. Daraus ergab sich nach Ansicht des Gerichts, dass der Architekt davon ausging, dass er mit seiner Gestaltung zur Förderung des Projekts beiträgt. Außerdem kam in dem Vertrag an keiner Stelle die behauptete Erwartung des Architekten zum Ausdruck, dass er auch im weiteren Verlauf der Realisierung des Projekts beteiligt sein würde.[170] Solange sich die inneren Absichten des Architekten nicht im Vertrag in irgendeiner äußerlichen Form manifestiert hätten, könnten sie

---

[166] *Effects Associates, Inc. v. Cohen*, 908 F.2d 555, 559 (9th Cir. 1990); *Johnson v. Jones*, 149 F.3d 494, 500 (6th Cir. 1998).

[167] *Effects Associates, Inc. v. Cohen*, 908 F.2d 555, 558/559 (9th Cir. 1990).

[168] 74 F.3d 768 (7th Cir. 1996).

[169] *I.A.E., Inc. v. Shaver*, 74 F.3d 768, 770 (7th Cir. 1996).

[170] *I.A.E., Inc. v. Shaver*, 74 F.3d 768, 776 (7th Cir. 1996).

keine Berücksichtigung finden.[171] Das Gericht stellte zusätzlich auf den gesunden Menschenverstand (*common sense*) ab. Hätten die Entwürfe des Architekten für das Bauunternehmen mangels Lizenzeinräumung keinen Wert, dann hätte es sich nicht auf eine Vergütung von $ 10.000 eingelassen.[172] Hinzu kommt noch, dass der Architekt die Entwürfe dem Bauunternehmen übergeben hatte ohne darauf hinzuweisen, dass deren weitere Verwendung durch das Unternehmen zu einer Copyrightverletzung führen würde. Darüber hinaus äußerte der Architekt, nachdem er erkannt hatte, dass er an dem Projekt nicht mehr beteiligt war, die Erwartung, dass die Ideen und das Wissen, welche beide in seinem Werk zum Ausdruck kommen, dazu beitragen mögen, eine glaubhafte und flexible Lösung zu verwirklichen. Diese Äußerung wertete das Gericht zusätzlich als objektiven Faktor für die Annahme einer konkludent eingeräumten, nicht ausschließlichen Lizenz.[173]

In der Entscheidung *Johnson v. Jones*[174] kam das Berufungsgericht zum gegenteiligen Ergebnis und lehnte das Vorliegen einer konkludenten, nicht ausschließlichen Lizenz ab. Diesem Urteil liegt ein Sachverhalt zu Grunde, in dem der Architekt und Kläger für die Beklagte ein luxuriöses Wohnhaus planen und ausführen sollte. Der Architekt fertigte zunächst die Pläne an, ohne dass ein Architektenvertrag zwischen den Parteien abgeschlossen wurde. Obwohl der Architekt zwei verschiedene Vertragsentwürfe vorlegte, konnte man sich nicht einig werden. Nachdem auch ein dritter Vertragsentwurf der Beklagtenseite nicht zu einer Einigung führte, beendete die mitbeklagte Bauherrin die Zusammenarbeit mit dem Architekten und beauftragte einen anderen Architekten mit der Weiterführung des Bauprojekts. Dieser übernahm die Pläne des ursprünglichen Architekten unverändert.[175] Bei der Prüfung der Frage, ob der Kläger konkludent eine nicht ausschließliche Lizenz zur Vervielfältigung und Bearbeitung des Werkes einräumte, stellte das Gericht vor allem auf die zwei ersten

---

[171] *Real Estate Support Services, Inc. v. Nauman*, 644 N.E.2d 907, 910 (Ind.Ct.App., 1994); diese Entscheidung bezieht sich auf das Vertragsrecht im Bundesstaat Indiana, in dem sich auch der Sachverhalt in *I.A.E., Inc. v. Shaver* abgespielt hat.

[172] I.A.E., Inc. v. Shaver, 74 F.3d 768, 777 (7th Cir. 1996); *Effects Associates, Inc. v. Cohen*, 908 F.2d 555, 559 (9th Cir. 1990).

[173] *I.A.E., Inc. v. Shaver*, 74 F.3d 768, 777 (7th Cir. 1996).

[174] 149 F.3d 494 (6th Cir. 1998).

[175] *Johnson v. Jones*, 149 F.3d 494, 497 – 499 (6th Cir. 1998).

Vertragsentwürfe des Klägers ab. Dabei ging es darum, objektive Anhaltspunkte für einen entsprechenden Willen des Klägers zu finden. In beiden Vertragsentwürfen finden sich jeweils Klauseln, in denen der Kläger zum Ausdruck bringt, dass er sein *copyright* nicht übertragen will und damit eine Benutzung seines Werkes von ihm nicht gestattet wird.[176] Obwohl die Verträge nie unterzeichnet wurden, lässt der Vertragstext doch auf den mangelnden Willen des Architekten schließen, der potentiellen Vertragspartnerin eine Lizenz einzuräumen. Auch die Art und Weise, wie die Pläne von den Beklagten benutzt wurden, nämlich durch Übernahme der Pläne durch einen Konkurrenten, der seinen Namen an die Stelle des Klägers auf die Plänen gesetzt hat, lässt nach Auffassung des Gerichts den Schluss zu, dass der Kläger mit einer solchen Benutzung nicht einverstanden sein konnte.[177] Außerdem hat der Kläger die Pläne nie an die Beklagtenseite übergeben, wie dies beispielsweise in *I.A.E., Inc. v. Shaver* der Fall war. Vielmehr erhielt der mitbeklagte spätere Architekt die Pläne von der ebenfalls beklagten Bauherrin und der städtischen Baubehörde. Damit wusste der Kläger nicht einmal von der Benutzung seiner Pläne.[178] Aus diesen Tatsachen hat das Gericht die einzig mögliche Schlussfolgerung gezogen, dass der Urheber und Architekt den Beklagten keine Lizenz zur Benutzung der Pläne einräumen wollte.

Auch in *Nelson-Salabes Inc., v. Morningside Holdings*[179] wandte der Beklagte eine konkludent vereinbarte, nicht ausschließliche Lizenz als Einrede gegen eine Copyrightverletzung ein. Wie in *I.A.E., Inc. v. Shaver* wurde das architektonische Werk zwar auch hier etappenweise geschaffen ohne dass es zum Abschluss eines schriftlichen Architektenvertrages gekommen wäre. Aus der Tatsache, dass der Urheber seinen ursprünglichen Vertragspartnern nicht vertraglich verboten hat, das Werk zu benutzen, obwohl er wusste, dass diese die Pläne wegen Finanzierungsproblemen eventuell verkaufen würden, kann man jedoch nach Ansicht des Gerichts nicht schließen, dass der Urheber eine nicht ausschließliche Lizenz einräumen wollte. Eine dementsprechende Willensäußerung liege hier im Gegensatz zu *I.A.E., Inc. v. Shaver* nicht vor, mit der Folge, dass eine nicht ausschließliche Lizenz nicht angenommen werden

---

[176] *Johnson v. Jones*, 149 F.3d 494, 498 (6th Cir. 1998).

[177] *Johnson v. Jones*, 149 F.3d 494, 500 (6th Cir. 1998).

[178] *Johnson v. Jones*, 149 F.3d 494, 501 (6th Cir. 1998).

[179] 2001 WL 419002 (D.Md., 2001).

könne.[180] Im Tatbestand des Urteils wird geschildert, dass der Urheber auch mit dem Beklagten, an den die Pläne von dem ursprünglichen Auftrageber weitergegeben wurden, Verhandlungen über eine weitere Mitarbeit an dem Projekt führte. Während dieser Verhandlungen hat der Urheber dem Beklagten mündlich und mit anwaltlichem Schreiben mitgeteilt, er dürfe die Pläne nicht benutzen, falls er, der Urheber, aus dem Bauvorhaben ausscheiden sollte.[181] Darauf ging das Gericht in den Entscheidungsgründe, in denen zum Problem der nicht ausschließlichen Lizenz nicht sehr ausführlich Stellung genommen wird, nicht ein, obwohl sich daraus auch ein mangelnder Wille zur Einräumung einer nicht ausschließlichen Lizenz erkennen ließe.

Bei der Beurteilung, ob konkludent eine nicht ausschließliche Lizenz für die Nutzung eines architektonischen Werkes vereinbart wurde, stellen die damit befassten US-amerikanischen Gerichte in erster Linie auf die Absicht des Copyrightinhabers ab. Die Absicht, nicht ausschließliche Rechte zu übertragen, muss sich aus objektiven äußeren Umständen ergeben. Erst dann kann eine konkludent vereinbarte, nicht ausschließliche Lizenz angenommen werden.

e. Der Ausschluss einer Copyrightverletzung nach § 120 (a) C. A.

aa. Regelungszweck des § 120 (a) C. A.

Der Kongress hat in Bezug auf architektonische Werke in § 120 (a) C. A. eine Beschränkung der ausschließlichen Rechte des Copyrightinhabers eingebaut. Danach umfasst das *copyright* an einem architektonischen Werk, das bereits baulich ausgeführt worden ist, nicht das Recht, die Herstellung, Verbreitung oder öffentliche Ausstellung von Bildern, Gemälden, Photographien oder anderen bildlichen Darstellungen des Werkes zu verhindern, wenn sich das Gebäude, in dem das Werk verkörpert ist, an einem öffentlichen Platz befindet oder von einem solchen Platz aus sichtbar ist. Der Kongress hat sich dabei gesetzessystematisch für eine Ausnahme und gegen eine Lösung dieser Problematik im Rahmen von Einzelfallentscheidungen über die Doktrin des *fair use* entschieden.[182]

---

[180] *Nelson-Salabes Inc. v. Morningside Holdings*, 2001 WL 419002, 1, 7 (D.Md., 2001).

[181] *Nelson-Salabes Inc. v. Morningside Holdings*, 2001 WL 419002, 1, 2 (D.Md., 2001).

[182] H.R. Rep. No. 101-735, 101st Congress, 2nd Session 1990, 1990 WL 200440, Seite 17. Bei erfolgreicher Berufung auf die Doktrin des *fair use* ist die Benutzung eines copyrightgeschützten Werkes ohne das Einverständnis des Urhebers zulässig. Wann *fair use* vorliegt, ist in § 107 C. A. nur rudi-

Als Begründung für diese Einschränkung durch § 120 (a) C. A. wurde angeführt, dass Architektur eine öffentliche Kunstform sei. Millionen von Menschen würden jedes Jahr die Städte der USA besuchen und Fotografien, Poster und andere bildliche Darstellungen berühmter architektonischer Werke als Erinnerungen mit nach Hause nehmen. Außerdem basierten viele Lehrbücher über Architektur auf der Möglichkeit, Fotografien von architektonischen Werken zu benutzen. Diese Arten von Benutzung würden die Verwertung architektonischer Werke durch den Copyrightinhaber nicht stören. Für die Beschränkung spräche dieser wichtige öffentliche Zweck solcher Nutzungen, die den Markt der Copyrightinhaber nicht schädigen würden.[183]

An der Regelung des § 120 (a) C. A. wird zum Teil kritisiert, dass sie die Architektenurheber um eine mögliche lukrative Einkommensmöglichkeit bringt, wenn es um ihre herausragendsten Werke geht, da auch bildliche Darstellungen für wirtschaftliche Zwecke durch § 120 (a) C. A. erlaubt werden.[184] Dies stehe im Gegensatz zur traditionellen Sichtweise des *US-Copyright Law*, durch den Schutz der Vermarktungsinteressen der Urheber die Schaffung von Werken zu fördern und damit der Allgemeinheit zu dienen.[185] Hinzu kommt, dass § 120 (a) C. A. zwar die bildliche Darstellung in zweidimensionaler, nicht aber in dreidimensionaler Form erlaubt. Damit könnten Architektenurheber vom Verkauf dreidimensionaler Darstellungen ihrer Werke profitieren, nicht aber vom Verkauf von Postkarten zum Beispiel. Es sei nicht einzusehen, warum zwischen zwei- und dreidimensionalen Darstellungen unterschieden wurde.[186] Alternativ hätte man auch für zweidimensionale Darstellungen keine Ausnahme machen, sondern lieber auf die *fair use* Doktrin vertrauen sollen.[187] § 120 (a) C. A. hat aber auch Zuspruch erfahren. Durch diese Regelung würden sowohl die Interessen der Öffentlichkeit als auch der anderen Architekten geschützt. Andere Architekten seien

---

mentär geregelt, da diese von der Rechtsprechung entwickelte Doktrin in erster Linie durch die Gerichte weiterentwickelt und geformt werden soll, siehe *Leaffer*, Understanding Copyright Law, § 10.1, Seite 427.

[183] H.R. Rep. No. 101-735, 101st Congress, 2nd Session 1990, 1990 WL 200440, Seite 17.

[184] *Winick*, Copyright Protection for Architecture after the AWCPA, 41 Duke L.J. 1598, 1626 (1992).

[185] *Scholl*, The AWCPA of 1990: A Solution or a Hindrance?, 22 Memphis State Univ. L. Rev. 807, 821 (1992).

[186] *Thiel*, The Architectural Works Copyright Protection Gesture of 1990, or, "Hey, that Looks Like My Building!", 7 Depaul-LCA J. Art & Ent. L. & Pol'y 1, 23/24 (1996).

[187] *Winick*, Copyright Protection for Architecture after the AWCPA, 41 Duke L.J. 1598, 1626 (1992).

weiterhin in der Lage, Skizzen und Fotographien fremder architektonischer Werke anzufertigen, um sich dadurch für ihre eigene Arbeit inspirieren zu lassen.[188]

bb. Die Problematik des § 120 (a) C. A. bei Werken der bildenden Kunst, die mit architektonischen Werken verbunden sind

Bereits kurze Zeit nach Inkrafttreten des *AWCPA* wurde ein Problem aufgegriffen, das bei der Verbindung von Werken der bildenden Kunst mit architektonischen Werken auftauchen kann. Solche, nach § 102 (a) (5) C. A. schutzfähige Werke werden nicht von § 120 (a) C. A. erfasst.[189] Fraglich ist damit, ob ein architektonisches Werk bildlich dargestellt werden darf, das Werke der bildenden Kunst enthält.[190] Nach der Regelung des § 120 (a) C. A. hätte der Urheber des verbundenen Werkes der bildenden Kunst in einem Verletzungsprozess Erfolg, der Architektenurheber aber nicht. Diese Ungleichbehandlung von Architekten und bildenden Künstlern sei nicht nachvollziehbar.[191] Wenngleich sonst noch keine Urteile zu § 120 (a) C. A. ergangen sind, so war diese Problematik zentraler Gegenstand einer Entscheidung des *Circuit Court for the 9th Circuit*. In *Leicester v. Warner Bros.*[192] richtete sich der Kläger, ein bildender Künstler, dagegen, dass sein Werk der bildenden Kunst in dem Kinofilm *Batman Forever* in mehreren Szenen teilweise zu sehen war. Das Werk entstand zusammen mit dem Bau eines Hochhauses in der Innenstadt von Los Angeles. Auf dem Hof zwischen dem Gebäude und der Straße schuf der Kläger eine aus einem Brunnen, einem Garten und mehreren Türmen bestehende Anlage, die sich auf die Geschichte von Los Angeles bezieht. Dabei sind zwei Türme an dem Gebäude selbst angebracht und fünf Türme bilden zusammen mit einer Mauer die Eingrenzung des Grundstücks zur Straße hin. Die zwei höchsten, an der Straße gelegenen Türme beziehen sich auf die zwei mit

---

[188] *Pollock*, The AWCPA: Analysis of Probable Ramifications and Arising Issues, 70 Neb. L. Rev. 873, 886 (1991).

[189] *Ginsburg*, Copyright in the 101st Congress: Commentary on the VARA and the AWCPA of 1990, 14 Colum.-VLA J.L. & Arts 477, 495 (1990).

[190] *Thiel*, The Architectural Works Copyright Protection Gesture of 1990, or, "Hey, that Looks Like My Building!", 7 Depaul-LCA J. Art & Ent. L. & Pol'y 1, 25/26 (1996).

[191] *Scholl*, The AWCPA of 1990: A Solution or a Hindrance?, 22 Memphis State Univ. L. Rev. 807, 822/823 (1992).

[192] 232 F.3d 1212 (9th Cir. 2000).

dem Gebäude verbundenen Türme. Beide tragen auf ihrer Spitze Laternen und weisen gleichartige Pilaster auf.[193]

Für die Anwendbarkeit des § 120 (a) C. A. kam es damit entscheidend darauf an, ob das Werk des Klägers als Teil des architektonischen Werkes gem. § 102 (a) (8) C. A. oder als getrennt davon existierendes Werk der bildenden Kunst gem. § 102 (a) (5) C. A. angesehen werden musste, da § 120 (a) C. A. auf Werke der bildenden Kunst nicht anwendbar ist, mit der Folge, dass bildliche Darstellungen - und damit Vervielfältigungen - dieser Werke nicht ohne Zustimmung des Copyrightinhabers angefertigt werden dürfen.

Die Mehrheitsmeinung innerhalb des Gerichts sah die Anlage und damit auch die Türme des Klägers als Teil des architektonischen Werkes an. Die an der Straße befindlichen Türme seien so gestaltet worden, dass sie als Teil des Gebäudes wirken. Dies könne man aus den Ähnlichkeiten hinsichtlich Gestaltung und Material der Türme an der Straße und der mit dem Gebäude verbundenen Türme schließen. Nach der Definition in § 101 C. A. könne ein architektonisches Werk auch aus der Zusammenstellung von Räumen und Gestaltungselementen eines Gebäudes bestehen. Die Straßenmauer mit den integrierten Türmen sei als eine solche Zusammenstellung von Räumen und Gestaltungselementen zu verstehen. Damit seien die Türme des Klägers Teil des architektonischen Werkes[194] und § 120 (a) C. A. auf das gesamte architektonische Werk anwendbar. Die Ausnahme des § 120 (a) C. A. ergebe keinen Sinn, wenn nur Teile eines architektonischen Werkes (ohne das Werk der bildenden Kunst) bildlich dargestellt werden dürften.[195]

In einem abweichenden Votum wandte sich Richter *Fisher* gegen die von der Mehrheit der Richter getragene Entscheidung des *Circuit Court*. Angesichts der Tatsache, dass der Senat eines *Circuit Court* nur aus drei Richtern besteht[196] und dass in diesem Urteil ein weiterer Richter ein zustimmendes Votum, aber mit anderer Begründung abgegeben hat[197], zeigt sich, wie umstritten die Lösung dieser Problematik allein

---

[193] *Leicester v. Warner Bros.*, 232 F.3d 1212, 1214/1215 (9th Cir. 2000).

[194] *Leicester v. Warner Bros.*, 232 F.3d 1212, 1218 (9th Cir. 2000).

[195] *Leicester v. Warner Bros.*, 232 F.3d 1212, 1219 (9th Cir. 2000).

[196] *Fine*, American Legal Systems: A Resource and Reference Guide, Seite 21.

[197] *Leicester v. Warner Bros.*, 232 F.3d 1212, 1220 (9th Cir. 2000).

innerhalb des Gerichts war. Richter *Fisher* stimmte zwar der Feststellung zu, dass die Türme des Klägers Teil des architektonischen Werkes sind. Entscheidend sei aber vielmehr, ob die vom Kläger geschaffene Anlage und damit auch die an der Straße gelegenen Türme konzeptionell von dem architektonischen Werk getrennt werden können. Nach seiner Ansicht muss hier der für Werke der bildenden Künste einschlägige *Separability Test* angewendet werden.[198] Seiner Meinung nach wurde der *Separability Test* für Werke der bildenden Künste, die mit einem architektonischen Werk verbunden sind, nicht durch den *AWCPA* abgeschafft bzw. modifiziert. Er begründet dies damit, dass weder im Wortlaut des *AWCPA* noch in der Gesetzgebungsgeschichte Hinweise darauf zu finden sind, dass der Kongress an der Rechtslage für Werke der bildenden Künste etwas ändern wollte. Gerade wenn sich Zweifel bezüglich der Auslegung eines Gesetzes ergäben, sollten nicht bereits bestehende Rechte beschnitten werden, wenn keine ausdrücklich dahingehende Absicht des Gesetzgebers existiert.[199] Für diese Ansicht spreche außerdem, dass der Kongress zeitgleich neben dem *AWCPA* den *Visual Artists Rights Act* (*VARA*) verabschiedet hatte, in dem er gerade die Rechte der bildenden Künstler gestärkt hat. Hätte der Kongress durch den *AWCPA* die Rechte derselben Künstler zum Teil beschneiden wollen, dann hätte er sich hierzu auch geäußert.[200] Ein weiterer, gewichtiger Hinweis darauf, dass der Kongress keine Einschränkung des Schutzes von verbundenen Werken der bildenden Kunst beabsichtigte, sei der Gesetzeswortlaut des durch den *VARA* eingefügten § 113 C. A. Darin geht es um die Rechte des Schöpfers eines *work of visual art*[201], das mit einem Gebäude verbunden ist, wenn der Gebäudeeigentümer dieses Werk entfernen will. Damit hätte der Kongress zum Ausdruck gebracht, dass ein verbundenes *work of visual art*, welches immer auch ein Werk der bildenden Kunst im Sinne des § 102 (a) (5) C. A. ist, trotz der Verbindung mit einem Gebäude weiterhin geschützt wird.[202] Würde ein bildender Künstler schließlich durch die Verbindung seines Werkes mit einem architektonischen

---

[198] *Leicester v. Warner Bros.*, 232 F.3d 1212, 1225 (9th Cir. 2000).

[199] *Leicester v. Warner Bros.*, 232 F.3d 1212, 1226 (9th Cir. 2000).

[200] *Leicester v. Warner Bros.*, 232 F.3d 1212, 1227 (9th Cir. 2000).

[201] Aus der Definition in § 101 C. A. ergibt sich, dass ein *work of visual art* immer auch gleichzeitig ein Werk der bildenden Kunst im Sinne des § 102 (a) (5) C. A. ist, nicht aber umgekehrt.

[202] *Leicester v. Warner Bros.*, 232 F.3d 1212, 1234/35 (9th Cir. 2000).

Werk wegen § 120 (a) C. A. ausschließliche Rechte verlieren, so könnte dies bildende Künstler davon abschrecken, überhaupt solche Werke zu schaffen.[203]

In seinem zustimmenden Votum hob Richter *Tashima* dagegen hervor, dass das Ziel und der Schutz des § 120 (a) C. A. vollständig ausgehöhlt würden, wenn man der Ansicht von Richter *Fisher* folge. Der vom Kongress herausgestellte wichtige öffentliche Zweck, bildliche Darstellungen architektonischer Werke beispielsweise als Andenken für Touristen oder für Lehrbücher zu erlauben, würde unterlaufen werden, denn bei Anwendung des *Separability Test* dürften Gebäude, die physisch oder konzeptionell trennbare Werke der bildenden Kunst enthalten, nicht bildlich dargestellt werden. Diese Ansicht hätte auch den großen Nachteil, dass Architekten und bildende Künstler sich vor Ausführung ihrer Werke mit dem so heftig umstrittenen und nicht eindeutig geregelten *Separability Test* auseinandersetzen müssten, um die Rechte an ihren Werken absehen zu können. Dies könne man aber diesen Berufsgruppen nicht zumuten.[204]

Das Urteil in *Leicester v. Warner Bros.* hat auch im Schrifttum zu Recht Kritik erfahren. Durch diese Entscheidung sei ein gefährlicher Präzedenzfall geschaffen worden.[205] Betrachtet man die Regelung des § 120 (a) C. A. im Zusammenhang mit den anderen Vorschriften des *AWCPA* so lässt sich die Argumentation durchaus nachvollziehen, dass den Urhebern architektonischer Werke aufgrund des großen Vorteils, der ihnen durch die Einführung der neuen Werkkategorie in § 102 (a) (8) C. A. zuteil geworden ist, auch Einschränkungen ihrer ausschließlichen Rechte zugemutet werden können. Das gilt jedoch nicht für die Urheber von mit Gebäuden verbundenen Werken der bildenden Kunst. Sie würden durch eine Auslegung des § 120 (a) C. A. im Sinne von *Leicester v. Warner Bros.* nur Nachteile erlangen, was als ungerecht bezeichnet werden muss.[206] Entscheidend ist meiner Ansicht nach aber, dass über die rechtlichen

---

[203] *Leicester v. Warner Bros.*, 232 F.3d 1212, 1232 (9th Cir. 2000).

[204] *Leicester v. Warner Bros.*, 232 F.3d 1212, 1222 (9th Cir. 2000).

[205] *Orlandi*, Gargoyles in Gotham: A Sculpture Incorporated Into An Architectural Work Should Retain Independent Copyright Protection, 29 Sw. U. L. Rev. 617, 629 (2000); der Aufsatz von *Orlandi* bezieht sich zwar auf das Urteil des *District Court* in der Vorinstanz, aufgrund der Bestätigung des Urteils durch den *Circuit Court* gelten die Argumente aber gleichermaßen für die Berufungsentscheidung.

[206] *Orlandi*, Gargoyles in Gotham: A Sculpture Incorporated Into An Architectural Work Should Retain Independent Copyright Protection, 29 Sw. U. L. Rev. 617, 635/636 (2000).

Besonderheiten eines Werkes der bildenden Kunst nicht einfach hinweggegangen werden kann, ohne dass dafür irgendeine Absicht des Gesetzgebers erkennbar ist. Die Gestaltung eines Gebrauchsgegenstandes, zu der auch mit einem Gebäude verbundene Werke der bildenden Kunst gehören können, ist aber immer nur dann als Werk der bildenden Kunst gemäß § 102 (a) (5) C. A. schutzfähig, wenn sie körperlich oder konzeptionell von dem Gegenstand getrennt werden kann, § 101 C. A. Daher muss in Fällen wie *Leicester v. Warner Bros.* konsequenterweise immer der *Separability Test* angewendet werden, bevor eine Entscheidung über die Schutzfähigkeit des Werkes der bildenden Kunst getroffen werden kann.[207] Kann eine Trennbarkeit bejaht werden, so findet § 120 (a) C. A. keine Anwendung auf das Werk der bildenden Kunst, mit der Folge, dass von dem Teil des architektonischen Werkes, mit dem das Werk der bildenden Kunst verbunden ist, grundsätzlich keine bildlichen Darstellungen angefertigt, verbreitet oder ausgestellt werden dürfen.

Trotzdem kann die Anfertigung von Bildern durch Touristen zulässig sein, wenn die Voraussetzungen des *fair use* gegeben sind. Bei der Prüfung, ob *fair use* vorliegt, sollen nach § 107 C. A. folgende Punkte berücksichtigt werden: (1) Der Zweck und die Eigenart der Benutzung, wobei auch eine Rolle spielen soll, ob die Benutzung gewerblicher Natur ist oder nicht kommerziellen Bildungszielen dient; (2) die Natur des copyrightgeschützten Werkes; (3) das Ausmaß und die Bedeutung der Benutzung des Werkteils im Verhältnis zum ganzen Werk und (4) die Auswirkungen der Benutzung auf den potentiellen Absatzmarkt oder den Wert des geschützten Werkes.[208] Es ist jedoch nicht geklärt, wie diese sich zum Teil überlappenden 4 Faktoren zueinander stehen und gewichtet werden müssen.[209] Fertigt ein Tourist Fotografien eines architektonischen Werkes an, so sprechen die Punkte (1) und (4) unzweifelhaft für einen *fair use*, da die Bilder privaten Zwecken dienen und den Absatzmarkt architektoni-

---

[207] *Orlandi*, Gargoyles in Gotham: A Sculpture Incorporated Into An Architectural Work Should Retain Independent Copyright Protection, 29 Sw. U. L. Rev. 617, 647 (2000).

[208] Nach § 107 C. A. stellt der *fair use* eines geschützten Werkes keine Copyrightverletzung dar. Dabei soll *fair use* die Benutzung des Werkes auch in Form der Vervielfältigung umfassen und dann vorliegen, wenn die Benutzung der Kritik, der Kommentierung, der Nachrichtenberichterstattung, der Unterrichtung, der Gelehrsamkeit oder der Forschung dient. Diese Aufzählung ist jedoch nicht abschließend, sondern beispielhaft, *Leaffer*, Understanding Copyright Law, § 10.5, Seite 430.

[209] *Leaffer*, Understanding Copyright Law, § 10.5, Seite 433.

scher Werke nicht gefährden.[210] Zumindest bei herausragenden architektonischen Werken, die Touristenattraktionen sind wie z. B. das Guggenheim Museum in New York City spricht auch diese Natur des jeweiligen Werkes dafür, dass sich Touristen ein Andenken in Form einer Fotografie bewahren dürfen, womit auch Punkt (2) erfüllt wäre. Schließlich ist es üblich, das ganze Gebäude zu fotografieren, wenn man es als Erinnerung an eine Reise ablichtet. Damit wäre auch Punkt (3) genüge getan. Die Wahrscheinlichkeit ist also sehr groß, dass die Anfertigung von bildlichen Darstellungen von Werken der bildenden Kunst, die mit architektonischen Werken verbunden sind, durch Touristen aufgrund von *fair use* erlaubt ist. Bei kommerziellen bildlichen Darstellungen wären die bildenden Künstler hingegen aufgrund ihres ausschließlichen Vervielfältigungs- und Verbreitungsrechts geschützt.

Eine solche Lösung wird den Interessen der bildenden Künstler eher gerecht als die Anwendung des § 120 (a) C. A. auch auf verbundene Werke der bildenden Kunst. Allerdings hat die Diskussion auf diesem Gebiet gerade erst begonnen und wird erst in den nächsten Jahren zeigen, zu welchen hoffentlich interessengerechten Lösungen die übrigen Gerichte kommen, wenn nicht der US-Gesetzgeber zuvor eine Klärung herbeiführt.[211]

---

[210] *Orlandi*, Gargoyles in Gotham: A Sculpture Incorporated Into An Architectural Work Should Retain Independent Copyright Protection, 29 Sw. U. L. Rev. 617, 643 (2000).

[211] Siehe auch *Roberts*, There Goes My Baby: Buildings As Intellectual Property Under The AWCPA, 21 Construction Lawyer 22, 25 (2001).

3. Vergleich der rechtlichen Behandlung von Verletzungen der zur Verwertung bestimmten ausschließlichen Rechte an architektonischen Schöpfungen

a. Die Verletzung von zur Verwertung bestimmten ausschließlichen Rechten an Werken der Baukunst bzw. *architectural works*

aa. In Betracht kommende Verwertungsrechte

Sowohl nach § 106 C. A. als auch nach § 15 UrhG stehen dem Urheber eines Werkes ausschließliche Rechte zur Verwertung des von ihm geschaffenen Werkes zu. Bei Werken der Baukunst bzw. *architectural works* kommt zunächst das Vervielfältigungsrecht gemäß §§ 15 Abs. 1 Nr. 1, 16 UrhG bzw. § 106 (1) C. A. in Frage. Dabei sind die Definitionen dieses Rechts in beiden Ländern nahezu identisch. Unter Vervielfältigung wird jeweils eine körperliche Festlegung des Werkes verstanden, die geeignet ist, das Werk wahrnehmbar zu machen.[1] Übereinstimmend ist demnach die Herstellung eines identischen Planes, der ein Werk der Baukunst verkörpert, eine Vervielfältigung, die nur dem Urheber erlaubt ist. Die Ausführung eines Werkes der Baukunst bzw. *architectural work* nach der Vorlage eines Planes wird jedoch unterschiedlich eingeordnet. Während in Deutschland Einigkeit darüber herrscht, dass es sich dabei um eine Vervielfältigung handelt[2], ist die rechtliche Bewertung in den USA umstritten. Die gewichtigeren Stimmen in den USA sehen bei der ungenehmigten Ausführung eines *architectural work* das Bearbeitungsrecht nach § 106 (2) C. A. verletzt.[3] Ein wichtiger Grund für diese unterschiedliche Einordnung ist sicherlich die jeweilige Systematik des Urheberrechtsgesetzes bzw. des *Copyright Act*. Während das Bearbeitungsrecht in § 106 (2) C. A. ein ausschließliches Recht wie das Vervielfältigungsrecht, § 106 (1) C. A., oder das Verbreitungsrecht, § 106 (3) C. A., ist, ist im deutschen Urheberrechtsgesetz ein Bearbeitungsrecht als Verwertungsrecht des Urhebers nicht vorgesehen. Die Regelung in § 23 S. 1 UrhG bestimmt vielmehr, dass die Veröffentlichung und die Verwertung von Bearbeitungen und anderen Umgestaltungen[4] der Einwilligung des Urhebers bedürfen. Bei Werken der Baukunst bedarf sogar die Herstellung eines Nachbaus einer solchen Einwilligung. Von der herrschenden

---

[1] Siehe dazu unter E.I.1.a.aa. bzw. E.I.2.b.

[2] *Schricker-Loewenheim*, Urheberrecht, § 16, Rdnr. 7.

[3] Siehe dazu unter E.I.2.b.bb.

[4] Zur Unterscheidung dieser beiden Begriffe siehe unter E.I.1.a.aa.(2)(a)(bb).

Meinung in Deutschland wird § 23 UrhG als Bestimmung eingeordnet, die den Schutzumfang der Verwertungsrechte regelt, nicht jedoch ein eigenes Verwertungsrecht schafft.[5] Die Ausführung eines Werkes der Baukunst nach einem Plan kann daher nach deutschem Urheberrecht nur eine Vervielfältigung gemäß §§ 15 Abs. 1 Nr. 1, 16 UrhG sein, wenn es um die Einordnung in eine der Verwertungsarten geht, gleichzeitig kann aber auch eine Umgestaltung im Sinne des § 23 UrhG vorliegen. Allerdings wird in den USA teilweise die Existenz eines eigenen Bearbeitungsrechts als überflüssig angesehen, einig ist man sich aber zumindest darin, dass bei einer Verletzung des Bearbeitungsrechts in den meisten Fällen auch eine Verletzung des Vervielfältigungsrechts vorliegt.[6] Außerdem ist bei einer Verletzungshandlung die Bestimmung des verletzten ausschließlichen Rechts nicht von großer Bedeutung, da ohnehin nur geprüft wird, ob ein Kopieren (*copying*) und *substantial similarity* vorliegen. Zu einem Kopieren in diesem Sinne kann es nämlich nicht nur bei Vervielfältigungen, sondern auch bei Bearbeitungen, Aufführungen, Verbreitungen oder Ausstellungen des Werkes kommen.[7]

bb. Die Prüfung von Verletzungen

(1) Systematik im Urheberrechtsgesetz und im *Copyright Act*

Aufgrund der unterschiedlichen Systematik wird das Vorliegen einer Verletzung auch auf verschiedene Art und Weise geprüft. Problematisch sind dabei nicht die Fälle, in denen ein identisches Werkstück eines Werkes der Baukunst bzw. *architectural work* ohne die Einwilligung des Urhebers hergestellt wird, sondern die Sachverhalte, in denen eine neue Schöpfung Teile eines bestehenden Werkes übernimmt oder dieses abwandelt. Im deutschen Urheberrecht muss die Frage, wann es in solchen Fällen zu einer Verletzung des Vervielfältigungsrechts nach §§ 15 Abs. 1 Nr. 1, 16 UrhG kommt, durch eine Abgrenzung von abhängiger Umgestaltung nach § 23 UrhG und freier Benutzung nach § 24 UrhG beantwortet werden. Wird bei einer Nachschöpfung die Grenze zur freien Benutzung nach § 24 UrhG überschritten, entfällt eine Verlet-

---

[5] Siehe dazu unter E.I.1.a.aa.(2)(a)(aa).

[6] Siehe dazu unter E.I.2.c.

[7] Siehe dazu unter E.I.2.a.bb.

zung des Vervielfältigungsrechts.[8] In den USA existiert hingegen keine der freien Benutzung gemäß § 24 UrhG entsprechende Regelung. Bearbeitungen werden zwar gemäß § 103 (a) C. A. auch geschützt, aber nur, soweit das aus einem bereits bestehenden Werk entnommene Material rechtmäßig benutzt wurde. Das ist aber nur dann der Fall, wenn der Inhaber des *copyright* an dem benutzten Werk der Verwendung von geschütztem Material zugestimmt hat oder die *fair use* Doktrin greift.[9] Eine Schöpfung, in der geschütztes Material ohne die Einwilligung des Copyrightinhabers des benutzten Werkes verwendet wurde, kann nur dann Copyrightschutz erlangen, wenn keine *substantial similarity* zwischen der Benutzung und dem ursprünglichen Werk vorliegt. Dann liegt aber auch keine Bearbeitung im Sinne des § 103 C. A. mehr vor.[10]

(2) Prüfungskriterien

Die Voraussetzungen einer Copyrightverletzung sind grundsätzlich für alle Werkarten gleich. Es muss die Copyrightinhaberschaft in Bezug auf das geschützte Werk, ein Kopieren (*copying*) und eine erhebliche Ähnlichkeit (*substantial similarity*) zwischen dem geschützten Werk und der vermeintlich verletzenden Schöpfung nachgewiesen werden.

Die Prüfung der Copyrightinhaberschaft an dem Werk ist im *US-Copyright Law* wegen der Übertragbarkeit der Inhaberschaft gemäß § 201 (d) (1) C. A. und der *works made for hire* Doktrin notwendig. Nach der *works made for hire* Doktrin in § 201 (b) C. A. wird der Arbeitgeber als Urheber angesehen, wenn das Werk von einem seiner Arbeitnehmer im Rahmen des Arbeitsverhältnisses geschaffen wurde. Die Anwendung dieser Doktrin auf architektonische Werke verläuft dabei in gleicher Weise wie bei anderen Werkarten.[11] Im deutschen Urheberrecht findet die *works made for hire* Doktrin keine Entsprechung. Vielmehr entsteht das Urheberrecht nach dem Schöpferprinzip stets nur in der tatsächlichen Person des Werkschöpfers, auch wenn es sich dabei um

---

[8] Siehe dazu unter E.I.a.aa.(2)(d).

[9] *Leaffer,* Understanding Copyright Law, § 2.10, Seiten 65/66.

[10] *Nimmer,* On Copyright, Bd. 3, § 3.01, Seite 3-4.

[11] Siehe dazu unter E.I.2.a.aa.(3).

einen Arbeitnehmer handelt, der das Werk im Rahmen seines Arbeitsverhältnisses schafft, § 43 UrhG.[12] Im Hinblick auf die monistische Theorie ist dies nur konsequent.

Da das Kopieren nur schwer nachweisbar ist, genügt es, wenn der Zugang (*access*) des Verletzers zu dem Werk bewiesen werden kann. Da auch dies oft nur schwer möglich ist, kann der Zugang aus dem Vorhandensein bestimmter Ähnlichkeiten (*probative similarity*) zwischen dem Werk und der Nachschöpfung indirekt bewiesen werden.[13] Im deutschen Urheberrecht gibt es bei der Prüfung, ob eine abhängige Umgestaltung oder eine freie Benutung vorliegt, keinen dem *copying* vergleichbaren Prüfungspunkt. Es kommt vielmehr nur darauf an, wie groß die Übereinstimmungen zwischen den Schöpfungen sind. Dabei sind nur die Übereinstimmungen in Bezug auf die geschützten Elemente des benutzten Werkes von Bedeutung, nicht die Unterschiede zwischen den Schöpfungen. Damit die Schwelle zur freien Benutzung überschritten wird, müssen die Züge des benutzten Werkes in der neuen Schöpfung, die zusätzlich die materiellen Schutzvoraussetzungen des § 2 Abs. 2 UrhG erfüllen muss, verblassen. Dabei spielt die Gestaltungshöhe des benutzten Werkes eine große Rolle. Je geringer das Maß an Individualität ist, desto leichter wird das benutzte in dem neuen Werk verblassen. Das neue Werk muss einen eigenen Wesenskern aufweisen. Vor allem bei Werken der Baukunst ist wichtig, dass es bei der Beurteilung dieser Fragen vor allem auf die Gesamtwirkung beider Werke ankommt.[14]

Auch bei der Prüfung der *substantial similarity* kommt es grundsätzlich auf die Übereinstimmungen und nicht auf die Unterschiede zwischen den Schöpfungen an.[15] Gleichwohl sahen zwei Gerichte die Unterschiede zwischen architektonischen Schöpfungen als entscheidend an. Dabei ging es in der ersten Entscheidung, die vor Inkrafttreten des *AWCPA* erging, um Pläne für einfache Holzhäuser[16] und in der zweiten Entscheidung um Grundrisse für Einfamilienhäuser[17]. In beiden Entscheidungen wurde angeführt, dass aufgrund der geringen Variationsmöglichkeiten bei einem einfachen

---

[12] *Schricker-Rojahn*, Urheberrecht, § 43, Rdnr. 2.

[13] Siehe dazu unter E.I.2.a.bb.

[14] Siehe dazu unter E.I.1.a.aa.(2)(a)(aa).

[15] *Nimmer*, On Copyright, Bd. 4, § 13.03 [B][1][a], Seiten 13-53 – 13-54.

[16] *Howard v. Sterchi*, 974 F.2d 1272 (11th Cir. 1992).

[17] *John Alden Homes, Inc. v. Kangas*, 142 F.Supp.2d 1338 (M.D.Fla., 2001).

Holzhaus bzw. einem einfachen Einfamilienhaus, bei dem der Grundriss durch die besondere Beschaffenheit des Grundstücks mehr oder weniger vorgegeben sei, bereits geringfügige Unterschiede ausreichten, um eine *substantial similarity* ausschließen zu können.[18] Anstatt von dem Grundsatz abzuweichen, dass nur die Ähnlichkeiten entscheidend sind, hätten die Gerichte darauf eingehen sollen, inwieweit überhaupt geschützte Elemente vorliegen, die übernommen werden konnten.

Die in den USA entwickelten Tests zur Ermittlung einer Copyrightverletzung sind nicht immer gleich gut für alle Werkarten geeignet. Am weitesten entwickelt ist dabei der *Altai Test*, der für die Prüfung der *substantial similarity* bei Computerprogrammen entwickelt wurde. Dieser Test baut auf dem berühmten und weit verbreiteten *Abstractions Test* auf. Auf der ersten Stufe - *abstraction* - des *Altai Test* werden die verschiedenen Abstraktionsebenen des benutzten Werkes ermittelt, auf der zweiten Stufe - *filtration* – müssen dann die copyrightgeschützten Elemente herausgefiltert werden. Erst auf der dritten Stufe – *comparison* – wird das Werk mit der Nachschöpfung verglichen und geprüft, inwieweit geschütztes Material übernommen wurde.[19] Im Rahmen der *comparison* kommt es dann auch auf die Bedeutung der verwendeten Elemente für das benutzte Werk an.[20] Dieser Test eignet sich zwar auch gut für architektonische Werke, dies ist jedoch von den Gerichten noch nicht erkannt worden.

Insgesamt lässt sich sagen, dass bei der Prüfung der für eine Verletzung des Urheberrechts bzw. *copyright* relevanten Gemeinsamkeiten zwar grundsätzlich ähnliche Voraussetzungen geprüft werden. Im deutschen Urheberrecht existiert zwar auch kein einheitliches Prüfungsschema, die wesentlichen Kriterien sind jedoch anerkannt. In den USA hingegen lässt die fast schon unübersehbare Anzahl von verschiedenen Tests die notwendige Rechtssicherheit und Rechtsklarheit vermissen.

(3) Beurteilungsmaßstab

Das zeigt sich auch in Bezug auf den Beurteilungsmaßstab. Ziehen die Gerichte bei der Prüfung, ob ein *copying* gegeben ist, oft Sachverständige hinzu, so stellen sie bei der Beurteilung der *substantial similarity* zumeist auf den *ordinary observer* (Durch-

---

[18] *Howard v. Sterchi*, 974 F.2d 1272, 1276 (11th Cir. 1992); *John Alden Homes, Inc. v. Kangas*, 142 F.Supp.2d 1338, 1345 (M.D.Fla., 2001).

[19] Siehe dazu unter E.I.2.a.aa.(1)(c)(aa).

[20] *Nimmer*, On Copyright, Bd. 4, § 13.03 [F][5], Seiten 13-145/13-146.

schnittsbetrachter) bzw. die *audience* (Zuhörer) ab. Die *substantial similarity* ist dann gegeben, wenn ein Durchschnittsbetrachter bei spontaner Betrachtung der in Frage stehenden Schöpfungen zu diesem Ergebnis kommen muss.[21] Von vielen Gerichten wird sogar nur der *Ordinary Observer Test* angewandt, weil es sehr einfach ist, festzustellen, dass ein *ordinary observer* die *substantial similarity* als gegeben ansehen würde. Daher kommen solche Urteile, die sich nicht eingehend mit den beiden Schöpfungen befassen und diese in die relevanten Bestandteile zerlegen, zu wenig nachvollziehbaren Ergebnissen.

Bei der Prüfung, ob eine Urheberrechtsverletzung vorliegt, soll Maßstab der ästhetische Eindruck sein, den das Werk nach dem Urteil des für Kunst empfänglichen und mit Kunst einigermaßen vertrauten Menschen vermittelt. Einem kunstverständigen Laien fehlt jedoch die Erfahrung und das Urteilsvermögen in Bezug auf bestimmte Werke, wie z. B. Werke der Baukunst. Das gilt um so mehr für einen *ordinary observer*, der nicht einmal kunstverständig sein muss. Im deutschen Urheberrecht wird daher zu Recht von einigen gefordert, dass Maßstab ein Betrachter mit durchschnittlichem Fachwissen sein soll.[22] Überdies legen die Urteilsbegründungen in den Entscheidungen *Architektenwechsel* und *Vorentwurf II* des BGH nahe, dass dieses Gericht nicht aus der Perspektive des kunstverständigen Laien, sondern eher aus der eines durchschnittlichen Fachmann urteilte.[23] Hier ist eine leichte Tendenz zur Verschiebung des Beurteilungsmaßstabes zu erkennen.

(4) Rechtsprechung zur Verletzung von zur Verwertung bestimmten ausschließlichen Rechten an Werken der Baukunst bzw. *architectural works*

Auch bei der Frage der Verletzung von Verwertungsrechten an Werken der Baukunst/*architectural works* hängt die Qualität der Gerichtsentscheidungen davon ab, wie genau sich die Gerichte mit den streitgegenständlichen architektonischen Schöpfungen auseinandersetzen. Als beispielhaft seien die Entscheidungen *Architektenwechsel*[24] und *Vorentwurf II*[25] des BGH genannt. Dort untersuchte der BGH zuerst die ein-

[21] Siehe dazu unter E.I.2.a.dd.(2).

[22] Siehe dazu unter E.I.1.a.aa.(2)(d)(aa).

[23] Siehe dazu unter E.I.1.a.aa.(2)(d)(bb).

[24] BGH GRUR 1980, 853 – *Architektenwechsel*.

zelnen Gestaltungselemente, die das geschützte Werk der Baukunst prägten, wobei er auf den Gesamteindruck dieser Elemente abstellte. In einem nächsten Schritt wurden die einzelnen prägenden Elemente der Nachschöpfung und deren Gesamteindruck analysiert. Schließlich wurden beide Schöpfungen miteinander verglichen und deren Übereinstimmungen festgestellt.[26]

Hilfreich wäre auch für die deutschen Entscheidungen, den *Abstractions Test* der US-Gerichte zu übernehmen. Gerade die Abgrenzung zwischen nicht schutzfähiger Idee und deren schutzfähigem Ausdruck ist bei architektonischen Schöpfungen schwer durchzuführen. Mit Hilfe der Einteilung eines architektonischen Werkes in verschiedene Abstraktionsebenen würde eine solche Abgrenzung erleichtert und damit auch ein Stück mehr Rechtssicherheit geschaffen.

Leider taucht der *Abstractions Test*, ganz zu schweigen vom *Altai Test*, aber bei den seit Inkrafttreten der *AWCPA* ergangenen Entscheidungen nicht auf. Dafür wird in den meisten Urteilen der *Ordinary Observer Test* angewendet, was aus den genannten Gründen nicht immer zu nachvollziehbaren Entscheidungen führt, insbesondere, wenn die architektonischen Schöpfungen vorher nicht eingehend untersucht wurden. Die aktuellste Entscheidung zu diesem Thema, *Sturdza v. United Arab Emirates*[27] lässt hoffen, dass sich die Gerichte in den USA in Zukunft eingehender mit den gestalterischen Elementen, die die architektonischen Schöpfungen prägen, befassen. Der Gang der Prüfung ist jedoch insgesamt noch etwas unsystematisch, außerdem wird auf nicht objektivierbare Kriterien wie *look and feel* oder den *ordinary observer* abgestellt.[28] Diesen Unzulänglichkeiten könnte eine Orientierung am *Altai Test* entgegenwirken, es sind jedoch leider keine Anzeichen dafür erkennbar, dass die Gerichte diesen Test auch für architektonische Werke heranziehen. Ein Grund dafür mag sicherlich sein, dass die Anwendung dieses komplizierten Tests einen viel größeren Aufwand erfordert als ein Abstellen auf den *ordinary observer*.

Abschließend ist zu sagen, dass die in Deutschland ergangenen Entscheidungen sich tendenziell intensiver mit den jeweiligen prägenden Elementen der architektonischen Schöpfungen befassen. Man muss den Gerichten in den USA aber zugute halten, dass

---

[25] BGH GRUR 1988, 533 – *Vorentwurf II*.

[26] Siehe zu den Entscheidungen unter E.I.1.a.aa.(2)(d)(bb).

[27] 281 F.3d 1287 (C.A.D.C., 2002).

[28] Siehe dazu unter E.I.2.c.bb.(4).

sie sich erst seit 1990 mit der Problematik bei architektonischen Werken befassen müssen. Gerade in einem Land, dessen Recht auch vom *Case Law* geprägt ist, dauert es einige Zeit, bis sich gewisse Entscheidungsstandards allgemein etabliert haben.

cc. Die stillschweigende Einräumung von Nutzungsrechten bzw. von *exclusive rights*

Bei Werken der Baukunst bzw. *architectural works* ist sowohl in Deutschland als auch in den USA die Fallgestaltung problematisch, dass von einem Architekten ein Werk in Form eines Planes für einen Bauherrn geschaffen wurde, das später vom Bauherrn ohne ausdrückliche Einwilligung des Architektenurhebers errichtet wird. Dabei ist die Frage von entscheidender Bedeutung, unter welchen Voraussetzungen von einer stillschweigenden Einräumung entsprechender Rechte durch den Urheber ausgegangen werden kann.

Nach deutschem Urheberrecht ist für die Lösung dieses Problems die Zweckübertragungstheorie entscheidend, die in § 31 Abs. 5 UrhG festgeschrieben ist. Existiert keine ausdrückliche Regelung im Architektenvertrag, so ist davon auszugehen, dass Nutzungsrechte in dem Umfang eingeräumt wurden, den die Erreichung des Vertragszwecks erfordert. Grundsätzlich kann man annehmen, dass der Architektenurheber, der mit allen Leistungsphasen des § 15 Abs. 2 HOAI beauftragt worden ist, sein Vervielfältigungsrecht nach §§ 15 Abs. 1 Nr. 1, 16 UrhG selbst ausübt.[29] Eine stillschweigende Übertragung des Nachbaurechts kommt allerdings auch dann nicht in Betracht, wenn der Architekt von vornherein nur mit der Vorplanung gemäß § 15 Abs. 2 Nr. 1 HOAI beauftragt wurde, da der Vertragszweck eben nur auf die Klärung der Bauabsichten, die Rentabilitätsberechnung, die Anfertigung von vorläufigen Skizzen gerichtet ist.[30] Insbesondere wenn der Architekt davon ausgehen konnte, dass er auch mit der Errichtung des Werkes der Baukunst beauftragt werde, kommt eine stillschweigende Übertragung des Nachbaurechts nicht in Frage. Anders ist lediglich der Fall zu beurteilen, bei dem der Architekt von vornherein nur mit den Leistungsphasen beauftragt wurde, die die gesamte Planung umfassen, also die Leistungsphasen 1 – 4 (bzw. 5, 6, 7) und er auch nie die Aussicht auf die Errichtung des Werkes hatte. Damit muss für

---

[29] Siehe dazu unter E.I.1.a.aa.(1)(d)(aa), (bb).

[30] BGH GRUR 1957, 391, 394 – *Ledigenheim*.

den Architekten offensichtlich sein, dass der Bauherr die Pläne ohne ihn weiternutzen will.[31]

Im Gegensatz zum deutschen Urheberrecht ist die Einräumung ausschließlicher Lizenzen nach *US-Copyright Law* nur in schriftlicher Form zulässig, § 204 (a) C. A., wobei Gerichte aber entschieden haben, dass auch eine nachträgliche schriftliche Fixierung möglich ist.[32] Bei Einräumung einer nicht ausschließlichen Lizenz, was auch stillschweigend möglich ist, wird der Inhaber zwar nicht zum Copyrightinhaber, kann aber die Lizenz als Einrede gegen eine Copyrightverletzung geltend machen.[33] Aus den zu diesem Thema ergangenen Entscheidungen ergibt sich, dass es im *US-Copyright Law* keine der Zweckübertragungstheorie entsprechende Doktrin gibt.[34] Hier kommt es auf den jeweiligen Einzelfall und damit auf die individuelle Vertragsgestaltung zwischen dem Architekten und dem Bauherrn an. Eine Differenzierung nach bestimmten Leistungen, mit denen der Architekt beauftragt wird, hat sich dabei noch nicht herausgebildet. Abgestellt wurde aber jeweils auf Passagen innerhalb der Architektenverträge, in denen sich ein Hinweis auf den wirklichen Willen des Architekten zur Einräumung einer nicht ausschließlichen Lizenz zur Errichtung des Werkes ergab.[35] Beispielsweise äußerte der Architekt die Erwartung, dass seine Ideen und das in seiner Schöpfung zum Ausdruck kommende Wissen zu einer glaubhaften Lösung führen mögen, obwohl er bereits von seinem Ausscheiden aus dem Vertrag wusste. Außerdem wurde unter anderem die Höhe der Vergütung als Indiz für die weiteren Nutzungsabsichten des Bauherrn und damit für die Einräumung der dafür erforderlichen Rechte gewertet.[36] Es wird jedoch auch hier noch einige Zeit dauern, bis diese erst durch das Inkrafttreten des *AWCPA* aufgeworfene Problematik eingehend durch die Gerichte behandelt wird.

---

[31] Siehe dazu unter E.I.1.a.aa.(1)(d)(cc).

[32] Siehe dazu unter E.I.2.d.aa.

[33] Siehe dazu unter E.I.2.d.bb.

[34] *Bodewig*, Urhebervertragsrecht in den USA, in: Urhebervertragsrecht, 833, 861.

[35] Siehe dazu unter E.I.2.d.bb.

[36] *I.A.E., Inc. v. Shaver*, 74 F.3d 768, 777 (7th Cir. 1996).

dd. Werke der Baukunst bzw. *architectural works* an öffentlichen Plätzen

Sowohl im Urheberrechtsgesetz als auch im *Copyright Act* existieren Regelungen, nach denen bildliche Darstellungen von Werken der Baukunst bzw. *architectural works* erlaubt sind. Bei § 59 UrhG handelt es sich systematisch um eine Schranke des Urheberrechts und damit auch um einen Ausfluss der Sozialbindung des geistigen Eigentums.[37] § 120 (a) C. A. wurde vom Kongress als Beschränkung der ausschließlichen Rechte des Copyrightinhabers nach § 106 C. A. durch den *AWCPA* eingefügt, weil diese Art der Verwertung einen wichtigen öffentlichen Zweck verfolge, anstatt es der *fair use* Doktrin zu überlassen, in welchen von dieser Doktrin abgedeckten Fällen eine Verletzung des Vervielfältigungsrechts gemäß § 106 (1) C. A. zulässig ist.[38] Beiden Regelungen ist gemeinsam, dass Werke der Baukunst bzw. *architectural works*, die sich an öffentlichen Straßen oder Plätzen befinden oder von dort aus sichtbar sind, durch bildliche Darstellungen vervielfältigt, verbreitet oder öffentlich wiedergegeben werden dürfen, § 59 Abs. 1 S. 1 UrhG, § 120 (a) C. A. Eine ausdrückliche Regelung wie in § 59 Abs. 1 S. 2 UrhG, dass diese Schranke nur für die äußere Ansicht des Werkes gilt, fehlt zwar in § 120 (a) C. A., man kann jedoch aufgrund der Begründung des Kongresses und des Zwecks des § 120 (a) C. A. davon ausgehen, dass auch hier nur die äußere Ansicht gemeint ist. Schließlich kann auch nur die äußere Ansicht öffentlich sichtbar sein.

Ein wesentlicher Unterschied zwischen beiden Regelungen ist, dass § 59 UrhG für alle Werkarten gilt, § 120 (a) C. A. aber nur für *architectural works*. Dadurch wird im deutschen Urheberrecht das Problem vermieden, ob die Einschränkung der ausschließlichen Rechte auch für Werke der bildenden Künste gelten soll, die mit dem Werk der Baukunst bzw. *architectural work* verbunden sind. Da auch Werke der bildenden Künste, die mit an öffentlichen Straßen und Plätzen gelegenen Werken der Baukunst verbunden sind, an den gleichen öffentlichen Straßen oder Plätzen liegen, können sie auch in Form von bildlichen Darstellungen auf die in § 59 Abs. 1 S. 1 UrhG aufgezählten Arten genutzt werden. In den USA ist diese Problematik durch die Entscheidung *Leicester v. Warner Bros.*[39] zum Gegenstand der Diskussion geworden.

---

[37] *Schricker-Melichar*, Urheberrecht, Vor §§ 45 ff., Rdnr. 1.

[38] Siehe dazu unter E.I.2.e.aa.

[39] 232 F.3d 1212 (9th Cir. 2000).

Das Gericht war der Auffassung, es käme für die Anwendbarkeit des § 120 (a) C. A. darauf an, ob die Werke der bildenden Künste als Teil des architektonischen Werkes anzusehen seien. Nach Ansicht des abweichenden Votums müsse man aber den *Separability Test* anwenden, um die Trennbarkeit des Werkes der bildenden Kunst von dem architektonischen Werk feststellen zu können. Könne die Trennbarkeit bejaht werden, würde § 120 (a) C. A. für die Werke der bildenden Kunst nicht greifen, mit der Folge, dass diese nicht bildlich dargestellt werden könnten. Dieser Ansatz scheint vor dem Hintergrund der *useful article* Doktrin, die ein grundlegender Bestandteil des *US-Copyright Law* ist, konsequenter.[40] Den Konflikt zwischen § 120 (a) C. A. und dem Schutz von Werken der bildenden Kunst könnte der Kongress jedoch dadurch vermeiden, dass er wie in § 59 Abs. 1 S. 1 UrhG den § 120 (a) C. A. auf alle Werkarten erweitert.

b. Die Verletzung von Verwertungsrechten an architektonischen Plänen

Nach § 102 (a) (5) C. A. geschützte architektonische Pläne waren vor Inkrafttreten des *AWCPA* lediglich gegen eine Vervielfältigung gemäß § 106 (1) C. A. in Form der Herstellung eines identischen Planes oder gegen eine Bearbeitung gemäß § 106 (2) C. A. geschützt. Ein Schutz gegen die bauliche Ausführung der in dem Plan dargestellten Gebäude bestand nach einhelliger Meinung nicht.[41] Auch nach deutschem Urheberrecht sind architektonische Pläne, die nur nach § 2 Abs. 1 Nr. 7 UrhG geschützt sind und nicht gleichzeitig ein Werk der Baukunst gemäß § 2 Abs. 1 Nr. 4 UrhG verkörpern, nicht gegen die Ausführung des dargestellten Gebäudes geschützt.[42] Im Unterschied zur Situation in den USA erscheint dies aber folgerichtig, da nach § 2 Abs. 1 Nr. 7 UrhG auch nur die Art der Darstellung schutzfähig ist und nicht der dargestellte Gegenstand selbst.[43] In den USA wurde vor dem *AWCPA* als Schutzvoraussetzung bei architektonischen Plänen geprüft, ob das dargestellte Gebäude *originality* aufweist, nur vereinzelt wurde auch die Art und Weise der Darstellung als schutzfähig angesehen.[44]

---

[40] Siehe dazu unter E.I.2.e.bb.

[41] Siehe dazu unter E.I.2.b.aa.(2), c.aa.(1).

[42] Siehe dazu unter E.I.1.b.aa.

[43] Siehe dazu unter D.II.3.

[44] Siehe dazu unter D.II.4.b.aa.(2)(c).

Wenn es schon auf die *originality* des dargestellten Gebäudes ankommt, dann hätte sich der Schutz auch auf dieses Gebäude erstrecken müssen, was aber wegen der *useful article* Doktrin nicht möglich war. Nach Inkrafttreten des *AWCPA* hat sich in Bezug auf den Schutzumfang architektonischer Pläne gemäß § 102 (a) (5) C. A. nichts geändert, wegen § 102 (a) (8) C. A. kann § 102 (a) (5) C. A. aber nur noch für architektonische Pläne von Bedeutung sein, bei denen nur die Art und Weise der Darstellung die materiellen Schutzvoraussetzungen erfüllt.

Abschließend kann man feststellen, dass die deutsche Regelung wesentlich klarer und konsequenter ist als die US-amerikanische. Hier besteht ein nicht unbeträchtlicher Klarstellungsbedarf für den US-Gesetzgeber bzw. die Gerichte.

II. Die Verletzung von Persönlichkeitsrechten an architektonischen Schöpfungen

1. Die Verletzung des Urheberpersönlichkeitsrechts an Werken der Baukunst

a. Die Natur des Urheberpersönlichkeitsrechts

Nach der herrschenden monistischen Theorie ist das Urheberpersönlichkeitsrecht ein Teil des einheitlichen Urheberrechts.[1] Das Urheberpersönlichkeitsrecht schützt in erster Linie die ideellen Interessen des Urhebers. Da aber eine Trennung von materiellen und ideellen Interessen des Urheberrechts nicht möglich ist, kann das Urheberpersönlichkeitsrecht auch vermögensrechtliche Elemente aufweisen.[2] Im Gegensatz zum allgemeinen Persönlichkeitsrecht schützt das Urheberpersönlichkeitsrecht nicht die Person des Urhebers, sondern die persönliche Beziehung zwischen ihm und seinem Werk und kann damit auch als rechtlich selbständige Erscheinungsform des allgemeinen Persönlichkeitsrechts angesehen werden.[3]

Als Folge der monistischen Theorie unterliegt das Urheberpersönlichkeitsrecht als Ausfluss des Urheberrechts den gleichen Wirksamkeitsvoraussetzungen wie das Urheberrecht selbst. Demnach muss für die Entstehung des Urheberpersönlichkeitsrechts auch ein Werk im Sinne des § 2 Abs. 2 UrhG geschaffen worden sein. Das Urheberpersönlichkeitsrecht erlischt gleichzeitig mit dem Urheberrecht nach Ablauf der Schutzfrist gemäß § 64 UrhG.

Beim Urheberpersönlichkeitsrecht wird im deutschen Urheberrecht zwischen dem Urheberpersönlichkeitsrecht im engeren und im weiteren Sinn unterschieden. Zum Urheberpersönlichkeitsrecht im engeren Sinn zählen das Veröffentlichungsrecht, § 12 UrhG, das Recht auf Annerkennung der Urheberschaft, § 13 UrhG und das Recht auf Schutz gegen Entstellung oder Beeinträchtigung des Werkes, § 14 UrhG.[4] Im Gegensatz dazu hat das Urheberpersönlichkeitsrecht im weiteren Sinn keine fest umrissene Gestalt. Das Urheberpersönlichkeitsrecht im weiteren Sinn umfasst vielmehr den

---

[1] *Schricker-Schricker*, Urheberrecht, Einleitung, Rdnr. 72; *Fromm/Nordemann-Hertin*, Urheberrecht, § 11, Rdnr. 2; *Möhring/Nicolini-Kroitzsch*, § 11, Rdnr. 4.

[2] *Schricker-Dietz*, Urheberrecht, Vor §§ 12 ff., Rdnr. 11-13.

[3] *Möhring/Nicolini-Kroitzsch*, Urheberrechtsgesetz, § 11, Rdnr. 7; *Schricker-Dietz*, Urheberrecht, Vor §§ 12 ff., Rdnr. 14.

[4] *Schricker-Dietz*, Urheberrecht, Vor §§ 12 ff., Rdnr. 6; *Fromm/Nordemann-Hertin*, Urheberrecht, Vor § 12, Rdnr. 2; *von Gamm*, Urheberrechtsgesetz, § 11, Rdnr. 6.

Schutz aller persönlichen und geistigen Beziehungen des Urhebers zu seinem Werk. Es kommt immer dann zur Anwendung, wenn es der Schutz der Interessen des Urhebers erfordert, wobei es nicht auf bloße Empfindlichkeiten des Urhebers ankommen kann.[5] Daneben gehen zahlreiche Vorschriften des UrhG auf das Urheberpersönlichkeitsrecht im weiteren Sinn zurück.[6] Als Regelungen, die in diesem Zusammenhang bei Werken der Baukunst eine Rolle spielen können, seien hier das Zugangsrecht, § 25 UrhG, und das Verbot von Änderungen im Zusammenhang mit Werknutzungsverträgen, § 39 UrhG, genannt.

Das Urheberpersönlichkeitsrecht ist, wie das Urheberrecht als Ganzes, unter Lebenden nicht übertragbar gemäß § 29 Abs. 1 UrhG. Das Urheberpersönlichkeitsrecht im weiteren Sinn eignet sich schon aufgrund seiner unklaren Konturen nicht zur Übertragung. Das Urheberpersönlichkeitsrecht im engeren Sinn kann auch weder in seiner Gesamtheit noch in Form der in §§ 12 – 14 UrhG ausgestalteten Einzelbefugnisse übertragen werden.

Es besteht aber die Möglichkeit, urheberpersönlichkeitsrechtliche Befugnisse im Rahmen der Übertragung von Nutzungsrechten einzuschränken.[7] Dabei kommt es nicht darauf an, ob es sich um Befugnisse des Urheberpersönlichkeitsrechts im engeren oder im weiteren Sinn handelt. Ob es sich dabei um eine gebundene Übertragung bzw. Einräumung[8] oder um eine Überlassung urheberpersönlichkeitsrechtlicher Befugnisse zur Ausübung[9] handelt, ist nicht eindeutig geklärt. Einig ist man sich jedoch

---

[5] *Schricker-Dietz*, Urheberrecht, Vor §§ 12 ff., Rdnr. 8; *Ulmer*, Urheber- und Verlagsrecht, § 38 II 3, Seiten 209/210.

[6] *Von Gamm*, Urheberrechtsgesetz, § 11, Rdnr. 6, Seite 293; *Fromm/Nordemann-Hertin*, Urheberrecht, § 12, Rdnr. 2; *Möhring/Nicolini-Kroitzsch*, § 11, Rdnr. 8; *Schricker-Dietz*, Urheberrecht, Vor §§ 12 ff., Rdnr. 9.

[7] *Schricker-Dietz*, Urheberrecht, Vor §§ 12 ff., Rdnr. 26; *Fromm/Nordemann-Hertin*, Urheberrecht, Vor § 12, Rdnr. 4; *Von Gamm*, Urheberrechtsgesetz, § 11, Rdnr. 7, Seite 295; a. A. *Möhring/Nicolini-Kroitzsch*, Urheberrechtsgesetz, § 11, Rdnr. 14.

[8] *Rehbinder*, Urheberrecht, Rdnr. 299.

[9] *Fromm/Nordemann-Hertin*, Vor § 12, Rdnr. 4; siehe dazu auch *Schricker-Dietz*, Urheberrecht, Vor §§ 12 ff., Rdnr. 26; *Schricker-Schricker*, Urheberrecht auf dem Weg zur Informationsgesellschaft, Seiten 90/91; *Ulmer*, Urheber- und Verlagsrecht, § 89 III, Seiten 381/382.

darin, dass das Urheberpersönlichkeitsrecht in seinem Kerngehalt unübertragbar und unverzichtbar ist.[10]

b. Das Urheberpersönlichkeitsrecht im engeren Sinn

aa. Das Veröffentlichungsrecht gemäß § 12 UrhG

Durch die erstmalige Veröffentlichung tritt das Werk aus der Geheim- oder Privatsphäre des Urhebers heraus und die in dem Werk zum Ausdruck kommenden persönlichen und geistigen Fähigkeiten und Anschauungen des Urhebers werden offengelegt. Dadurch kann das Werk und damit auch der Urheber Gegenstand öffentlicher Erörterung und Kritik werden. Aufgrund dieser möglicherweise gravierenden Folgen einer Veröffentlichung für den Urheber soll dieser allein darüber entscheiden können, wann sein Werk zum ersten Mal veröffentlicht wird.[11]

In der Praxis ist das Recht der ersten Veröffentlichung jedoch nicht von großer Bedeutung, da der Urheber durch die Einräumung von Nutzungsrechten in den meisten Fällen auch sein Erstveröffentlichungsrecht ausübt, denn anders wäre eine wirtschaftliche Verwertung des Nutzungsrechts nicht möglich.[12]

Der Begriff der Veröffentlichung wird im UrhG nicht einheitlich verwendet. Es kommt vielmehr auf den jeweiligen Zusammenhang an, in dem dieser Begriff gebraucht wird.[13] Für eine Veröffentlichung im Sinne des § 12 Abs. 1 UrhG ist die Definition in § 6 Abs. 1 UrhG maßgeblich.[14] Danach ist das Werk veröffentlicht, wenn es mit Zustimmung des Berechtigten der Öffentlichkeit zugänglich gemacht worden ist, § 6 Abs. 1 UrhG. Öffentlichkeit liegt bei einer Veranstaltung vor, die nicht für einen

---

[10] *Schricker-Dietz*, Urheberrecht, Vor §§ 12 ff., Rdnr. 27; *Fromm/Nordemann-Hertin*, Urheberrecht, Vor § 12, Rdnr. 3; *Möhring/Nicolini-Kroitzsch*, Urheberrechtsgesetz, § 11, Rdnr. 14; *Ulmer*, Urheber- und Verlagsrecht, § 89 I, Seite 379.

[11] *Schricker-Dietz*, Urheberrecht, § 12, Rdnr. 1; *Möhring/Nicolini-Kroitzsch*, Urheberrechtsgesetz, § 12, Rdnr. 1.

[12] *Schricker-Schricker*, Urheberrecht auf dem Weg zur Informationsgesellschaft, Seite 98; *Möhring/Nicolini-Kroitzsch*, Urheberrechtsgesetz, § 12, Rdnr. 16; *Gerstenberg*, Die Urheberrechte an Werken der Kunst, der Architektur und der Photographie, Seite 74.

[13] *Schricker-Schricker*, Urheberrecht auf dem Weg zur Informationsgesellschaft, Seite 99; *Ulmer*, Urheber- und Verlagsrecht, § 32 I, Seite 179; *Schricker-Katzenberger*, Urheberrecht, § 6, Rdnr. 9.

[14] *Schricker-Dietz*, Urheberrecht, § 12, Rdnr. 8; *Fromm/Nordemann-Hertin*, Urheberrecht, § 12, Rdnr. 2.

bestimmt abgegrenzten Personenkreis durchgeführt wird. Es müssen dabei mehr als zwei Teilnehmer anwesend sein, ohne dass die Mindestanzahl genau festgelegt werden kann. Eine Veranstaltung ist auf jeden Fall dann öffentlich, wenn jedermann Zutritt zu der Veranstaltung hat. Ausnahmsweise kann auch bei Veranstaltungen für einen abgegrenzten Personenkreis Öffentlichkeit vorliegen, wenn die Teilnehmerzahl sehr groß ist.[15]

Der Urheber eines Werkes der Baukunst, bei dem es sich in den meisten Fällen um einen Architekten handelt, hat das Recht, darüber zu entscheiden, wann sein Werk der Öffentlichkeit zugänglich gemacht wird. Gerade bei Werken der Baukunst, die sich nach ihrer Errichtung zumeist für lange Zeit im öffentlichen Raum befinden und dort von jedermann betrachtet werden können und damit auch Kritik und Zustimmung in weiten Kreisen der Bevölkerung auf sich ziehen, ist dieses Recht für den Urheber elementar.

Der Urheber kann sich zum Beispiel gegen eine Darstellung und damit Veröffentlichung seiner Pläne in einer Zeitung oder Fachzeitschrift wehren. Das gleiche gilt für die Wiedergabe solcher Pläne oder Modelle durch Film oder Fernsehen.[16] Nichts anderes kann auch für die Präsentation von Entwürfen und Plänen im Rahmen einer jedermann zugänglichen Ausstellung gelten.[17] Im Rahmen eines Architektenwettbewerbs muss der Auslober die Zustimmung des Architekten einholen, dessen Pläne oder Modelle er der Öffentlichkeit zugänglich machen will, z. B. wenn der Entwurf den ersten Preis gewonnen hat, um § 12 Abs. 1 UrhG nicht zu verletzen.[18] Bei der Errichtung eines Gebäudes übt der Urheber sein Veröffentlichungsrecht zusammen mit dem Vervielfältigungsrecht, §§ 15 Abs. 1 Nr. 1, 16 UrhG aus. Spätestens zum Zeitpunkt seiner Fertigstellung ist ein Gebäude veröffentlicht im Sinne des § 6 Abs. 1 UrhG[19], es sei denn, es befindet sich an einem Ort, der fernab jeglicher Einsichtsmöglichkeit durch die Öffentlichkeit liegt. Auch wenn das Werk bereits errichtet ist, bleibt es dem Urheber immer noch gemäß § 12 Abs. 1 UrhG vorbehalten, sein Veröffentlichungsrecht in

---

[15] *Schricker-Dietz*, Urheberrecht, § 12, Rdnr. 11/12; *Möhring/Nicolini-Kroitzsch*, § 12, Rdnr. 8.

[16] *Walchshöfer*, Der persönlichkeitsrechtliche Schutz der Architektenleistung, Festschrift Hubmann, 469, 471.

[17] *Neuenfeld*, Aktuelle urheberrechtliche Probleme der Architektenschaft, Der Architekt 1969, 82, 83.

[18] *Beigel*, Urheberrecht des Architekten, Rdnr. 129.

[19] *Neuenfeld*, Aktuelle urheberrechtliche Probleme der Architektenschaft, Der Architekt 1969, 82, 83.

bezug auf die Innenräume des Werkes auszuüben. Bei Gebäuden, die für die Öffentlichkeit zugänglich sein sollen, übt der Architekt sein Veröffentlichungsrecht spätestens dann aus, wenn er den Schlüssel an den Bauherrn, der das Gebäude dann der Öffentlichkeit zugänglich machen kann, übergibt.

Übergibt der Architekt die Entwürfe dem Bauherrn und zeigt dieser sie im Freundeskreis herum, so ist das Veröffentlichungsrecht nach § 12 Abs. 1 UrhG nicht beeinträchtigt, da eine Veröffentlichung nach § 6 Abs. 1 UrhG mangels Öffentlichkeit nicht vorliegt.[20]

Neben dem Recht der ersten Veröffentlichung nach § 12 Abs. 1 UrhG hat der Urheber auch ein Recht auf die erste öffentliche Mitteilung oder Beschreibung seines Werkes der Baukunst, § 12 Abs. 2 UrhG. Der Urheber kann entscheiden, ob er selbst oder nach seiner Einwilligung ein anderer den Inhalt seines Werkes der Baukunst, wie z. B. die Gestaltung der Fassade, die Raumaufteilung oder die Lichtführung, der Öffentlichkeit mitteilt. Nach der ersten Mitteilung mit Zustimmung des Urhebers ist das Recht aus § 12 Abs. 2 UrhG erschöpft.[21]

bb. Das Recht auf Anerkennung der Urheberschaft gemäß § 13 UrhG

§ 13 UrhG soll gewährleisten, dass das geistige Band zwischen Urheber und Werk nach außen hin dokumentiert wird, soweit dies dem Willen des Urhebers entspricht. Dieses Recht kann der Urheber unabhängig von einer Nutzungsrechtsvereinbarung geltend machen und durchsetzen. Dabei bleibt es dem Urheber überlassen, ob er seinen wirklichen Namen oder einen Künstlernamen verwendet oder auf eine Namensnennung verzichtet.[22]

§ 13 S. 1 UrhG kommt vor allem dann zur Anwendung, wenn es um die Abwehr fremder Angriffe auf die Urheberschaft geht. Einschlägige Sachverhalte sind dabei das Bestreiten der Urheberschaft beispielsweise durch Herstellen eines Plagiats oder durch Unterdrücken der Urheberschaft, wenn z. B. bei einer öffentlichen Wiedergabe der

---

[20] *Walchshöfer*, Der persönlichkeitsrechtliche Schutz der Architektenleistung, Festschrift Hubmann, 469, 471.

[21] *Schricker-Dietz*, Urhebeberrecht, § 12, Rdnr. 26; *Walchshöfer*, Der persönlichkeitsrechtliche Schutz der Architektenleistung, Festschrift Hubmann, 469, 472.

[22] *Schricker-Dietz*, Urheberrecht, § 13, Rdnr. 1/2; *Ulmer*, Urheber- und Verlagsrecht, § 40 II, Seite 214.

Name der Urhebers nicht genannt wird.[23] Bei einer Presse- oder Funkberichterstattung über Tagesereignisse, bei denen auch die Innen- oder Außenansichten architektonischer Werke gezeigt werden, muss der Name des Architekten grundsätzlich auch dann genannt werden, wenn das Werk selbst nicht Gegenstand der Berichterstattung ist. Die Schrankenregelung in § 50 UrhG, nach der Werke bei der Bild- und Tonberichterstattung in gebotenem Umfang vervielfältigt, verbreitet und öffentlich wiedergegeben werden dürfen, lässt das Urheberpersönlichkeitsrecht gemäß § 13 S. 1 UrhG unberührt. Durch die Pflicht gemäß § 63 UrhG zur Quellenangabe, auch in den Fällen des § 50 UrhG, wird klargestellt, dass § 13 S. 1 UrhG auch für den Bereich der Schranken des Urheberrechts gilt.[24] Allerdings kann einem Journalisten, der in einer Zeitung über Funk über ein Tagesereignis berichtet, nicht zugemutet werden, den Urheber eines Gebäudes zu ermitteln, das zufällig in seiner Berichterstattung vorkommt.[25] Würde man dies verlangen, dann wäre die Aktualität der Berichterstattung nicht mehr gewährleistet, da die Urheber architektonischer Werke oft nicht ohne Zeitaufwand ermittelt werden können. Ein solcher Sachverhalt ist jedoch äußerst selten. Eine Presse- oder Funkberichterstattung über ein Tagesereignis, bei dem auch ein architektonisches Werk mit Worten beschrieben wird, ist nur schwer vorstellbar. In Betracht kommen lediglich Tagesereignisse, die unmittelbar etwas mit der Eigenart eines Werkes der Baukunst zu tun haben, wie beispielsweise der Einsturz eines solchen Werkes, bei dem Menschen zu Schaden kommen. Ist das Werk der Baukunst, z. B. bei der Einweihung eines neuen Museums, Gegenstand der Presse- oder Funkberichterstattung, muss der Journalist den Urheber ermitteln und nennen, §§ 63 I 1, 50 UrhG.[26]

Auch § 59 UrhG wird in § 63 Abs. 1 S. 1 UrhG erwähnt. § 59 UrhG geht in den Fällen der Bildberichterstattung, bei denen auch Werke der Baukunst gezeigt werden, dem § 50 UrhG vor. Bei Werken der Baukunst, die mit den in § 59 Abs. 1 S. 1 UrhG aufgezählten Mitteln vervielfältigt, verbreitet oder öffentlich wiedergegeben werden, ist jedoch der Urheber oft nur schwer zu ermitteln, da es bei Architekten nicht üblich ist, den Namen an der Außenseite des Gebäudes sichtbar anzubringen. Ob es dem Fotografen oder Bildredakteur zumutbar ist, den Urheber des Werkes in Erfahrung zu

---

[23] *Schricker-Dietz*, Urheberrecht, § 13, Rdnr. 8.

[24] *Möhring/Nicolini-Gass*, Urheberrecht, § 63, Rdnr. 1; *Schricker-Dietz*, Urheberrecht, § 63, Rdnr. 1.

[25] *Gerschel*, Faustregeln für die Nennung von Architekten, ZUM 1990, 349.

[26] *Gerschel*, Faustregeln für die Nennung von Architekten, ZUM 1990, 349.

bringen, kann meiner Ansicht nach nur im jeweiligen Einzelfall entschieden werden. Auf jeden Fall müssen diesbezüglich ernsthafte Versuche unternommen werden.

Auch bei einer Ausstellung architektonischer Werke in Form von Plänen, Modellen oder Computeranimationen sind die Ausstellungsstücke mit dem Namen des Urhebers zu versehen.[27]

In § 13 S. 2 UrhG ist der wichtigste Anwendungsfall des Rechts auf Anerkennung der Urheberschaft geregelt, wobei sich das dort geregelte Recht auf Bestimmung der Urheberbezeichnung nicht auf das immaterielle Werk, sondern nur auf die einzelnen Werkstücke beziehen kann.[28] Dabei ist insbesondere die Frage interessant, inwieweit dieses Recht aufgrund von Verkehrsgewohnheiten oder einer allgemeinen Branchenübung eingeschränkt werden kann. Der BGH hat sich dazu für Werke der Baukunst in seiner Entscheidung *Namensnennungsrecht des Architekten*[29] wegweisend geäußert. In dem zugrundeliegenden Sachverhalt wollte der Architekt und Urheber im Eingangsbereich des auf seine Planung zurückgehenden Werkes der Baukunst eine 35 cm x 70 cm große Sandsteinplatte mit seinem Namen anbringen. Die Gegenseite wandte ein, dass wegen der Unüblichkeit solcher Urheberschaftshinweise im Bereich der Architektur von einem stillschweigenden Ausschluss des Rechts aus § 13 S. 2 UrhG auszugehen sei.[30]

Nach Ansicht des BGH kann das Namensnennungsrecht eines Urhebers nicht durch die Natur des Werkes oder die Verkehrsgewohnheiten ausgeschlossen werden, wie das zum Teil in der Literatur angenommen wird.[31] Als Begründung wird dabei in der Literatur angeführt, dass beim allgemeinen Persönlichkeitsrecht, dessen Bestehen immer erst durch eine Interessenabwägung festgestellt werden könne[32], wegen des Prinzips der Sozialadäquanz ein Ausschluss möglich sei. § 63 Abs. 2 UrhG, der bei der öffent-

---

[27] *Walchshöfer*, Der persönlichkeitsrechtliche Schutz der Architektenleistung, Festschrift Hubmann, Seite 472.

[28] *Schricker-Dietz*, Urheberrecht, § 13, Rdnr. 12.

[29] BGH GRUR 1995, 671 – *Namensnennungsrecht des Architekten*.

[30] BGH GRUR 1995, 671 – *Namensnennungsrecht des Architekten*.

[31] *Ulmer*, Urheber- und Verlagsrecht, § 40 III, Seiten 214/215; *Rehbinder*, Das Namensnennungsrecht des Urhebers, ZUM 1991, 220, 225.

[32] So *Hubmann*, Das Persönlichkeitsrecht, Seite 161, der annimmt, dass die Interessenabwägung nicht nur der Feststellung einer Rechtfertigung, sondern auch der Bestimmung des Tatbestands einer Persönlichkeitsrechtsverletzung dient.

lichen Wiedergabe eines Werkes die Angabe der Quelle für entbehrlich erklärt, wenn dies nach der Verkehrssitte nicht üblich ist, sei daher auf § 13 S. 2 UrhG analog anzuwenden.[33] Nach Ansicht des BGH fehlt es für eine analoge Anwendung der Sonderregelung des § 63 Abs. 2 UrhG an einer Lücke bei § 13 S. 2 UrhG. Das Fehlen des Prinzips der Sozialadäqanz könne schon deshalb keine Lücke begründen, weil dieses Prinzip dem Urheberpersönlichkeitsrecht immanent ist und vom Gesetzgeber in den Schrankenbestimmungen des Urheberechts berücksichtigt worden ist.[34] Die Ansicht des BGH verdient hier eindeutig den Vorzug, da sie den Schutz der Urheberinteressen, die gemäß § 11 UrhG gerade beim Urheberpersönlichkeitsrecht im Mittelpunkt stehen müssen, gewährleistet. Es herrscht auch Einigkeit darüber, dass das Urheberpersönlichkeitsrecht in seinem Kern unantastbar ist und daher nie völlig ausgeschlossen werden kann.[35]

Der BGH hält jedoch eine vertragliche Einschränkung des Namensnennungsrechts außerhalb seines unverzichtbaren Kerns für möglich. Branchenübungen und Verkehrsgewohnheiten würden mangels abweichender Abreden beim Abschluss von Verwertungsverträgen stillschweigend zugrunde gelegt, wenn sie erkennbar sind. An eine solche stillschweigende Einschränkung dürften aber keine zu geringen Anforderungen gestellt werden. Bei der Feststellung der Branchenübung im vorliegenden Fall komme es nicht auf den Bereich des Architektenschaffens schlechthin, sondern auf den urheberrechtlich geschützten Bereich an. Im Rahmen der bei urheberpersönlichkeitsrechtlichen Befugnissen üblichen Interessenabwägung seien die Werkart, die Zweckbestimmung des Werkes und die Intensität der urheberpersönlichkeitsrechtlichen Interessen, welche sich aus der Gestaltungshöhe ergibt, maßgebend.[36]

---

[33] *Rehbinder*, Das Namensnennungsrecht des Urhebers, ZUM 1991, 220, 225; Rehbinder will jedoch vielmehr die Verbraucherinteressen in den Mittelpunkt stellen. Er empfindet das Ausmaß an Namensnennungen von Urhebern als „informationelle Umweltverschmutzung" und möchte schon dann, wenn die Namensnennung den Verbraucher „ästhetisch" stört und damit nicht der Verkehrssitte entspreche, das Recht gemäß § 13 S. 2 UrhG ausschließen. Dieser Argumentation kann aber nicht gefolgt werden, da sie die Urheberinteressen, die im Mittelpunkt aller Überlegungen stehen müssen, zu wenig berücksichtigt.

[34] BGH GRUR 1995, 671, 672 – *Namensnennungsrecht des Architekten.*

[35] *Fromm/Nordemann-Hertin*, Urheberrecht, Vor § 12, Rdnr. 3; *Schricker-Dietz*, Urheberrecht, Vor §§ 12 ff., Rdnr. 28; *Möhring/Nicolini-Kroitzsch*, Urheberrechtsgesetz, § 11, Rdnr. 14.

[36] BGH GRUR 1995, 671, 673 – *Namensnennungsrecht des Architekten.*

Nach Ansicht des BGH sind dem Bestimmungsrecht des Urhebers auch Grenzen gesetzt. Gerade bei Werken der Baukunst seien auch die Interessen des Bauherrn zu berücksichtigen, der eine reklamehafte Ausgestaltung der Urheberbezeichnung nicht zu dulden brauche, insbesondere wenn sie einen Verstoß gegen § 1 UWG darstellt.[37] Daher komme nur eine dezente und weniger auffällige Anbringung des Namens als vom Urheber beabsichtigt in Betracht.[38]

Die Entscheidung des BGH stimmt mit der h. M. in der Literatur überein, die einen Einfluss von Branchenübungen und Verkehrsgewohnheiten auf das Namensnennungsrecht annimmt, ohne dass dabei der Kerngehalt des § 13 S. 2 UrhG angetastet werden dürfe. Bei der Feststellung von Branchenübungen muss aber eine eingehende Untersuchung vorgenommen werden.[39]

Somit ist diese Entscheidung auch überwiegend positiv aufgenommen worden.[40] Eine Auslegung des Urteils dahingehend, dass der BGH eine Einschränkung bzw. einen Ausschluss des § 13 S. 2 UrhG aufgrund von standesrechtlichen Vorschriften über das Verbot von Werbung für zulässig erachtet, vermag nicht zu überzeugen.[41] Zum einen hat der BGH § 13 S. 2 UrhG für nicht abdingbar erklärt. Außerdem können gerade standesrechtliche Vorschriften einen Hinweis auf eine Branchenübung geben. Ist Werbung, wie sie in der gewerblichen Wirtschaft üblich ist, für Architekten standesrechtlich untersagt, so kann folglich keine Branchenübung bei der Namensnennung existieren, die den Charakter von gewerblicher Werbung hat.

---

[37] Architekten dürfen nicht mit Methoden werben, wie sie in der gewerblichen Wirtschaft üblich sind, siehe z. B. Nr. 7 Präambel der Berufsordnung der Bayerischen Architektenkammer.

[38] BGH GRUR 1995, 671, 673 – *Namensnennungsrecht des Architekten.*

[39] *Von Gamm*, Urheberrechtsgesetz, § 13, Rdnr. 14; *Möhring/Nicolini-Kroitzsch*, Úrheberrechtsgesetz, § 13, Rdnr. 17; *Fromm/Nordemann-Hertin*, Urheberrecht, § 13, Rdnr. 9; *Schricker-Dietz*, Urheberrecht, § 13, Rdnr. 25.

[40] *Schricker*, Kurzkommentar zu BGH GRUR 1995, 671 – *Namensnennungsrecht des Architekten*, EwiR 1994, § 13 UrhG, Seiten 1030/1031; *Vinck*, Anmerkung zu BGH GRUR 1995, 671 – *Namensnennungsrecht des Architekten*, in: *Lindenmaier-Möhring*, § 13 UrhG, Nr. 2, Bl. 4.

[41] So aber *Schulze*, Anmerkung zum Urteil des BGH GRUR 1995, 671 – *Namensnennungsrecht des Architekten*, in: *Schulze*, Rechtsprechung zum Urheberrecht, BGHZ 435, Seite 10.

cc. Das Recht auf Schutz gegen Entstellungen und Beeinträchtigungen des Werkes gemäß § 14 UrhG

Nach § 14 UrhG kann der Urheber Entstellungen und andere Beeinträchtigungen seines Werkes verbieten, die geeignet sind, seine berechtigten geistigen oder persönlichen Interessen am Werk zu gefährden.

(1) Das Verhältnis von § 14 UrhG zu § 39 UrhG

Bevor auf die Voraussetzungen einer Beeinträchtigung im Sinne des § 14 UrhG eingegangen werden kann, ist zunächst das Verhältnis dieser Vorschrift zu § 39 UrhG zu klären. Nach § 39 Abs. 1 UrhG darf der Inhaber eines Nutzungsrechts das Werk nur ändern, wenn er dies mit dem Urheber vereinbart hat. Als Ausnahme dazu regelt § 39 Abs. 2 UrhG, dass Änderungen auch ohne eine solche Vereinbarung zulässig sind, wenn der Urheber seine Einwilligung nach Treu und Glauben nicht versagen kann.

Sowohl bei § 14 UrhG als auch bei § 39 UrhG geht es um die Werkintegrität, d. h. den Bestand und die Unversehrtheit des Werkes. Uneinig ist man sich jedoch darüber, in welchem Verhältnis die beiden Vorschriften zueinander stehen. Die herrschende Meinung im Schrifttum und der BGH gehen davon aus, dass es sich bei § 14 UrhG und § 39 UrhG um zwei selbständig nebeneinander stehende Vorschriften handelt.[42] Das Recht gegen Entstellungen und sonstige Beeinträchtigungen nach § 14 UrhG sei rein persönlichkeitsrechtlich ausgestaltet und richte sich gegen eine Gefährdung der geistigen und persönlichen Urheberinteressen. Das Recht gegen Änderungen nach § 39 UrhG stelle hingegen auf die vermögensrechtliche Werknutzung ab und solle gegen eine Verletzung des Bestands und der Unversehrtheit des Werkes selbst schützen.[43] Das Eingriffsniveau bei § 14 UrhG liege höher als bei § 39 UrhG, der auch solche Änderungen erfasse, die keine Entstellungen oder sonstige Beeinträchtigungen im Sinne des § 14 UrhG seien. Die Selbständigkeit der §§ 14, 39 UrhG zeige sich auch daran, dass Fälle einer Entstellung existierten, die keine Änderungen nach § 39 UrhG

---

[42] *Von Gamm*, Urheberrechtsgesetz, § 14, Rdnr. 4; *Möhring/Nicolini-Kroitzsch*, Urheberrechtsgesetz, § 14, Rdnr. 2; *Fromm/Nordemann-Vinck*, Urheberrecht, § 39, Rdnr. 1; *Jestaedt*, Die Zulässigkeit der Änderung von Werken der Baukunst durch den Inhaber des Nutzungsrechts nach § 39 UrhG, Seiten 84/85; *Prinz*, Urheberrecht für Ingenieure und Architekten, Seiten 28/29; BGH GRUR 1982, 107, 109 – *Kirchen-Innenraumgestaltung*.

[43] *Von Gamm*, Urheberrechtsgesetz, § 14, Rdnr. 4; *Möhring/Nicolini-Kroitzsch*, Urheberrechtsgesetz, § 14, Rdnr. 2; BGH GRUR 1982, 107, 109 – *Kirchen-Innenraumgestaltung*.

seien. Wenn beispielsweise ein Architekt einem Bildverlag Fotorechte an seinem Werk der Baukunst einräumt, sei eine Entstellung gemäß § 14 UrhG durch eine ungünstige Wahl des Blickwinkels oder der Beleuchtung des Werkes denkbar, ohne dass es sich hierbei um eine Änderung im Sinne des § 39 UrhG handele.[44] Es wird auch angeführt, dass sich ein eigenständiger Verbotsanspruch aus § 39 UrhG ergibt, der in erster Linie auf Unterlassung gerichtet sei.[45]

In Teilen des Schrifttums wird dagegen die vorzugswürdige Ansicht vertreten, dass sich der volle Regelungsgehalt des § 14 UrhG erst in einer Gesamtschau mit den anderen änderungsrelevanten Vorschriften der §§ 39, 62 und 93 UrhG erschließt. Durch diese Gesamtschau wird erkennbar, dass ein ungeschriebenes Änderungsrecht des Urhebers existiert, dessen Kehrseite ein Änderungsverbot ist.[46] Gegen die herrschende Meinung spricht einmal, dass es unsystematisch ist, in § 39 UrhG für den vertraglich Nutzungsberechtigten nur eine Regelung bezüglich Substanzverletzungen ohne sonstige Beeinträchtigungen zu sehen und § 14 UrhG als Auffangvorschrift für alle sonstigen Beeinträchtigungen zu begreifen, anstatt alle änderungsrechtlichen Probleme zusammenfassend zu sehen.[47] Außerdem ist die herrschende Meinung, nach der § 14 UrhG nur die urheberpersönlichkeitsrechtlichen und § 39 UrhG nur die verwertungsrechtlichen Aspekte abdecke, nicht mit der auch herrschenden monistischen Theorie vereinbar, die gerade von einer Untrennbarkeit dieser beiden Bestandteile des Urheberrechts ausgeht.[48] Würde man § 14 UrhG bei Substanzverletzungen durch vertraglich oder gesetzlich Nutzungsberechtigte[49] und durch Besitzer oder Eigentümer von Werkstücken nicht anwenden, verbliebe der Anwendungsbereich auf Substanzverlet-

---

[44] *Möhring/Nicolini-Kroitzsch*, Urheberrechtsgesetz, § 14, Rdnr. 2, 4.

[45] *Fromm/Nordemann-Vinck*, Urheberrecht, § 39, Rdnr. 1.

[46] *Schricker-Dietz*, Urheberrecht, § 14, Rdnr. 1; *Grohmann*, Das Recht des Urhebers, Änderungen und Entstellungen seines Werkes zu verhindern, Seite 23.

[47] *Schilcher*, Der Schutz des Urhebers gegen Werkänderungen, Seite 49; auch der BGH geht von einem allgemeinen urheberrechtlichen Änderungsverbot aus, siehe BGH GRUR 1999, 230, 231 – *Treppenhausgestaltung*; BGH GRUR 1974, 675, 676 – *Schulerweiterung*; BGH GRUR 1971, 35, 37 – *Maske in Blau.*

[48] *Schilcher*, Der Schutz des Urhebers gegen Werkänderungen, Seite 50.

[49] § 39 UrhG ist gemäß § 62 Abs. 1 UrhG auch auf gesetzlich Nutzungsberechtigte anwendbar.

zungen Dritter und sonstige Beeinträchtigungen reduziert und damit praktisch bedeutungslos.[50]

Unter Zugrundelegung der zuletzt genannten Ansicht ist daher davon auszugehen, dass den §§ 39, 62 Abs. 1 S. 1 UrhG in Bezug auf das in § 14 UrhG normierte allgemeine Änderungsverbot nur klarstellende Bedeutung für das Verhältnis zwischen Urheber und Nutzungsberechtigtem zukommt.[51] Durch § 39 UrhG soll das in § 14 UrhG allgemein festgelegte Änderungsverbot für die vertragliche Nutzung lediglich etwas gelockert werden, wobei zwischen Nutzungsrechten mit und ohne Bearbeitungscharakter zu unterscheiden ist.[52]

(2) Prüfungsschema für Verletzungen der Werkintegrität

Die einheitliche rechtliche Einordnung aller änderungsrelevanten Vorschriften führt notwendigerweise auch zu einem einheitlichen Prüfungsverfahren, das alle Sachverhalte einer Beeinträchtigung der Werkintegrität erfasst. Dieses von dem Teil des Schrifttums, der eine Gesamtbetrachtung der §§ 14, 39, 62 UrhG befürwortet, erarbeitete Prüfungsschema gliedert sich in drei Stufen. Auf der ersten Stufe muss ermittelt werden, ob objektiv eine Beeinträchtigung, die auch aus einer Entstellung oder Änderung bestehen kann, vorhanden ist. Dabei darf dem Urheber jedoch keine Wertung von außen aufgezwungen werden. Auf der zweiten Stufe ist zu prüfen, ob die objektive Beeinträchtigung überhaupt dazu geeignet ist, die geistigen und persönlichen Interessen des Urhebers zu gefährden. Auf der dritten und letzten Stufe sind im Rahmen einer Interessenabwägung die Interessen des Urhebers mit den Gegeninteressen abzuwägen.[53]

---

[50] *Schricker-Dietz*, Urheberrecht, § 14, Rdnr. 4; *Schilcher*, Der Schutz des Urhebers gegen Werkänderungen, Seiten 49/50.

[51] *Grohmann*, Das Recht des Urhebers, Änderungen und Entstellungen seines Werkes zu verhindern, Seite 30; *Schilcher*, Der Schutz des Urhebers gegen Werkänderungen, Seite 56.

[52] *Schricker-Dietz*, Urheberrecht, § 14, Rdnr. 4; *Grohmann*, Das Recht des Urhebers, Änderungen und Entstellungen seines Werkes zu verhindern, Seite 30.

[53] *Schöfer*, Die Rechtsverhältnisse zwischen dem Urheber eines Werkes der bildenden Kunst und dem Eigentümer des Originalwerkes, Seiten 44 ff., deren Prüfungsschema sich allerdings nur auf § 14 UrhG bezieht; *Schricker-Dietz*, Urheberrecht, § 14, Rdnr. 18; *Schilcher*, Der Schutz des Urhebers gegen Werkänderungen, Seiten 66/67; *Wallner*, Der Schutz von Urheberwerken gegen Entstellungen unter besonderer Berücksichtigung der Verfilmung, Seiten 128 ff.; *Schack*, Urheber- und Urhebervertragsrecht, Rdnr. 341.

(a) Beeinträchtigungen im Sinne des § 14 UrhG

Der Begriff der Beeinträchtigung in § 14 UrhG stellt den Oberbegriff bezüglich aller denkbaren Eingriffe in die Integrität des Werkes dar. Darunter fallen auch Entstellungen, die einen schwerwiegenden Fall der Beeinträchtigung bezeichnen und Änderungen.[54] Die Begriffe Beeinträchtigung, Entstellung und Änderung sind gesetzlich nicht definiert und haben auch in Rechtsprechung und Literatur keine eindeutige Bestimmung erfahren. Geht man vom natürlichen Sprachgebrauch aus, so bedeutet Beeinträchtigung zunächst eine Verschlechterung oder Abwertung des Werkes in den Augen eines unvoreingenommenen Durchschnittsbetrachters. Dabei ist jedoch zu berücksichtigen, dass es auf das Werk in der ihm vom Urheber verliehenen Gestalt ankommt, die dieser als die bestmögliche angesehen hat. Damit kann auch eine angebliche Verbesserung des Werkes eine Beeinträchtigung aus dem Blickwinkel des Urhebers sein.[55] Es wird auch gesagt, dass jede objektiv nachweisbare Änderung des geistig-ästhetischen Gesamteindrucks eines Werkes zu einer Beeinträchtigung führt[56], wobei der Begriff „ästhetisch" auch hier ungeeignet ist, da er nicht zu einer Objektivierung beitragen kann. Unter Änderung wird vielfach eine Substanzverletzung des Werkes verstanden.[57]

Auf eine genaue Abgrenzung dieser Begriffe kommt es jedoch nicht an, weil sowohl Änderungen als auch Entstellungen Beeinträchtigungen im Sinne des § 14 UrhG sind. Hinzu kommt, dass auch die Schwere des Eingriffs bei der begrifflichen Abgren-

---

[54] *Schricker-Dietz*, Urheberrecht, § 14, Rdnr. 19; *Grohmann*, Das Recht des Urhebers, Änderungen und Entstellungen seines Werkes zu verhindern, Seite 76; *Schilcher*, Der Schutz des Urhebers gegen Werkänderungen, Seite 60; *Schöfer*, Die Rechtsverhältnisse zwischen dem Urheber eines Werkes der bildenden Kunst und dem Eigentümer des Originalwerkes, Seite 45; a. A. *Möhring/Nicolini-Kroitzsch*, Urheberrechtsgesetz, § 14, Rdnr. 3; *Fromm/Nordemann-Hertin*, Urheberrecht, § 14, Rdnr. 5.

[55] *Schricker-Dietz*, Urheberrecht, § 14, Rdnr. 21; *Schilcher*, Der Schutz des Urhebers gegen Werkänderungen, Seite 60; *Schöfer*, Die Rechtsverhältnisse zwischen dem Urheber eines Werkes der bildenden Kunst und dem Eigentümer des Originalwerkes, Seite 47.

[56] BGH GRUR 1989, 106/107 – *Oberammergauer Passionsspiele II*; OLG München GRUR 1993, 332, 333 – *Christoph Columbus*.

[57] *Möhring/Nicolini-Spautz*, § 39, Rdnr. 1; BGH GRUR 1982, 107, 109 – *Kirchen-Innenraumgestaltung*.

zung keine Rolle spielt, weil sie erst bei der Interessenabwägung zu berücksichtigen ist.[58]

Beeinträchtigungen können auf direkten oder indirekten Eingriffen in das Werk beruhen. Direkte Eingriffe liegen bei einem Eingriff in die Substanz des Werkes vor. Wird das Werk aber in einen Sachzusammenhang gebracht, der sich auf das Werk auswirkt, ohne dass die Substanz desselben geändert wird, so ist ein indirekter Eingriff gegeben.[59]

(aa) Beeinträchtigungen im Verhältnis zwischen Urheber und Eigentümer des Werkes

Werke der Baukunst befinden sich in den meisten Fällen im Eigentum eines Dritten, jedoch ohne dass diesem Nutzungsrechte gemäß §§ 15 ff. UrhG eingeräumt wurden. Obwohl die Regelung des § 39 UrhG nur das Verhältnis zwischen Urheber und Nutzungsberechtigtem betrifft, ist man sich darüber einig, dass auch zwischen dem Urheber und dem Eigentümer oder Besitzer eines Werkstücks eine entsprechende Regelung gelten muss. Teilweise wird die rechtliche Grundlage im allgemeinen urheberrechtlichen Änderungsverbot gesehen.[60] Vorzugswürdiger erscheint jedoch der Ansatz, auch Beeinträchtigungen im Verhältnis von Urheber und Eigentümer in die Gesamtschau und das Prüfungsschema von §§ 14, 39 UrhG einzuordnen, damit alle möglichen Beeinträchtigungen einheitlich behandelt werden.[61]

---

[58] *Schricker-Dietz*, Urheberrecht, § 14, Rdnr. 20; *Schilcher*, Der Schutz des Urhebers gegen Werkänderungen, Seiten 64/65; *Schöfer*, Die Rechtsverhältnisse zwischen dem Urheber eines Werkes des bildenden Kunst und dem Eigentümer, Seite 45; a. A. *Möhring/Nicolini-Kroitzsch*, Urheberrechtsgesetz, § 14, Rdnr. 2; *Fromm/Nordemann-Hertin*, Urheberrecht, § 14, Rdnr. 5.

[59] *Schricker-Dietz*, Urheberrecht, § 14, Rdnr. 23; *Schilcher*, Der Schutz des Urhebers gegen Werkänderungen, Seiten 68 ff.; für eine Beeinträchtigung wegen eines Sachzusammenhangs, der sich auf das Werk auswirkt auch: *Von Gamm*, Urheberrechtsgesetz, § 14, Rdnr. 8; *Fromm/Nordemann-Hertin*, Urheberrecht, § 14, Rdnr. 9; *Möhring/Nicolini-Kroitzsch*, Urheberrechtsgesetz, § 14, Rdnr. 15.

[60] *Möhring/Nicolini-Spautz*, Urheberrecht, § 39, Rdnr. 16; *Fromm/Nordemann-Hertin*, § 39, Rdnr. 7; BGH GRUR 1974, 675, 676 – *Schulerweiterung*; BGH GRUR 1999, 230, 231 – *Treppenhausgestaltung*.

[61] *Schricker-Dietz*, Urheberrecht, § 39, Rdnr. 25; *Schilcher*, Der Schutz des Urhebers gegen Werkänderungen, Seite 58.

(bb) Vernichtung von Werken als Beeinträchtigung im Sinne des § 14 UrhG?

Ausgangspunkt der Diskussion um die Zulässigkeit der Vernichtung von Werken ist die Entscheidung *Felseneiland mit Sirenen* aus dem Jahr 1912, in der das Reichsgericht die völlige Vernichtung eines Werkes für zulässig erklärt hat. Der Urheber, der sein Werk verkauft und übereignet hat, müsse mit einem solchen Schicksal seines Werkes rechnen.[62] Der Auffassung, dass die Vernichtung eines Werkes keine Beeinträchtigung im Sinne des § 14 UrhG ist, wurde aber nur zum Teil gefolgt.[63] Manche begründen diese Ansicht damit, dass ein vernichtetes Werk im Gegensatz zu einem umgeänderten oder entstellten Werk weder für noch gegen seinen Urheber Zeugnis ablegen könne.[64]

Die mittlerweile herrschende Meinung vertritt heute jedoch zu Recht die Auffassung, dass der Urheber unter Umständen auch gegen eine Vernichtung seines Werkes vorgehen kann, was überwiegend damit begründet wird, dass die Vernichtung die schärfste Form der Beeinträchtigung darstellt.[65] Streng genommen wird das Werk nur dann vernichtet, wenn es von niemandem mehr wahrgenommen werden kann, wenn also kein einziges Werkstück mehr existiert. Daher wird gerade durch die Vernichtung des Originalwerkstücks die Existenz des geistigen Werkes selbst gefährdet, da sich das Geisteswerk erst mit der Schaffung des Originalwerkes formt und vervollständigt.[66] Durch die Vernichtung wird das geistige Band zwischen dem Urheber und seinem

---

[62] RGZ 79, 397, 401; unter Berufung auf das Urteil des RG hat das LG München I in gleicher Weise entschieden, FuR 1982, 513, 514.

[63] *Möhring/Nicolini-Kroitzsch*, Urheberrechtsgesetz, § 14, Rdnr. 25/26; *Von Gamm*, Urheberrechtsgesetz, § 14, Rdnr. 11; *Jestaedt*, Die Zulässigkeit der Änderung von Werken der Baukunst durch den Inhaber des Nutzungsrechts nach § 39 UrhG, Seite 60.

[64] *Grohmann*, Das Recht des Urhebers, Entstellungen und Änderungen seines Werkes zu verhindern, Seite 124.

[65] *Schricker-Dietz*, Urheberrecht, § 14, Rdnr. 38; *Ulmer*, Urheber- und Verlagsrecht, § 40 III 1, Seite 220; *Fromm/Nordemann-Hertin*, Urheberrecht, § 14, Rdnr. 18; *Schack*, Urheber- und Urhebervertragsrecht, Rdnr. 359; *Nahme*, Veränderungen an urheberrechtlich geschützten Werken der Baukunst und der Gebrauchskunst, GRUR 1966, 474, 478; *Walchshöfer*, Der persönlichkeitsrechtliche Schutz der Architektenleistung, Festschrift Hubmann, 469, 474; *Schöfer*, Die Rechtsverhältnisse zwischen dem Urheber eines Werkes der bildenden Kunst und dem Eigentümer des Originalwerkes, Seiten 141 ff.

[66] *Schöfer*, Die Rechtsverhältnisse zwischen dem Urheber eines Werkes der bildenden Kunst und dem Eigentümer des Originalwerkes, Seiten 143/144.

Werk zerschnitten.[67] Damit ist die Vernichtung eines Werkstücks grundsätzlich als Beeinträchtigung im Sinne des § 14 UrhG anzusehen. Ob § 14 UrhG durch die Beeinträchtigung in Form der Vernichtung verletzt worden ist, kann allerdings erst im Rahmen der Interessenabwägung entschieden werden.

(b) Eignung zur Interessengefährdung

Grundsätzlich ist davon auszugehen, dass die Eignung zur Interessengefährdung durch das objektive Vorliegen einer Beeinträchtigung, gleichgültig ob in Form einer Entstellung oder Änderung oder auf andere Weise, indiziert wird.[68] Zum Teil wird dieser Prüfungsschritt zusammen mit der Interessenabwägung vollzogen.[69] Die Eignung zur Interessengefährdung ist jedoch als eigener Prüfungspunkt nicht entbehrlich, da sie eine Art Weichenstellung in Bezug auf die weitere Prüfung sein kann. Gibt der Urheber, z. B. durch eine Änderungsvereinbarung nach § 39 Abs. 1 UrhG zu erkennen, dass er mit einer Beeinträchtigung seines Werkes einverstanden ist, entfällt der Prüfungspunkt Interessenabwägung.[70] Die Interessenabwägung muss nur dann vorgenommen werden, wenn die zugestandenen Änderungen für den Urheber nicht überschaubar waren.[71]

(c) Interessenabwägung

Auch die Vertreter der Ansicht, die in §§ 14, 39 UrhG zwei selbständige Vorschriften sehen, nehmen sowohl bei § 14 UrhG als auch bei § 39 Abs. 2 UrhG eine Interessenabwägung vor.[72] Es sind jedoch keine Kriterien ersichtlich, die nur bei § 14

---

[67] *Tölke*, Das Urheberpersönlichkeitsrecht an Werken der bildenden Künste, Seite 90.

[68] *Schricker-Dietz*, Urheberrecht, § 14, Rdnr. 27; *Schöfer*, Die Rechtsverhältnisse zwischen dem Urheber eines Werkes der bildenden Kunst und dem Eigentümer des Originalwerkes, Seiten 50/51; *Schilcher*, Der Schutz des Urhebers gegen Werkänderungen, Seite 95.

[69] *Möhring/Nicolini-Kroitzsch*, Urheberrechtsgesetz, § 14, Rdnr. 18; *Fromm/Nordemann-Hertin*, Urheberrecht, § 14, Rdnr. 10; BGH GRUR 1982, 107, 110 – *Kirchen-Innenraumgestaltung*.

[70] *Schilcher*, Der Schutz des Urhebers gegen Werkänderungen, Seite 97.

[71] *Schricker-Dietz*, Urheberrecht, § 14, Rdnr. 27; *Schilcher*, Der Schutz des Urhebers gegen Werkänderungen, Seite 97.

[72] *Möhring/Nicolini-Kroitzsch*, Urheberrechtsgesetz, § 14, Rdnr. 18, § 39, Rdnr. 10; *Von Gamm*, Urheberrechtsgesetz, § 39, Rdnr. 8.

UrhG und nicht bei § 39 UrhG bzw. umgekehrt zur Abwägung kommen können.[73] Daher ist bei allen Beeinträchtigungen im Sinne der §§ 14, 39 UrhG eine einheitliche Interessenabwägung durchzuführen.

Auf der einen Seite steht immer das Interesse des Urhebers am Bestand und an der Integrität seines Werkes. Der Urheber hat das Recht, selbst zu bestimmen, in welcher Gestalt sein Werk in der Öffentlichkeit erscheinen soll.[74] Anders als bei den meisten Werken, bei denen das Integritätsinteresse des Urhebers dem Nutzungsinteresse des Inhabers eines Nutzungsrechts gegenübersteht, sind es bei Werken der Baukunst fast immer die Interessen des Eigentümers bzw. Besitzers, die mit dem Integritätsinteresse des Urhebers kollidieren. Nach herrschender Meinung findet § 39 UrhG im Verhältnis Urheber – Eigentümer entsprechende Anwendung.[75] Auf die entsprechende Anwendbarkeit nur des § 39 UrhG kommt es aber bei der hier vertretenen Gesamtschau der §§ 14, 39 UrhG nicht an, weil ohnehin bei jeder Beeinträchtigung eine Interessenabwägung durchgeführt wird.

Eine im Vorhinein feststehende Gewichtung der abzuwägenden Interessen existiert nicht.[76] Es können auch keine allgemeinen Richtlinien aufgestellt werden, nach denen die Interessenabwägungen immer durchgeführt werden müssen. Den unterschiedlichen Sachverhalten wird daher nur eine konkrete, einzelfallbezogene Interessenabwägung gerecht.[77]

Im Falle der Vernichtung eines Werkes soll aber ein überwiegendes Vernichtungsabwehrinteresse des Urhebers nur bei hochwertigen Originalen von Werken der bildenden Kunst bestehen und zwar auf Fälle begrenzt, in denen eine mutwillige Zerstörung abgewehrt werden soll. Ähnliches soll dann gelten, wenn das einzig existierende

---

[73] *Schricker-Dietz*, Urheberrecht, § 14, Rdnr. 4.

[74] BGH GRUR 1971, 35, 37 – *Maske in Blau.*

[75] *Fromm/Nordemann-Vinck*, Urheberrecht, § 14, Rdnr. 7; *Möhring/Nicolini-Spautz*, Urheberrechtsgesetz, § 39, Rdnr. 16; *Grohmann*, Das Recht des Urhebers, Entstellungen und Änderungen seines Werkes zu verhindern, Seite 192; BGH GRUR 1974, 675, 676 – *Schulerweiterung*.

[76] *Schricker-Dietz*, Urheberrecht, § 39, Rdnr. 14; *Von Gamm*, Urheberrechtsgesetz, § 39, Rdnr. 8; *Schöfer*, Die Rechtsverhältnisse zwischen dem Urheber eines Werkes der bildenden Kunst und dem Eigentümer, Seite 83; *Jestaedt*, Die Zulässigkeit der Änderung von Werken der Baukunst durch den Inhaber des Nutzungsrechts nach § 39 UrhG; a. A. *Möhring/Nicolini-Spautz*, Urheberrechtsgesetz, § 39, Rdnr. 10.

[77] *Schricker-Dietz*, Urheberrecht, § 39, Rdnr. 14; BGH GRUR 1974, 675, 676 – *Schulerweiterung*.

Werkstück des Werkes zerstört werden soll.[78] Letztendlich kommt es aber wiederum auf die Umstände des Einzelfalls an, wie z. B., ob die Vernichtung nur Schikane ist, ob es sich um ein bewegliches oder unbewegliches Werk handelt, ob es sich um ein Originalwerkstück oder eine Vervielfältigung handelt. Als Ergebnis der Interessenabwägung soll aber die Vernichtung nach herrschender Meinung nicht untersagt werden können, sondern der Eigentümer soll nur verpflichtet sein, dem Urheber die Rücknahme des Werkes anzubieten oder ihm Zugang zu dem Werk zu verschaffen.[79]

(3) Beeinträchtigungen im Sinn der §§ 14, 39 UrhG bei Werken der Baukunst

(a) Beeinträchtigungen aus wirtschaftlichen Gründen

Bereits im Jahr 1930 wurde, läge man die jetzige Rechtslage zu Grunde, eine Beeinträchtigung im Sinne des § 14 UrhG des Architektenurhebers durch den Anbau und die Aufstockung eines Hotels bejaht, obwohl sich Anbau und Aufstockung in Gliederung und Fassade nicht von dem ursprünglich vorhandenen Gebäude unterschieden.[80] Das Gericht nahm zwar keine Interessenabwägung vor, sah jedoch wirtschaftliche Gründe und die baupolizeilichen Vorgaben, die sich auf die Gestaltung der Aufstockung und des Anbaus bezogen, nicht als Rechtfertigung für die Verletzung des Urheberrechts durch die Beeinträchtigung an.[81]

Im Rahmen des Wiederaufbaus teilweise kriegszerstörter Gebäude in der Nachkriegszeit war die Frage der Zulässigkeit der Wiedererrichtung in veränderter Form Gegenstand von Gerichtsurteilen. Beispiele für Beeinträchtigungen sind die Wiedererrichtung der Fassade eines Rathauses aus einem anderen Material[82] oder die Ersetzung

---

[78] *Schricker-Dietz*, Urheberrecht, § 14, Rdnr. 38.

[79] *Schulze*, Vernichtung von Bauwerken, in: Festschrift Dietz, 177, 181; *Schricker-Dietz*, Urheberrecht, § 14, Rdnr. 38; *Erdmann*, Sacheigentum und Urheberrecht, in: Festschrift Piper, 655, 673; *Schack*, Urheber- und Urhebervertragsrecht, Rdnr. 359; *Fromm/Nordemann-Hertin*, Urheberrecht, § 14, Rdnr. 18; weiterhin für eine generelle Zulässigkeit der Vernichtung: *Möhring/Nicolini-Kroitzsch*, Urheberrechtsgesetz, § 14, Rdnr. 25/26.

[80] LG Berlin, Urteil vom 30.10.1930, in: *Schulze*, Rechtsprechung zum Urheberrecht, LGZ 64, Seiten 6, 10.

[81] LG Berlin, Urteil vom 30.10.1930, in: *Schulze*, Rechtsprechung zum Urheberrecht, LGZ 64, Seite10.

[82] LG Berlin, Urteil vom 16.02.1953, in: *Schulze*, Rechtsprechung zum Urheberrecht, LGZ 65, Seite 7.

dreier ehemals gleicher durch drei verschieden gestaltete Turmhelme einer Kirche[83]. Im Fall der Wiedererrichtung des Rathauses wurde im Rahmen der Interessenabwägung auf den Gebrauchszweck des Gebäudes abgestellt. Es sei zu berücksichtigen, dass ein Rathaus der Erfüllung von Verwaltungsaufgaben dient und dass bei der Ausbesserung von Kriegsschäden den veränderten politischen und wirtschaftlichen Verhältnissen Rechnung getragen werden müsse. Ein solches Gebäude müsse den Zwecken angepasst werden dürfen, für die das Gebäude aktuell gebraucht werde. Außerdem sei die angespannte Haushaltslage zu berücksichtigen.[84] Das Gericht kam damit zu dem Ergebnis, dass die Eigentümerinteressen überwiegen. In dem Fall der Wiedererrichtung der zerstörten Kirchtürme in veränderter Form stellte das Gericht bei der Interessenabwägung vor allem auf die Nachteile für die Eigentümerin der Kirche ab, die sich aus der Einlegung von Rechtsmitteln gegen die Baubehörde ergeben würden. Diese hatte die Turmhelme nur in anderer Gestaltung genehmigt.[85] Überdies seien bei praktischen Zwecken dienenden Gebäuden die Interessen des Werkeigentümers sehr weitgehend zu berücksichtigen. Insbesondere müssten dessen Interessen nicht überwiegen, es genüge, wenn für den Eigentümer wesentliche Nachteile vorhanden sind, um eine Änderung ohne Einwilligung des Architekten für zulässig zu erachten.[86] Diese Ausführungen des Gerichts können nicht überzeugen. Zum einen ist es problematisch, die Nichtausschöpfung des Verwaltungsrechtswegs innerhalb der Interessenabwägung als Vorteil anzurechnen.[87] Insbesondere ist aber die stärkere Gewichtung der Interessen des Eigentümers bei Werken, die einem praktischen Zweck dienen, verfehlt, da der Urheberrechtsschutz unabhängig vom praktischen Zweck des Werkes ist.[88]

---

[83] OLG Nürnberg, Urteil vom 02.04.1957, in: *Schulze*, Rechtsprechung zum Urheberrecht, OLGZ 28, Seiten 5, 7.

[84] LG Berlin, Urteil vom 16.02.1953, in: *Schulze*, Rechtsprechung zum Urheberrecht, LGZ 65, Seiten 5/6.

[85] OLG Nürnberg, Urteil vom 02.04.1957, in: *Schulze*, Rechtsprechung zum Urheberrecht, OLGZ 28, Seiten 8 – 11.

[86] OLG Nürnberg, Urteil vom 02.04.1957, in: *Schulze*, Rechtsprechung zum Urheberrecht, OLGZ 28, Seite 15.

[87] *Arndt*, Anmerkung zu OLG Nürnberg, Urteil vom 02.04.1957, in: *Schulze*, Rechtsprechung zum Urheberrecht, OLGZ 28, Seite 19.

[88] *Grohmann*, Das Recht des Urhebers, Entstellungen und Änderungen seines Werkes zu verhindern, Seite 206.

Ein Schulgebäudekomplex, der auf der Gesamtplanung eines Architekten beruht, wird dann nicht durch den Anbau eines anderen Architekten beeinträchtigt, wenn es von vornherein an einer hinreichenden Einheitlichkeit der Gesamtkonzeption fehlt.[89]

Eine Änderung wurde vom BGH auch in einem Fall bestätigt, in dem ein Schulgebäudekomplex erweitert wurde. Bei dem ursprünglichen Gebäudekomplex waren die Gebäude um einen atriumartigen Innenhof angeordnet. Durch die Erweiterung sollten zwei zusätzliche Bauten, innerhalb des Innenhofes und auf der äußeren Seite des Komplexes, errichtet werden, wobei die neuen Gebäude teilweise mit den alten verbunden werden sollten. Entscheidend war dabei, dass der Gesamtzusammenhang durch die Erweiterungsbauten geändert wurde.[90] Bei der Interessenabwägung spielten die Intensität des Eingriffs und der Gebrauchszweck des Gebäudes eine entscheidende Rolle. Die Gestaltungshöhe des Werkes der Baukunst wurde als gering angesehen und sei nur bei den Gebäudeteilen vorhanden, die ohnehin von der Änderung nicht betroffen wären. Daraus folgerte das Gericht nur eine schwache Intensität des Eingriffs, mit der Folge, dass das Interesse des Urhebers an der unveränderten Aufrechterhaltung des Gebäudekomplexes als gering einzustufen war. Auf der anderen Seite habe der Eigentümer der Schule ein Interesse daran, das Gebäude entsprechend seiner Zweckbestimmung als Schule den wechselnden Bedürfnissen des Lebens anzupassen und den Kostenaufwand dabei möglichst niedrig zu halten. Damit überwiege das Interesse des Schuleigentümers.[91] Der BGH führte außerdem aus, dass im Rahmen der Interessenabwägung nicht zu berücksichtigen sei, ob auch noch andere, weniger beeinträchtigende bauliche Lösungen existierten. Es sei allein auf die konkret gewählte Lösung abzustellen.[92] Dieser Entscheidung kann in Bezug auf die sorgfältig begründete Interessenabwägung zugestimmt werden.

Auch die Verkürzung der sechs Gebäudeecken eines Hochhauses, die Verkleidung mit einem undurchsichtigen anstatt transparenten Material und die Verkleinerung um ein oder mehrere Stockwerke wurden als Änderung angesehen, weil dadurch die aus-

---

[89] OLG Hamm, Urteil vom 09.09.1969, in: *Schulze*, Rechtsprechung zum Urheberrecht, OLGZ 101, Seite 5.

[90] BGH GRUR 1974, 675/676 – *Schulerweiterung*.

[91] BGH GRUR 1974, 675/677 – *Schulerweiterung*.

[92] BGH GRUR 1974, 675/678 – *Schulerweiterung*.

gewogenen Proportionen des Gebäudes beeinträchtigt würden.[93] Von dem zuständigen Landgericht wurde die Zulässigkeit aber nicht aufgrund einer Interessenabwägung, sondern mit der Begründung abgelehnt, die Argumente der Antragsgegner für die Änderungen seien nicht substantiiert dargelegt worden.[94]

Das OLG Frankfurt ging in seiner Entscheidung *Verwaltungsgebäude* davon aus, dass die Ersetzung eines Flachdaches auf einem Verwaltungsgebäude durch ein 10 Grad geneigtes Zeltdach mit Kupferverkleidung zwar eine Änderung im Sinne des § 39 UrhG, nicht aber eine Beeinträchtigung nach § 14 UrhG darstellt.[95] Dabei verkennt das Gericht die Systematik der §§ 14, 39 UrhG, wonach sowohl Änderungen als auch Entstellungen Beeinträchtigungen im Sinne des § 14 UrhG sind. Bei der Interessenabwägung im Rahmen des § 39 Abs. 2 UrhG sah das Gericht die Interessen des Eigentümers aus wirtschaftlichen Gesichtspunkten als überwiegend an. Im Gegensatz zur Sanierung des undichten Flachdachs stelle die Ersetzung durch das leicht geneigte Zeltdach die wirtschaftlichere Lösung dar. Außerdem stünde dem neuen Dach auch die Eigentümlichkeit des Verwaltungsgebäudes nicht entgegen, da diese nicht so außerordentlich sei, als dass das neue Dach die Gesamtkonzeption in Frage stellen könnte.[96] Der Interessenabwägung als solche ist nachvollziehbar, da es nicht interessengerecht wäre, den Eigentümer mit hohen Kosten zu belasten, wenn eine weniger kostspielige Lösung auch nur einen geringfügigen Eingriff in das Urheberrecht darstellt.[97]

Weiterhin wurde es als Entstellung und damit Beeinträchtigung nach § 14 UrhG angesehen, dass ein vom Architekten vorgesehener gläserner Aufzugsschacht, der zentral innerhalb eines Flures platziert wurde, gemauert und damit lichtundurchlässig ausgeführt worden war. Durch den Wegfall der Transparenz seien auch die Licht- und Blickachsen zerstört worden. Damit sei die Gesamtgestaltung des geschützten Innen-

---

[93] LG München I, Urteil vom 07.06.1977, in: *Schulze*, Rechtsprechung zum Urheberrecht, LGZ 158, Seite 6; zustimmend *Gerstenberg*, Anmerkung zu LG München I, Urteil vom 07.06.1977, in: *Schulze*, Rechtsprechung zum Urheberrecht, LGZ 158, Seite 7.

[94] LG München I, Urteil vom 07.06.1977, in: *Schulze*, Rechtsprechung zum Urheberrecht, LGZ 158, Seite 7.

[95] OLG Frankfurt GRUR 1986, 244 – *Verwaltungsgebäude*.

[96] OLG Frankfurt GRUR 1986, 244 – *Verwaltungsgebäude*.

[97] Zustimmend auch *Gerstenberg*, Anmerkung zum Urteil des OLG Frankfurt vom 24.10.1985, in: *Schulze*, Rechtsprechung zum Urheberrecht, OLGZ 286, Seite 8.

raumes in einem wesentlichen Teil beeinträchtigt.[98] Weil in diesem Fall die Änderung bereits während der Bauausführung vorgenommen wurde, stellte das Gericht hier das Interesse des Eigentümers und Bauherrn an der Fertigstellung und Nutzung des Gebäudes den Urheberinteressen gegenüber. Durch die Baubehörde wurde, anstatt der ursprünglich vorgesehenen einfachen, eine feuerbeständige Verglasung vorgeschrieben. Die Kläger, eine Architektengemeinschaft, trugen durch die unklare Darstellung des Aufzugs in den Plänen dazu bei, dass sich dieses Problem erst dreieinhalb Jahre nach Erteilung der Baugenehmigung stellte und eine Änderung der ursprünglichen Planung überhaupt erst notwendig wurde. Durch die Errichtung des Aufzugsschachtes in geschlossenem Mauerwerk konnte der Eigentümer Mehrkosten in Höhe von 60.000,- DM vermeiden und das Bauvorhaben ohne weitere Verzögerung errichten. Daher sah das Gericht die Interessen des Eigentümers als überwiegend an.[99]

(b) Beeinträchtigungen aus anderen Gründen

In seiner Entscheidung *Kirchen-Innenraumgestaltung* hat sich der BGH ausführlich mit der Frage befasst, wann seiner Ansicht nach eine Änderung und wann eine Beeinträchtigung vorliegt. In dem zugrundeliegenden Sachverhalt wehrte sich der Architekt gegen die Aufstellung einer elektronischen Orgel in der von ihm geplanten Kirche. Er hatte in seinen Planungen eine Pfeifenorgel vorgesehen und dafür eine Sichtbetonwand geschaffen, an der die Pfeifen aufgehängt werden sollten.[100] Der BGH hat dabei zwischen einer Änderung nach § 39 UrhG und einer Beeinträchtigung nach § 14 UrhG unterschieden, obwohl eine Gesamtschau konsequenter gewesen wäre. Eine Änderung sah er nicht als gegeben an, weil die Aufstellung des beweglichen Orgelspieltisches nicht in die körperliche Substanz des urheberrechtlich geschützten Innenraums der Kirche eingreift.[101] Auch eine Beeinträchtigung des Innenraums im Sinne von § 14 UrhG wurde verneint. Die von der Planung abweichende Aufstellung von Einrichtungsgegenständen könne dann zu einer Beeinträchtigung gemäß § 14 UrhG führen, wenn die geplante Anordnung das Raumbild entscheidend mitprägt. Die Beeinträchti-

---

[98] KG Berlin ZUM 1997, 208, 211.

[99] KG Berlin ZUM 1997, 208, 212/213.

[100] BGH GRUR 1982, 107, 108 – *Kirchen-Innenraumgestaltung.*

[101] BGH GRUR 1982, 107, 109 – *Kirchen-Innenraumgestaltung.*

gung müsse sich auf den künstlerischen Gesamteindruck und die diesen prägenden schutzfähigen Gestaltungselemente beziehen. Darauf ging der BGH jedoch in dem konkreten Fall nicht ein. Er stellte aber fest, dass die Aufstellung der elektronischen Orgel keinen nennenswerten Einfluss auf den künstlerischen Gesamteindruck der Innenraumgestaltung habe, weil der Spieltisch von der Balustrade verdeckt wird. Auch das Unterlassen der Kirchengemeinde, wie ursprünglich vorgesehen eine Pfeifenorgel zu installieren, kann nach Ansicht des BGH keine Beeinträchtigung rechtfertigen.[102] Mangels Beeinträchtigung erübrigte sich eine Interessenabwägung. Bis auf die Ausführungen zur Systematik von § 14 UrhG und § 39 UrhG ist dieser Entscheidung zuzustimmen, da sich die Raumwirkung ganz entscheidend durch Einrichtungsgegenstände verändern lässt. Dabei darf aber die Frage, ob und welche Einrichtungsgegenstände der Architekt vorgesehen hat, keine zu große Rolle spielen, da Beeinträchtigungen geschützter architektonischer Innenräume unabhängig davon denkbar sind. Entscheidend muss vielmehr der Grad der Beeinträchtigung der vom Architekten vorgesehenen Raumwirkung durch die nachträglich eingebrachten Gegenstände sein.[103]

Werden innerhalb einer zum Teil bereits fertiggestellten Wohnanlage, deren Schutzfähigkeit vor allem auf der Zuordnung der einzelnen Gebäude zueinander beruht, Gebäude eingefügt, deren Bauweise sich von den bereits existierenden Häusern deutlich unterscheiden, so liegt eine Beeinträchtigung gemäß § 14 UrhG vor.[104] Bei diesem Urteil fällt sehr negativ ins Gewicht, dass keine Interessenabwägung vorgenommen wurde, das Gericht begnügte sich mit der Feststellung einer objektiven Beeinträchtigung.

Der BGH hat sich in der Entscheidung *Treppenhausgestaltung* wiederum mit dem Thema Beeinträchtigungen der Werkintegrität einer Innenraumgestaltung befasst. Der Architekt und Kläger hatte ein Dienstleistungszentrum geschaffen, in dessen Längshaus sich eine Palmenhalle befindet, die zum Treppenhaus hin offen ist. Der BGH bestätigte die Feststellung des Berufungsgerichts, dass das Treppenhaus selbst schutzfähig sei. Das Treppenhaus wurde von einer Künstlerin im Auftrag der Beklagten umgestaltet, indem das Treppengeländer nach unten hin um einen schneckenförmigen

---

[102] BGH GRUR 1982, 107, 110 – *Kirchen-Innenraumgestaltung.*

[103] Zustimmend auch *Gerstenberg*, Anmerkung zu BGH GRUR 1982, 107 – *Kirchen-Innenraumgestaltung*, in: *Schulze*, Rechtsprechung zum Urheberrecht, BGHZ 302, Seiten 14/15.

[104] LG Gera, BauR 1995, 866, 867.

Geländerauslauf aus Gips verlängert worden war, wodurch die aus verschiedenen Gesteinsarten bestehende Bodenrosette weitgehend überbaut wurde. Aus diesem verlängerten Geländer wächst über dem Mittelpunkt der Rosette ein Stab senkrecht hervor. Auch nach oben hin wurde das Treppengeländer mit einer Spirale aus Gips verlängert, aus der wiederum ein Rohr senkrecht nach unten hängt, das beinahe den von unten emporragenden Stab berührt. Aufgrund von Magnetismus stoßen sich die Stäbe in unregelmäßigen Abständen gegenseitig ab.[105] Der BGH bezeichnete diesen Eingriff in das Werk des Architekten als Änderung, weil er den Raumeindruck des Treppenhauses als solchen verfälsche. Von den Beklagten sei gerade auch dadurch in besonderer Weise in das Werk eingegriffen worden, dass sie ein ganz andersartiges Werk derart mit dem Werk der Baukunst verschmolzen haben, dass beide für den unbefangenen Betrachter als untrennbare Einheit, die schon von Anfang an so geschaffen wurde, erscheinen.[106] Der BGH lehnte allerdings die Anwendung des § 39 UrhG ab, da die Beklagte die Änderung nicht in Ausübung eines urheberrechtlichen Nutzungsrechts vorgenommen hatte. Außerdem betonte der BGH die Existenz eines allgemeinen urheberrechtlichen Änderungsverbots und bezeichnete § 39 UrhG als lediglich klarstellend. Nichtsdestotrotz nahm der BGH eine Interessenabwägung vor und ging dabei offenbar selbstverständlich von einer Beeinträchtigung im Sinne des § 14 UrhG aus.[107] Diese Ausführungen des BGH legen nahe, dass die §§ 14, 39 UrhG auch vom BGH nicht mehr als selbständig nebeneinanderstehend, sondern als gemeinsamer Ausfluss des umfassenden Änderungsverbotes betrachtet werden. Daher spielt es auch keine Rolle, ob § 39 UrhG im Verhältnis des Urhebers zum Eigentümer analog angewendet oder auf § 14 UrhG zurückgegriffen wird, da die Prüfung gleich verläuft.[108] Im Rahmen der Interessenabwägung stellte der BGH dann fest, dass allein „ästhetische" Gründe auf Seiten des Eigentümers nicht zu einer Beeinträchtigung berechtigen. Auf die Tatsache, dass die Änderung des Treppenhauses zu einem schutzfähigen Werk geführt habe, könne es nicht ankommen, da auch dies eine Verfälschung des Werkes

---

[105] BGH GRUR 1999, 230 – *Treppenhausgestaltung*.

[106] BGH GRUR 1999, 230, 232 – *Treppenhausgestaltung*.

[107] BGH GRUR 1999, 230, 231 – *Treppenhausgestaltung*.

[108] A. A. *Locher*, Überlegungen zu drei neueren Entscheidungen zum Urheberrecht des Architekten, in: Festschrift Mantscheff, 15, 19.; a. A. auch *Sack*, Anmerkung zu BGH GRUR 1999, 230 – *Treppenhausgestaltung*, JZ 1999, 579, 580.

der Baukunst sei. Gleichwohl sei das Interesse des Eigentümers an der Erhaltung des neu entstandenen Werkes bei der Interessenabwägung mit zu berücksichtigen.[109]

(c) Vernichtung von Werken der Baukunst

Auch wenn bei der Zerstörung eines Werkstückes eines Werkes der Baukunst das Werk immer in Form des architektonischen Planes weiterexistiert, so ist doch das geistige Band, das auch zwischen jeder Verkörperung des Werkes und seinem Urheber besteht, beeinträchtigt im Sinne des § 14 UrhG.

Die Interessenabwägung nach §§ 14, 39 UrhG soll bei Werken der Baukunst jedoch grundsätzlich nicht zu dem Ergebnis führen können, dass eine Vernichtung vom Urheber verhindert werden kann. Nach überwiegender Meinung können Werkstücke von Werken der Baukunst vernichtet werden, der Urheber ist lediglich vorher zu informieren und ihm ist der Zugang zu seinem Werk, verkörpert durch das ausgeführte Gebäude, zu ermöglichen.[110] Begründet wird dies damit, dass Werkstücke von Werken der Baukunst mit ihrer Errichtung gemäß §§ 946, 94 Abs. 1 BGB wesentliche Bestandteile des jeweiligen Grundstücks werden und die Interessen des Sacheigentümers mit seinem Grundstück gemäß § 903 BGB nach Belieben zu verfahren, vorgehen.[111] Nur vereinzelt wird die Auffassung vertreten, dass auch die Vernichtung eines Werkstückes der Baukunst nur bei Überwiegen der Eigentümerinteressen zulässig ist.[112]

Jüngst befasste sich das OLG München mit der Problematik des Abrisses einzelner Bauten eines Gebäudeensembles.[113] In dem vorliegenden Fall ging es um ein Pfarrzentrum, bestehend aus einem jeweils alleinstehenden Kirchenschiff, einem Kirchturm, sowie einem L-förmigen Baukörper. Diese Gebäude sind so angeordnet, dass sich ein allseitig umschlossener Innenhof ergibt. Das Gericht hatte nun zu klären, ob ein Abriss des Kirchenschiffs und des Turms gegen § 14 UrhG verstößt.[114] Das Ge-

---

[109] BGH GRUR 1999, 230, 231 – *Treppenhausgestaltung*.

[110] *Schulze*, Vernichtung von Bauwerken, in: Festschrift Dietz, 177, 182; *Schricker-Dietz*, Urheberrecht, § 14, Rdnr. 40.

[111] *Schulze*, Vernichtung von Bauwerken, in: Festschrift Dietz, 177, 182.

[112] *Walchshöfer*, Der persönlichkeitsrechtliche Schutz der Architektenleistung, in: Festschrift Hubmann, 469, 475.

[113] OLG München GRUR-RR 2001, 177 – *Kirchenschiff*.

[114] OLG München GRUR-RR 2001, 177/178 – *Kirchenschiff*.

richt beschäftigte sich über weite Strecken mit der Frage, ob eine vollständige oder nur eine Teilvernichtung geplant war. Aus dem Zusammenhang ergibt sich, dass das Gericht eine vollständige Vernichtung der gesamten Kirchenanlage für zulässig hält, eine Teilvernichtung jedoch nicht. Nach Ansicht des Gerichts liegt nur dann eine vollständige Vernichtung vor, wenn der verbleibende Rest nicht mehr an das frühere Werk durch irgendwelche Merkmale erinnert. Dabei komme es nicht darauf an, ob dieser Rest für sich allein urheberschutzfähig ist.[115] Durch den Abriss von Kirche und Turm würde das Pfarrgebäude als Fremdkörper wirken, weil es in seiner Größe und Ausgestaltung allein völlig unverständlich sei. Das übrigbleibende Pfarrgebäude würde an das Werk des Urhebers erinnern, bei dem das Pfarrgebäude auf das Kirchenschiff und den Turm bezogen und somit in seinen Ausmaßen Teil eines harmonischen Ganzen sei. Aufgrund der mangelnden Einbindung würde die Erinnerungswirkung des verbleibenden Pfarrgebäudes auch nicht durch die Neuplanung zurücktreten. Damit liege eine Teilvernichtung eines Werkstücks, bestehend aus der ursprünglichen Kirchenanlage, vor.[116]

Dagegen wird eingewandt, dass eine Beeinträchtigung des Gesamtwerkes nicht mehr möglich ist, wenn von dem Werk nichts Schutzfähiges mehr übrig bleibt. Was nicht existiert, könne auch nicht beeinträchtigt werden. Voraussetzung für eine Beeinträchtigung sei daher, dass der nach der Teilvernichtung übrige Rest des Werkstücks auch urheberrechtlich schutzfähig ist.[117] Auch das Kriterium der Erinnerungskraft der verbleibenden Teile des Werkes wird als willkürlich kritisiert. Jeder einzelne erinnere sich anders und an etwas anderes.[118] Zugegebenermaßen ist die Erinnerung an das vollständige Werkstück und damit an das Werk nicht objektivierbar und daher als Abgrenzungskriterium nicht geeignet. Geeigneter erscheint als Voraussetzung für eine Teilvernichtung, dass der übriggebliebene Teil des Werkstücks die Schutzfähigkeit des Werkes mitbegründet haben muss. Ein solcher Rest kann daher nicht völlig unbedeutend sein, was auch das OLG München fordert. Sind nur noch Teile vorhanden, die auch vor der Vernichtung schon nicht zur Schutzfähigkeit beigetragen haben, dann ist von einer zulässigen vollständigen Vernichtung auszugehen. Sind jedoch noch Teile

---

[115] OLG München GRUR-RR 2001, 177, 178 – *Kirchenschiff.*

[116] OLG München GRUR-RR 2001, 177, 179 – *Kirchenschiff.*

[117] *Schulze*, Vernichtung von Bauwerken, in: Festschrift Dietz, 177, 189.

[118] *Schulze*, Vernichtung von Bauwerken, in: Festschrift Dietz, 177, 191.

des Werkes vorhanden, die ursprünglich zur Schutzfähigkeit mit beigetragen haben, so zeigt sich ein wesentlicher Teil des Werkes in einer Gestalt, die nicht auf den Urheber zurückgeht. Dadurch wird das geistige Band zwischen ihm und seinem Werk verletzt.

Im Rahmen der Interessenabwägung sprachen nach Ansicht des Gerichts folgende Tatsachen für ein Überwiegen der Urheberinteressen: Die starke individuelle Prägung des Werkes, eine nur geringe Schwächung der Rechte des Architektenurhebers 20 Jahre nach seinem Tod, die Zumutbarkeit, als christliche Kirche auch weltliche Gesetze wie das Urheberrechtsgesetz zu beachten, die vernachlässigte Erhaltung des Gebäudeensembles durch die Kirchengemeinde und die nicht überzeugende Glaubhaftmachung wirtschaftlicher Gründe für einen Teilabriss.[119]

(d) Zusammenfassung

Zusammenfassend kann festgestellt werden, dass im Rahmen der Interessenabwägung oft wirtschaftliche Gründe, der Kostenaufwand und die Erhaltung des Gebrauchszwecks des Gebäudes den Ausschlag für ein Überwiegen der Eigentümerinteressen geben. Allein sogenannte ästhetische Gründe für die Beeinträchtigung fallen jedoch auf der Seite des Eigentümers nicht ins Gewicht.

Innerhalb der Interessenabwägung spielen auch die Art und Intensität des Beeinträchtigung eine große Rolle. Dies ist davon abhängig, welche Gestaltungshöhe das Werk hat und ob die Teile des Werkes, die seine Individualität ausmachen, von der Beeinträchtigung betroffen werden.[120]

Bei der Vernichtung von Werken der Baukunst ist eine leichte Tendenz hin zu einem stärkeren Urheberrechtsschutz zu erkennen. Sah die früher herrschende Meinung eine Vernichtung in diesen Fällen als zulässig an, so wird inzwischen immerhin ein Recht des Urhebers auf Mitteilung über die bevorstehende Zerstörung und ein Recht auf Zugang vor der Zerstörung bejaht. Noch vereinzelte Stimmen in der Literatur und die jüngste Entscheidung des OLG München zu diesem Thema deuten jedoch an, dass eine weitere Ausweitung des Schutzes von Architektenurhebern vor der Zerstörung von Werkstücken ihrer Werke wahrscheinlich ist.

---

[119] OLG München GRUR-RR 2001, 177, 179 – *Kirchenschiff.*

[120] Siehe dazu auch: *Schricker*, Urheberrecht, § 14, Rdnr. 30, 31.

c. Das Zugangsrecht nach § 25 UrhG als Teil des Urheberpersönlichkeitsrechts im weiteren Sinne

aa. Zweck des Zugangsrechts nach § 25 UrhG

Um das geistige Band zwischen Urheber und Werk aufrechtzuerhalten, nachdem das Original oder ein Vervielfältigungsstück den Herrschaftsbereich seines Schöpfers verlassen hat[121], kann der Urheber von dem Besitzer Zugang zu dem Werkstück verlangen, soweit dies zur Herstellung von Vervielfältigungsstücken oder Bearbeitungen des Werkes erforderlich ist und die berechtigten Interessen des Besitzers nicht entgegenstehen, § 25 Abs. 1 UrhG. Herausgabe des Werkstücks kann der Urheber jedoch gemäß § 25 Abs. 2 UrhG nicht verlangen. Als Teil des Urheberpersönlichkeitsrechts im weiteren Sinne, das alle Regelungen umfasst, die die geistigen und persönlichen Interessen des Urhebers schützen sollen, ist es im Kern unverzichtbar und unübertragbar.[122]

bb. Voraussetzungen des Zugangsrechts

Der Urheber hat nur dann das Recht aus § 25 UrhG, wenn der Zugang erforderlich ist, um die Vervielfältigungen oder Bearbeitungen des Werkes herzustellen. Dies setzt voraus, dass der Urheber nicht auf andere Weise Zugang zu seinem Werk erlangen kann, weil er beispielsweise nicht im Besitz eines Vervielfältigungsstückes ist und auch sonst kein Werkstück für ihn leichter erreichbar ist. Befinden sich noch andere Vervielfältigungsstücke in Privatbesitz, so darf der Urheber aber nicht von Besitzer zu Besitzer weiterverwiesen werden.[123]

Ist die Erforderlichkeit gegeben, muss als zweiter Schritt eine Abwägung der Interessen des Urhebers gegen die Interessen des Besitzers vorgenommen werden. Dabei geht es vor allem um Art und Weise des Zugangs, z. B. zu welcher Zeit und in welcher Art und Weise der Zugang begehrt wird. In die Abwägung ist auch die Gestaltungshö-

---

[121] *Schricker-Vogel*, Urheberrecht, § 25, Rdnr. 4; *Möhring/Nicolini-Spautz*, Urheberrechtsgesetz, § 25, Rdnr. 1.

[122] *Möhring/Nicolini-Spautz*, Urheberrechtsgesetz, § 25, Rdnr. 2; *Schöfer*, Die Rechtsverhältnisse zwischen dem Urheber eines Werkes der bildenden Kunst und dem Eigentümer des Originalwerkes, Seiten 180/181; *Schricker-Vogel*, Urheberrecht, § 25, Rdnr. 7; *Fromm/Nordemann-Nordemann*, Urheberrecht, § 25, Rdnr. 1.

[123] *Schricker-Vogel*, Urheberrecht, § 25, Rdnr. 13; *Fromm/Nordemann-Nordemann*, Urheberrecht, § 25, Rdnr. 4; *Möhring/Nicolini-Spautz*, Urheberrechtsgesetz, § 25, Rdnr. 6.

he und die Bedeutung des Werkes für das Gesamtschaffen des Urhebers mit aufzunehmen. Aufgrund der Bedeutung des Zugangsrechts für den Schutz der Urheberpersönlichkeit ist die Verweigerung des Zugangs nur ausnahmsweise zulässig.[124]

cc. Bedeutung des Zugangsrechts bei Werken der Baukunst

Werke der Baukunst existieren in errichteter, dreidimensionaler Form in den meisten Fällen nur einmal und sind damit Unikate. Hinzu kommt, dass Werke der Baukunst auf Bestellung eines Bauherrn geschaffen und errichtet werden, mit der Folge, dass die Unikate sich dann im Eigentum des Bauherrn bzw. im Besitz eines Dritten, der sein Besitzrecht vom Eigentümer ableitet, befinden. Daher kann der Architekt als Urheber sein Werkschaffen nur dokumentieren, in dem er Zugang zu dem Werkstück erhält und von diesem Vervielfältigungen herstellt.[125]

Verlangt ein Architekt, dessen Vertrag mit dem Bauherrn beendet worden ist, von diesem während der Errichtung Zugang zu dem Gebäude, um zu kontrollieren, ob der Bauherr urheberrechtsverletzende Änderungen während der Bauausführung vornimmt, so kann der Bauherr ihm den Zugang verweigern. Der Bauherr hat als Besitzer des im Bau befindlichen Werkes ein berechtigtes Interesse gemäß § 25 Abs. 1 UrhG an der Verweigerung des Zugangs, da er dem Urheber nicht bei der Beschaffung von Material für eine gegen ihn gerichtete Rechtsverfolgung helfen muss.[126] Gegen ein Zugangsrecht während der Bauausführung spricht auch, dass eine Vervielfältigung oder Bearbeitung, die sich auf das fertiggestellte Werk bezieht, noch gar nicht möglich ist.

Der Besitzer eines Werkes der Baukunst hat ein berechtigtes Interesse daran, dass der Urheber keinen Zugang zu Wohnbereichen hat, die den Privatbereich des Besitzers ausmachen, insbesondere dann, wenn diese Räume mangels Individualität die Schutzfähigkeit des Werkes nicht mitbegründen. Bestimmte persönliche Einrichtungsgegenstände können jedoch das Zugangsrecht des Architektenurhebers nicht einschrän-

---

[124] *Schricker-Vogel*, Urheberrecht, § 25, Rdnr. 17; *Fromm/Nordemann-Nordemann*, Urheberrecht, § 25, Rdnr. 5.

[125] *Schricker-Vogel*, Urheberrecht, § 25, Rdnr. 10.

[126] OLG Düsseldorf GRUR 1979, 318, 319 – *Treppenwangen*; zustimmend *Gerstenberg*, Anmerkung zum Urteil des OLG Düsseldorf vom 30. 01.1979, in: *Schulze*, Rechtsprechung zum Urheberrecht, Seite 8.

ken, da sonst das Recht aus § 25 UrhG bei Werken der Baukunst leer laufen würde.[127] Berechtigte Interessen des Besitzers an einer Verweigerung des Zugangs wegen eines zu weitgehenden Einblicks in die Privatsphäre oder wegen der Dokumentation wertvoller Kunstgegenstände sind auch deshalb nicht gegeben, weil die Entfernung dieser Gegenstände vor den Fotoaufnahmen zumutbar ist.[128] Auf der anderen Seite muss es genügen, wenn der Architekt die Möglichkeit hat, eine einzige Fotoserie anzufertigen, wobei er verlangen kann, dass dies bei geeigneten Lichtverhältnissen geschieht.[129]

2. *Moral rights*[130] an architektonischen Werken im *US-Copyright Law*

Gemäß § 120 (b) C. A. dürfen die Eigentümer eines Gebäudes, das ein architektonisches Werk verkörpert, ohne die Zustimmung des Urhebers oder Copyrightinhabers Änderungen an diesem Gebäude vornehmen oder es zerstören oder die Änderung und Zerstörung authorisieren. Diese Regelung wird jedoch nur dann verständlich, wenn man die Bedeutung der *moral rights* im *US-Copyright Law* genauer beleuchtet.

Moral rights der Urheber von Werken haben sich in den USA auf zwei verschiedene Arten entwickelt. Zum einen wurden in einigen Einzelstaaten Gesetze erlassen, die *moral rights* für gewisse Urheber vorsehen. Nach dem Beitritt der USA zur Berner Union wurde auch auf nationaler Ebene ein Gesetz zum Schutz von *moral rights* bestimmter Urheber erlassen. Zum anderen wurden schon vor dem gesetzgeberischen Tätigwerden durch *Case Law* – sei es auf dem Gebiet des *Common Law* oder auf dem Gebiet des *Statutory Law* – rechtliche Möglichkeiten zum Schutz der Urheber entwickelt, die manchen *moral rights* ähneln.

---

[127] OLG Hamburg vom 26.08.1976, in: *Schulze*, Rechtsprechung zum Urheberrecht, OLGZ 174, Seiten 8/9; zustimmend *Gerstenberg*, Anmerkung zum Urteil des OLG Hamburg vom 26.08.1976, in: *Schulze*, Rechtsprechung zum Urheberrecht, OLGZ 174, Seite 11.

[128] LG Düsseldorf, BauR 1980, 86/87.

[129] LG Düsseldorf, BauR 1980, 86, 87.

[130] Der Begriff "*moral rights*" lässt sich am ehesten mit „Urheberpersönlichkeitsrechte“ ins Deutsche übersetzen.

a. Gesetzgebung zu *moral rights*

aa. Gesetzgebung auf nationaler Ebene

(1) Der *Visual Artists Rights Act*

Im Zuge des Beitritts der USA zur Berner Union ging es vor allem um die Frage, ob das geltende *Copyright Law* den Anforderungen der Revidierten Berner Übereinkunft, insbesondere des Art. 6bis Abs. 1 RBÜ, genügt.[131] Danach behält der Urheber unabhängig von seinen vermögensrechtlichen Befugnissen und selbst nach deren Abtretung das Recht, die Urheberschaft am Werk für sich in Anspruch zu nehmen und sich jeder Entstellung, Verstümmelung, sonstigen Änderung oder Beeinträchtigung des Werkes zu widersetzen, die seiner Ehre und seinem Ruf nachteilig sein könnte, Art. 6bis Abs. 1 RBÜ. Damit schreibt die RBÜ ein Recht des Urhebers auf Anerkennung der Urheberschaft und ein Recht auf Werkintegrität vor. In einem vom Kongress eingesetzten Ausschuss, der sich mit der Frage befasste, ob das *US-Copyright Law* bei einem Beitritt zur Berner Union angepasst werden müsste, kam man zu dem Ergebnis, dass auch bezüglich der *moral rights* eine Anpassung nicht notwendig sei.[132] Die in Art. 6bis Abs. 1 RBÜ bezeichneten *moral rights* würden zwar nicht ausdrücklich im *US-Copyright Law* gewährt, ein vergleichbarer Schutz ergäbe sich jedoch aus einer Vielzahl von unterschiedlichen Normen des gesamten US-Rechts.[133] Der Kongress gelangte jedoch ein Jahr später zu der Auffassung, dass die Verabschiedung des *Berne Convention Implementation Act* (*BCIA*) die Debatte um die Notwendigkeit der Kodifizierung von *moral rights* nicht beendet hatte. Vor allem bildende Künstler beklagten sich weiter darüber, dass ihre Werke verstümmelt und zerstört würden, ihre Urheberschaft geleugnet würde und sie nichts dagegen tun könnten. Schließlich wurde eine einheitliche Regelung der *moral rights* für bildende Künstler für notwendig erachtet, weil bereits

[131] *Dietz*, Die USA und das "droit moral": Idiosynkrasie oder Annäherung?, GRUR Int. 1989, 627, 628.

[132] Final Report of the Ad Hoc Working Group on U.S. Adherence to the Berne Convention, in: 10 Colum.-VLA J.L. & Arts, 513, 547 (1985/86).

[133] H.R. Rep. No. 100-609, 100th Congress, 2nd Session 1988, abgedruckt in: *Nimmer*, On Copyright, Bd. 9, App. 32, Seiten 37 – 38; S. Rep. No. 100-352, 100th Congress, 2nd Session 1988, abgedruckt in: *Nimmer*, On Copyright, Bd. 9, App. 35, Seite 13.

einige Einzelstaaten zum Teil unterschiedliche Gesetze erlassen hatten, die bestimmten Urhebern *moral rights* gewährten.[134]

Aus diesen Gründen verabschiedete der Kongress den *Visual Artists Rights Act (VARA)*, der am 1. Juni 1991 in Kraft trat. In § 106A C. A. werden nun dem Urherber eines Werkes der bildenden Kunst (*work of visual art*) in gewissem Umfang ein Recht auf Urheberschaft und ein Recht auf Werkintegrität gewährt. Nach der Definition in § 101 C. A. ist ein Werk der bildenden Kunst im Sinne des § 106A C. A. ein Gemälde, eine Zeichnung, ein Druck, eine Skulptur oder eine Fotografie. Von diesen Werken dürfen gemäß Abs. 1 der Definition in § 101 C. A. nur höchstens 200 Werkstücke existieren, die alle die Unterschrift des Urhebers tragen und vom Urheber fortlaufend nummeriert worden sein müssen.[135] Architektonische Werke sind keine Werke der bildenden Kunst im Sinne des § 106A C. A., da sie in der Aufzählung nicht genannt werden.[136] Nach Absatz (2) (A) (i) dieser Definition werden unter anderem technische Zeichnungen ausdrücklich nicht zu den Werken der bildenden Kunst im Sinne des § 106A C. A. gezählt. Dabei ist jedoch von architektonischen Zeichnungen nicht die Rede. Fraglich ist daher, ob technische Zeichnungen auch architektonische Pläne umfassen. Bereits vor Inkrafttreten des *Copyright Act* von 1976 waren architektonische Pläne schutzfähig, obwohl sie im *Copyright Act* von 1909 nicht erwähnt wurden. Dort wurden in § 5 (i) C. A. von 1909 auch technische Zeichnungen (*drawings of a technical character*) als schutzfähig angesehen. Architektonische Zeichnungen und Pläne konnten als technische Zeichnungen beim *Copyright Office* registriert werden.[137] Auch nach Inkrafttreten des *Copyright Act* von 1976 enthielt die Definition von Werken der bildenden Kunst (*pictorial, graphic and sculptural works*) keinen Hinweis auf architektonische Pläne, sondern nur auf technische Zeichnungen, wobei die Rechtslage

---

[134] H.R. Rep. No. 101-514, 101st Congress, 2nd Session 1990, Seiten 6918/6919.

[135] Die Definition eines Werkes der bildenden Kunst im Sinne des § 106A C. A. (*work of visual art*) unterscheidet sich daher von der Definition eines Werkes der bildenden Kunst als Werkart gemäß § 102 (a) (5) C. A. (*pictorial, graphic, and sculptural works*).

[136] *Pollock*, The AWCPA: Analysis of Probable Ramifications and Arising Issues, 70 Neb. L. Rev. 873, 890 (1991); *Ginsburg*, Copyright in the 101st Congress: Commentary on the VARA and the AWCPA of 1990, 14 Colum.-VLA J.L. & Arts 477, 495, Fn. 72 (1989/1990). Vom Schutz durch den *VARA* ausgenommen sind auch *works made for hire* und Werke, die nicht copyrightschutzfähig sind, § 101 C. A.

[137] *Katz*, Copyright Protection of Architectural Plans, Drawings and Designs, 19 Law & Contemp. Probs. 224, 237 (1954); *Nimmer*, On Copyright, Bd. 1, § 2.08 [D][2][a], Seite 2-117.

bezüglich architektonischer Pläne gegenüber dem *Copyrigt Act* von 1909 unverändert blieb.[138] Erst durch den *BCIA* wurde diese Definition um architektonische Pläne erweitert: „...und technische Zeichnungen, einschließlich architektonischer Pläne“, § 101 C. A. Die Gesetzgebungsgeschichte zeigt damit, dass architektonische Pläne im *US-Copyright Law* schon immer als technische Zeichnungen angesehen wurden. Daraus kann gefolgert werden, dass architektonische Pläne auch technische Zeichnungen im Sinne des *VARA* sind und ihren Urhebern damit nicht die *moral rights* des § 106A C. A. zugute kommen.[139]

(2) Besonderheiten bei mit Gebäuden verbundenen *works of visual art*

In § 113 (d) C. A. wurde durch den *VARA* eine Sonderregelung für Werke der bildenden Kunst im Sinne des § 106A C. A. geschaffen, die in ein Gebäude eingebaut wurden oder Teil eines Gebäudes sind. Kann das *work of visual art* von dem Gebäude nicht entfernt werden, ohne dass das Werk dabei zerstört, verstümmelt, entstellt oder anderweitig verändert wird und hat der Urheber dem Einbau des Werkes vor Inkrafttreten des *VARA* zugestimmt oder nach Inkrafttreten des *VARA* in einer schriftlichen Erklärung, die auch von dem Gebäudeeigentümer unterzeichnet werden muss, zugestimmt, so hat er gemäß § 113 (d) (1) C. A. kein Recht auf Werkintegrität mehr. In der schriftlichen Erklärung muss jedoch ausgeführt werden, dass das Werk durch die Entfernung von dem Gebäude zerstört, entstellt oder verstümmelt werden kann, § 113 (d) (1) (B) C. A. Kann das verbundene Werk der bildenden Kunst im Sinne von § 106A C. A. von dem Gebäude entfernt werden, ohne dass es dabei in seiner Integrität beeinträchtigt wird, so behält der Urheber seine Rechte aus § 106A (a) (2) und (3) C. A. Etwas anderes gilt nur dann, wenn der Eigentümer des Gebäudes einen ernsthaften Versuch unternommen hat, den Urheber von der geplanten Entfernung des Werkes zu informieren oder aber eine solche Mitteilung an den Urheber stattgefunden hat, der Urheber es aber versäumt hat, innerhalb von 90 Tagen entweder das Werk selbst zu entfernen oder für die Entfernung zu zahlen, § 113 (d) (2) C. A. Durch diese Regelung soll verhindert werden, dass der Urheber des Werkes der bildenden Kunst im Sinne

---

[138] *Nimmer*, On Copyright, Bd. 1, § 2.08 [D][2][a], Seite 2-117.

[139] Siehe auch *Gerstenblith*, Architect as Artist: Artists' Rights and Historic Preservation, 12 Cardozo Arts & Ent. L.J. 431, 451/452 (1984); *Pollock*, The AWCPA: Analysis of Probable Ramifications and Arising Issues, 70 Neb. L. Rev. 873, 889 (1991).

des § 106A C. A. das Gebäude „als Geisel des Kunstwerks“ halten kann. Durch die stärkere Gewichtung der Eigentumsrechte des Gebäudeeigentümers gegenüber den *moral rights* des Urhebers in § 113 (d) C. A. kann eine solche Situation nicht auftreten.[140]

Diese Regelung hat auch Auswirkungen auf Werke der bildenden Kunst im Sinne des § 106A C. A., die auf eine bestimmte architektonische Umgebung ausgerichtet sind, sog. *site-specific art*. Das bekannteste Beispiel für *site-specific art* ist die Skulptur „*Tilted Arc*“ des Künstlers Richard Serra. Dabei handelte es sich um eine 36 Meter lange und 3,60 m hohe, leicht kurvige Stahlwand, die auf einem Platz in New York City im Jahr 1981, also 10 Jahre vor Inkrafttreten des *VARA*, aufgestellt worden war.[141] Serra behauptete, er habe die Skulptur speziell für den bestimmten Platz geschaffen. Aufgrund von Protesten der in den angrenzenden Gebäuden arbeitenden Mitarbeiter wurde die Skulptur jedoch von der Eigentümerin, der *U.S. General Services Administration*, wieder entfernt. Das von Serra angerufene Gericht bewertete die Interessen der Eigentümerin jedoch stärker als eine von Serra behauptete Verletzung des *1st amendment* der *US-Constitution*.[142] Seit Inkrafttreten des *VARA* kommt es bei solchen Werken zu einer etwas eigenartigen rechtlichen Situation: Würde nun der Urheber behaupten, dass sein Werk der bildenden Kunst im Sinne des § 106A C. A. auf die architektonische Umgebung abgestimmt ist, impliziert dies zumindest eine Verstümmelung des Werkes durch die Entfernung aus dem Kontext. Dann würde er aber auch sein Recht auf Werkintegrität unter den Voraussetzungen des § 113 (d) (1) C. A. verlieren. Würde er behaupten, dass sein Werk ohne Beeinträchtigung entfernt werden kann, dann könnte er gemäß § 113 (d) (2) C. A. sein Werkstück wenigstens wiedererlangen.[143] Ein solcher Fall ist in der US-Rechtsprechung seit Inkrafttreten des

---

140 *Ginsburg*, Coypright in the 101st Congress: Commentary on the VARA and the AWCPA of 1990, 14 Colum.–VLA J.L. & Arts 477, 486 (1989/1990); *Gerstenblith*, Architect as Artist: Artists' Rights and Historic Preservation, 12 Cardozo Arts & Ent. L.J. 431, 453 (1994).

141 *Serra v. U.S. General Services Admin.*, 664 F.Supp. 798, 799 (S.D.N.Y., 1987).

142 *Serra v. U.S. General Services Admin.*, 664 F.Supp. 798, 807 (S.D.N.Y., 1987).

143 *Ginsburg*, Coypright in the 101st Congress: Commentary on the *VARA* and the *AWCPA* of 1990, 14 Colum.–VLA J.L. & Arts 477, 487 (1989/1990).

VARA noch nicht entschieden worden. Es ist sogar überhaupt kein einziger Fall bekannt, in dem der *VARA* für anwendbar befunden wurde.[144]

bb. Einzelstaatliche Gesetzgebung

Bevor ein Schutz von *moral rights* auf nationaler Ebene durch den *VARA* geschaffen wurde, wurden manche Einzelstaaten auf diesem Gebiet gesetzgeberisch tätig.[145] Eine Vorreiterrolle spielten dabei Kalifornien und New York.[146]

(1) Der California Art Preservation Act

Am 1. Januar 1980 trat in Kalifornien der *California Art Preservation Act* (*CAPA*) in Kraft. Nach § 987 (a) California Civil Code (Cal. Civ. Code) ist die physische Änderung und Zerstörung von bildender Kunst, die Ausdruck der Persönlichkeit des Künstlers ist, seinem Ansehen abträglich. Daher haben Künstler ein berechtigtes Interesse am Schutz ihrer Werke der bildenden Kunst gegen jegliche Änderung oder Zerstörung. Daneben besteht gemäß § 987 (a) Cal. Civ. Code ein öffentliches Interesse an der Unversehrtheit kultureller und künstlerischer Schöpfungen. In § 987 (c) (1) Cal. Civ. Code wird bestimmt, dass niemand, der Eigentümer oder Besitzer eines Werkes der bildenden Kunst ist, außer der Künstler selbst, dazu berechtigt ist, das Werk physisch zu entstellen, zu verstümmeln, zu ändern oder zu zerstören. Darüber hinaus wird dem Künstler in § 987 (d) Cal. Civ. Code ein Recht auf Anerkennung der Urheberschaft an seinem Werk der bildenden Kunst eingeräumt, das in bestimmten Fällen auch ein Bestreiten der Urheberschaft umfasst.

Diese Rechte stehen jedoch nur Künstlern zu, die ein Werk der bildenden Kunst geschaffen haben. Bildende Kunst ist nach der Definition in § 987 (b) (2) Cal. Civ. Code ein Gemälde, eine Skulptur, eine Zeichnung oder ein Kunstwerk aus Glas, das original

---

[144] *Nimmer*, On Copyright, Bd. 3, § 8D.06 [C], Seite 8D-80; in *Carter v. Helmsley-Spear, Inc.*, 861 F.Supp. 303, 322 (S.D.N.Y., 1994) = GRUR Int. 1995, 814 – *Eingangshalle*, wurde ein aus mehreren, zum Teil in eine Eingangshalle eingebauten skulpturalen Elementen bestehendes Werk vom *District Court* zwar als *work of visual art* im Sinne des *VARA* angesehen, diese Entscheidung wurde aber vom zuständigen *Circuit Court* wieder aufgehoben, da dieser das Werk als *work made for hire* ansah, 71 F.3d 77, 88 (2nd Cir. 1995).

[145] Mittlerweile gibt es in 14 Einzelstaaten Gesetze, die *moral rights* regeln, siehe *McCartney*, „Creepings" and „Glimmers" of the Moral Rights of Artists in American Copyright Law, 6 UCLA Ent. L. Rev. 35, 55 (1998).

[146] *Nimmer*, On Copyright, Bd. 3, § 8D.09, Seite 8D-109.

und von anerkannter Qualität ist. Ausgeschlossen sind nach dieser Vorschrift Werke, die aufgrund eines Vertrages mit einer Vertragspartei, die das Werk kommerziell nutzen will, entstanden sind.

Architektonische Werke werden in § 987 (b) (2) Cal. Civ. Code nicht aufgezählt und damit nicht als Werke der bildenden Kunst angesehen. Architektonische Zeichnungen könnten jedoch Zeichnungen im Sinne des § 987 (b) (2) Cal. Civ. Code sein. Die einzige Entscheidung eines kalifornischen Gerichts zu dieser Problematik lässt keine eindeutigen Schlussfolgerungen zu. In *Robert H. Jacobs, Inc. v. Westoaks Realtors, Inc.* fertigte der Architekt Pläne für einen Grundstücksmakler an.[147] Damit stand für das Gericht fest, dass diese Pläne in einem kommerziellen Kontext erstellt wurden und damit nach der Definition in § 987 (b) (2) Cal. Civ. Code nicht mehr als Werk der bildenden Kunst gelten können.[148] Wird ein architektonischer Plan für eine Privatperson erstellt, so liegt jedoch keine kommerzielle Nutzung durch den Auftraggeber der Pläne vor. Angesichts der Tatsache, dass zumindest auf nationaler Ebene architektonische Pläne immer als technische Zeichnungen aufgefasst wurden[149], liegt jedoch die Schlussfolgerung nahe, dass auch auf einzelstaatlicher Ebene eine solche Auffassung vertreten werden kann.

(2) Der *New York Artists' Authorships Rights Act*

Der *Artists' Authorships Rights Act* (*AARA*) trat im Staate New York am 1. Januar 1984 in Kraft und wurde in das New York Arts & Cultural Affairs Law (N.Y. Arts & Cult. Aff. L.) integriert. Nach § 14.03. Nr. 1 N.Y. Arts & Cult. Aff. L. darf niemand außer der Künstler selbst ein Originalwerk der bildenden Künste oder ein Vervielfältigungsstück mit einer Auflage von höchstens 300 Stück in geänderter, verunstalteter, verstümmelter oder modifizierter Form öffentlich zur Schau stellen oder veröffentlichen, wenn dies geeignet ist, dem Ansehen des Künstlers zu schaden. Gemäß § 14.03. Nr. 2 (a) N.Y. Arts & Cult. Aff. L. hat der Künstler auch das Recht auf Anerkennung seiner Urheberschaft an dem von ihm geschaffenen Werk. Das beinhaltet auch das Recht des Urhebers, seinen Namen auf oder in Zusammenhang mit dem Werk anzu-

---

[147] *Robert H. Jacobs, Inc. v. Westoaks Realtors, Inc.*, 205 Cal.Rptr. 620, 621 (Cal.App. 2 Dist., 1984).

[148] *Robert H. Jacobs, Inc. v. Westoaks Realtors, Inc.*, 205 Cal.Rptr. 620, 624 (Cal.App. 2 Dist., 1984).

[149] Siehe dazu unter E.II.2.a.aa.(1).

bringen. Liegt ein angemessener und triftiger Grund vor, so kann der Künstler seine Urheberschaft auch bestreiten, was vor allem dann zutreffen soll, wenn das Werk von einem Dritten geändert, verunstaltet, verstümmelt oder sonst modifiziert worden ist, § 14.03. Nr. 2 (a) N.Y. Arts & Cult. Aff. L.

Bei der *moral rights* Gesetzgebung in New York steht damit anders als in Kalifornien nicht so sehr die Integrität des Werkes, sondern vielmehr das Ansehen des Urhebers im Vordergrund.[150]

Auch hier stellt sich wieder die Frage, inwieweit architektonische Schöpfungen von dem New Yorker Gesetz erfasst werden. In § 11.01. Nr. 9 N.Y. Arts & Cult. Aff. L. wird bestimmt, dass unter bildender Kunst ein Gemälde, eine Skulptur, eine Zeichnung, ein Werk der Graphik oder ein Druck zu verstehen ist, nicht aber deren Vervielfältigungen. Damit sind architektonische Werke wiederum keine Werke der bildenden Kunst im Sinne dieses Gesetzes. Ob unter einer Zeichnung auch eine architektonische Zeichnung zu verstehen ist, wurde noch nicht entschieden und war auch noch nicht Gegenstand der Diskussion. Angesichts der auf nationaler Ebene seit dem *Copyright Act* von 1909 vorherrschenden Auffassung, dass architektonische Pläne technische Zeichnungen sind, ist eher davon auszugehen, dass sie damit nicht als bildende Kunst im Sinne des New Yorker Gesetzes angesehen werden, da sich diese gerade durch ihre Zweckfreiheit von anderen Kunstarten unterscheidet, architektonische Zeichnungen jedoch immer eine bestimmte Funktion, nämlich die Errichtung des dargestellten Gebäudes, erfüllen.

b. Der Schutz von *moral rights* außerhalb des *US-Copyright Law*

aa. Das Recht auf Anerkennung der Urheberschaft

(1) § 43 (a) *Lanham Act*

Neben der Schaffung eines Rechts auf Anerkennung der Urheberschaft (*attribution right*) durch einzelstaatliche Gesetze und den *VARA* für bestimmte, eng begrenzte Werkarten, wurde § 43 (a) *Lanham Act* von der Rechtsprechung immer mehr in einer Weise ausgelegt, die auch Urhebern ein Recht auf Anerkennung der Urheberschaft

---

[150] *Damich*, The New York Artists' Authorship Rights Act: A Comparative Critique, 84 Colum. L. Rev. 1733, 1741 (1984); *Peifer*, Moral Rights in den USA, ZUM 1993, 325, 338.

zubilligt.[151] Der *Lanham Act* (offizielle Bezeichnung: *Federal Trademark Act*) gehört zum Bereich des Marken- und Wettbewerbsrechts und stammt aus dem Jahr 1946. Die letzte Revision trat am 16. November 1989 in Kraft. Dabei wurde der Gesetzestext jedoch inhaltlich nicht wesentlich verändert, sodass die frühere Rechtsprechung zu § 43 (a) *Lanham Act* weiterhin zu berücksichtigen ist. Der *Lanham Act* ist in 15 U.S.C. §§ 1051 – 1127 kodifiziert.[152]

Nach § 43 (a) (1) *Lanham Act* haftet jede Person, die in Verbindung mit dem Handel mit Waren oder Dienstleistungen ein Wort, einen Satz, einen Namen, ein Symbol oder ein anderes Mittel der Bezeichnung, oder eine Kombination daraus oder eine falsche Herkunftsbezeichnung, eine falsche oder irreführende Tatsachenbeschreibung oder eine irreführende Tatsachendarstellung verwendet, die eine Verwechslung oder einen Fehler hervorrufen kann, oder über die Zugehörigkeit oder die Verbindung dieser Person mit einer anderen Person oder den Ursprung, die Unterstützung oder die Billigung deren Waren, Dienstleistungen oder über die wirtschaftlichen Aktivitäten einer anderen Person täuschen kann, jeder Person im Rahmen eines Zivilverfahrens, die glaubt, dadurch einen Schaden erleiden zu können.

Beispielsweise stellt es eine Verletzung des § 43 (a) *Lanham Act* dar, wenn der Name eines Schauspielers aus dem Abspann und dem Werbematerial des Films, in dem er eine Hauptrolle gespielt hat, gestrichen wird und durch den Namen eines anderen Schauspielers ersetzt wird. Das Gericht sah dabei den Tatbestand einer falschen Herkunftsbezeichnung als gegeben an.[153]

Doch auch, wenn es um die Frage der Urheberschaft an architektonischen Werken geht, findet § 43 (a) *Lanham Act* Anwendung. In *Johnson v. Jones*[154] wurden die architektonischen Pläne eines Architekten von einem anderen Architekten übernommen, wobei dieser den Namen und das Siegel des Architektenurhebers entfernte und durch seinen eigenen Namen und sein Siegel ersetzte.[155] Nach Auffassung des Gerichts müssen zwei Voraussetzungen erfüllt sein, damit sich ein Anspruch wegen falscher Her-

---

[151] *Nimmer*, In Copyright, Bd. 3, § 8D.03 [A][2], Seite 8D-31.

[152] *Peifer*, Moral Rights in den USA, ZUM 1993, 325, 332; *Nimmer*, On Copyright, Bd. 3, § 8D.10 [A], Seite 8D-11.

[153] *Smith v. Montoro*, 648 F.2d 602, 607 (9th Cir. 1981).

[154] 149 F.3d 494 (6th Cir. 1998).

[155] *Johnson v. Jones*, 149 F.3d 494, 499 (6th Cir. 1998).

kunftsbezeichnung im Sinne des § 43 (a) *Lanham Act* ergibt: Die falsche Herkunftsbezeichnung muss wesentliche Auswirkungen auf den Handel zwischen den US-Einzelstaaten haben und zu einer Verwechslungsgefahr (*likelihood of confusion*) führen. Bei der Frage der Auswirkungen der falschen Herkunftsbezeichnung auf den Handel zwischen den US-Einzelstaaten spiele es keine Rolle, dass das streitgegenständliche architektonische Werk nur in dem US-Einzelstaat Michigan ge- und verkauft wird. Es sei nicht auf das Gebäude allein, sondern auf die Waren und Dienstleistungen, die die beiden Architekten anbieten, abzustellen. Entscheidend sei, dass der Urheber des Werkes auch in den US-Einzelstaaten Maryland und Arizona eine Lizenz zur Berufsausübung habe und in diesen US-Einzelstaaten seinen Beruf auch schon ausgeübt habe.[156] Bei der Verwechslungsgefahr nahm das Gericht nicht die Prüfung vor, die bei der Verwendung von Marken üblich ist, da es in dem vorliegenden Fall nicht um die Verwendung von Marken ging. Es sei wohl keine falschere Herkunftsbezeichnung und damit auch keine größere Verwechslungsgefahr denkbar, als wenn jemand das Produkt eines anderen als sein eigenes ausgibt. Beide Architekten böten die gleichen Dienstleistungen an, und benützten ähnliche Absatzwege und stünden in Wettbewerb miteinander, was sich deutlich daran zeige, dass der Urheber des ersten Plans einen Auftrag an seinen Konkurrenten verlor. Ganz offensichtlich sei es die Absicht des beklagten Architekten gewesen, andere glauben zu machen, dass die Pläne von ihm stammen und nicht von dem wirklichen Architektenurheber. Aus diesen Gründen sah das Gericht eine Verletzung des § 43 (a) *Lanham Act* als gegeben an.[157]

Uneinigkeit herrscht darüber, inwieweit sich die ursprüngliche Schöpfung und das als eigene Schöpfung ausgegebene geistige Produkt gleichen müssen, damit die Voraussetzungen des § 43 (a) *Lanham Act* erfüllt sind. Während manche Gericht eine erhebliche Ähnlichkeit (*substantial similarity*) im Sinne des *Copyright Law* als genügend ansehen, fordern andere Gerichte eine körperliche Inbesitznahme (*bodily appropriation*).[158]

---

[156] *Johnson v. Jones*, 149 F.3d 494, 502 (6th Cir. 1998); in *CSM Investors, Inc. v. Everest Development, Ltd.*, 840 F.Supp. 1304, 1313 (D.Minn., 1994) nahm das Gericht keine Auswirkungen auf den Handel zwischen des US-Einzelstaaten an, da die streitgegenständlichen architektonischen Pläne nur in einem Staat benutzt wurden.

[157] *Johnson v. Jones*, 149 F.3d 494, 503 (6th Cir. 1998).

[158] *McCarthy*, On Trademarks and Unfair Competition, Bd. 4, § 27:81, Seiten 27-146 – 27-147.

In *Attia v. Society of the New York Hosp.*[159], wo es darum ging, ob ein Architekt das architektonische Werk eines anderen als sein eigenes ausgegeben hat, sog. *reverse passing off*, sah das Gericht § 43 (a) *Lanham Act* nicht als verletzt an, weil die architektonische Schöpfung des Beklagten keine *substantial similarity* im Sinne des *Copyright Law* zu dem Werk des Klägers aufweise. Es seien lediglich Ideen und Konzepte übernommen worden, was jedoch nicht zu einer *substantial similarity* führen kann. Würde man § 43 (a) *Lanham Act* in solchen Fällen bejahen, dann wäre das Prinzip der Gemeinfreiheit von Ideen und Konzepten im *Copyright Law* hinfällig.[160]

Es bestehen allerdings zum Teil Bedenken gegen die Auffassung, dass alle Ansprüche aus Copyrightverletzungen wegen Verletzung des Vervielfältigungs- oder Bearbeitungsrechts immer zugleich eine Verletzung des § 43 (a) *Lanham Act* darstellen. Die Falschheit der Herkunftsbezeichnung müsse über den bloßen Austausch der Urheberbezeichnung hinausgehen.[161]

Nach § 43 (a) *Lanham Act* kann jedoch der Urheber nicht nur gegen Sachverhalte vorgehen, die unter *reverse passing off* fallen, sondern auch dagegen, dass der Urheber als Schöpfer eines Werkes bezeichnet wird, das er anders geschaffen hat und das später verändert worden ist oder das er überhaupt nicht geschaffen hat. Für eine Verletzung des § 43 (a) *Lanham Act* genügt es, wenn die Darstellung eines Produktes den falschen Eindruck über die Herkunft des Produkts erweckt.[162] Denkbar wäre zum Beispiel, dass ein Gebäude, das nicht notwendigerweise ein architektonisches Werk sein muss, umgebaut wurde und in einer Architektur- oder sonstigen Zeitschrift als Schöpfung des Architekten ausgegeben wird, der es in seiner ursprünglichen Form geschaffen hat. In einem solchen Fall könnte sich der Architekt wegen Verletzung des § 43 (a) *Lanham Act* gegen die falsche Herkunftsbezeichnung wehren.

---

[159] 201 F.3d 50 (2nd Cir. 1999).

[160] *Attia v. Society of the New York Hosp.*, 201 F.3d 50, 59/60 (2nd Cir. 1999).

[161] *McCarthy*, On Trademarks and Unfair Competition, Bd. 4, § 27:81, Seite 27-147.

(2) US-Recht der unerlaubten Handlungen

(a) *Defamation*

Zum Schutz des Rechts auf Anerkennung der Urheberschaft kann sich der Urheber auch auf Beleidigung (*defamation*) als unerlaubte Handlung berufen. Da das Recht der unerlaubten Handlungen (*Law of Torts*) *Common Law* der Einzelstaaten ist, existiert keine geschlossene Kodifikation dieses Rechtsgebietes und damit auch keine allgemeingültige Definition des Begriffs Beleidigung. Dieser Begriff lässt sich nur ungefähr umschreiben, da er durch die Rechtsprechung geprägt worden ist und sich mit der Rechtsprechung weiterentwickelt und verändert. Nach der Zweiten Darstellung der Grundsätze des Rechts der unerlaubten Handlungen (*2nd Restatement of Torts*) ist eine Beleidigung dann gegeben, wenn das Ansehen einer Person durch eine Äußerung so verletzt wird, dass dadurch ihre Wertschätzung durch die Allgemeinheit verringert wird oder Dritte davon abgehalten werden, mit ihr zu verkehren.[163] Eine Beleidigung im Sinne einer *defamation* liegt dann vor, wenn das Werk eines Urhebers, das nicht copyrightschutzfähig sein muss, so verändert wird, dass es eine Rufschädigung darstellt, den Urheber mit dem neuen Werk in Verbindung zu bringen.

In *Clevenger v. Baker Voorhis & Co.*[164] wandte sich der Rechtsanwalt und Autor zahlreicher juristischer Lehrbücher gegen den Verlag, dem er das *copyright* an einem seiner Lehrbücher übertragen hatte. Obwohl die Auflagen ab 1957 nicht mehr von dem Kläger und Urheber überarbeitet worden waren, befand sich im Jahr 1959 auf der ersten Seite kein Hinweis darauf, dass die Überarbeitung dieser Auflage von Mitarbeitern des Verlages und nicht von dem Urheber selbst durchgeführt worden war. Da sich in dieser Auflage mehr als 200 Fehler nachweisen ließen, sah das Gericht eine Schädigung des exzellenten Rufs des Urhebers als verlässlicher Autor und Rechtsanwalt und damit eine *defamation* als gegeben an.[165]

In *Geisel v. Poynter Products, Inc.*[166] stellte der Herausgeber einer Zeitschrift Puppen her, die auf Cartoon-Zeichnungen beruhten, die der Urheber und Kläger zuvor mit

---

162 *Gilliam v. American Broadcasting Companies, Inc.*, 538 F.2d 14, 24 (2nd Cir. 1976).

163 *Prosse/Keaton*, On Torts, § 111, Seite 774.

164 8 N.Y.2d 187 (N.Y. 1960).

165 *Clevenger v. Baker Voorhis & Co.*, 8 N.Y.2d 187, 190 (N.Y. 1960).

166 295 F.Supp. 331 (S.D.N.Y., 1968).

allen Rechten an ihn veräußert hatte und verkaufte diese. Die Puppen wurden von dem Herausgeber als auf dem Cartoon des Urhebers basierend angepriesen. Eine *defamation* sah das Geicht jedoch nicht als gegeben an. Der Urheber der Zeichnungen sei zwar ein anerkannter Künstler und Autor, die nach den Zeichnungen angefertigten Puppen seien aber nicht abstoßend und von minderwertiger Qualität, sondern seien mit großer Sorgfalt, Umsicht und Urteilsvermögen von einem qualifizierten Gestalter hergestellt worden. Nach Ansicht des Gerichts seien die Puppen attraktiv und von guter Qualität.[167]

Angesichts dieser Entscheidungen ist es durchaus denkbar, das ein Urheber einer architektonischen Schöpfung mit einer Klage wegen *defamation* Erfolg hat, wenn sein Name mit der von einem anderen veränderten Schöpfung in Verbindung gebracht wird, die seinen Ruf als Architekt beeinträchtigt.

Wie sich in *Geisel v. Poynter Products, Inc.* zeigt, kommen die Gerichte in solchen Fällen in die Verlegenheit, als Kunstrichter die künstlerische Qualität der Schöpfungen vergleichen zu müssen.[168] Dies wird jedoch im Rahmen der Prüfung der Copyrightschutzfähigkeit von den US-amerikanischen Gerichten einhellig abgelehnt.[169] Da es sich bei der *defamation* als Teil des *Law of Torts* nicht um ein dem *Copyright Law* verwandtes Rechtsgebiet handelt, besteht die Gefahr, dass die Grundsätze des *Copyright Law* umgangen und damit ausgehöhlt werden. Problematisch ist auch, dass die Festlegung, wann eine Schöpfung so verändert wurde, dass sie den Ruf des ursprünglichen Schöpfers schädigt, alles andere als einfach getroffen werden kann.[170] Eine genaue Grenzziehung ist hier nicht möglich, sodass die Wahrscheinlichkeit von willkürlichen Entscheidungen, die von den subjektiven Auffassungen des jeweiligen Gerichts abhängen, groß ist. Schließlich besteht die Gefahr, dass Urheber von architektonischen Schöpfungen, deren Ansehen und Ruf noch nicht gefestigt ist, in geringerem Maße geschützt werden als bereits bekannte Architekten.[171]

---

[167] *Geisel v. Poynter Products, Inc.*, 295 F.Supp. 331, 357 (S.D.N.Y., 1968).

[168] *Krigsman*, Section 43 (a) of the Lanham Act as a Defense of Artists' "Moral Rights", 73 Trademark Rep. 248, 259 (1983).

[169] *Gorman*, Copyright Courts and Aesthetic Judgements: Abuse or Necessity, 25 Colum.-VLA J.L. & Arts 1 (2001); *Bleistein v. Donaldson Lithographic Co.*, 188 U.S. 239, 251 (1903).

[170] *Krigsman*, § 43 (a) as a Defense of Artists' "Moral Rights", 73 Trademark Rep. 251, 260 (1983).

[171] *Peifer*, Moral Rights in den USA, ZUM 1993, 325, 335.

(b) *Right of Privacy*

Das *Right of Privacy*, das aufgrund eines Aufsatzes von *Samuel D. Warren* und *Louis D. Brandeis* Eingang in die Rechtsprechung gefunden hat, gehört auch zum *Law of Torts* und existiert je nach Einzelstaat als Teil des *Common Law* oder als kodifiziertes Recht. Im Unterschied zur *defamation* geht es beim Eindringen in die Privatsphäre nicht um die Beeinträchtigung des Ansehens, sondern um das Interesse einer Person, „in Ruhe gelassen zu werden" (*to be let alone*).[172] Eine der von den Gerichten anerkannten Formen des Eindringens in die Privatsphäre (*invasion of privacy*) ist dann gegeben, wenn eine Person in der Öffentlichkeit in einem falschen Licht gezeigt wird.[173] Das ist zum Beispiel auch dann der Fall, wenn eine Person als Urheber eines Werkes dargestellt wird, das sie nicht geschaffen hat.[174] Wird ein Architekt öffentlich als Urheber eines Gebäudes bezeichnet, das er nicht geschaffen hat, dann könnte er sich wohl auch auf sein *Right of Privacy* berufen.

Ein weiterer Anwendungsfall des *Right of Privacy* ist die erste Veröffentlichung von Schöpfungen ohne die Zustimmung des Urhebers. Beispielsweise wurde die erste Veröffentlichung der Mitschriften von Vorlesungen eines Universitätsprofessors als Verletzung des *Right of Privacy* angesehen.[175] Denkbar wäre daher auch, dass die Veröffentlichung von Plänen eines architektonischen Werkes, das nicht unbedingt copyrightschutzfähig sein muss, ohne die Zustimmung des Urhebers auch dessen *Right of Privacy* verletzt. Nach einer Veröffentlichung des Werkes durch den Urheber kann das *Right of Privacy*, das sich nicht auf Pseudonyme erstreckt, nicht mehr verletzt werden.[176]

---

172 *Prosser/Keeton*, On Torts, § 117, Seite 864.

173 *Prosser/Keeton*, On Torts, § 117, Seite 863.

174 *Prosser/Keeton*, On Torts, § 117, Seite 863.

175 *Williams v. Weisser*, 153 U.S.P.Q. 866, 868 (Cal.Super. 1967)

176 *Krigsman*, § 43 (a) of the Lanham Act as a Defense of Artists' "Moral Rights", 73 Trademark Rep. 248, 261 (1983).

bb. Das Recht auf Werkintegrität

(1) Die Regelung des § 120 (b) C. A.

Die eingangs erwähnte Regelung in § 120 (b) C. A., nach der die Änderung und Zerstörung eines architektonischen Werkes durch den Eigentümer ohne Zustimmung des Copyrightinhabers zulässig ist, lässt an Klarheit und Eindeutigkeit nichts zu wünschen übrig.

Während des Gesetzgebungsverfahrens zum *AWCPA* wurde auch das Thema der *moral rights* für architektonische Werke angesprochen. Jedoch plädierte keiner der im Unterausschuss für Gerichte, geistiges Eigentum und Verwaltung der Justiz gehörten Zeugen für eine ausdrückliche gesetzliche Gewährung solcher Rechte.[177] Sogar der Vertreter des *American Institute of Architects*, der Standesvertretung der US-amerikanischen Architekten, plädierte in seiner Erklärung gegen ein *moral right* des Architektenurhebers, Änderungen an seinem Werk vorzunehmen. Würde man den Eigentümer eines Werkes daran hindern, das Werk ohne Zustimmung des Urhebers zu ändern, so hätte dies drastische Auswirkungen auf die üblichen Praktiken der Bauindustrie und würde unweigerlich zu Streitigkeiten zwischen dem Architekten des ursprünglichen Werkes und dem Architekten, der die Veränderungen durchführen soll, führen.[178] Der *Register of Copyrights* wies in seiner Erklärung darauf hin, dass architektonische Werke in einem gebrauchsbezogenen Umfeld existieren. Die Eigentümer hätten oft ein legitimes Interesse an der Veränderung ihrer Gebäude. Dies stünde dem Interesse der Architekten am Erhalt ihrer Schöpfungen entgegen. Die schwierige Ausbalancierung dieser Interessen solle man aber nicht im *Copyright Law* regeln, sondern den Vertragsparteien im Rahmen der Ausgestaltung ihrer vertraglichen Beziehungen überlassen.[179] Bedenkt man jedoch, dass der Bauherr, der den Architekten beauftragt und bezahlen muss, regelmäßig der stärkere Vertragspartner sein wird, so erscheint die Argumentation des *Register of Copyrights* sehr zu Lasten der Architektenurheber zu gehen.

---

[177] H.R. Rep. No. 101-735, 101st Congress, 2nd Session 1990, 1990 WL 200440, Seite 23.

[178] Hearing before the Subcommittee on Courts, Intellectual Property and the Administration of Justice of the Committee on the Judiciary on H.R. 3990 and H.R. 3991, 101st Congress, 2nd Session 1990, Prepared Statement of David A. Daileda, AIA, Seite 118.

[179] Hearing before the Subcommittee on Courts, Intellectual Property and the Administration of Justice of the Committee on the Judiciary on H.R. 3990 and H.R. 3991, 101st Congress, 2nd Session 1990, Statement of Ralph Oman, Register of Copyrights, Seiten 74 - 76.

Zur Verdeutlichung stellte der Kongress noch fest, dass durch den *AWCPA* weder ausdrücklich noch stillschweigend irgendwelche *moral rights* für Architekten eingeführt werden sollen.[180]

Ginsburg äußert ihr Erstaunen darüber, dass der Kongress durch § 120 (b) C. A. die Rechte der Gebäudeeigentümer einseitig zu Lasten der Rechte der Urheber gestärkt hat, wohingegen er beim *VARA* versucht habe, einen Mittelweg zwischen den Interessen der Urheber und der Gebäudeeigentümer zu finden.[181]

Nimmer fände es dagegen abnorm, wenn das *Copyright Law* den rechtmäßigen Eigentümer eines Gebäudes daran hindern würde, dieses zu renovieren oder auf andere Weise seinen Bedürfnissen anzupassen.[182] Daher steht er der Entscheidung *Curtis v. Benson*[183] auch kritisch gegenüber. In diesem Fall klagte der Architekt des *Louisiana Superdome*, einer überdachten Sportarena für 80.000 Zuschauer, unter anderem gegen die Eigentümer des *Superdome* wegen Copyrightverletzung. Die Eigentümer hatten andere Architekten damit beauftragt, Änderungen am *Superdome* vorzunehmen. Das Gericht sah es als erwiesen an, dass im Laufe der Planungen und deren baulicher Ausführung gegen das Vervielfältigungsrecht des Architekten gemäß § 106 (1) C. A. und das Bearbeitungsrecht gemäß § 106 (2) C. A. verstoßen wurde.[184] Mit keinem Wort wurde jedoch § 120 (b) C. A. erwähnt, wonach der Eigentümer die Zustimmung des Architekten zu Änderungen an seinem Gebäude nicht benötigt. Nach dem Wortlaut dieser Vorschrift gilt dies zwar nur für Änderungen an dem errichteten Gebäude, das das Werk verkörpert. In *Curtis v. Benson* wurde aber auch das Gebäude des Superdomes verändert. In diesem Zusammenhang taucht zwangsläufig die Frage auf, wie das Verhältnis des Bearbeitungsrechts eines Architektenurhebers nach § 106 (2) C. A. zu der Regelung in § 120 (b) C. A. zu verstehen ist. Bei Änderungen an dem dreidimensionalen Gebäude würde eigentlich das Bearbeitungsrecht des Architektenurhebers verletzt, § 120 (b) C. A. kann aber in diesem Zusammenhang nur als Ausschluss einer Copyrightverletzung in solchen Fällen verstanden werden. Die vom Eigentümer ge-

---

[180] H.R. Rep. No. 101-735, 101st Congress, 2nd Session 1990, Fn. 52, Seite 23.

[181] *Ginsburg*, Copyright in the 101st Congress: Commentary in the VARA and the AWCPA of 1990, 14 Colum.-VLA J.L. & Arts 477, 495 (1989/90).

[182] *Nimmer*, On Copyright, Bd. 1, § 2.20, Seite 2-219, Fn. 45.

[183] 959 F.Supp. 348 (E.D.La., 1997).

[184] *Curtis v. Benson*, 959 F.Supp. 348, 352 (E.D.La., 1997).

wünschten Änderungen und Modifizierungen können jedoch nicht ohne die vorherige Anfertigung eines Planes ausgeführt werden, außer es handelt sich um minimale Änderungen, die sowieso nicht zu einer Verletzung des Bearbeitungsrechts führen. Es ist jedoch kaum möglich, diese Pläne ohne Benutzung der ursprünglichen Pläne zu erstellen. Daher kann die Regelung in § 120 (b) C. A. eigentlich nur so ausgelegt werden, dass auch die Bearbeitung der Pläne des Urhebers und damit auch die immer mit der Bearbeitung einhergehende Vervielfältigung zulässig ist, wenn der Eigentümer das Werk verändern will. Es ist bedauerlich, dass das Gericht in *Curtis v. Benson* auf diese Problematik mit keinem Wort eingegangen ist.

Unabhängig von § 120 (b) C. A. bleibt es dem Architekten unbenommen, in einem Vertrag mit dem Eigentümer die Zulässigkeit von Änderungen oder der Zerstörung von seiner Zustimmung abhängig zu machen.[185]

Darüber hinaus kann dem architektonischen Werk Schutz durch einzelstaatliches oder örtliches Denkmalschutz-, Bauplanungs- oder Bauordnungsrecht zuteil werden. Diese Rechtsvorschriften bleiben für architektonische Werke ausdrücklich anwendbar und werden nicht von den Vorschriften des *Copyright Act* verdrängt, § 301 (b) (4) C. A.

(2) Das Verhältnis von § 120 (b) C. A. zu entgegenstehendem Recht

Aufgrund des eindeutigen Wortlauts des § 120 (b) C. A. und den klaren Vorstellungen des Kongresses bei Verabschiedung dieser Vorschrift, ist eine Umgehung durch entgegenstehendes Recht, sei es nun durch Bundesrecht oder einzelstaatliches Recht, ausgeschlossen.

In der Entscheidung *Gilliam v. American Braodcasting Companies, Inc.*[186] ist versucht worden, ein Recht auf Werkintegrität aus den damals geltenden Vorschriften des *Copyright Law* zu konstruieren. In diesem Fall klagte die britische Komödiantengruppe „*Monthy Python*" gegen den US-amerikanischen Fernsehsender ABC, weil dieser eine 90-minütige Fernsehsendung wegen der Einfügung von Werbepausen und der Eliminierung von obszönen Ausdrücken um 24 Minuten gekürzt hatte.[187] Die Quintes-

---

[185] *Winick*, Copyright Protection for Architectural Works After the AWCPA of 1990, 41 Duke L.J. 1598, 1623/1624 (1992).

[186] 538 F.2d 14 (2nd Cir. 1976).

[187] *Gilliam v. American Braodcasting Companies, Inc.*, 538 F.2d 14, 18 (2nd Cir. 1976).

senz dieser Entscheidung läuft jedoch in Wirklichkeit nicht auf die Konstruktion eines Rechts auf Werkintegrität hinaus, sondern auf eine bestimmte Auslegung von Lizenzverträgen. Danach ist eine Copyrightverletzung wegen Verletzung des Bearbeitungsrechts nach § 106 (2) C. A. anzunehmen, wenn dem Lizenznehmer nur ein Vervielfältigungs- und Aufführungsrecht eingeräumt wurde, dieser aber umfangreiche Veränderungen an dem Werk vorgenommen hat.[188] Mit einem *moral right* auf Werkintegrität des Urhebers hat dies jedoch wenig zu tun. Auf Architektenurheber ist eine solche Auslegung aber wegen der unmissverständlichen Regelung in § 120 (b) C. A. ohnehin nicht anwendbar, wenn der Eigentümer des Gebäudes die Änderungen zu verantworten hat.

In *Gilliam v. American Broadcasting Companies, Inc.* wurde auch eine Verletzung des § 43 (a) *Lanham Act* angenommen. Durch die Sendung eines Programms, das als von einer bestimmten Komödiantengruppe geschrieben und aufgeführt ausgegeben wurde, zuvor aber von dem Fernsehsender wesentlich gekürzt und dadurch abgeändert worden war, sei ein falscher Eindruck über die Herkunft des Werkes erweckt worden.[189] Die Verletzung des § 43 (a) *Lanham Act* beruht jedoch in erster Linie darauf, dass der Eindruck erweckt wird, der Urheber selbst habe das Werk verändert, also auf der fälschlichen Zurechnung einer Änderung an den Urheber des unveränderten Werkes. Wird hingegen klargestellt, wer die Veränderung vorgenommen hat, so greift § 43 (a) *Lanham Act* nicht, da in diesem Fall auch keine Verwechslungsgefahr besteht. Die Schutzrichtung des § 43 (a) *Lanham Act* geht daher eher in Richtung Anerkennung der Urheberschaft als in Richtung Schutz der Werkintegrität, wenn man die Perspektive des *Copyright Law* zu Grunde legt. Aus diesem Grund kommt § 43 (a) *Lanham Act* auch nicht mit § 120 (b) C. A. in Konflikt.

Einen Schutz der Werkintegrität über das *Law of Torts* in Form einer *defamation* zu erreichen, scheitert bei architektonischen Werken an § 120 (b) C. A., obwohl das *Law of Torts* einzelstaatliches Recht ist und in den meisten Einzelstaaten dem *Common Law* angehört. Dies lässt sich allerdings nicht auf die *preemption* Regelung des § 301 (a) C. A., der das Verhältnis des *Copyright Act* zum übrigen Recht regelt, stützen. Danach müssen zwei Voraussetzungen gegeben sein, damit das einzelstaatliche Recht nachrangig und folglich nicht anwendbar ist. Erstens muss es sich um einzelstaatliche

---

[188] *Nimmer*, On Copyright, Bd. 3, § 8D.04 [A][1], Seite 8D-52.

[189] *Gilliam v. American Braodcasting Companies, Inc.*, 538 F.2d 14, 24/25 (2nd Cir. 1976).

Rechte handeln, die den in § 106 C. A. genannten ausschließlichen Rechten entsprechen. Zum zweiten müssen diese Rechte für körperlich festgelegte Werke verliehen werden, die unter die Werkkategorien der §§ 102, 103 C. A. fallen. Damit ein einzelstaatliches Recht den in § 106 C. A. genannten ausschließlichen Rechten entspricht, muss die Vervielfältigung, Bearbeitung, Verbreitung oder Aufführung durch einen anderen als den Copyrightinhaber auch zu einer Haftung führen, wobei es genügt, wenn eines dieser Rechte betroffen ist. Werden aber zusätzlich noch qualitativ andere Voraussetzungen gefordert, so wird das einzelstaatliche Recht nicht ausgeschlossen. Bei einer *defamation* kommt es nicht auf eine Vervielfältigung oder Bearbeitung eines Werkes an, sondern darauf, ob der Ruf bzw. das Ansehen einer Person in der Öffentlichkeit herabgewürdigt wurde. Dies stellt eine qualitativ andere Voraussetzung dar als sie für eine Copyrightverletzung notwendig ist. Nur wenn beispielsweise eine Vervielfältigung auch zu einer Rufschädigung führt, liegt eine *defamation* vor. Daher wird eine *defamation* als unerlaubte Handlung grundsätzlich nicht vom *Copyright Law* ausgeschlossen, wenn es um copyrightgeschützte Werke geht.[190]

Bei § 120 (b) C. A. ist jedoch zu beachten, dass durch diese Regelung keine Rechte gewährt, sondern vielmehr Rechte eingeschränkt werden bzw. ausdrücklich ausgeschlossen werden. Ein Ausschluss (*preemption*) einzelstaatlichen Rechts kann ebenso auf dem allgemeingültigen Prinzip beruhen, dass einzelstaatliches Recht dann nicht anwendbar ist, wenn es ein Hindernis bei der Erreichung der Ziele darstellt, die der Kongress bei der Verabschiedung des entsprechenden nationalen Gesetzes vor Augen hatte.[191] Auch wenn hierzu noch keine Entscheidungen ergangen sind, ist es durchaus denkbar, dass Änderungen, die ein Eigentümer an seinem Gebäude, das ein architektonisches Werk verkörpert, vornehmen läßt, das Gebäude so entstellen, dass eine Rufschädigung und damit eine *defamation* des Architekten angenommen werden kann. Aufgrund der eindeutigen Zielsetzung des Kongresses, den Vorrang der Interessen der Gebäudeeigentümer gesetzlich zu verankern, darf bei einer *defamation* Klage eines Architekten § 120 (b) C. A. nicht aus den Augen verloren werden. Meiner Ansicht nach kann eine *defamation* nur dann Anwendung finden, wenn zusätzlich zu den entstellenden Änderungen durch weitere Mittel der Ruf des ursprünglichen Urhebers geschädigt werden soll. Nur gegen Änderungen eines Bauwerks allein, seien sie auch

---

[190] *Nimmer*, On Copyright, § 1.01 [B][1][d], Seite 1-28.

[191] *Hines v. Davidovitz*, 312 U.S. 52, 67 (1941).

noch so entstellend, kann ein Architektenurheber aber wegen § 120 (b) C. A. wohl auch nach einzelstaatlichem Recht nicht vorgehen.

cc. Das Recht der ersten Veröffentlichung

In der US-amerikanischen Literatur wird zum Teil angenommen, dass ein Recht des Urhebers auf die erste Veröffentlichung existiert, das einem *moral right* vergleichbar sei.[192] Dabei wird auf die Entscheidung *Harper & Row v. Nation Enterprises* des *Supreme Court* verwiesen.[193] In dem zugrundeliegenden Sachverhalt hatte der ehemalige US-Präsident Ford den Antragstellern das Recht eingeräumt, Auszüge aus seinen Memoiren im voraus zu veröffentlichen. Die Antragsteller, die auch Inhaber des *copyright* an den Memoiren waren, räumten wiederum dem *Time Magazine* das Recht ein, diese Exzerpte zu veröffentlichen. Kurz vor dem Erscheinen der Auszüge im *Time Magazine* veröffentlichte das Magazin *The Nation* Auszüge aus diesen Memoiren, die es durch eine nicht autorisierte Quelle erhalten hatte.[194] Der *Supreme Court* war unter anderem der Auffassung, dass das in § 106 (3) C. A. festgelegte Verbreitungsrecht, das in erster Linie das Recht des Urhebers umfasst, die Veröffentlichung seines Werkes zu kontrollieren, den Einwand des *fair use* wegen des Nachrichtenwerts der in den Auszügen enthaltenen Informationen überwiegt.[195] Aus dieser Äußerung des obersten Gerichtes die Schlussfolgerung zu ziehen, dass ein einem *moral right* vergleichbares Recht des Urhebers auf die erste Veröffentlichung existiert, ist jedoch nicht nachvollziehbar. Das Verbreitungsrecht nach § 106 (3) C. A. ist nach § 210 (d) (2) C. A. genauso übertragbar wie alle anderen ausschließlichen Rechte. Kennzeichen eines *moral right* ist aber vor allem, dass es grundsätzlich nicht übertragbar ist, sondern auch nach der Übertragung des *copyright* beim Urheber verbleibt und damit von diesem weiterhin ausgeübt werden kann. Die Vorschrift des § 106A (b) C. A. zeigt deutlich, dass auch im *Copyrigt Act moral rights* wie das Recht auf Anerkennung der Urheberschaft und das Recht auf Werkintegrität so verstanden werden, dass sie nur dem Urheber

---

[192] *Nimmer*, On Copyright, Bd. 3, § 8D.05 [A], Seite 8D-58.

[193] 471 U.S. 539 (1985) = GRUR Int. 1986, 275 – *Ford - Memoiren.*

[194] *Harper & Row v. Nation Enterprises*, 471 U.S. 539, 85 L Ed 2d 588, 593 (1985) = GRUR Int. 1986, 275 – *Ford - Memoiren.*

[195] *Harper & Row v. Nation Enterprises*, 471 U.S. 539, 555 (1985) = GRUR Int. 1986, 275 – *Ford - Memoiren.*

zustehen, egal ob er der Copyrightinhaber ist oder nicht. Für ein Recht der ersten Veröffentlichung heißt dies, dass ein diesbezügliches *moral right* im *US-Copyright Law* nicht existiert.

3. Vergleich des Schutzes von Werken der Baukunst bzw. *architectural works* durch Urheberpersönlichkeitsrechte bzw. *moral rights.*

a. Das Veröffentlichungsrecht

Nach § 12 UrhG hat auch der Urheber eines Werkes der Baukunst das alleinige Recht, darüber zu entscheiden, ob sein Werk an die Öffentlichkeit gelangt, da durch diesen Vorgang die individuellen Fähigkeiten und Anschauungen des Urhebers von jedermann wahrgenommen und beurteilt werden können. Die erste Veröffentlichung betrifft damit ganz entscheidend die Beziehung des Urhebers zu seinem Werk.[196] Auf den Schutz dieser Beziehung zielt das Urheberpersönlichkeitsrecht ab.[197] Gerade Werke der Baukunst befinden sich nach ihrer Errichtung meistens unübersehbar im öffentlichen Raum und sind damit besonders Zustimmung oder Kritik ausgesetzt.

In den USA existiert auf nationaler Ebene kein vergleichbares kodifiziertes *moral right.* Im *Visual Artists Rights Act* von 1990 wurden nur *moral rights* in Bezug auf das Recht auf Anerkennung der Urheberschaft (*attribution right*) und das Recht auf Werkintegrität (*integrity right*) in § 106A C. A. geschaffen.[198] Auf einzelstaatlicher Ebene findet sich zwar im Staat New York in § 14.03. Nr. 1 N.Y. Arts & Cult. Aff. L. eine Regelung nach der auch die Veröffentlichung eines von einem anderen als dem Urheber veränderten Werkes der bildenden Kunst als Werk des Urhebers unzulässig ist. Dabei liegt jedoch der Schwerpunkt eher auf dem Schutz des Rechts auf Anerkennung der Urheberschaft.

In Bezug auf architektonische Werke im Sinne des § 102 (a) (8) C. A. und architektonische Pläne im Sinne des § 102 (a) (5) C. A. sind die Regelungen des *VARA* und der einzelstaatlichen Gesetze zu *moral rights* jedoch ohnehin nicht von Bedeutung, da keines dieser Gesetze architektonische Werke oder Pläne als Werke der bildenden

---

[196] Siehe dazu unter E.II.1.b.

[197] Siehe dazu unter E.II.1.a.

[198] Siehe § 106A (a) C. A.

Kunst ansieht.[199] In der Entscheidung *Harper & Row v. Nation Enterprises*, stellt der *Supreme Court* fest, dass unter normalen Umständen das Recht des Urhebers auf die erste Veröffentlichung als Ausfluss des Verbreitungsrechts nach § 106 (3) C. A. den *fair use* Einwand überwiegt.[200] Daraus auf die Existenz eines dem Veröffentlichungsrecht in § 12 UrhG vergleichbaren *moral right* zu schließen[201], verkennt jedoch die Natur der deutschen Urheberpersönlichkeitsrechte.

Auch das Veröffentlichungsrecht nach § 12 UrhG ist in seinem Kern unübertragbar und unverzichtbar.[202] Die in § 106 C. A. geregelten ausschließlichen Rechte und damit auch das Verbreitungsrecht nach § 106 (3) C. A. sind dagegen ohne Einschränkung übertragbar, § 201 (d) (2) C. A. und erst recht verzichtbar.

b. Das Recht auf Anerkennung der Urheberschaft

Auch das Recht des Urhebers, seine Urheberschaft am Werk nach außen hin zu dokumentieren, das in Deutschland in § 13 UrhG seinen Niederschlag gefunden hat, existiert für die Urheber architektonischer Werke und Pläne in den USA zumindest nach *Copyright Law* nicht, da diese Werkarten, wie bereits erwähnt, von der nationalen und einzelstaatlichen Gesetzgebung zu *moral rights* nicht als Werke der bildenden Kunst im Sinne dieser Gesetze angesehen werden. In anderen Bereichen des US-Rechts existieren jedoch zum Teil Vorschriften und Rechtsinstitute, die von den Gerichten so ausgelegt werden, dass Urhebern Rechte mit ähnlichem Inhalt wie bei *moral rights* zugesprochen werden. Schon vor dem Beitritt der USA zur Berner Union wurde vom Kongress immer wieder betont, dass ein dem Standard der RBÜ vergleichbarer Schutz von *moral rights* bereits vorhanden sei, wenn man das gesamte US-Recht in Betracht ziehe.[203] Aus dem Bereich des nationalen Marken- und Wettbewerbsrecht wird hier § 43 (a) *Lanham Act* herangezogen, für dessen Anwendbarkeit die Schutzvoraussetzungen des *Copyright Act* nicht gegeben sein müssen. Setzt jemand seinen

---

[199] Siehe unter E.II.2.a.aa.(1), bb.

[200] *Harper & Row v. Nation Enterprises*, 471 U.S. 539, 552 (1985) = GRUR Int. 1986, 275 – *Ford – Memoiren*.

[201] So zumindest *Nimmer*, On Copyright, Bd. 3, § 8D.05 [A], Seite 8D-58 in Bezug auf das französische „*droit de divulgation*".

[202] *Schricker-Dietz*, Urheberrecht, Vor §§ 12 ff., Rdnr. 27, 28.

[203] Siehe dazu unter E.II.2.a.aa.(1).

eigenen Namen an die Stelle des Namens des Architektenurhebers auf dessen Pläne, so liegt eine Verletzung des § 43 (a) *Lanham Act* vor, da dann bezüglich der Herkunft der Pläne und damit auch des architektonischen Werkes eine Verwechslungsgefahr besteht.[204] Inwieweit dies auch für architektonische Werke gilt, die verändert worden sind, wird von den US-Gerichten unterschiedlich beurteilt. Beispielsweise wurde § 43 (a) *Lanham Act* nicht als verletzt angesehen, weil es an der *substantial similarity* der Nachschöpfung im Sinne des *Copyright Law* fehlte.[205] Ein Architektenurheber kann sich aber nach § 43 (a) *Lanham Act* auch dagegen wehren, dass er als Urheber eines Werkes bezeichnet wird, das er überhaupt nicht oder nicht in der dargestellten Art und Weise geschaffen hat.[206]

Weiterhin besteht auch für Urheber die Möglichkeit wegen unerlaubter Handlung (*Law of Torts*) auf einzelstaatlicher Ebene dagegen vorzugehen, dass er mit einem Werk in Verbindung gebracht wird, das er nicht oder nicht so geschaffen hat. Kommt dies einer Rufschädigung gleich, so kann er sich auf Beleidigung (*defamation*) berufen.[207] Das muss auch für einen Architekten gelten, der z. B. einen Ruf als Verfechter der modernen Architektur hat und fälschlicherweise als Urheber eines historisierenden Gebäudes bezeichnet wird. Eine weitere Schutzmöglichkeit aus dem Bereich der unerlaubten Handlungen ist eine Klage wegen Verletzung des *Rights of Privacy*, das auch dann einschlägig ist, wenn jemand in der Öffentlichkeit in einem falschen Licht dargestellt wird. Das muss auch für einen Architekten gelten, wenn dieser als Urheber eines Werkes bezeichnet wird, das er nicht geschaffen hat.[208]

Im Vergleich zur deutschen Regelung in § 13 UrhG, wo alle Aspekte des Rechts auf Anerkennung der Urheberschaft einheitlich geregelt werden, stellt sich die Rechtslage in den USA in Bezug auf architektonische Werke und Pläne wie ein Flickenteppich dar. Zum Teil müssen dort bestimmte Voraussetzungen gegeben sein, wie Auswirkungen auf den Handel zwischen Einzelstaaten bei § 43 (a) *Lanham Act* oder eine Rufschädigung wie bei der *defamation*, die mit dem *Copyright Law* nichts zu tun haben.

---

[204] *Johnson v. Jones*, 149 F.3d 494, 503 (6th Cir. 1998), siehe dazu unter E.II.2.b.aa.(1).

[205] *Attia v. Society of the New York Hosp.*, 201 F.3d 50, 59/60 (2nd Cir. 1999).

[206] Siehe dazu unter E.II.2.b.aa.(1).

[207] Siehe dazu unter E.II.2.b.(2)(a).

[208] Siehe dazu unter E.II.2.b.(2)(b).

Diese Rechte dienen der Abwehr von Beeinträchtigungen und sind nicht auf den Schutz der Beziehung zwischen dem Urheber und seinem Werke zugeschnitten. Schließlich gibt es in den USA kein Recht des Urhebers, sein Werk mit einer Urheberbezeichnung zu versehen und diese Bezeichnung auch zu bestimmen, so wie es in § 13 S. 2 UrhG geregelt ist. Ein Architekt kann danach an seinem Werk der Baukunst eine Tafel anbringen lassen, auf der sein Name geschrieben steht. Dieses Recht kann auch nicht durch eine bestimmte Branchenübung – bei Architekten ist es grundsätzlich nicht üblich, solche Urheberbezeichnungen anzubringen – ausgeschlossen werden, lediglich der Umfang dieses Rechts kann nach einer Interessenabwägung nur dahingehend beschränkt werden, dass die Art der Bezeichnung nicht zu auffällig und reklamehaft ist.[209]

c. Das Recht auf Werkintegrität

Die größte Diskrepanz zwischen dem Schutz von architektonischen Schöpfungen durch Urheberpersönlichkeitsrechte und *moral rights* zeigt sich beim Recht auf Werkintegrität. Nach deutschem Urheberrecht hat der Schutz vor Beeinträchtigungen nach §§ 14, 39 UrhG für Werke der Baukunst die größte Bedeutung. Dabei ist in einer dreistufigen Prüfung zu ermitteln, ob eine Beeinträchtigung im Sinne der §§ 14, 39 UrhG vorliegt, ob eine solche Beeinträchtigung geeignet ist, die Interessen des Urhebers zu gefährden und innerhalb einer Interessenabwägung, ob die Interessen des Urhebers die Interessen des Eigentümers des Werkstücks, bei dem es sich zumeist um ein Gebäude handelt, überwiegen.[210] Bei der Interessenabwägung sind zum Beispiel die Gestaltungshöhe des Werkes der Baukunst, die Eingriffsintensität oder der Grund für die Beeinträchtigung zu berücksichtigen. Beeinträchtigungen, die aufgrund von wirtschaftlichen Erwägungen für den Gebrauchszweck des Gebäudes notwendig sind, können noch am ehesten zu einem Überwiegen der Eigentümerinteressen führen. Bei sogenannten „ästhetischen" Gründen ist dies jedoch nicht der Fall.[211] Die Vernichtung eines Gebäudes führt zwar nach überwiegender Ansicht nicht zu einer Verletzung der

---

[209] BGH GRUR 1995, 671, 673 – *Namensnennungsrecht des Architekten*.

[210] Siehe dazu unter E.II.1.b.cc.(2).

[211] Siehe dazu unter E.II.1.b.cc.(3)(a), (b).

§§ 14, 39 UrhG, zumindest die Teilvernichtung ist jedoch bereits von einem Gericht als solche Beeinträchtigung angesehen worden.[212]

Aufgrund der eindeutigen Regelung in § 120 (b) C. A., nach der die Änderung und Zerstörung von Gebäuden, die architektonische Werke verkörpern, ohne Zustimmung des Urhebers zulässig ist, bleibt kein Raum mehr für ein Recht auf Werkintegrität. Diese Regelung, die zeigt, dass der Kongress die Interessen der Gebäudeeigentümer höher bewertet als die der Urheber, genießt in den USA auch breite Zustimmung. Sogar die Standesvertreter der Architektenschaft plädierten gegen ein Recht der Architektenurheber auf Werkintegrität.[213] Auch eine Umgehung des § 120 (b) C. A. durch einzelstaatliches *Law of Torts* ist nicht möglich, da aufgrund der klaren Absichten des Kongresses § 120 (b) C. A. entgegenstehendes einzelstaatliches Recht ausschließt.[214]

d. Zusammenfassung

Ein durch das Urheberpersönlichkeitsrecht im weiteren Sinne gewährter vergleichbarer Schutz, wie er sich im Zugangsrecht des § 25 UrhG auch für Werke der Baukunst äußert, existiert im *US-Copyright Law* nicht. Insgesamt ist also ein dem deutschen Urheberpersönlichkeitsrecht vergleichbarer Schutz im Fall des Veröffentlichungsrechts und des Rechts auf Anerkennung der Urheberschaft in den USA zwar auf Umwegen über das nationale Markenrecht und das einzelstaatliche *Law of Torts* möglich, weist aber zum Teil Schutzlücken auf und ist im Gegensatz zum Urheberpersönlichkeitsrecht auch verzichtbar. Ein Recht auf Werkintegrität, das in Deutschland für Werke der Baukunst große Bedeutung hat, existiert für *architectural works* in der USA überhaupt nicht.

Dieser unterschiedliche Schutzumfang liegt in den unterschiedlichen Traditionen des Schutzes der geistig-schöpferischen Leistung von Künstlern begründet. Nach der deutschen monistischen Theorie, auf der das Urheberrechtsgesetz von 1965 aufbaut, setzt sich das einheitliche Urheberrecht gerade aus den Verwertungsrechten und dem Urheberpersönlichkeitsrecht zusammen. Außerdem sind die urheberpersönlichkeits-

---

[212] OLG München GRUR-RR 2001, 177 – *Kirchenschiff.*

[213] Siehe dazu unter E.II.2.a.bb.(1).

[214] Siehe dazu unter E.II.2.a.bb.(2).

rechtlichen Elemente des Urheberrechts schon seit dem Ende des 19. Jahrhunderts anerkannt.[215] Das *US-Copyright Law* kannte dagegen lange überhaupt keine *moral rights*, allein die Verwertung des *copyright* wurde im *Copyright Act* geregelt. Dies ist auch durchaus konsequent, da nach der US-Verfassung vor allem die Bereicherung der Allgemeinheit durch eine möglichst zahlreiche Herstellung und weite Verbreitung von Werken im Mittelpunkt stehen soll. Dass sich auch die seit Inkrafttreten des *VARA* geltenden *moral rights* noch wesentlich von den deutschen Urheberpersönlichkeitsrechten unterscheiden zeigt sich schon daran, dass sie zwar nicht übertragbar, aber verzichtbar sind, solange dieser Verzicht in Schriftform erfolgt, § 106A (e) (1) C. A. Bei architektonischen Werken spielt sicher auch eine Rolle, dass schon die Einführung der neuen Werkkategorie in § 102 (a) (8) C. A. sehr spät und vor allem aufgrund des Beitritts zur Berner Union vorgenommen wurde. Den Architektenurhebern darüber hinaus auch noch *moral rights* zu gewähren, erschien den Kongressabgeordneten wohl zu viel des Guten.

---

[215] Siehe dazu unter C.I.1.b., d.aa.

F. Schluss: Zusammenfassung und Ausblick

Als Gesamtresümee ist festzustellen, dass der Schutz von baulichen Schöpfungen durch das deutsche Urheberrecht wesentlich umfangreicher ist als durch das *US-Copyright Law*.

Der Schutz von baulichen Schöpfungen setzte in Deutschland viel früher ein als in den USA. Gemeinsam ist der Entwicklung in beiden Ländern, dass sowohl architektonische Pläne als auch Werke der Baukunst bzw. *architectural works* viel später als Schriftwerke geschützt wurden. Außerdem wurden sowohl in Deutschland als auch in den USA architektonische Pläne viel früher als Werke der Baukunst bzw. *architectural works* als schutzfähig angesehen. Während architektonische Pläne zuerst in Preußen im Jahr 1837 und ab 1870 im Norddeutschen Bund bzw. ab 1871 im gesamten Deutschen Reich Schutz erlangen konnten, sah erst der *Copyright Act* von 1909 einen vergleichbaren Schutz vor. Bei Werken der Baukunst bzw. *architectural works* ist die Diskrepanz noch größer. Werke der Baukunst wurden in Deutschland im Jahr 1907, ein Jahr vor Aufnahme von Werken der Baukunst in die RBÜ, als neue Werkart in das KUG eingeführt, in den USA geschah dies erst im Jahr 1990 durch den *Architectural Works Copyright Protection Act* (*AWCPA*). War dies in Deutschland auf Druck der einheimischen Architektenschaft und der Urheberrechtler geschehen, so reagierte der Gesetzgeber in den USA damit auf den Beitritt dieses Landes zur Berner Union im Jahr 1989. Der Einführung der neuen Werkart aus eigener Überzeugung und eigenem Antrieb in Deutschland steht damit die mehr oder weniger von außen aufgezwungene Anpassung des *Copyright Act* aufgrund eines völkerrechtlichen Vertrages, der RBÜ, gegenüber. Vor allem die Architekten in den USA haben sich diesbezüglich wenig engagiert.

Die Anzahl und Bandbreite von Schöpfungen, die als Werke der Baukunst nach § 2 Abs. 1 Nr. 4 UrhG in Frage kommen, ist größer als bei *architectural works* in § 102 (a) (8) C. A. Als Werke der Baukunst kommen neben Gebäuden und anderen baulichen Konstruktionen wie Brücken und Türmen auch Innenraumgestaltungen, soweit sie überwiegend aus fest mit dem Gebäude verbundenen Bestandteilen bestehen, sowie Gartengestaltungen in Frage. Als *architectural work* kommt nach der entsprechenden Definition in § 101 C. A. nur die Gestaltung eines Gebäudes (*building*) in Frage. Nach dem Willen des Kongresses sollen Brücken oder andere Elemente des nationalen Verkehrssystems keinen Copyrightschutz erhalten können. Außerdem fällt die Gestaltung von Gartenanlagen und Parks nicht unter *architectural work* und ist damit nicht schutzfähig. Die Frage, ob ein Werk der Baukunst fest mit dem Boden verbunden sein muss, lässt sich in den USA allerdings einfacher beantworten als in Deutschland. Diese Voraussetzung ergibt sich eindeutig aus den Verwaltungsvorschriften des *Copyright Office*. In Deutschland haben sich jedoch weder Gesetzgeber noch Rechtsprechung eindeutig dazu geäußert. Aus der Untersuchung der Sondervorschriften für Werke der Baukunst kann man aber schließen, dass auch Werke der Baukunst unbeweglich und damit fest mit dem Boden verbunden sein müssen.

Relativ gering sind die Unterschiede bei den speziellen Schutzvoraussetzungen für Werke der Baukunst bzw. *architectural works*. Beim wichtigsten Kriterium, der Individualität bzw. *originality* wird nach deutschem Urheberrecht ein relativ höheres Maß gefordert als nach *US-Copyright Law*. Die Individualität ist dann gegeben, wenn die Schöpfung aus dem alltäglichen Bauschaffen herausragt, die *originality* jedoch schon dann, wenn kein Kopieren vorliegt und nur ein minimaler kreativer Anteil vorhanden ist. Eine bauliche Schöpfung kann daher leichter Copyrightschutz in den USA als Urheberrechtsschutz in Deutschland erlangen. Die Gerichte haben sich daher mit der *originality* bei architektonischen Werken nur oberflächlich befasst. Ein Grund dafür ist sicher auch, dass das Registrierungszertifikat des *Copyright Office* – die Registrierung eines Werkes beim *Copyright Office* ist Voraussetzung für die Zulässigkeit einer Copyrightverletzungsklage – gemäß § 410 (c) C. A. im Prozess einen Anscheinsbeweis auch für das Vorliegen der *originality* darstellt. Aufgrund der höheren Schutzschwelle nach deutschem Urheberrecht tut sich die deutsche Rechtsprechung schwer, einheitliche, objektivierbare Kriterien zu etablieren, die dazu beitragen, willkürliche Geschmacksentscheidungen auszuschließen. In der vom Reichsgericht aufgestellten und vom BGH übernommenen Definition von bildender Kunst tauchen Begriffe wie „ästhetisch“, „Kunst“ oder „kunstverständiger Laie“ auf. Diese Begriffe lassen sich jedoch nicht eindeutig eingrenzen und objektivieren. Der BGH geht zwar mit gutem Beispiel voran, indem er diese althergebrachte Kunstdefinition nicht mehr auf Werke der Baukunst anwendet, die untergeordneten Gerichte sind dem aber bis jetzt leider nur teilweise gefolgt. Für die Zukunft bleibt zu hoffen, dass sich diese Gerichte, auch was die genaue Untersuchung der streitgegenständlichen baulichen Schöpfungen anbelangt, mehr am BGH orientieren.

Sowohl in Deutschland als auch in den USA muss man zwischen dem Schutz von Werken der Baukunst bzw. *architectural works* und dem Schutz von architektonischen Plänen unterscheiden. Bei Werken der Baukunst nach § 2 Abs. 1 Nr. 4 UrhG ist das

Werk als immaterielles Gut geschützt. Dabei kann es in allen möglichen Gegenständen verkörpert sein, z. B. in einem Plan oder in einem Gebäude. Das Werk selbst muss die Schutzvoraussetzungen wie z. B. die notwendige Individualität, erfüllen. Bei dem Schutz eines architektonischen Plans als Darstellung technischer Art nach § 2 Abs. 1 Nr. 7 UrhG kommt es jedoch auf die Art der Darstellung an, wie z. B. die Verwendung von Farben, Perspektiven und graphischen Elementen. Nicht der dargestellte Gegenstand, sondern die Darstellung als solche muss die Schutzvoraussetzungen erfüllen. In den USA existiert keine vergleichbar klare und eindeutige Abgrenzung zwischen dem Schutz von architektonischen Werken und Plänen. Bei der Prüfung der *originality* von architektonischen Plänen im Sinne des § 102 (a) (5) C. A. wird von den Gerichten seit Geltung des *Copyright Act* von 1909 fast durchgehend auf die dargestellte bauliche Schöpfung abgestellt. Nur zwei Entscheidungen befassten sich mit der Art der Darstellung, dem sogenannten *format*, und sahen auch diese als schutzfähig an. Seit 1990 spielt der Schutz von architektonischen Plänen nach § 102 (a) (5) C. A. aber nur noch eine untergeordnete Rolle. Erfüllt das dargestellte Gebäude die Schutzvoraussetzungen, so ist es nunmehr als architektonisches Werk nach § 102 (a) (8) C. A. und damit viel umfassender geschützt. Der Schutz als architektonischer Plan nach § 102 (a) (5) C. A. kann nur dann eigenständige Bedeutung erlangen, wenn nicht das dargestellte Gebäude, sondern nur die Art der Darstellung die Schutzvoraussetzungen erfüllt. Im US-amerikanischen Schrifttum und der Rechtsprechung ist dies aber noch nicht diskutiert worden.

Im Rahmen des Schutzes von architektonischen Plänen und Werken spielen zwei Besonderheiten des *US-Copyright Law* eine Rolle, die im deutschen Urheberrecht nicht vorkommen. Zum einen galt bis zum Inkrafttreten des *Copyright Act* von 1976 und etwas abgemildert bis zum Inkrafttreten des *Berne Convention Implementation Act* im Jahr 1989, dass ein schutzfähiger architektonischer Plan gemeinfrei wurde, wenn zum Zeitpunkt der Veröffentlichung kein Copyrightvermerk auf jedem Werkstück angebracht war. Erst aufgrund des Beitritts zur Berner Union wurde der Copyrightvermerk als unabdingbare formelle Schutzvoraussetzung abgeschafft. Den urheberrechtlichen Schutz an formelle Voraussetzungen zu knüpfen, ist dem deutschen Urheberrecht völlig fremd, da dies nicht mit der naturrechtlichen Konzeption vereinbar ist. Im Gegensatz zu den formellen Schutzvoraussetzungen spielt die *useful article* Doktrin im *US-Copyright Law* bis heute eine wichtige Rolle. Nach dieser für Werke der bildenden Kunst nach § 102 (a) (5) C. A. geltenden Doktrin wird die Gestaltung eines

Gebrauchsgegenstandes nur dann und in dem Ausmaß als Werk im Sinne des § 102 (a) (5) C. A. angesehen, als diese Gestaltung Elemente der Malerei, Graphik oder Bildhauerei aufweist, die von den gebrauchsbezogenen Elementen des Gegenstandes getrennt identifiziert werden können und davon unabhängig existieren können. Da Gebäude im allgemeinen einen Gebrauchszweck erfüllen, wie z. B. als Wohnung, Arbeitsstätte oder Aufenthaltsort für Menschen zu dienen, wurden sie seit jeher einhellig als Gebrauchsgegenstände angesehen, mit der Folge, dass ihr Schutz an der *useful article* Doktrin scheiterte. Die Befürchtungen im US-Schrifttum, dass der vom Kongress bei Verabschiedung des *AWCPA* vorgeschlagene Zwei-Stufen-Test die *useful article* Doktrin durch die Hintertür auch für die neugeschaffene Werkkategorie *architectural works* einführen könnte, haben sich nicht bestätigt. Im deutschen Urheberrecht stellt der Gebrauchszweck eines Gebäude kein Hindernis für dessen Schutz dar. Entscheidend ist allein, dass die Schutzvoraussetzungen des § 2 Abs. 2 UrhG gegeben sind.

Bei der Verletzung der zur Verwertung des Werkes der Baukunst bzw. *architectural work* bestimmten ausschließlichen Rechte zeigen sich vor allem Verschiedenheiten, die auf die unterschiedliche Systematik des *US-Copyright Act* und des deutschen Urheberrechtsgesetzes zurückzuführen sind. Im deutschen Urheberrecht bereitet die Frage, ob das Vervielfältigungsrecht nach §§ 15 Abs. 1 Nr. 1, 16 UrhG verletzt wurde vor allem im Rahmen der Abgrenzung von freier Benutzung, § 24 UrhG und abhängiger Umgestaltung, § 23 UrhG, Schwierigkeiten. In den USA muss ein Kopieren, das durch den Nachweis des Zugangs zu dem benutzten Werk bewiesen werden kann und die *substantial similarity* gegeben sein, damit eine Verletzung des Vervielfältigungsrechts gem. § 106 (1) oder des Bearbeitungsrechts gem. § 106 (2) C. A. vorliegt. Zur Feststellung der *substantial similarity* hat sich eine Vielzahl von Tests entwickelt, die mehr oder weniger zu einer Lösung dieser Frage beitragen. Leider hat sich seit 1990 in der US-Rechtsprechung noch kein Test entwickelt, der den Besonderheiten von Werken der Baukunst gerecht wird. Lediglich in der Literatur wurde ein solcher Test vorgeschlagen, der sich an den in *Computer Associates International, Inc. v. Altai, Inc.* ausgearbeiteten Test anlehnt. Der Test hat aber noch keinen Eingang in die Rechtsprechung in Bezug auf architektonische Werke gefunden. Nach der Untersuchung der zur Verletzung der Verwertungsrechte ergangenen deutschen und US-amerikanischen Entscheidungen kann man feststellen, dass das Ergebnis um so nachvollziehbarer ist, je detaillierter und eingehender die baulichen Schöpfungen untersucht werden. Gerade bei dieser Art von Schöpfungen, die sich aus vielen gestalterischen Elementen zusammensetzen können, ist eine genaue Analyse unabdingbar. In den USA machen es sich die Gerichte oft sehr einfach, in dem sie nach dem *Ordinary Observer Test* einfach aus der Sicht des durchschnittlichen Beobachters beurteilen, ob die *substantial similarity* gegeben ist. Solche Entscheidungen wirken willkürlich und nicht nachvollziehbar.

Eine stillschweigende Einräumung von Nutzungsrechten nach deutschem Urheberrecht bzw. nicht ausschließlichen Lizenzen nach *US-Copyright Law* kann eine Verletzung von Verwertungsrechten ausschließen. In Deutschland muss man dabei nach dem Inhalt des Architektenvertrages und den begleitenden Umständen differenzieren. Nach der Zweckübertragungstheorie, § 31 Abs. 5 UrhG, bestimmt sich der Umfang der Einräumung nach dem Vertragszweck. Nur wenn in einem Architektenvertrag die Leistungsphasen 1 – 4 des § 15 Abs. 2 HOAI vereinbart wurden und der Architekt auch nie Aussicht auf die Errichtung des Werkes unter seiner Leitung hatte, ist von einer Übertragung des Vervielfältigungsrechts auszugehen. In den USA wird diese Problematik nach dem allgemeinen Vertragsrecht, das zumeist einzelstaatliches *Common Law* ist, entschieden. Dabei kommt es darauf an, ob in dem jeweiligen Einzelfall äußere Umstände erkennbar sind, die darauf schließen lassen, dass der Copyrightinhaber eine nicht ausschließliche Lizenz einräumen wollte.

Sowohl in Deutschland als auch in den USA existieren Regelungen, die bildliche Darstellungen von Werken der Baukunst bzw. *architectural works*, die in öffentlich sichtbaren Werkstücken verkörpert sind, zulassen, § 59 UrhG bzw. § 120 (a) C. A. Dabei gilt § 59 UrhG im Gegensatz zu § 120 (a) C. A. nicht nur für Werke der Baukunst. Dadurch ist in den USA die Problematik entstanden, ob § 120 (a) C. A. auch für Werke der bildenden Kunst gilt, die mit einem architektonischen Werk verbunden sind. Nach Ansicht eines damit befassten Berufungsgerichts sei dies nur dann der Fall, wenn das Werk der bildenden Kunst als Teil des architektonischen Werkes anzusehen sei. Die einleuchtendere Gegenansicht spricht sich demgegenüber gegen die Einschränkung der Rechte von bildenden Künstlern und für die Anwendung des *Separability Test*, der im Rahmen der *useful article* Doktrin eine Rolle spielt, aus.

Die größte Diskrepanz beim Schutz baulicher Schöpfungen zeigt sich beim Vergleich der Urheberpersönlichkeitsrechte mit den *moral rights*, die Urhebern von Werken der Baukunst bzw. *architectural works* zustehen. Hier zeigt sich auch der elementare Unterschied in der Konzeption des deutschen Urheberrechts im Vergleich zum *US-Copyright Law*. Die Urheber von Werken der Baukunst genießen in Deutschland die volle Bandbreite der Urheberpersönlichkeitsrechte, d. h. das Erstveröffentlichungsrecht, das Recht auf Anerkennung der Urheberschaft und das Recht auf Werkintegrität. In den USA wurden jedoch auf bundesstaatlicher Ebene erst 1990 *moral rights* für bestimmte Werke der bildenden Kunst (*works of visual art*) eingeführt, die aber auf architektonische Werke nicht anwendbar sind. Auch die immer wieder angeführte Möglichkeit eines äquivalenten Schutzes durch andere Normen des US-Rechts vermag nicht zu überzeugen, da die Schutzrichtung eine andere ist und diese Rechte auch abdingbar sind. Hinzu kommt, dass in § 120 (b) C. A. geregelt wurde, dass der Eigentümer eines Gebäudes, das ein architektonisches Werk verkörpert, dieses ohne Zustimmung des Copyrightinhabers ändern und zerstören darf.

Dieser große Unterschied liegt letztendlich darin begründet, dass im deutschen Urheberrecht der Urheber im Mittelpunkt des Schutzes steht und zwar nach der monistischen Theorie gleichermaßen in Bezug auf die Verwertungsrechte wie auch auf die Urheberpersönlichkeitsrechte. Da nach der US-Verfassung der Nutzen für die Allgemeinheit durch die Schaffung von möglichst vielen Werken zentrale Aufgabe des *Copyright Act* sein soll, spielen die *moral rights* konsequenterweise eine geringere Rolle. Es kommt hier vor allem darauf an, für die Urheber einen wirtschaftlichen Anreiz zum schöpferischen Tätigwerden in Form eines *copyright* zu schaffen. Bei Werken der Baukunst bzw. *architectural works* zeigt sich nun wie unter einem Brennglas, welche Auswirkungen diese unterschiedlichen Schutzrichtungen haben. Aufgrund der viel geringeren wirtschaftlichen Bedeutung des Urheberrechts bzw. *copyright* an Werken der Baukunst bzw. *architectural works* im Vergleich zu anderen Werkarten, genießen deren Urheber in den USA folglich einen geringeren Schutz als in Deutschland, da es damit des Anreizes durch ein *copyright* zur Schaffung von architektonischen Werken in einem geringeren Umfang bedarf als bei anderen Werkarten.

Literaturverzeichnis

Alexander-Katz, Paul, Die geistige Arbeit der deutschen Architekten und Ingenieure und ihr Rechtsschutz, Berlin, 1896.

Allfeld, Philipp, Kommentar zu dem Gesetze betreffend das Urheberrecht an Werken der bildenden Künste und der Photographie vom 9. Januar 1907, München, 1908.
(zitiert als: *Allfeld*, Kommentar zum KUG)

Allfeld, Philipp, Kommentar zu den Gesetzen vom 19. Januar 1901 betreffend das Urheberrecht an Werken der Literatur und der Tonkunst und über das Verlagsrecht, München, 1902.
(zitiert als: *Allfeld*, Kommentar zum LUG)

Altman, Louis, Copyright on Architectural Works, 33 IDEA 1, 36.

Ball, Horace G., The Law of Copyright and Literary Property, Albany, 1944.

Baumgarten, Jon A./Meyer, Christopher A., Die Bedeutung des Beitritts der USA zur Berner Übereinkunft, GRUR Int. 1989, 620 – 627.

Becker, Lawrence C., Deserving to Own Intellectual Property, 68 Chicago-Kent Law Review 609 – 629 (1993).

Beigel, Herbert, Urheberrecht des Architekten – Erläuterungen an Hand der Rechtsprechung, Berlin, 1984.
(zitiert als: *Beigel*, Das Urheberrecht des Architekten).

Bielenberg, Anmerkung zu BGH GRUR 1973, 663 – *Wählamt*, GRUR 1973, 666 – 667.

Bodewig, Theo, Urhebervertragsrecht in ausgewählten Ländern, USA, in: *Beier, Freidrich-Karl/Götting, Horst-Peter/Lehmann, Michael/Moufang, Rainer* (Hrsg.), Urhebervertragsrecht, Festgabe für Gerhard Schricker zum 60. Geburtstag, München, 1995, 833 – 883.
(zitiert als: *Bodewig*, Urhebervertragsrecht in den USA)

Brainard, Elizabeth A., Innovation and Imitation, Artistic Advance and the Legal Protection of Architectural Works, 70 Cornell Law Review 81 – 100 (1984).

Brockhaus, Die Enzyklopädie, 20. Auflage, Leipzig, 1996.

Bucher, James Bingham, Reinforcing the Foundation, The Case Against Copyright Protection for Works of Architecture, 39 Emory Law Journal, 1261 - 1292 (1990).

Chafee, Zechariah Jr., Reflections on the Law of Copyright: I, 45 Columbia Law Review 503 – 529 (1945).

Chakraborty, Martin, Das Rechtsinstitut der freien Benutzung im Urheberrecht, Baden-Baden, 1997.

Cohen, Amy B., Masking Copyright Decisionmaking: The Meaninglessness of Substantial Similarity, 20 U. C. Davis Law Review 719 – 767 (1987).

Copyright in Works of Architecture, A Report of the Register of Copyrights, Washington, 1989.
(zitiert als: Report of the Register of Copyrights on Works of Architecture)

Damich, Edward J., The Right of Personality: A Common-Law Basis for the Protection of the Moral Rights of Authors, 23 Georgia Law Review 1 – 92 (1988).

Damich, Edward, J., The New York Artists' Authorship Rights Act: A Comparative Critique, 84 Columbia Law Review 1733 – 1756 (1984).

Depenbrock, Franz Herrmann/Vogler, Oskar, Honorarordnung für Architekten und Ingenieure, Text mit amtlicher Begründung und Anmerkungen, Köln, 1995.

DeWolf, Richard C., An Outline of Copyricht Law, Boston, 1925.

Dietz, Adolf, Die USA und das "droit moral": Idiosynkrasie oder Annäherung?, GRUR Int. 1989, 627 - 634 .

Dreier, Thomas, Anmerkung zu BGH GRUR 1989, 416 – *Bauaußenkante*, in: *Schulze, Erich* (Hrsg.), Rechtsprechung zum Urheberrecht, BGHZ 393, 8 – 12.

Dremann, Christopher C., Copyright Protection for Architectural Works, 23 AIPLA Quarterly Journal 325 - 360 (1995).

Eichmann, Helmut/von Falckenstein, Roland, Geschmacksmustergesetz, Kommentar, 2. Auflage, München, 1997.

Endemann, Wilhelm, Das Gesetz, betreffend das Urheberrecht an Schriftwerken, Abbildungen, musikalischen Kompositionen und dramatischen Werken, Berlin, 1871.
(zitiert als: *Endemann*, Gesetz von 1870)

Erdmann, Willi, Sacheigentum und Urheberrecht, in: *Erdmann, Willi/Gloy, Wolfgang/Herber, Rolf* (Hrsg.), Festschrift für Henning Piper zum 65. Geburtstag, München, 1996, 655 – 677.
(zitiert als: *Erdmann*, Sacheigentum und Urheberrecht, in: Festschrift Piper)

Erdmann, Willi, Schutz der Kunst im Urheberrecht, in: *Erdmann, Willi* (Hrsg.), Festschrift für Otto Friedrich Frhr. von Gamm, Köln, 1990, 389 – 404.
(zitiert als: *Erdmann*, Schutz der Kunst im Urheberrecht, in: Festschrift von Gamm)

Ernst, Stefan, *Zur* Panoramafreiheit des Urheberrechts, ZUM 1998, 475 – 481.

Farnsworth, Allan E., An Introduction to the Legal System of the United States, New York, 1983.

Final Report of the Ad Hoc Working Group on U.S. Adherence to the Berne Convention, 10 Columbia-VLA Journal of Law & the Arts 513 – 613 (1985-86).
(zitiert als: Final Report on U.S. Adherence to the Berne Convention)

Fine, Toni M., American Legal Systems: A Resource and Reference Guide, 4. Auflage, Cincinnati, 1999.

Franz, Eckhard, Der Werkbegriff der Berner Übereinkunft zum Schutz von Werken der
Literatur und Kunst, Baden-Baden 1993.
(zitiert als: *Franz*, Der Werkbegriff der Berner Übereinkunft)

Fromm, Friedrich Karl/Nordemann, Wilhelm (Hrsg.), Urheberrecht, Kommentar, 9. Auflage, Stuttgart, 1998.
(zitiert als: *Fromm/Nordemann-Verfasser*, Urheberrecht)

Von Gamm, Otto Friedrich Frhr., Urheberrechtsgesetz, Kommentar, München, 1968.

Von Gamm, Otto Friedrich Frhr., Der Architekt und sein Recht, BauR 1982, 97 – 121.

Von Gamm, Otto Friedrich Frhr., Geschmacksmustergesetz, 2. Auflage, München, 1989.

Garner, Bryan A., Black's Law Dictionary, 7. Auflage, St. Paul, Minnesota, 1999.

Gerlach, Johann W., Das Urheberrecht des Architekten und die Einräumung von Nutzungsrechten nach dem Architektenvertrag, GRUR 1976, 613 – 630.

Gerschel, Alfred, Faustregeln für die Nennung von Architekten, ZUM 1990, 349 – 351.

Gerstenberg, Ekkehard, Anmerkung zu BGH GRUR 1973, 663 – *Wählamt*, in: *Schulze, Erich* (Hrsg.), Rechtsprechung zum Urheberrecht, BGHZ 206, 14 – 15.

Gerstenberg, Ekkehard, Anmerkung zu BGH GRUR 1975, 445 - *Wohnhausneubau*, in: *Schulze, Erich* (Hrsg.), Rechtsprechung zum Urheberrecht, BGHZ 224, 6 – 7.

Gerstenberg, Ekkehard, Anmerkung zu BGH GRUR 1975, 500 – *Schloss Tegel*, GRUR 1975, 502.

Gerstenberg, Ekkehard, Anmerkung zu BGH GRUR 1980, 853 – *Architektenwechsel*, in: *Schulze, Erich* (Hrsg.), Rechtsprechung zum Urheberrecht, BGHZ 268, 7 – 8.

Gerstenberg, Ekkehard, Anmerkung zu BGH GRUR 1982, 107 – *Kirchen-Innenraumgestaltung*, in: *Schulze, Erich (Hrsg.)*, Rechtsprechung zum Urheberrecht, BGHZ 302, 14 – 15.

Gerstenberg, Ekkehard, Anmerkung zum Urteil des LG Berlin vom 30.10.1930 – *Eden Hotel*, in: *Schulze, Erich* (Hrsg.), Rechtsprechung zum Urheberrecht, LGZ 64, 13 – 16.

Gerstenberg, Ekkehard, Anmerkung zum Urteil des LG München I vom 07.06.1977, in: *Schulze, Erich* (Hrsg.), Rechtsprechung zum Urheberrecht, LGZ 158, 8 – 9.

Gerstenberg, Ekkehard, Anmerkung zum Urteil des OLG Düsseldorf vom 30.01.1979, in: *Schulze, Erich* (Hrsg.), Rechtsprechung zum Urheberrecht, OLGZ 208, 7 – 8.

Gerstenberg, Ekkehard, Anmerkung zum Urteil des OLG Frankfurt vom 24.10.1985, in: *Schulze, Erich* (Hrsg.), Rechtsprechung zum Urheberrecht, OLGZ 286, 7 – 8.

Gerstenberg, Ekkehard, Anmerkung zum Urteil des OLG Hamburg vom 26.08.1976, in: *Schulze, Erich* (Hrsg.), Rechtsprechung zum Urheberrecht, OLGZ 174, 9 – 11.

Gerstenberg, Ekkehard, Anmerkung zum Urteil des OLG München vom 08.08.1969, in: *Schulze, Erich* (Hrsg.), Rechtsprechung zum Urheberrecht, OLGZ 96, 14 – 15.

Gerstenberg, Ekkehard, Der Begriff des Kunstwerks in der bildenden Kunst, GRUR 1963, 245 – 251.

Gerstenberg, Ekkehard, Die Urheberrechte an Werken der Kunst, der Architektur und der Photographie, München, 1968.

Gerstenberg, Ekkehard, Moderne Kunst und Urheberrecht, in: *Klaka, Reinhard* (Hrsg.), Festschrift für Senatspräsident Wilhelm Wendel, München, 1969, 89 – 97.

Gerstenberg, Ekkehard/Buddeberg, Michael, Geschmacksmustergesetz, Kommentar und Handbuch, 3. Auflage, Heidelberg, 1996.

Gerstenblith, Patty, Architect as Artist: Artists' Rights and Historic Preservation, 12 Cardozo Arts & Entertainment Law Journal 431 – 465 (1984).

Von Gierke, Cornelie, Die Freiheit des Straßenbildes (§ 59 UrhG), in: *Ahrens, Hans-Jürgen/ Bornkamm, Joachim/Gloy, Wolfgang/Starck, Joachim/von Ungern-Sternberg, Joachim* (Hrsg.), Festschrift für Willi Erdmann zum 65. Geburtstag, Köln, 2002, 103 – 115.
(zitiert als: *von Gierke*, Die Freiheit des Straßenbildes (§ 59 UrhG), in: Festschrift Erdmann)

Von Gierke, Otto, Deutsches Privatrecht, Bd. 1, Allgemeiner Teil und Personenrecht, Leipzig 1895, S. 748 – 848, Nachdruck in: UFITA 125 (1994), 103 – 200.
(zitiert als: *von Gierke*, Deutsches Privatrecht, Bd. 1)

Ginsburg, Jane C., Copyright in the 101st Congress: Commentary on the Visual Artists Rights Act and the Architectural Works Copyright Protection Act of 1990, 14 Columbia-VLA Journal of Law and the Arts 477 – 497 (1989/1990).

Goldmann, Bettina C., Die kollektive Wahrnehmung musikalischer Rechte in den USA und Deutschland, München, 2001.

Goldstein, Paul, Copyright, 2. Auflage, New York, einschließlich der Nachlieferung 2002.

Goldstein, Paul, Derivative Rights and Derivative Works in Copyright, 30 Journal of the Copyright Society of the U.S.A., 209 - 230 (1982/83).

Gordon, Wendy, An Inquiry into the Merits of Copyright: The Challenges of Consistency, Consent, and Encouragement Theory, 41 Stanford Law Review 1343 – 1446 (1989).

Gorman Robert A./Ginsburg, Jane C., Copyright for the Nineties, 4. Auflage, Charlottesville, 1993.

Gorman, Robert A., Copyright Courts and Aesthetic Judgements: Abuse or Necessity?, 25 Columbia-VLA Journal of Law & the Arts 1 – 19 (2001).

Grohmann, Hans, Das Recht des Urhebers, Entstellungen und Änderungen seines Werkes zu verhindern, Erlangen-Nürnberg, 1971.

Haberstumpf, Helmut, Handbuch des Urheberrechts, 2. Auflage, Neuwied, 2000.

Hancks, Gregory B., Copyright Protection for Architectural Design: A Conceptual and Practical Criticism, 71 Washington Law Review 177 - 203 (1996).

Haviland, David, The Building Enterprise, in: *Haviland, David* (Hrsg.), The Architect's Handbook of Professional Practice, 11. Auflage, New York, 1987, Bd. 1, § 1.1.
(zitiert als: *Haviland*, The Building Enterprise, in: The Architect's Handbook, Bd. 1, § 1.1.)

Heath, Christopher, Verwertungsverträge im Bereich der Baukunst, in: *Beier, Freidrich-Karl/Götting, Horst-Peter/Lehmann, Michael/Moufang, Rainer* (Hrsg.), Urhebervertragsrecht, Festgabe für Gerhard Schricker zum 60. Geburtstag, München, 1995, 459 – 475.
(zitiert als: *Heath*, Verwertungsverträge im Bereich der Baukunst, in: Urhebervertragsrecht)

Hereth, Franz, Urheberrechtlicher Schutz bei technischen Zeichnungen von Bauwerken oder Bauwerksteilen, NJW 1963, 2256 – 2260.

Hesse, Gerd/Korbion, Hermann/Mantscheff, Jack/Vygen, Klaus, Honorarordnung für Architekten und Ingenieure (HOAI), Kommentar, 5. Auflage, München, 1996.
(zitiert als: *Hesse/Korbion/Mantscheff/Vygen*, HOAI)

Heuer, Charles R., Contractual Issues, in: *Haviland, David* (Hrsg.), The Architect's Handbook of Professional Practice, 11. Auflage, New York, 1987, Bd. 2, § 2.2.
(zitiert als: *Heuer*, Contractual Issues, in: The Architect's Handbook, Bd. 2, § 2.2)

Hitzig, Julius Eduard, Das Königlich Preußische Gesetz vom 11. Juni 1837 zum Schutze des Eigenthums an Werken der Wissenschaft und Kunst gegen Nachdruck und Nachbildung, Berlin, 1838.

Hixon, Todd, The Architectural Works Copyright Protection Act of 1990: At Odds with the Traditional Limitations of American Copyright Law, 37 Arizona Law Review 629 – 658 (1995).
(zitiert als: *Hixon*, The AWCPA of 1990: At Odds With the Traditional Limitations of American Copyright Law)

Hörnig, Andreas, Das Bearbeitungsrecht und die Bearbeitung im Urheberrecht unter besonderer Berücksichtigung von Werken der Literatur, UFITA 99 (1985) 13 – 116.
(zitiert als: *Hörnig*, Das Bearbeitungsrecht und die Bearbeitung im Urheberrecht)

Hubmann, Heinrich, Anmerkung zu BGH GRUR 1979, 464 – *Flughafenpläne*, in: *Schulze, Erich* (Hrsg.), Rechtsprechung zum Urheberrecht, BGHZ 257, 9 - 10.

Hubmann, Heinrich, Das Persönlichkeitsrecht, 2. Auflage, Köln, 1967.

Hubmann, Heinrich, Hundert Jahre Berner Übereinkunft, Rückblick und Ausblick, UFITA 103 (1986), 5 – 29.

Hubmann, Heinrich, Immanuel Kants Urheberrechtstheorie, UFITA, Bd. 106 (1987), 145 – 154.

Hughes, Justin, The Philosophy of Intellectual Property, 77 Georgetown Law Journal 287 – 366 (1988).

Jestaedt, Matthias B., Die Zulässigkeit der Änderung von Werken der Baukunst durch den Inhaber des Nutzungsrechts nach § 39 UrhG, Gießen, 1997.

Jochem, Rudolf, HOAI, Kommentar, 4. Auflage, Wiesbaden, 1998.
(zitiert als: *Jochem*, HOAI)

Joyce,Craig /Patry, William/Leaffer, Marshall/Jaszi, Peter, Copyright Law, 4. Auflage, New York, 1988.
(zitiert als: *Joyce/Patry/Leaffer/Jaszi*, Copyright Law)

Kant, Immanuel, Von der Unrechtmäßigkeit des Büchernachdrucks, erstmals erschienen in: Berlinische Monatszeitschrift 5 (1785), 403 - 417, Nachdruck in: UFITA 106 (1987), 137 – 144.
(zitiert als: *Kant*, Von der Unrechtmäßigkeit des Büchernachdrucks)

Katz, Arthur S., Copyright Protection of Architectural Plans, Drawings and Designs, 19 Law and Contemporary Problems 224 – 253 (1954).

Keeton, W. Page (Hrsg.), Prosser and Keeton on the Law of Torts, 5. Auflage, St. Paul., Minnesota, 1984.
(zitiert als: *Prosser/Keeton*, The Law of Torts)

Kötz, Hein, Rechtsvergleichung und Rechtsdogmatik, RabelsZ 54 (1990), 203 – 216.

Krigsman, Flore, Section 43 (a) of the Lanham Act as a Defense of Artists' "Moral Rights", 73 Trademark Reporter 251 - 275 (1983).

Lange, Dieter G./Black, Stephen F., Der Zivilprozeß in den Vereinigten Staaten, Heidelberg, 1987.

Larsen, Dawn M., The Effect of the Berne Implementation Act of 1988 on Copyright Protection for Architectural Structures, 1990 University of Illinois Law Review 151 - 175 (1990).

Latman, Alan, "Probative Similarity" as Proof of Copying, 90 Columbia Law Review 1187 – 1214 (1990).

Latman, Alan, Howell's Copyright Law, Washington, 1962.

Leaffer, Marshall A., Understanding Copyright Law, 3. Auflage, New York, 1999.

Leistner, Mathias, Der Rechtsschutz von Datenbanken im deutschen und europäischen Recht, München, 2000.
(zitiert als: *Leistner*, Rechtsschutz von Datenbanken)

Locher, Horst, Überlegungen zu drei neueren Entscheidungen zum Urheberrecht des Architekten, in: *Inga Jagenburg* (Hrsg.), Technik und Recht, Festschrift für Jack Mantscheff zum 70. Geburtstag, München, 2000, 15 – 22.
(zitiert als: *Locher*, Überlegungen zu drei neueren Entscheidungen zum Urheberrecht des Architekten, in: Festschrift Mantscheff)

Locher, Horst/Koeble, Wolfgang/Frik, Werner, Kommentar zur HOAI mit einer Einführung in das Recht der Architekten und der Ingenieure, 8. Auflage, Düsseldorf, 2002.

Loewenheim, Ulrich, Urheberrechtliche Probleme bei Multimediaanwendungen, GRUR 1996, 830 – 836.

Löffelmann, Peter/Fleischmann, Guntram, Architektenrecht, 4. Auflage, Düsseldorf, 2000.

McCarthy, J. Thomas, McCarthy On Trademarks and Unfair Competition, Eagan, einschließlich der 23. Nachlieferung vom September 2002.
(zitiert als: *McCarthy*, On Trademarks and Unfair Competition)

McCartney, Brian T., "Creepings" and "Glimmers" of the Moral Rights of Artists in American Copyright Law, 6 UCLA Entertainment Law Review 35 – 71 (1998).

Möhring, Philipp/Schulze, Erich/Ulmer, Eugen/Zweigert, Konrad, Quellen des Urheberrechts, Neuwied, einschließlich der 51. Nachlieferung vom Dezember 2001.

Möhring, Phlilipp/Nicolini, Käte (Hrsg.), Urheberrechtsgesetz, Kommentar, 2. Auflage, München, 2000.
(zitiert als: *Möhring/Nicolini-Verfasser*, Urheberrechtsgesetz)

Müller, Arndt, Anmerkung zu OLG Nürnberg, Urteil vom 02.04.1957, in: *Schulze, Erich* (Hrsg.), Rechtsprechung zum Urheberrecht, OLGZ 28, 16 – 21.

Neuenfeld, Klaus, Aktuelle urheberrechtliche Probleme der Architektenschaft, Der Architekt 1969, 82 – 89.

Neuenfeld, Klaus, Anfänge des Urheberrechts an Bauwerken, UFITA 2002 II, 409 – 425.

Newsam, Raleigh W., Architecture and Copyright – Separating the Poetic from the Prosaic, 71 Tulane Law Review 1073 – 1131 (1997).

Nimmer, Melville B./Nimmer, David, On Copyright, Newark, einschließlich der 58. Nachlieferung vom August 2002.
(zitiert als: *Nimmer*, On Copyright)

Nirk, Rudolf/Kurtze, Helmut, Geschmacksmustergesetz, Kommentar, 2. Auflage, Köln, 1997.

Nordemann, Wilhelm, Anmerkung zu BGH GRUR 1975, 445 – *Wohnhausneubau*, GRUR 1975, 446 – 447.

Nordemann, Wilhelm, Anmerkung zu BGH GRUR 1981, 196 – *Honorarvereinbarung*, GRUR 1981, 197 – 198.

Nordemann, Wilhelm, Das Prinzip der Inländerbehandlung und der Begriff „Werke der Literatur und Kunst", GRUR Int. 1989, 615 – 619.

Nordemann, Wilhelm/Vinck, Kai/Hertin, Paul/Meyer, Gerald, International Copyright, Commentary, Weinheim, 1990.

Omsels, Hermann-Josef, Erschöpfung ohne Veräußerung – Zum Schicksal des Verbreitungsrechts beim Eigentumserwerb kraft Gesetzes, GRUR 1994, 162 – 167.

Orlandi, Jay, Gargoyles in Gotham: A Sculpture Incorporated Into An Architectural Work Should Retain Independent Copyright Protection, 29 Southwestern University Law Review 617 – 653 (2000).

Osterrieth, Albert, Bemerkungen zum Entwurf eines Gesetzes, betreffend das Urheberrecht an Werken der bildenden Künste und der Photographie, GRUR 1904, 189 – 235.

Osterrieth, Albert/Marwitz, Bruno, Das Urheberrecht an Werken der bildenden Künste und der Photographie, Gesetz vom 9. Januar 1907 mit den Abänderungen vom 22. Mai 1910, Berlin, 1929.
(zitiert als: *Osterrieth/Marwitz*, Kommentar zum KUG)

Palandt, Otto, Bürgerliches Gesetzbuch, 61. Auflage, München, 2002.
(zitiert als: *Palandt-Verfasser*, BGB)

Patry, William, Copyright Law and Practice, Washington, 1994.

Peifer, Karl Nikolaus, Moral Rights in den USA, ZUM 1993, 325 – 352.

Perkins, Bradford, Building Design, in: *Haviland, David* (Hrsg.), The Architect's Handbook of Professional Practice, 11. Auflage, New York, 1987, Bd. 2, § 2.5.
(zitiert als: *Perkins*, Building Design, in: The Architect's Handbook, Bd. 2, § 2.5)

Perlmutter, Shira, Conceptual Separability and Copyright in the Designs of Useful Articles, 37 Journal of the Copyright Society of the U.S.A. 339 – 379 (1990).

Plassmann, *Clemens*, Bearbeitungen und andere Umgestaltungen in § 23 Urheberrechtsgesetz, Berlin, 1996.

Pollock, *Andrew S.*, The Architectural Works Copyright Protection Act: Analysis of Probable Ramifications and Arising Issues, 70 Nebraska Law Review 873 – 899 (1991).
(zitiert als: *Pollock*, The AWCPA: Analysis of Probable Ramifications and Arising Issues)

Prinz, *Tillmann*, Urheberrecht für Ingenieure und Architekten, Düsseldorf, 2001.

Rehbinder, *Manfred*, Das Namensnennungsrecht des Urhebers, ZUM 1991, 220 – 228.

Rehbinder, *Manfred*, Urheberrecht, 12. Auflage, München, 2002.

Reimer, *Dietrich*, Zum Urheberrechtsschutz von Darstellungen wissenschaftlicher und technischer Art, GRUR 1980, 572 – 582.

Reimer, *Dietrich/Ulmer*, *Eugen*, Die Reform der materiellrechtlichen Bestimmungen der Berner Übereinkunft, GRUR Int. 1967, 435 – 454.

Reinhart, *Beat*, Das Institut der freien Benutzung im Urheberrecht, UFITA 103 (1986), 65 – 83.

Reinhart, *Beat*, Die Abgrenzung von freier und unfreier Benutzung im schweizerischen Urheberrecht, Bern, 1985.

Roberts, *David A.*, There Goes My Baby: Buildings As Intellectual Property Under The Architectural Works Copyright Protection Act, 21 Construction Lawyer 22 - 29 (2001).

Sack, *Rolf*, Anmerkung zu BGH GRUR 1999, 230 – *Treppenhausgestaltung*, JZ 1999, 579 – 581.

Samuelson, *Pamela*, Computer Programs, User Interfaces, and Section 102 (b) of the Copyright Act of 1976, 55 Law & Contemporary Problems 311 – 353 (1992).

Scaglione, *Vanessa N.*, Building upon the Architectural Works Copyright Protection Act of 1990, 61 Fordham Law Review 193 - 220 (1992).
(zitiert als: *Scaglione*, Building upon the AWCPA of 1990)

Schack, *Haimo*, Urheber- und Urhebervertragsrecht, 2. Auflage, Tübingen, 2002.

Schaefer, *Martin*, Die urheberrechtliche Schutzfähigkeit von Werken der Gartengestaltung, Baden-Baden, 1992.

Schilcher, *Theresia*, Der Schutz des Urhebers gegen Werkänderungen, München, 1989.

Schöfer, *Nicola*, Die Rechtsverhältnisse zwischen dem Urheber eines Werkes der bildenden Kunst und dem Eigentümer des Originalwerkes, München, 1984.

Scholl, Michael E., The Architectural Works Copyright Protection Act of 1990: A Solution or a Hindrance?, 22 Memphis State University Law Review 807 – 829 (1992).
(zitiert als: *Scholl*, The AWCPA of 1990: A Solution or a Hindrance?)

Schricker, Gerhard (Hrsg.), Urheberrecht auf dem Weg zur Informationsgesellschaft, Baden-Baden, 1997.

Schricker, Gerhard (Hrsg.), Urheberrecht, Kommentar, 2. Auflage, München, 1999.
(zitiert als: *Schricker-Verfasser*, Urheberrecht)

Schricker, Gerhard, Der Urheberrechtsschutz von Werbeschöpfungen, Werberideen, Werbekonzeptionen und Werbekampagnen, GRUR 1996, 815 – 826.
(zitiert als: *Schricker*, Der Urheberrechtsschutz von Werbeschöpfungen)

Schricker, Gerhard, Kurzkommentar zu BGH GRUR 1995, 671 – *Namensnennungsrecht des Architekten*, EwiR 1994, § 13 UrhG, 1030 – 1031.

Schricker, Gerhard, Urheberrecht zwischen Industrie- und Kulturpolitik, GRUR 1992, 242 – 247.

Schricker, Gerhard, Zum Urheberrechtsschutz und Geschmacksmusterschutz von Postwertzeichen Teil I, GRUR 1991, 563 – 573.

Schulze, Gernot, Der Schutz der kleinen Münze im Urheberrecht, GRUR 1987, 769 – 778.

Schulze, Gernot, Der Schutz von technischen Zeichnungen und Plänen, CR 1988, 181 – 194.

Schulze, Gernot, Vernichtung von Bauwerken, in: *Ganea, Peter/Heath Christopher/Schricker, Gerhard* (Hrsg.), Urheberrecht gestern – heute - morgen, Festschrift für Adolf Dietz zum 65. Geburtstag, München, 2001, 177 - 202.
(zitiert als: *Schulze*, Vernichtung von Bauwerken, in: Festschrift Dietz)

Schulze, Marcel, Anmerkung zum Urteil des BGH GRUR 1995, 671 – *Namensnennungsrecht des Architekten*, in: *Schulze, Erich (Hrsg.)*, Rechtsprechung zum Urheberrecht, BGHZ 435, 10.

Seydel, Helmut, Anmerkung zu BGH GRUR 1988, 533, 535 – *Vorentwurf II*, in: *Schulze, Erich (Hrsg.)*, Rechtsprechung zum Urheberrecht, BGHZ 378, Seite 11 – 13.

Seydel, Helmut, Anmerkung zum Urteil des OLG Hamm vom 16. Dezember 1966, in: *Schulze, Erich* (Hrsg.), Rechtsprechung zum Urheberrecht, OLGZ 78, 12 – 13.

Steinfeld, Laura E., The Berne Convention and Protection of Architecture: Why the United States Should Create a New Subject Matter Category for Works of Ar-

chitecture Under Section 102 (a) of the Copyright Act of 1976, 24 Indiana Law Review 459 – 497 (1991).
(zitiert als: *Steinfeld*, The Berne Convention and the Protection of Architecture)

Sterk, *Stewart E.*, Rhetoric and Reality in Copyright Law, 94 Michigan Law Review 1197 – 1249 (1996).

Strauss, *William S.*, Copyright in Architectural Works (1959), Copyright Study No. 27, in: Copyright in Works of Architecture, A Report of the Register of Copyrights, Washington, 1989, 85 – 92.
(zitiert als: *Strauss*, Copyright in Architectural Works, in: Report of the Register of Copyrights on Works of Architecture)

Thiel, *Clark T.*, The Architectural Works Copyright Protection Gesture of 1990, or, "Hey, That Looks Like My Building!", 7 Depaul-LCA Journal of Art and Entertainment Law 1 – 36 (1996).

Thomas, Heinz/Putzo, Hans, Zivilprozessordnung, 24. Auflage, München, 2002.
(zitiert als: *Thomas/Putzo-Verfasser*, Zivilprozessordnung)

Tölke, *Günter*, Das Urheberpersönlichkeitsrecht an Werken der bildenden Künste, München, 1967.

Ulmer, *Eugen*, Anknüpfungspunkte und Ursprungsland im System der Berner Übereinkunft zum Schutze von Werken der Literatur und Kunst, in: *Wahl, Eduard/Serick, Rolf/Niederländer, Hubert* (Hrsg.), Rechtsvergleichung und Rechtsvereinheitlichung, Festschrift zum fünfzigjährigen Bestehen des Instituts für ausländisches und internationales Privat- und Wirtschaftsrecht der Universität Heidelberg, Heidelberg, 1967, 57 – 69.
(zitiert als: *Ulmer*, Anknüpfungspunkte und Ursprungsland im System der Berner Übereinkunft, in: Rechtsvergleichung und Rechtsvereinheitlichung)

Ulmer, *Eugen*, Die Bundesrepublik Deutschland und die Berner Union, GRUR Int. 1986, 229 – 232.

Ulmer, *Eugen*, Urheber- und Verlagsrecht, 3. Auflage, Berlin, 1980.
(zitiert als: *Ulmer*, Urheber- und Verlagsrecht)

Verdross, *Alfred/Simma*, *Bruno*, Universelles Völkerrecht, Theorie und Praxis, 3. Auflage, Berlin, 1984.
(zitiert als: *Verdross/Simma*, Völkerrecht)

Vinck, *Kai*, Anmerkung zum Urteil des BGH GRUR 1984, 656 – *Vorentwurf*, GRUR 1984, 658 – 659.

Vinck, Kai, Anmerkung zu BGH GRUR 1995, 671 - *Namensnennungsrecht des Architekten*, in: *Lindenmaier-Möhring*, Nachschlagewerk des Bundesgerichtshofs, § 13 UrhG, Nr. 2, Bl. 4.

Wadle Elmar, Die Abrundung des deutschen Urheberrechts im Jahre 1876, JuS 1976, 771 – 776.

Wadle, *Elmar*, Der Weg zum gesetzlichen Schutz des geistigen und gewerblichen Schaffens, in: *Beier, Karl-Friedrich/Kraft, Alfons/Schricker, Gerhard/Wadle, Elmar* (Hrsg.), Gewerblicher Rechtsschutz und Urheberrecht, Festschrift zum hundertjährigen Bestehen der Deutschen Vereinigung für gewerblichen Rechtsschutz und Urheberrecht und ihrer Zeitschrift, Band I, Weinheim, 1991, 93 – 183.
(zitiert als: *Wadle*, Der Weg zum gesetzlichen Schutz des geistigen und gewerblichen Schaffens, in: Festschrift GRUR)

Wadle, *Elmar*, Die Entfaltung des Urheberrechts als Antwort auf technische Neuerungen , UFITA 106 (1987), 203 – 217.

Wagner-Silva Tarouca, *Beatrice*, Der Urheberschutz der ausübenden Künstler und Tonträgerproduzenten in den USA, München, 1983.

Walchshöfer, *Alfred*, Der persönlichkeitsrechtliche Schutz der Architektenleistung, in: *Furkel, Hans, Kraft, Alfons* (Hrsg.), Festschrift für Heinrich Hubmann zum 70. Geburtstag, 469 – 480.
(zitiert als: *Walchshöfer*, Der persönlichkeitsrechtliche Schutz der Architektenleistung, in: Festschrift Hubmann)

Wargo, *Natalie*, Copyright Protection for Architecture and the Berne Convention, 65 New York University Law Review 403 – 478 (1990).

Weil, *Arthur W.*, American Copyright Law, Chicago, 1917.

Wick, *Lawrence S.*, Protection of Architecture Rights in the USA after *Sturdza v. United Arab Emirates*, Copryright World (Mai 2002), 13 – 15.

Winick, *Raphael*, Copyright Protection for Architectural Works after the Architectural Works Copyright Protection Act of 1990, 41 Duke Law Journal 1598 - 1647 (1992).
(zitiert als: *Winick*, Copyright Protection for Architectural Works after the AWCPA of 1990)

Zweigert, *Konrad/Kötz*, *Hein*, Einführung in die Rechtsvergleichung, 3. Auflage, Tübingen, 1996.
(zitiert als: *Zweigert/Kötz*, Rechtsvergleichung)

Peter Lang · Europäischer Verlag der Wissenschaften

Isabella Rudes

Urheberrechte an Werken der angewandten Kunst in der Europäischen Gemeinschaft

Die Lücke im gemeinschaftsweiten Urheberrechtsschutz der Werke der angewandten Kunst

Frankfurt am Main, Berlin, Bern, Bruxelles, New York, Oxford, Wien, 2001.
LI, 184 S., 11 Abb.
Europäische Hochschulschriften: Reihe 2, Rechtswissenschaft. Bd. 3156
ISBN 3-631-37883-1 · br. € 43.–*

Die Arbeit beschäftigt sich mit dem Urheberrechtsschutz von Werken der angewandten Kunst in Deutschland und in den Gründerstaaten der Europäischen Wirtschaftsgemeinschaft sowie Großbritannien und analysiert, ob in Europa ein ausreichender Schutz für derartige Werke gegeben ist. Ferner werden die Zukunft des Designschutzes in Europa und der aktuelle Stand europarechtlicher Initiativen zur Vereinheitlichung des Schutzes der angewandten Kunst dargestellt. Schwerpunkt der Untersuchung ist die Auseinandersetzung mit der Lehre der gemeinschaftsweiten Erschöpfung und der Frage, welche einzelstaatlichen Verpflichtungen sich aus Artikel 10 EGV ergeben, insbesondere, ob ein einzelner EG-Mitgliedstaat seine Rechtsordnung aufgrund EG-vertraglicher Treuepflicht einem Mindeststandard in anderen Mitgliedstaaten anpassen muß.

Aus dem Inhalt: Urheberrecht · Schutz von Werken der angewandten Kunst · Vergleich der europäischen Urheberrechtssysteme · Europäische Harmonisierung des Schutzes von Werken der angewandten Kunst · Geschmacksmusterrichtlinie · Lehre der gemeinschaftsweiten Erschöpfung · EG-vertragliche Anpassungspflicht

Frankfurt am Main · Berlin · Bern · Bruxelles · New York · Oxford · Wien
Auslieferung: Verlag Peter Lang AG
Moosstr. 1, CH-2542 Pieterlen
Telefax 00 41 (0) 32 / 376 17 27

*inklusive der in Deutschland gültigen Mehrwertsteuer
Preisänderungen vorbehalten

Homepage http://www.peterlang.de

Kolibri 360 GmbH
Ferdinand-Jühlke-Straße 7
99095 Erfurt, Deutschland
produktsicherheit@kolibri360.de

Druck:
CPI Druckdienstleistungen GmbH
im Auftrag der
Kolibri 360 GmbH
Ferdinand-Jühlke-Str. 7
99095 Erfurt